Álvaro Zimmermann Aranha
Manoel Benedito Rodrigues

(Os Autores são Professores do Colégio Bandeirantes de São Paulo)

Exercícios
de Matemática - Vol. 6
Geometria Plana

Outras obras da Editora Policarpo:

Autores: Álvaro Zimmermann Aranha e Manoel Benedito Rodrigues
Coleção Exercícios de Matemática
   Volume 1 – *Revisão de 1º Grau*
   Volume 2 – *Funções e Logaritmos*
   Volume 3 – *Progressões Aritméticas e Geométricas*
   Volume 5 – *Matrizes, Determinantes e Sistemas Lineares*
   Volume 6 – *Geometria Plana*
   Volume 7 – *Geometria no Espaço*

Coleção Vestibulares:
Autores: Roberto Nasser e Marina Consolmagno
   História nos Vestibulares
Autores: Minchillo, Carlos A. Cortez et. alii
   Português nos Vestibulares
Autor: Gil Marcos Ferreira
   Física nos Vestibulares
Autores: Aranha, Álvaro Z. et alii
   Matemática nos Vestibulares Vol. 1 e 2

Dados Internacionais de Catalogação na Publicação (CIP)
(Câmara Brasileira do Livro, SP, Brasil)

Rodrigues, Manoel Benedito, 1948–
  Exercícios de matemática, vol. 6 : geometria plana / Manoel Benedito Rodrigues, Álvaro Zimmermann Aranha. — São Paulo : Policarpo, 1997.

  1. Matemática (1º grau) – Problemas, exercícios etc 2. Matemática (2º grau) – Problemas, exercícios etc I. Aranha, Álvaro Zimmermann, 1951– II. Título.

97–5137   CDD–372.7076

Indices para catálogo sistemático:

Todos os direitos reservados à
Editora Policarpo Ltda.
Rua Dr. Rafael de Barros, 185 – apto 12
São Paulo - SP
04003-041
✆ (011) 288-0895

Apresentação

Os livros da coleção **Exercícios de Matemática** apresentam forte intenção de oferecer aos estudantes de Matemática (do que é lecionado em 1º e 2º graus) uma numerosa e abrangente lista de exercícios, todos com resposta, que foram elaborados e colocados em ordem tal que resultasse num crescimento extremamente suave do seu grau de dificuldade, isto é, desde os muito simples até aqueles exercícios e problemas mais complexos.

Para facilitar a utilização deste livro por alunos e professores, cada capítulo é formado por *Resumos Teóricos, Exercícios, Exercícios de Fixação* e *Exercícios Suplementares*.

Na parte que chamamos *Exercícios*, estão aqueles iniciais e básicos que, normalmente, são resolvidos em sala de aula; os *Exercícios de Fixação* têm a finalidade de fazer com que o aluno adquira uma razoável prática nos diversos tópicos estudados, em seguida, os *Exercícios Suplementares*, geralmente mais sofisticados, visam ampliar e aprofundar os conhecimentos obtidos anteriormente.

No final de cada volume desta coleção, o leitor encontrará uma seleção de testes e questões, recentes ou não, retirados dos principais exames vestibulares não só de São Paulo como de outros Estados brasileiros.

Desde já, agradecemos por eventuais comentários, críticas ou sugestões que nos sejam enviados pelos leitores deste trabalho, pois, para nós, terão grande importância e serão muito bem recebidos.

Manoel Benedito Rodrigues
Álvaro Zimmermann Aranha

Índice

Capítulo 1 - Introdução 1
A – Ponto, reta e plano 1
B – Teoremas e Postulados 2
C – Geometria Plana e Geometria Espacial 8
D – Retas concorrentes, retas paralelas e retas reversas. 9
E – Algumas Posições Relativas 11
F – Semi-reta, Semiplano, Semi-espaço 13
G – Segmento de reta 14

Exercícios *19*
Exercícios de Fixação *27*
Exercícios Suplementares *29*

Capítulo 2 - Ângulos 33
A – Região convexa, região côncava 33
B – Ângulo 33

Exercícios *46*
Exercícios de Fixação *58*
Exercícios Suplementares *61*

Capítulo 3 - Paralelismo 65
A – Definição de retas paralelas 65
B – Ângulos de duas retas e uma transversal 65
C – Existência de paralelas 66
D – Postulado de Euclides ou Postulado das Paralelas 67
E – Outros Teoremas 68
F – Semi-retas de mesmo sentido e de sentidos opostos. 70

Exercícios *72*
Exercícios de Fixação *78*
Exercícios Suplementares *81*

Capítulo 4 - Triângulos 83
A - Definição 83
B - Elementos de um triângulo 83
C - Região triangular, Região externa e Região interna 83
D - Classificações 84
E – Mediana, Bissetriz e Altura 86
F – Mediatriz 88
G – Soma de ângulos no triângulo 89
H – Triângulo Isósceles 92
I – Triângulo Eqüilátero 92

Exercícios *94*
Exercícios de Fixação *104*
Exercícios Suplementares *111*

Capítulo 5 - Quadriláteros 115
A - Quadrilátero côncavo e quadrilátero convexo 115
B - Elementos de um quadrilátero 115
C - Região quadrangular, Região externa e Região interna 117
D - Soma de ângulos no quadrilátero 117
E - Quadriláteros Notáveis 119
F - Algumas propriedades 122

Exercícios *128*
Exercícios de Fixação *133*
Exercícios Suplementares *141*

Capítulo 6 - Polígonos 145
A – Polígono qualquer 145
B – Polígono convexo e Polígono côncavo 145
C – Elementos do polígono convexo 146
D – Regiões no polígono convexo 146

E – Nomenclatura 147
F – Soma dos ângulos no polígono convexo 148
G – Número de diagonais 149
H – Polígonos Regulares 151

Exercícios *153*
Exercícios de Fixação *156*
Exercícios Suplementares *159*

Capítulo 7 - Congruência de Triângulos 163
A – Definição 163
B – Casos de congruência 163
C – Algumas propriedades 166
D – Desigualdades no triângulo 181
E – Paralelas e transversal 184
F – Mediana relativa a hipotenusa de um triângulo retângulo 185

Exercícios *187*
Exercícios de Fixação *190*
Exercícios Suplementares *194*

Capítulo 8 - Retas Perpendiculares 197
A – Retas perpendiculares 197
B – Projeções Ortogonais 199
C – Segmento perpendicular e segmentos oblíquos 200
D – Distâncias 202
E – Ângulos de lados respectivamente perpendiculares 204
F – Lugar Geométrico (L. G.) 205
G – Altura de quadrilátero notável 206
H – Simetria 207

Exercícios *210*
Exercícios de Fixação *212*
Exercícios Suplementares *214*

Capítulo 9 - Base Média e Pontos Notáveis 217
A – Base média de um triângulo 217
B – Base média de um trapézio 218
C – Incentro 219
D – Circuncentro 220
E – Ortocentro 221
F – Baricentro 222

Exercícios *223*
Exercícios de Fixação *225*
Exercícios Suplementares *226*

Capítulo 10 - Circunferência e Círculo 229
A – Circunferência 229
B – Elementos e partes da circunferência e círculo 230
C – Medida de um arco 232
D – Posições relativas entre circunferência e reta 232
E – Polígono inscrito e Polígono circunscrito 234
F – Posições relativas entre circunferências 234
G – Comprimento da circunferência 236
H – Teoremas 237

Exercícios *243*
Exercícios de Fixação *250*
Exercícios Suplementares *254*

Capítulo 11 - Ângulos Relacionados com Arcos 259
A – Ângulo Central 259
B – Ângulo inscrito 259
C – Ângulo de segmento 261
D – Ângulos excêntricos 261
E – Quadrilátero inscrito 263

Exercícios *266*

Exercícios de Fixação 271
Exercícios Suplementares 273
Capítulo 12 - Áreas de Regiões Poligonais **277**
A – Introdução 277
B – Área do Retângulo 278
C – Área de Triângulo 278
D – Área do Paralelogramo 281
E – Área do Trapézio 281
F – Área do quadrilátero de diagonais perpendiculares 282
G – Área do Losango 282
H – Figuras Equivalentes 283
I – Razões entre áreas 285

Exercícios 285
Exercícios de Fixação 292
Exercícios Suplementares 295

Capítulo 13 - Teorema de Pitágoras **297**
A – O Teorema 297
B – Demonstrações 298
C – Recíproco do Teorema de Pitágoras 300
D – Aplicações do Pitágoras 300
E – Triângulos Pitagóricos 301

Exercícios 303
Exercícios de Fixação 310
Exercícios Suplementares 315

Capítulo 14 - Teorema de Tales **319**
A – Introdução 319
B – Teorema de Tales 319
C – Consequência de Tales 320

Exercícios 322
Exercícios de Fixação 327

Capítulo 15 - Semelhança **331**
A – Semelhança de triângulos 331
B – Casos de Semelhança 333
C – Segmentos Homólogos 336
D – Áreas de Triângulos Semelhantes 336
E – Semelhança de Polígonos 337

Exercícios 338
Exercícios de Fixação 344
Exercícios Suplementares 348

Capítulo 16 - Relações Métricas **351**
A – No Triângulo Retângulo 351
B – No Círculo 353
C – Potência de um Ponto 354

Exercícios 355
Exercícios de Fixação 360
Exercícios Suplementares 363

Capítulo 17 - Razões Trigonométricas **365**
A – Introdução 365
B – Seno, cosseno e tangente 365
C – Alguns valores 367
D – Áreas 369

Exercícios 370
Exercícios de Fixação 380
Exercícios Suplementares 385

Capítulo 18 - Relações Métricas no Triângulo Qualquer **387**
A – Lados e uma projeção 387
B – Lei dos cossenos 388

C – Natureza de um triângulo 389
D – Relação de Stewart 389
E – Mediana 390
F – Altura 391
G – Fórmula de Herão 392
H – Bissetriz interna 392
I – Bissetriz externa 393
J – Lei dos senos 394
K – Circunferências do triângulo 395

Exercícios *397*
Exercícios de Fixação *403*
Exercícios Suplementares *407*

Capítulo 19 - Polígonos Regulares 409
A – Introdução 409
B – Polígono Inscrito e Circunscrito 409
C – Quadrado 411
D – Hexágono regular 411
E – Triângulo Equilátero 412
F – Decágono Regular 413
G – Pentágono Regular 414
H – Fórmula de Duplicação 415
I – Razões Trigonométricas 415
J – Área do polígono regular 416

Exercícios *416*
Exercícios de Fixação *420*
Exercícios Suplementares *424*

Capítulo 20 - Área do Círculo 425
A – Comprimento da Circunferência 425
B – Radiano 425
C – Área do Círculo 426
D – Área da Coroa 427
E – Área do Setor 427
F – Área do Segmento Circular 428

Exercícios *429*
Exercícios de Fixação *433*
Exercícios Suplementares *437*
Exercícios Gerais *439*

Testes e Questões de Vestibulares 445
Questões Dissertativas 471

Respostas 485
Capítulo 1 485
Capítulo 2 487
Capítulo 3 489
Capítulo 4 490
Capítulo 5 492
Capítulo 6 494
Capítulo 7 495
Capítulo 8 496
Capítulo 9 497
Capítulo 10 498
Capítulo 11 500
Capítulo 12 501
Capítulo 13 502
Capítulo 14 504
Capítulo 15 505
Capítulo 16 507
Capítulo 17 508
Capítulo 18 510
Capítulo 19 512
Capítulo 20 514
Vestibulares 516

Agradecimento

Agradecemos ao professor Lin Tao Jine pela cuidadosa revisão dos originais de editoração deste livro.

Os autores

Capítulo 1

Introdução

A – Ponto, reta e plano

Ao ler a seguinte propriedade:
"Lados opostos de um paralelogramo são congruentes".

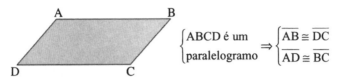

quem nunca estudou geometria pode, entre outras, fazer as seguintes perguntas:
(Note que as respostas levam a outras perguntas).

1) O que é lado de um paralelogramo ?
   Resp.: *É o segmento de reta determinado por dois vértices consecutivos.*

2) O que são vértices ?
   Resp.: *São os pontos A, B, C e D.*

3) O que é ponto ?
   Resp.:

4) O que é paralelogramo ?
   Resp.: *É o quadrilátero que tem lados opostos paralelos.*

5) O que são lados opostos paralelos ? (lado = segmento)
   Resp.: *São segmentos contidos em retas paralelas.*

6) O que é reta ?
   Resp.:

7) O que são retas paralelas ?
   Resp.: *São retas coincidentes ou retas distintas coplanares que não têm ponto comum.*

8) O que são retas coplanares ?
   Resp.: *São retas que estão no mesmo plano.*

9) O que é plano ?
   Resp.:

Observe que as perguntas 3, 6 e 9 ficaram sem resposta. É porque **ponto**, **reta** e **plano** não são definidos.

Os entes **ponto**, **reta** e **plano** são aceitos sem definição, por isso são chamados entes primitivos. Costumamos representar no papel, ponto, reta e plano, da seguinte maneira:

Para nomear
ponto, usamos letras latinas maiúsculas: A, B, C, ...
reta, usamos letras latinas minúsculas: r, s, t, ...
plano, usamos letras gregas minúsculas: α, β, γ, ...

Devemos ainda destacar que:

> O ESPAÇO é o conjunto de todos os pontos.

B – Teoremas e Postulados

As afirmações que através de uma seqüência lógica de argumentos (demonstração) são confirmadas, são chamadas **teoremas**.

As propriedades que devemos, necessariamente, aceitar sem demonstrações, são as propriedades primitivas que são chamadas de postulados ou axiomas.
Veja os enunciados de alguns postulados e teoremas que dizem respeito a ponto, reta e plano:

Os teoremas enunciados aqui neste capítulo serão demonstrados no volume de **Geometria Espacial**.

Postulado 1
Em uma reta há infinitos pontos e fora dela também.

$A \in r$, $C \in r$, $F \in r$
$B \notin r$, $D \notin r$, $E \notin r$

Obs.:
1) *Quando um ponto pertence a uma reta, dizemos que a reta passa por este ponto. Na figura a reta **r** passa pelo ponto **A**, passa pelo ponto **C** e pelo ponto **F**. A reta **r** não passa pelo ponto **B**, não passa pelo ponto **D** e não passa por **E**.*
2) *Quando três ou mais pontos pertencem a uma mesma reta, dizemos que estes pontos estão alinhados ou que eles são **colineares**. Na figura: A, C e F são colineares; A,C e D não são colineares.*
3) *Símbolos: $\in$ = pertence , $\notin$ = não pertence*

Postulado 2
Em um plano há infinitos pontos e fora dele também.

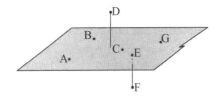

$A \in \alpha, B \in \alpha, C \in \alpha, E \in \alpha, G \in \alpha$
$\{A, B, C\} \subset \alpha, \{A, B, C, E\} \subset \alpha$
$D \notin \alpha, F \notin \alpha$
$\{A, B, C, D\} \not\subset \alpha$
$\alpha \supset \{A, E, G\}, \alpha \not\supset \{B, C, G, F\}$

Obs:
1) *Quando um ponto pertence a um plano, dizemos que o plano passa por este ponto. Na figura: o plano α passa pelo ponto A, passa por B, por C, etc. O plano α não passa pelo ponto D, nem por F.*
2) *Quando quatro ou mais pontos pertencem a um plano, dizemos que estes pontos são* **coplanares**. *Na figura: A, B, C e E são coplanares; A, B, E e G são coplanares; A, B, C e D não são coplanares.*
3) *Símbolos:* $\subset$ = *está contido,* $\not\subset$ = *não está contido,* $\supset$ = *contém,* $\not\supset$ = *não contém*

Postulado 3 (Determinação da reta)

Se dois pontos são distintos, então existe uma única reta à qual eles pertencem.
Outro enunciado: Dois pontos distintos determinam uma única reta.

$$A \neq B \implies \exists! \, r \mid r \supset \{A, B\}$$

Obs:
1) *Neste caso a reta r também pode ser indicada assim:* $\overrightarrow{AB}$
2) *Note, então, que dois pontos distintos estão sempre alinhados, isto é, são colineares. Eles estão na reta que eles determinam.*
3) *Se dois pontos A e B são distintos e pertencem ambos às retas* **r** *e* **s***, então* **r** *e* **s** *são retas coincidentes.* $A \neq B, \{A, B\} \subset r, \{A, B\} \subset s \implies r = s$
4) *A expressão que vem abaixo da figura mostra como escrever em símbolos o enunciado do* **postulado 3**. *Esses símbolos estão sendo introduzidos para que o aluno vá se acostumando com eles. O objetivo não é que o aluno adquira habilidade no seu uso. Eles, inclusive, não aparecem nos exercícios.*
   Veja os significados:
   $\exists$ = *existe*
   $\exists!$ = *existe um único*
   $\mid$ = *tal que*
   $\nexists$ = *não existe*

Postulado 4 (Determinação do plano)

Se três pontos não são colineares (não estão alinhados), então existe um único plano ao qual eles pertençam.
Outro enunciado: Três pontos não colineares determinam um único plano

$$\nexists\, r \mid r \supset \{A, B, C\} \Rightarrow \exists\, \alpha \mid \alpha \supset \{A, B, C\}$$

Obs:
1) Note então que três pontos não colineares são sempre coplanares (estão em um mesmo plano); estão no plano que eles determinam.
2) Se três pontos A, B e C não colineares pertencem aos planos α e β, então α e β são coincidentes $\nexists\, r \mid r \supset \{A,B,C\}, \{A,B,C\} \subset \alpha, \{A,B,C\} \subset \beta \Rightarrow \alpha = \beta$

Postulado 5

Se dois pontos distintos de uma reta pertencem a um plano, então todos os pontos desta reta também pertencem a esse plano. Outro enunciado: Se dois pontos distintos de uma reta pertencem a um plano então esta reta está contida neste plano.

$$A \neq B, \{A, B\} \subset r, \{A, B\} \subset \alpha \Rightarrow r \subset \alpha$$

*Obs: Quando uma reta esta contida em um plano, dizemos que o plano passa por esta reta. Na figura: o plano α passa pela reta **r***

Postulado 6 (Postulados de ordem)

A relação **um ponto está entre outros dois**, por exemplo: um ponto P está entre A e B, que indicaremos por A-P-B, é a relação caracterizada pelos seguintes postulados:
1) Se o ponto P está entre A e B, então P, A e B estão em uma mesma reta.

$$A - P - B \Rightarrow \exists\, r \mid r \supset \{A, P, B\}$$

2) Se P está entre A e B, então estes pontos são distintos dois a dois.

$$A - P - B \Rightarrow A \neq P,\ A \neq B,\ P \neq B$$

3) Se P está entre A e B, então P está entre B e A
A – P – B ⇒ B – P – A

4) Se A é diferente de P, então existe B tal que P está entre A e B.

$$\overset{\bullet}{A} \quad \overset{\bullet}{P} \quad \rightarrow \quad \overset{\bullet}{A} \quad \overset{\bullet}{P} \quad \overset{\bullet}{B}$$

5) Se P está entre A e B, então A **não está** entre P e B e B **não está** entre A e P.
A – P – B ⇒ ~ (P – A – B) ∧ ~ (A – B – P)

Obs.:
~(A – B – P) = não (A – B – P)

Definição 1 – Segmento de reta

Dados dois pontos distintos A e B, chamamos de segmento de reta AB (indicamos $\overline{AB}$) ao conjunto de pontos cujos elementos são A, B e os pontos que estão entre A e B.

(segmento AB) = $\overline{AB}$

$$\overline{AB} = \{A, B\} \cup \{P \mid A – P – B\}$$

Estendendo a definição, quando os pontos A e B forem coincidentes diremos que eles determinam um segmento nulo

A = B ⇒ $\overline{AB}$ é nulo

Definição 2 – Semi-reta

Dados dois pontos distintos A e B, chamamos de semi-reta de origem A que passa por B, ou simplesmente semi-reta AB (indicamos $\overrightarrow{AB}$) ao conjunto de pontos cujos elementos são os do segmento AB e os pontos **P** tais que B esteja entre A e P.

(semi-reta AB) = $\overrightarrow{AB}$

$$\overrightarrow{AB} = \overline{AB} \cup \{P \mid A – B – P\}$$

Postulado 7 – Separação (ou divisão) da reta

Um ponto P de uma reta r separa esta reta em dois subconjuntos não vazios, aos quais P pertence, satisfazendo às seguintes condições:
Sendo A, B e P pontos distintos dois a dois, se A e B estiverem em apenas um dos subconjuntos, então P não pertence ao segmento AB e se A e B estiverem, cada um, em um desses subconjuntos, então P pertence ao segmento AB.

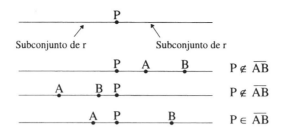

Cada subconjunto desses é chamado semi-reta e o ponto P é a origem de cada uma delas.

Postulado 8 – Separação do plano

Uma reta r de um plano α separa este plano em dois subconjuntos não vazios, nos quais r está contida, satisfazendo às seguintes condições:
Sendo A e B dois pontos distintos, ambos não pertencentes à reta r, se A e B estão em apenas um dos subconjuntos, então o segmento AB não tem ponto de r e se A e B estão cada um em um desses subconjuntos, estão o segmento AB tem ponto de r.

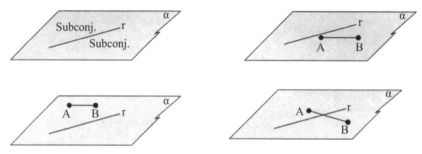

Cada um desses subconjuntos é chamado semiplano e a reta r é chamada origem de cada um deles.

Cada subconjunto desses é chamado semiplano de origem r.

Como já foi dito, os teoremas deste capítulo serão demonstrados no livro de Geometria Espacial. Então eles não estão numerados aqui neste volume.

Teorema Por um ponto passam infinitas retas.

Teorema Se duas retas distintas têm um ponto em comum, então elas têm apenas este ponto em comum.

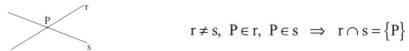

$r \neq s, \ P \in r, \ P \in s \ \Rightarrow \ r \cap s = \{P\}$

Teorema Se uma reta que não está contida em um plano tem ponto em comum com este plano, então ela e o plano têm apenas este ponto em comum.

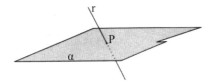

$r \not\subset \alpha,\ P \in r,\ P \in \alpha \implies r \cap \alpha = \{P\}$

Teorema Num plano qualquer há infinitas retas.

Obs.:
1) *Quando falamos infinitas retas, estamos querendo dizer infinitas retas distintas.*
2) *Quando falamos dois pontos, duas retas ou dois planos, não estamos descartando a possibilidade deles serem coincidentes. Alguns autores convencionam o seguinte: "quando falamos **dois pontos**, queremos dizer **dois pontos distintos** e quando falamos **pontos A e B**, devemos considerar que **A e B são coincidentes ou distintos**".*

Postulado 9 – Postulado da intersecção de dois planos

Se dois planos distintos têm um ponto em comum, então eles têm um outro ponto, distinto daquele, também em comum.

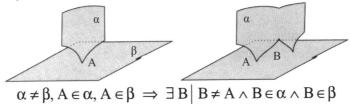

$\alpha \neq \beta,\ A \in \alpha,\ A \in \beta \implies \exists B \mid B \neq A \land B \in \alpha \land B \in \beta$

Teorema – Teorema da intersecção de dois planos

Se dois planos distintos têm um ponto em comum, então eles têm uma reta, e apenas os pontos desta reta, em comum.

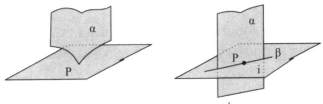

$\alpha \neq \beta,\ P \in \alpha,\ P \in \beta \implies \exists i \mid i = \alpha \cap \beta$

Teorema – Determinação de plano

Se um ponto não pertence a uma reta, então existe um único plano que passa por esta reta e este ponto.

Outro enunciado: Uma reta e um ponto fora dela determinam um único plano.

$$P \notin r \Rightarrow \exists\, \alpha \mid \alpha \supset r \cup \{P\}$$

Obs.: *Note, então, que pontos de uma mesma reta (pontos colineares) estão sempre num mesmo plano (são coplanares).*

Teroma Por uma reta passam infinitos planos.

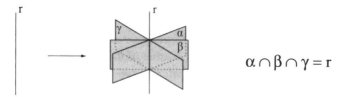

$$\alpha \cap \beta \cap \gamma = r$$

C – Geometria Plana e Geometria Espacial

C1 – Geometria Plana

É a parte da Matemática na qual estudamos as **figuras planas**.
Figura plana é um conjunto de pontos que estão todos num mesmo plano (pontos coplanares)
Exemplos de figuras planas:

      ângulo   triângulo   quadrilátero   circunferência

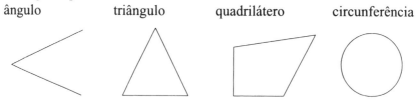

Obs: *Neste livro vamos estudar apenas as propriedades de figuras planas.*

C2 – Geometria Espacial

É a parte da Matemática na qual estudamos as **figuras espaciais**.
Figura espacial é um conjunto de pontos que não são de um mesmo plano (pontos não coplanares)

Obs:
    Na geometria espacial usamos as propriedades estudadas na geometria plana.

Exemplos de figuras espaciais:

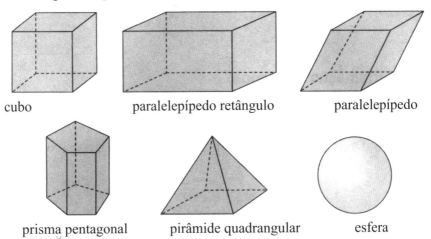

cubo   paralelepípedo retângulo   paralelepípedo

prisma pentagonal   pirâmide quadrangular   esfera

D – Retas concorrentes, retas paralelas e retas reversas.

D1 – Retas concorrentes

Definição 3

Duas retas são concorrentes se, e somente se, têm um único ponto em comum.

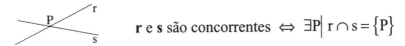

r e s são concorrentes $\Leftrightarrow \exists P \mid r \cap s = \{P\}$

Teorema (Determinação de plano)

Se duas retas são concorrentes, então existe um único plano no qual ambas estão contidas.
Outro enunciado: Se duas retas são concorrentes, então elas determinam um único plano.

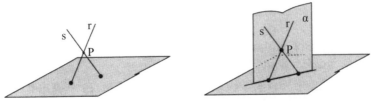

r e s são concorrentes $\Rightarrow \exists \mid \alpha \mid \alpha \supset r \cup s$

D2 – Retas paralelas

Definição 4

Duas retas são paralelas se, e somente se, são coincidentes ou são coplanares e não tem ponto em comum. Indicação: r//s

Teorema (Determinação de planos)

Se duas retas são paralelas distintas, então existe um único plano no qual ambas estão contidas.

Outro enunciado: Duas retas paralelas distintas determinam um único plano.

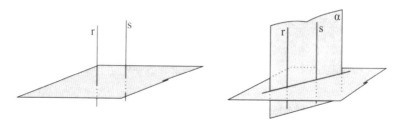

$$r \mathbin{/\!/} s, r \neq s \Rightarrow \exists | \alpha | \alpha \supset r \cup s$$

D3 – Retas reversas

Definição 5

Duas retas são reversas se, e somente se, não existe plano no qual elas estejam contidas.

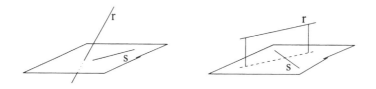

$$r \text{ e } s \text{ são reversas} \Leftrightarrow \nexists \alpha \mid \alpha \supset r \cup s$$

Obs:

1) *Duas retas paralelas podem ter ponto comum: isto ocorre quando elas são coincidentes.*
2) *Dada uma reta, sempre existe plano passando por ela e, portanto, duas retas paralelas coincidentes são sempre coplanares.*
3) *Por definição, se duas retas são parelelas distintas, então elas são coplanares.*
4) *Se duas retas são concorrentes, então elas são coplanares.*
5) *Por definição, retas reversas não podem ser coincidentes e nem concorrentes, portanto, retas reversas não têm ponto em comum. Isto é: se r e s são reversas, então r ∩ s = ∅.*
6) *Note que mesmo não tendo ponto comum, duas retas reversas não são paralelas, pois retas paralelas são coplanares.*

Exemplos

Considere, por exemplo, que o sólido da figura abaixo, no qual as retas se apoiam, seja um cubo (o cubo será definido no livro de Geometria Espacial):

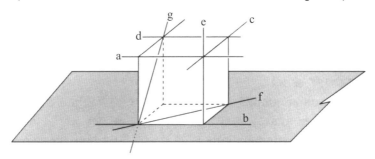

São paralelas as retas: **a** e **b**, **a** e **d**, **b** e **d**.
São concorrentes as retas: **a** e **c**, **a** e **e**, **b** e **e**, **b** e **f**, **b** e **g**, **c** e **e**, **f** e **g**.
São reversas as retas: **a** e **f**, **a** e **g**, **b** e **c**, **c** e **f**, **c** e **g**, **e** e **f**, **e** e **g**.

E – Algumas Posições Relativas

E1 – Ponto e ponto (A e B)

a) Coincidentes (ou iguais)

A . B   (A=B)

b) Distintos (ou diferentes)

A.   B.   (A ≠ B)

E2 – Ponto e reta (P e r)

a) O ponto pertence à reta
(a reta passa pelo ponto)

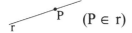 (P ∈ r)

b) O ponto não pertence à reta
(a reta não passa pelo ponto)

r   •P   (P ∉ r)

E3 – Ponto e plano (P e α)

a) O ponto pertence ao plano
(o plano passa pelo ponto)

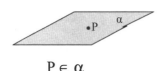

P ∈ α

O ponto não pertence ao plano
(o plano não passa pelo ponto)

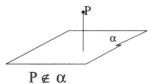

P ∉ α

E4 – Reta e reta (r e s)

a) Coincidentes (iguais)

(r = s), r ∩ s = r = s

b) Paralelas distintas

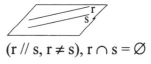

(r // s, r ≠ s), r ∩ s = ∅

c) Concorrentes

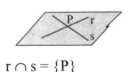

r ∩ s = {P}

d) Reversas

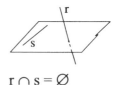

r ∩ s = ∅

E5 – Reta e plano (r e α)

a) A reta está contida no plano (o plano passa pela reta). Podemos dizer também que a reta é paralela ao plano.

r ⊂ α, r ∩ α = r

b) A reta e o plano são concorrentes (o plano passa por apenas um ponto da reta)

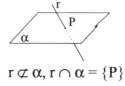

r ⊄ α, r ∩ α = {P}

c) A reta é paralela ao plano

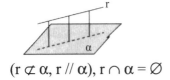

(r ⊄ α, r // α), r ∩ α = ∅

E6 – Plano e plano (α e β)

a) coincidentes (ou iguais) (são paralelos também)

α = β, α ∩ β = α = β

b) Paralelos distintos

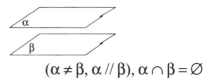

(α ≠ β, α // β), α ∩ β = ∅

c) Secantes

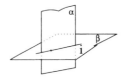

α ∩ β = i

F – Semi-reta, Semiplano, Semi-espaço

F1 – Semi-reta

Um ponto **P** de uma reta **r** determina nesta reta (divide esta reta em) dois subconjuntos cuja união é **r**, que têm apenas **P** em comum, chamados semi-retas. O ponto **P** é chamado origem dessas semi-retas.

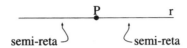

Dois pontos distintos A e B de uma reta r determinam 4 semi-retas nesta reta.

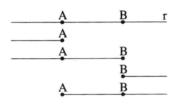

a) Semi-reta de origem A que não passa por B

b) Semi-reta de origem B que passa por A : $\overrightarrow{BA}$

c) Semi-reta de origem B que não passa por A

d) Semi-reta de origem A que passa por B : $\overrightarrow{AB}$

F2 – Semiplano

Uma reta r de um plano α determina neste plano α (divide este plano em) dois subconjuntos cuja união é α, que têm apenas **r** em comum, chamados semi-planos. A reta **r** é chamada origem desses dois semi-planos

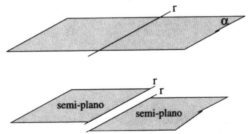

F3 – Semi-Espaço

Um plano qualquer α determina no espaço (divide o espaço em) dois subconjuntos cuja união é o espaço, que tem apenas α em comum, chamados semi-espaços. O plano α é chamado origem desses dois semi-espaços.

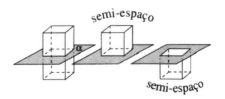

G – Segmento de reta

Outra Definição

Considere dois pontos distintos A e B de uma reta r. Chamamos de segmento de reta AB, que indicamos por $\overline{AB}$, à intersecção das semi-retas $\overrightarrow{AB}$ e $\overrightarrow{BA}$

A e B são chamados extremidades do segmento.

Em símbolos escrevemos: $\overrightarrow{AB} \cap \overrightarrow{BA} = \overline{AB}$

Note que $\overline{AB} = \overline{BA}$ e que $\overrightarrow{AB} \neq \overrightarrow{BA}$

Definição já vista: Dados dois pontos distintos A e B, chamamos de segmentos de reta AB, que indicamos por $\overline{AB}$, ao conjunto cujos elementos são A, B e todos os pontos que estão entre A e B.

A noção **estar entre** é conceituada pelos postulados de ordem.

Nota: Já sabemos que se os pontos A e B forem coincidentes, o segmento AB é dito segmento nulo.

G1 – Segmentos colineares
Definição 6

Dois ou mais segmentos são colineares se, e somente se, estão contidos em uma mesma reta

$\overline{AB}$ e $\overline{BC}$ são colineares

$\overline{AB}$ e $\overline{AC}$ são colineares

$\overline{CD}$ e $\overline{EF}$ são colineares

$\overline{AB}$ e $\overline{DE}$ não são colineares

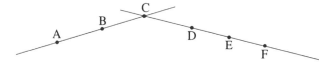

G2 – Segmentos consecutivos
Definição 7

Dois segmentos são consecutivos se, e somente se, eles têm uma extremidade em comum.

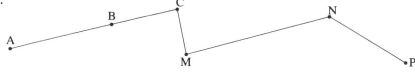

$\overline{AB}$ e $\overline{BC}$ são consecutivos
$\overline{AC}$ e $\overline{BC}$ são consecutivos
$\overline{MN}$ e $\overline{NP}$ são consecutivos
$\overline{BC}$ e $\overline{NP}$ não são consecutivos

Note que dois segmentos consecutivos podem ter outros pontos, além da extremidade, em comum: veja $\overline{AC}$ e $\overline{BC}$ por exemplo. Note, também que eles podem ser colineares ou não: $\overline{AB}$ e $\overline{BC}$ são colineares, $\overline{MN}$ e $\overline{NP}$ não são.

G3 – Segmentos adjacentes
Definição
Dois segmentos são adjacentes se, e somente se, a intersecção entre eles é um conjunto unitário cujo elemento é extremidade de ambos (têm uma extremidade em comum e apenas este ponto em comum).

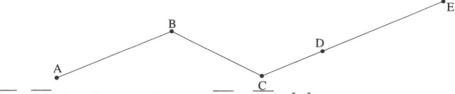

$\overline{AB}$ e $\overline{BC}$ são adjacentes (note que $\overline{AB} \cap \overline{BC} = \{B\}$)
$\overline{BC}$ e $\overline{CD}$ são adjacentes
$\overline{CD}$ e $\overline{DE}$ são adjacentes e colineares
$\overline{CE}$ e $\overline{ED}$ são colineares e são consecutivos mas não adjacentes.

G4 – Medida de um segmento e congruência de segmentos
A medida de um segmento e a congruência de segmentos são assuntos que, de forma rigorosa, são estudados em um curso de 3º grau. Em seguida, enunciaremos certas noções que ajudarão a esclarecer esses conceitos.

1) Escolhida uma unidade padrão (metro, jarda, pé, polegadas, etc) para medir segmentos e dados dois pontos A e B, existe um único número real não negativo α que expressa, na unidade escolhida, a medida do segmento $\overline{AB}$

A medida de um segmento AB é indicada por $m\left(\overline{AB}\right)$ ou por AB.

Se a unidade escolhida for o metro (m), indicamos: $m\left(\overline{AB}\right) = \alpha$ m ou AB = α m

2) Dados um número real não negativo α e uma semi-reta de origem **P**, existe um único ponto Q sobre esta semi-reta de modo que

$$m\left(\overline{PQ}\right) = \alpha \, m$$
$\quad\quad\uparrow \quad\quad\quad \uparrow$
$\quad$medida$\quad$ metro

Medir um segmento AB é comparar este segmento com outro, não nulo, escolhido como padrão. Encontrar a medida do segmento AB é determinar um número não negativo α, seguido do símbolo da unidade padrão escolhida, onde α representa "quantas vezes" a unidade padrão "cabe" no segmento AB.

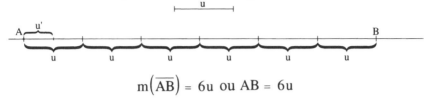

$$m(\overline{AB}) = 6u \text{ ou } AB = 6u$$

Se quisermos adotar uma outra unidade u', com $u' = \dfrac{u}{2}$ por exemplo, temos:

$$\left.\begin{array}{l} AB = 6u \\ u' = \dfrac{u}{2} \Rightarrow u = 2u' \end{array}\right\} \Rightarrow AB = 6(2u') \Rightarrow AB = 12\,u'$$

Note que se $\overline{AB}$ é nulo, então AB = 0.

Obs.:
Sendo, por exemplo, α m a medida de um segmento AB, note que $\alpha \in R_+$, isto é, $\alpha \geq 0$.

3) Dois segmentos $\overline{AB}$ e $\overline{CD}$ são congruentes se, e somente se, eles têm a mesma medida.
Para indicarmos que dois segmentos são congruentes, usamos o símbolo: $\cong$
Então: $\overline{AB} \cong \overline{CD} \Leftrightarrow m(\overline{AB}) = m(\overline{CD})$

4) **Postulado do transporte**

Dado um segmento $\overline{AB}$ e uma semi-reta de origem **P**, existe um único ponto **Q** sobre esta semi-reta de modo que $\overline{PQ} \cong \overline{AB}$

5) A congruência de segmentos satisfaz às propriedades:

a) Reflexiva: $\overline{AB} \cong \overline{AB}$

b) Simétrica: $\overline{AB} \cong \overline{CD} \Rightarrow \overline{CD} \cong \overline{AB}$

c) Transitiva: $\overline{AB} \cong \overline{CD} \wedge \overline{CD} \cong \overline{EF} \Rightarrow \overline{AB} \cong \overline{EF}$

G5 – Distância entre dois pontos

Dados dois pontos distintos A e B, o segmento $\overline{AB}$ (ou qualquer segmento congruente, a $\overline{AB}$) chama-se **distância geométrica** entre A e B. Por outro lado, a medida de $\overline{AB}$ chama-se **distância métrica** entre A e B.
Se A=B já sabemos que o segmento $\overline{AB}$ é chamado de segmento nulo. Neste caso a

distância entre A e B é nula.

$d_{A,B} = \overline{AB}$ ou $d_{A,B} = m(\overline{AB})$
(Distância geométrica)   (Distância métrica)

$A = B \rightarrow A = B \Rightarrow d_{A,B} = 0$

($d_{A,B}$ = distância entre os pontos A e B)

G6 – Comparação de segmentos

a) Considere sobre uma semi-reta de origem **P** os pontos S e Q
1º) Se S está entre P e Q, então $\overline{PS}$ é menor que $\overline{PQ}$
2º) Se Q está entre P e S, então $\overline{PS}$ é maior que $\overline{PQ}$
3º) Se Q coincide com S, então $\overline{PS}$ é igual a $\overline{PQ}$

$\overline{PS} < \overline{PQ}$ $\overline{PS} > \overline{PQ}$ $\overline{PS} = \overline{PQ}$

b) Dados dois segmentos $\overline{AB}$ e $\overline{CD}$ não nulos, considere sobre uma semi-reta de origem **P** os segmentos $\overline{PS}$ e $\overline{PQ}$ com $\overline{PS} \cong \overline{AB}$ e $\overline{PQ} \cong \overline{CD}$. Então:
$\overline{PS} < \overline{PQ} \Rightarrow \overline{AB} < \overline{CD}$
$\overline{PS} > \overline{PQ} \Rightarrow \overline{AB} > \overline{CD}$
$\overline{PS} = \overline{PQ} \Rightarrow \overline{AB} \cong \overline{CD}$

G7 – Ponto médio de um segmento.

Dado um segmento $\overline{AB}$ não nulo, o ponto M pertencente a $\overline{AB}$ é chamado ponto médio de $\overline{AB}$ se, e somente se, AM e MB são congruentes.

Note que as medidas de $\overline{AM}$ e $\overline{BM}$ são iguais.

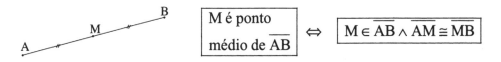

M é ponto médio de $\overline{AB}$ $\Leftrightarrow$ $M \in \overline{AB} \land \overline{AM} \cong \overline{MB}$

Obs.:

1) Se M é ponto médio de $\overline{AB}$, então AM = MB.

2) Usando a comparação de segmentos prova-se que um segmento tem um único ponto médio.

G8– Soma e diferença de segmentos

a) Se os segmentos $\overline{PS}$ e $\overline{SQ}$ são colineares, com S entre P e Q, então $\overline{PQ}$ é chamado soma dos segmentos $\overline{PS}$ e $\overline{SQ}$.

$$\overline{PQ} = \overline{PS} + \overline{SQ}$$

b) Dados dois segmentos $\overline{AB}$ e $\overline{CD}$ não nulos, o segmento $\overline{PQ}$ com S entre P e Q onde $\overline{PS} \cong \overline{AB}$ e $\overline{SQ} \cong \overline{CD}$ é chamado soma de $\overline{AB}$ com $\overline{CD}$

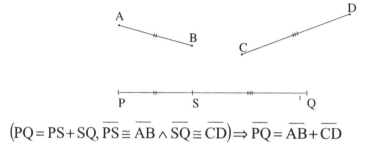

$$(PQ = PS + SQ, \overline{PS} \cong \overline{AB} \wedge \overline{SQ} \cong \overline{CD}) \Rightarrow \overline{PQ} = \overline{AB} + \overline{CD}$$

c) Se os segmentos $\overline{PS}$ e $\overline{PQ}$ são colineares, com Q entre P e S, então $\overline{QS}$ é chamado diferença entre $\overline{PS}$ e $\overline{PQ}$

$$\overline{QS} = \overline{PS} - \overline{PQ}$$

d) Dados dois segmentos $\overline{AB}$ e $\overline{CD}$ não nulos, com $\overline{AB} > \overline{CD}$, o segmento $\overline{QS}$ com Q entre P e S onde $\overline{PS} \cong \overline{AB}$ e $\overline{PQ} \cong \overline{CD}$ é chamado diferença entre $\overline{AB}$ e $\overline{CD}$

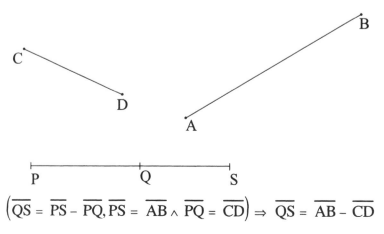

$$(\overline{QS} = \overline{PS} - \overline{PQ}, \overline{PS} = \overline{AB} \wedge \overline{PQ} = \overline{CD}) \Rightarrow \overline{QS} = \overline{AB} - \overline{CD}$$

Exercícios

1 Observe a figura dada e classifique com V (verdadeira) ou F (falsa) cada uma das sentenças a seguir: (Nesses exercícios "tipo V ou F" não escreva V ou F no livro; escreva os itens a) b) c) etc, no seu caderno, dê o valor V ou F que achar correto para cada item e, depois, compare a sua resposta com a do livro).

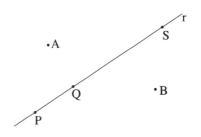

a) P ∈ r
b) A ∉ r
c) B ∈ r
d) S ∉ r
e) {P,Q} ⊂ r
f) {S,B} ⊂ r
g) r = $\overleftrightarrow{PQ}$
h) r = $\overleftrightarrow{AB}$
i) r = $\overleftrightarrow{QS}$

2 Classifique com V ou F:

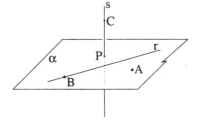

a) C ∈ s
b) P ∈ s
c) P ∈ r
d) P ∈ α
e) B ∉ s
f) B ∈ r
g) A ∉ s
h) A ∉ r
i) r ⊂ α
j) s ⊂ α
k) {A,P} ⊂ α
l) {C,P} ⊂ α

3 Complete com ∈, ∉, ⊂ ou ⊄ :
(Neste tipo de exercício, não complete no livro; escreva no seu caderno os itens a) b) c) etc, sem o conteúdo de cada item, responda cada um com o símbolo que achar correto e, depois, compare com a resposta do livro).

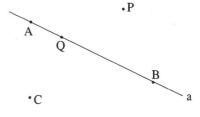

a) A ....a
b) B ....a
c) P ....a
d) C ....a
e) Q ....a
f) {A, Q} ....a
g) {P, C} ....a
h) {A, P} .... a
i) {A, B} .... a

4 Complete: (Não se esqueça: não complete no livro)

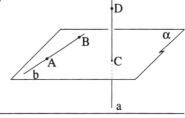

a) A ....a
b) A ....b
c) B ....α
d) B ....a
e) C ....a
f) C ....α
g) a ....α
h) b ....α
i) D ....α

5 Classifique com V (verdadeiro) ou F (falso):

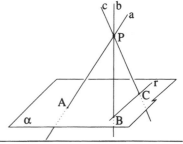

a) a ∩ α = {A}
b) b ∩ α = ∅
c) c ∩ α ≠ ∅
d) r ∩ α = r
e) r ∩ a = ∅
f) r ∩ b = ∅
g) r ∩ c = {C}
h) a ∩ b = {P}
i) c ∩ α = c
j) c ∩ α = r

6

Complete:

a) c ∩ d = {.....}   b) a ∩ b =
c) a ∩ d =   d) b ∩ c =
e) a ∩ c =   f) b ∩ d =
g) a ∩ α =   h) b ∩ α =
i) c ∩ α =   j) d ∩ α =

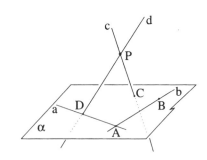

7

Classifique com V ou F:

a) α ∩ β = i   b) r ∩ s = {P}
c) a ∩ α = {A}   d) a ∩ β = {D}
e) b ∩ α = {D}   f) b ∩ β = b
g) a ∩ s = ∅   h) b ∩ r = {B}
i) r ∩ i = ∅   j) s ∩ i ≠ ∅
k) b ∩ i = {D}   l) a ∩ i = {D}

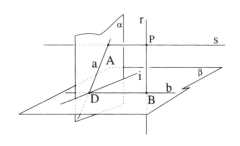

8

Complete:

a) r ∩ c =   b) r ∩ a =   c) r ∩ b =
d) r ∩ α =   e) r ∩ γ =   f) r ∩ β =
g) a ∩ b =   h) a ∩ c =   i) b ∩ c =
j) a ∩ β =   k) a ∩ γ =   l) a ∩ α =
m) a ∩ b ∩ c =   n) α ∩ β =   o) α ∩ γ =
p) β ∩ γ =   q) α ∩ β ∩ γ =

9

Dizer se a figura é plana ou espacial:

a) triângulo   b) círculo   c) esfera   d) quadrado

fig. ....   fig. ....   fig. ....   fig. ....

e) pirâmide triangular f) hexágono regular g) prisma triangular h) cone

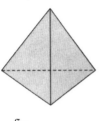
fig. ....

fig. ....

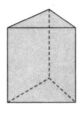
fig. ....

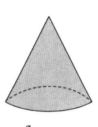
fig. ....

10 Na figura temos um cubo e as retas assinaladas. Classifique com V ou F:
(Cubo e paralelepípedo são estudados detalhadamente no livro de Geometria Espacial desta coleção, mas o conhecimento intuitivo que cada um tem das propriedades desses sólidos, possibilita que se resolva os exercícios de números 10 e 11)

a) a e b são retas paralelas
b) b e c são retas concorrentes
c) a e d são retas reversas
d) b e e são retas concorrentes
e) b e d são retas reversas
f) a e c são retas concorrentes
g) e e c são retas reversas
h) a e e são retas reversas
i) d e c são retas reversas

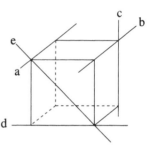

11 Complete com retas concorrentes, retas reversas ou retas paralelas, sabendo que na figura temos um paralelepípedo:

a) a e b são retas ....
b) a e c
c) a e d
d) a e t
e) a e r
f) a e s
g) b e d
h) b e t
i) r e s
j) r e t

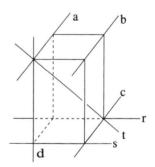

12 Dê o valor V ou F:

a) $\vec{AB} \cap \vec{BA} = \overline{AB}$
b) $\vec{AB} \cap \vec{CB} = \{B\}$
c) $\vec{AC} \cap t = \vec{AC}$
d) $\vec{BC} \cap \vec{CB} = \overline{BC}$
e) $\vec{AC} \cup \vec{CA} = \overleftrightarrow{AC}$
f) $\vec{AB} \cup \vec{BA} = r$

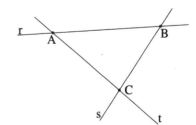

13 Complete

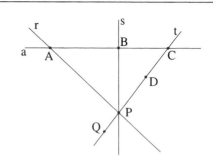

a) $\vec{DP} \cap \vec{PD} =$ b) $\overline{DQ} \cap \overline{PC} =$

c) $\overline{QP} \cup \overline{PD} =$ d) $\overline{PD} \cup \vec{DC} =$

e) $\overline{QP} \cap a =$ f) $\vec{QP} \cap a =$

g) $\vec{AC} \cap \vec{CB} =$ h) $\vec{CD} \cap r =$

i) $\vec{DP} \cap r =$ j) $\overline{AB} \cap t =$

14 Quantas semi-retas estão contidas em r, com origem em A ou em B, sendo $r = \overleftrightarrow{AB}$

15 Considere os pontos distintos A, B, C, e D de uma reta r

a) Quantas semi-retas com origem em um desses pontos estão contidas em r?
b) Quantos segmentos cujas extremidades são dois desses pontos, esses quatro pontos determinam?
c) Quantas retas esses pontos determinam?

16 Considere 3 pontos A, B e C não colineares:

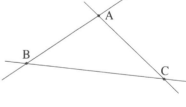

a) Quantas retas esses pontos determinam? Quais são elas?
b) Quantos segmentos esses pontos determinam? Quais são eles?
c) Quantas semi-retas, contidas nas retas por eles determinadas, com origem em um deles, esses pontos determinam?
d) Quantas semi-retas, contendo os segmentos determinados por esses pontos, com origem nesses pontos, esses pontos determinam? Quais são elas?

17 Classifique com V ou F as sentenças:

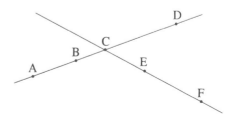

a) $\overline{AB}$ e $\overline{CD}$ são segmentos colineares
b) $\overline{AB}$ e $\overline{CD}$ são segmentos consecutivos
c) $\overline{AC}$ e $\overline{CD}$ são consecutivos
d) $\overline{AD}$ e $\overline{DC}$ são consecutivos
e) $\overline{AC}$ e $\overline{CD}$ são adjacentes
f) $\overline{CF}$ e $\overline{FE}$ são adjacentes
g) $\overline{AC}$ e $\overline{CE}$ são consecutivos
h) $\overline{BC}$ e $\overline{CF}$ são adjacentes

18 Complete (Lembre-se: não complete no livro)

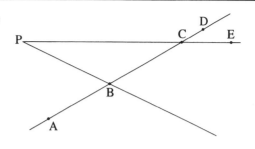

a) $\overline{AD}$ e $\overline{BC}$ são segmentos ...
b) $\overline{PC}$ e $\overline{CE}$ são ...
c) $\overline{PC}$ e $\overline{CB}$ são ...
d) $\overline{PE}$ e $\overline{EC}$ são ...
e) $\overline{AB}$ e $\overline{BC}$ são ...

19 Se M é o ponto médio do segmento $\overline{AB}$, classifique com V ou F as sentenças:

a) $\overline{AM} \cong \overline{MB}$ b) $\overline{AM} = \overline{MB}$
c) AM = MB d) AB = 2.AM
e) AM = $\frac{1}{2}$.MB f) BM = $\frac{1}{2}$.AB
g) AM + MB = AB h) AB − MB = AM

20 Complete:

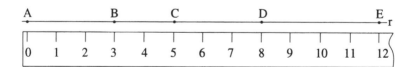

a) AB + BC = b) AC − BC = c) AD − CD =
d) AB + BC + CD = e) AC + CD + AB + BD =

21 Na figura foi colocada uma régua, cuja unidade é o centímetro (cm), para medir alguns segmentos sobre uma reta r. Encontre as medidas indicadas.

AB =   , AC =   , AD =   , AE =   , BC =
BD =   , BE =   , CD =   , CE =   , DE =

22 Utilizando uma régua encontre, em centímetros (cm), as medidas dos segmentos da figura:

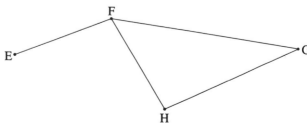

AB =   , BC =
CD =   , AC =
BD =   , AD =
EF =   , FG =
GH =   , FH =

23 Usando uma régua ou compasso ache o segmento congruente ao segmento indicado em cada item.

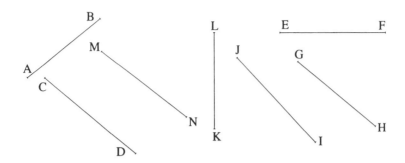

a) $\overline{AB} \cong$ b) $\overline{CD} \cong$ c) $\overline{LK} \cong$ d) $\overline{EF} \cong$ e) $\overline{JI} \cong$

24 Resolver

a) Se um segmento $\overline{AB}$ mede 5u e 20 u', quantos u' mede u?

b) Se $\overline{CD}$ mede 12 u e u = 5u', quantos u' mede $\overline{CD}$?

✓ Faça também os Exercícios de Fixação 40 → 44

25 Nos problemas de geometria, mesmo quando for possível, não é costume desenhar a figura em V.G. (verdadeira grandeza), nem em escala (medidas proporcionais às medidas reais). Portanto, quando dermos uma medida ou pedirmos uma medida, ela não foi e nem deve ser obtida com a escala de uma régua e sim através de um equacionamento.

Determine:
a) AC, BD e CE

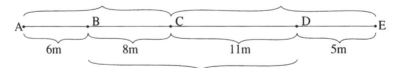

b) BC e BD

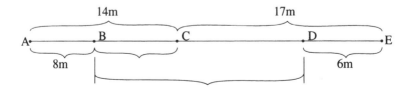

26 Desenhe, no seu caderno, segmentos com as seguintes medidas: 3,5 cm, 4,5 cm, 2,5 cm, 4 cm, 3,7 cm, 4,3 cm, 17 mm, 29 mm e 43 mm.

27 Sendo M o ponto médio do segmento $\overline{AB}$, determine:

a) AM e BM

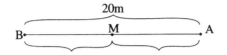

b) AM e AB

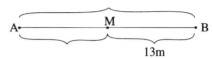

c) MB e PM

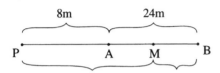

d) MP

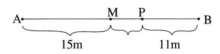

28 Quando em um problema não indicarmos a unidade, deve-se admitir que todos os números indicam medidas em uma mesma unidade. Se não houver possibilidade para confusão não usaremos a chave para indicar a medida do segmento. Determine x nos casos:

a)

b)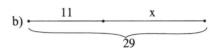

29 Determine o valor de x nos casos:
(Mesmo que você perceba o valor mentalmente, monte uma equação para achar o valor de x)

a)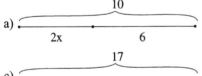

b)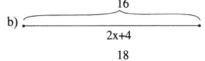

c)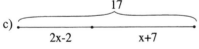

d)

30 Se AB = 24, determine x nos casos:

a)

b)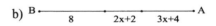

c)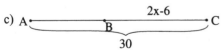

d)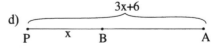

31 Se M é ponto médio de $\overline{AB}$, determine x nos casos:

a)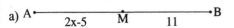

b)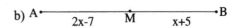

c)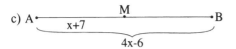

d)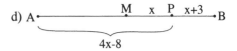

✓ **Faça também os Exercícios de Fixação 45 → 47**

32
Determine a medida do segmento $\overline{AB}$ sendo $x = 5$, nos casos:

a)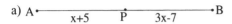

b)

33
Sendo M o ponto médio de $\overline{AB}$, determine AB nos casos:

a)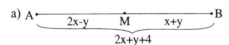

b)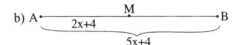

34
Determine AB nos casos:

a)

b)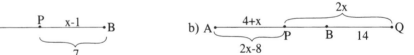

35
Determine x e y, sendo M ponto médio de AB, nos casos:

a)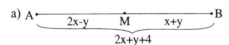

b)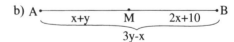

36
Determine AB sabendo que M é o ponto médio de $\overline{AB}$

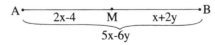

37
Os segmentos $\overline{AB}$ e $\overline{BC}$ são adjacentes colineares e M e N são, respectivamente, os pontos médios de $\overline{AB}$ e $\overline{BC}$. Determine MN sabendo que AC = 46 cm.

38 Se os segmentos $\overline{AB}$ e $\overline{BC}$ são adjacentes colineares e M e N, respectivamente, os pontos médios de $\overline{AB}$ e $\overline{BC}$, mostre que $MN = \dfrac{a-b}{2}$ onde AB = a e BC = b.

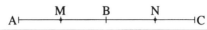

39 Se os segmentos $\overline{AB}$ e $\overline{BC}$ são colineares não adjacentes, com AB > BC, e M e N são, respectivamente, os pontos médios de $\overline{AB}$ e $\overline{BC}$, mostre que $MN = \dfrac{a-b}{2}$ onde AB = a e BC = b.
1º caso   2º caso

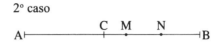

✓ Faça também os Exercícios de Fixação 48 → 56

Exercícios de Fixação

40 Classifique com V (verdadeira) ou F (falsa) as sentenças:

a) Numa reta há infinitos pontos
b) Num plano há infinitos pontos
c) Num plano há infinitas retas
d) Num segmento há infinitos pontos
e) Numa semi-reta há infinitos pontos
f) Numa reta há infinitos segmentos
g) Por um ponto passam infinitas retas
h) Por uma reta passam infinitos planos
i) Por dois pontos passa uma única reta
j) Por três pontos sempre passa uma reta
k) Por três pontos sempre passa um plano

41 Classifique com V ou F:

a) Duas retas concorrentes têm um ponto em comum.
b) Duas retas concorrentes têm um único ponto em comum.
c) Duas retas coincidentes têm um ponto em comum.
d) Duas retas paralelas distintas não têm ponto em comum.
e) Duas retas reversas não têm ponto em comum.
f) Se duas retas têm ponto em comum, então elas são concorrentes.
g) Se duas retas têm um único ponto em comum, então elas são concorrentes,
h) Se duas retas não têm ponto em comum, então elas são paralelas.
i) Se duas retas não têm ponto em comum, então elas são reversas.
j) Se duas retas têm ponto em comum, então elas são coincidentes ou elas são concorrentes.
k) Se duas retas não tem ponto em comum, então elas são paralelas ou elas são reversas.

42 Considere os pontos distintos A, B e C sobre uma reta r

a) Quantos segmentos esses pontos determinam? Quais são eles?
b) Quantas semi-retas esses pontos determinam?
c) Quantas retas esses pontos determinam?

43 Considere 4 pontos distintos A, B, C e D (evidentemente, de um plano, pois estamos estudando geometria plana) sendo que quaisquer que sejam três deles, eles não são colineares.
a) Quantas retas esses pontos determinam? Quais são elas?
b) Quantos segmentos esses pontos determinam? Quais são eles?
c) Quantas semi-retas há, com origem nesses pontos, contidas nas retas determinadas por eles?
d) Quantas semi-retas, cada uma delas contendo um dos segmentos determinados por esses pontos, há com origem nesses pontos? Quais são elas?

44 Resolver:
a) Se a medida de $\overline{AB}$ é 12u e u = $\frac{5}{3}$ u', quantos u' mede $\overline{AB}$?
b) Se $\overline{AB}$ mede 26 u' e u = $\frac{2}{5}$ u', quantos u mede $\overline{AB}$?

45 Se AB = 17, determine x nos casos:

a) A —— P —— B ; 2x - 5 ; x + 7

b) A —— P —— B ; 4x ; x + 2

c) AP = 5x + 3 e PB = 2x + 1
   A —— B —— P

46 Sendo M o ponto médio de $\overline{AB}$, determine x nos casos:

a) A —— M —— B ; 10 - x ; x + 2

b) A —— M —— B ; x + 4 ; Sendo: AB = 5x – 7

c) P —— B —— M —— A ; x + 5 ; 2x + 3 ; Sendo: AP = 7x – 3

d) A —— M —— P —— B ; x + 11 ; x - 4 ; x + 6

47 Se AB = 16, AD = 5x e CE = 3x – 4, determine x:

A —— B —— C —— D —— E ; x + 5 ; x - 1

48 Sabendo que x = 10, determine AB e AC

A —— B —— C ; 3x - 11 ; x - 2

49 Determine AB, sabendo que M é ponto médio de $\overline{AB}$, nos casos:

a) A———M———B
     5x - 7   2x + 5

b) A———M———B   Sendo: AB = 2x + 2
          7 - x

50 Sabendo que P é ponto médio de $\overline{AB}$ e PR = 8x − 3, determine PQ.

A———P———B———Q—R
   3x - 8   3x + 2   x + 12

51 Determine x e y sabendo que M é ponto médio de AB, nos casos:

a) A———M———B   Sendo: AB = 24
     x + y   2x - y

b) A———M———B   Sendo: AB = 4x + 7y
     3x + 2y   5x - 6

52 Se M é ponto médio de $\overline{AB}$ e AB = 3x − 2y, determine AB

A———M———B
   2x - 3y   12 - y

53 Dois segmentos $\overline{AB}$ e $\overline{BC}$ são colineares e AB = 24 cm e BC = 15 cm. Determine AC.

54 Os segmentos $\overline{AB}$ e $\overline{BC}$ são colineares, M é ponto médio de $\overline{AB}$, AB = 38 m e BC = 26 m. Determine MC.

55 Os segmentos $\overline{AB}$, $\overline{BC}$ e $\overline{CD}$ são colineares, AB = 12 m, BC = 56 m, CD = 15 m. Determine AD.

56 Os segmentos AB e BC são adjacentes colineares, M e N são os pontos médios, respectivamente de $\overline{AB}$ e $\overline{BC}$, MN = 24 m e MC = 30. Determine AB.

Exercícios Suplementares

57 Se o segmento AB mede 17 cm, determine o valor de x nos casos:

a)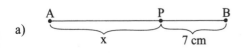

b)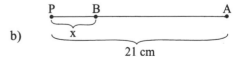

c) 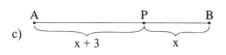   d)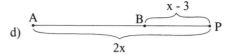

58 Se AB = 36 cm e a unidade das medidas indicadas na figura também é o cm, determine x nos casos:

a)    b)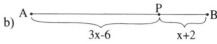

c) 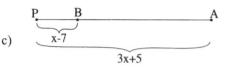   d)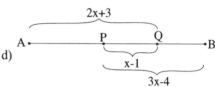

59 Determine, x sendo M o ponto médio de $\overline{AB}$:

a) 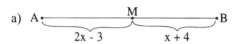   b)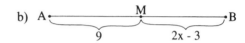

60 Determine PQ, sendo AB = 31:

a) 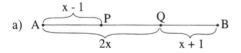   b)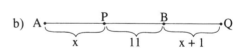

61 Determine AB, sendo M o ponto médio de $\overline{AB}$:

a) 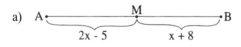   b)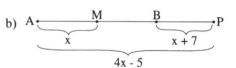

62 Determine x, sendo M o ponto médio de $\overline{AB}$ nos casos:

a) 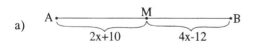   b)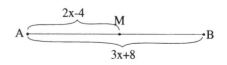

63 Determine AB, sendo M o ponto médio de $\overline{AB}$:

a) 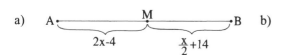   b)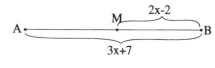

64 Se AB = 40 cm, determine PQ nos casos:

a) A —— P —— Q —— B, com 3x−2, 2x−4, x+4

b) P —— B —— Q —— A, com 2x−5 (de P a Q), x+7 (de Q a A), e 5x+17 total

65 Os pontos A, B, C e D estão, nesta ordem, em uma reta r. Se AB é o triplo de BC, CD excede BC em 5 cm e AD = 50 cm, determine BC.

66 Os pontos A, B, C, M e P estão sobre uma reta r, sucedendo-se na ordem AMBPC, onde M é ponto médio de AB. Determine AB sabendo que AC = 27, MP é o dobro de PC e que BP excede PC em 1.

67 Os pontos A, B, C e D estão em uma reta r sucedendo-se na ordem ACDB. Se AB = 51 cm, CD = 9 cm, determine a distância entre os pontos médios de $\overline{AC}$ e $\overline{BD}$.

68 A, B, C e D são pontos de uma reta com B entre A e C e C entre B e D. Sabendo que $\overline{AD}$ e $\overline{BC}$ têm o mesmo ponto médio, mostre que AB = CD.

69 Os pontos A, B e C estão nessa ordem sobre uma reta. Se M é ponto médio de AB e N o ponto médio de AC, mostre que $MN = \frac{1}{2}(AC - AB)$.

70 Os pontos A, B, C e D estão, nesta ordem, sobre uma reta. Se AD = a e BC = b, determine a distância entre os pontos médios de AB e CD.

71 Sendo M o ponto médio de um segmento $\overline{AB}$ e P um ponto de MB, mostre que $PM = \frac{1}{2}(PA - PB)$.

72 Sendo M o ponto médio de um segmento $\overline{AB}$ e P um ponto da reta determinada por A e B, com A entre P e B, mostre que $PM = \frac{1}{2}(PA + PB)$.

73 Os pontos A, B, C e D estão, nesta ordem, sobre uma reta r. Mostre que sendo M e N os pontos médios de AB e CD, então $MN = \frac{1}{2}(AC + BD)$.

Capítulo 2
Ângulos

A – Região convexa, região côncava

A1 – Região convexa
Uma região é chamada de convexa se, e somente se, o segmento determinado por dois pontos quaisquer dessa região estiver contido nela.

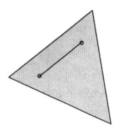
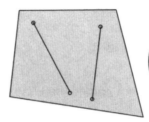

A2 – Região côncava
Uma região é chamada côncava se, e somente se, existir algum segmento de reta cujas extremidades pertencem a ela, mas não esteja contido nela.

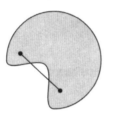

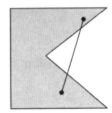

B – Ângulo

B1 – Definição
A união de duas semi-retas distintas não opostas de mesma origem chamamos ângulo. Considere as semi-retas $\vec{PA}$ e $\vec{PB}$ não colineares da figura. O conjunto-união dessas duas semi-retas é chamado ângulo. As semi-retas $\vec{PA}$ e $\vec{PB}$ são chamadas lados desse ângulo. O ponto P é chamado vértice desse ângulo.

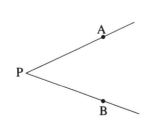

$\vec{PA}$ = lado;

$\vec{PB}$ = lado;

P = vértice

Indicação: $A\hat{P}B$ ou $B\hat{P}A$;

$A\hat{P}B = \vec{PA} \cup \vec{PB}$

B2 – Exterior e interior de um ângulo

Dos semiplanos abertos (semiplano menos a reta que é a sua origem) determinados pelas retas que contém os lados do ângulo, considere aqueles que não contém pontos do ângulo. O conjunto-união desses dois semiplanos é chamado **exterior do ângulo**. O conjunto complementar, em relação ao plano do ângulo, da união desse ângulo com o seu exterior é chamado **interior do ângulo**.

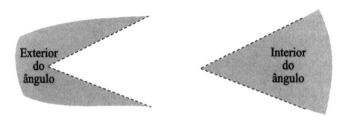

Note que a região interna de um ângulo é uma região convexa e que a região externa é uma região côncava.

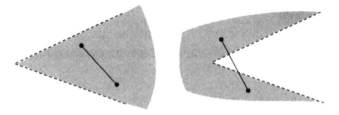

A união de um ângulo com a sua região interna chamamos setor angular.

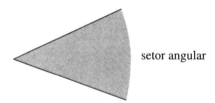

Obs.:
1) *Costumamos chamar um setor angular de ângulo convexo. Por um abuso de linguagem, costumamos chamar este setor angular simplesmente de ângulo (contrariando desta forma a definição).*
2) *A união de um ângulo com a sua região externa também pode ser chamada ângulo côncavo.*

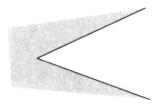

3) Embora na definição, os lados do ângulo não possam ser semi-retas opostas, costumamos chamar de **ângulo raso** a união de duas semi-retas opostas.

 AP̂B é raso

E a união de duas semi-retas coincidentes chamamos de ângulo nulo.

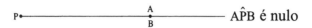 AP̂B é nulo

B3 – Semi-reta interna a um ângulo
Uma semi-reta é interna a um ângulo quando tem origem no vértice do ângulo e pontos internos do ângulo pertencem a ela.

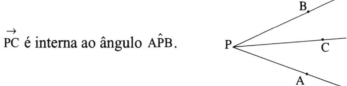

$\overrightarrow{PC}$ é interna ao ângulo AP̂B.

B4 – Ângulos consecutivos
Dois ângulos são consecutivos quanto têm o mesmo vértice e têm um lado em comum.

AP̂B e BP̂C são consecutivos (têm o lado PB comum). Note que neste caso eles têm apenas os pontos de um lado em comum.

RD̂T e RD̂S são consecutivos (têm o lado RD comum). Note que neste caso eles têm também pontos internos em comum.

B5 – Ângulos adjacentes
Dois ângulos são chamados adjacentes se são consecutivos e não têm pontos internos em comum.

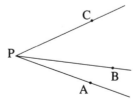

AP̂B e BP̂C são adjacentes.
AP̂B e AP̂C são consecutivos e não são adjacentes.

B6 – Medida de um ângulo (em graus)

Assim como para as medidas de segmentos, o tratamento rigoroso das medidas dos ângulos é feito em um curso de 3º grau.

Entre as unidades escolhidas como padrão, o **grau** (com os seus submúltiplos), o **grado** e o **radiano,** o grau é a mais usual. Então, por enquanto, vamos caracterizar somente a medida de um ângulo em graus.

A medida de um ângulo, em graus, é um número entre 0º e 180º que satisfaz a propriedade:

"Dado um ângulo APD existe um único número α que está entre 0º e 180º que é a medida em grau deste ângulo APB.

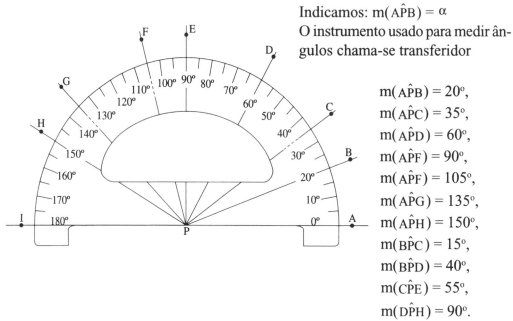

Indicamos: $m(A\hat{P}B) = \alpha$
O instrumento usado para medir ângulos chama-se transferidor

$m(A\hat{P}B) = 20º$,
$m(A\hat{P}C) = 35º$,
$m(A\hat{P}D) = 60º$,
$m(A\hat{P}F) = 90º$,
$m(A\hat{P}F) = 105º$,
$m(A\hat{P}G) = 135º$,
$m(A\hat{P}H) = 150º$,
$m(B\hat{P}C) = 15º$,
$m(B\hat{P}D) = 40º$,
$m(C\hat{P}E) = 55º$,
$m(D\hat{P}H) = 90º$.

Lembrando a extensão da definição de ângulos, podemos dizer que um ângulo raso mede 180º e que o ângulo nulo mede 0º.

Isto é: $m(A\hat{P}I) = 180º$ e $m(A\hat{P}A) = 0º$

B7) Ângulos congruentes

Dois ângulos são congruentes se, e somente se, têm a mesma medida.

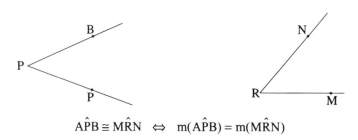

$A\hat{P}B \cong M\hat{R}N \Leftrightarrow m(A\hat{P}B) = m(M\hat{R}N)$

OBS.:
1) Quando não houver motivo para confusão, indicaremos um ângulo apenas com a letra do vértice.

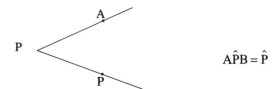

$$A\hat{P}B = \hat{P}$$

2) Quando formos indicar a medida de um ângulo costumamos colocar um arco, centrado no vértice, que vai de um lado ao outro do ângulo, com a medida próxima ao arco.

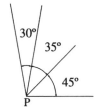

B8 – Bissetriz de um ângulo
Definição
É uma semi-reta interna a esse ângulo, com origem no vértice desse ângulo, que determina com os lados dois ângulos adjacentes congruentes.

Outro modo: "É uma semi-reta com origem no vértice, interna ao ângulo que o divide em duas partes iguais".

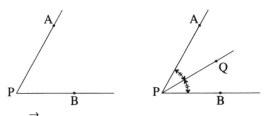

$\vec{PQ}$ é bissetriz de $A\hat{P}B \Rightarrow Q\hat{P}A \cong Q\hat{P}B$

B9 – Postulado do transporte
Dado um ângulo $M\hat{R}N$ e um semiplano de origem a e uma semi-reta $\vec{PA}$ contida em a, existe uma única semi-reta $\vec{PB}$ deste semiplano de modo que $A\hat{P}B$ seja congruente a $M\hat{R}N$.

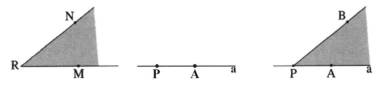

B10 – Comparação

a) Considere sobre um semiplano, cuja origem contém uma semi-reta $\vec{PA}$, as semi-retas $\vec{PB}$ e $\vec{PC}$ não contidas na origem desse semiplano.

Se $\vec{PB}$ for interna ao ângulo $A\hat{P}C$, então $A\hat{P}B < A\hat{P}C$
Se $\vec{PC}$ for interna ao ângulo $A\hat{P}B$, então $A\hat{P}B > A\hat{P}C$
Se $\vec{PC}$ for coincidente com $\vec{PB}$, então $A\hat{P}B = A\hat{P}C$

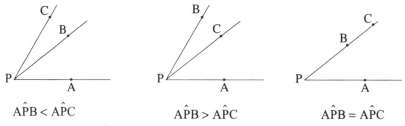

$A\hat{P}B < A\hat{P}C$ $A\hat{P}B > A\hat{P}C$ $A\hat{P}B = A\hat{P}C$

b) Dados dois ângulos $M\hat{N}R$ e $F\hat{G}H$, considere num mesmo semiplano com origem na reta $\overleftrightarrow{PA}$ as semi-retas $\vec{PB}$ e $\vec{PC}$ de modo que $P\hat{A}B \cong M\hat{N}R$ e $P\hat{A}C \cong F\hat{G}H$
Então:

$P\hat{A}B < P\hat{A}C \Rightarrow M\hat{N}R < F\hat{G}H$
$P\hat{A}B > P\hat{A}C \Rightarrow M\hat{N}R > F\hat{G}H$
$P\hat{A}B = P\hat{A}C \Rightarrow M\hat{N}R \cong F\hat{G}H$

B11 – Retas perpendiculares e ângulo reto
Definição

Note que as quatro semi-retas, determinadas em duas retas concorrentes pelo ponto de intersecção, determinam quatro ângulos formando 4 pares de ângulos adjacentes. Se dois desses ângulos adjacentes forem congruentes, essas retas são chamadas **retas perpendiculares** e esses ângulos serão chamados **ângulos retos**.

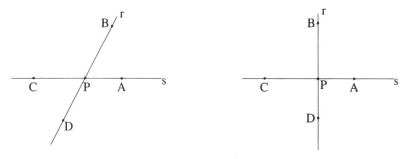

$A\hat{P}B$ e $B\hat{P}C$ são adjacentes $A\hat{P}B \cong B\hat{P}C \Rightarrow r$ e s são perpendiculares

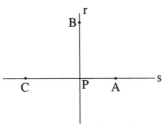

r e s são perpendiculares $\Rightarrow$ A$\hat{P}$B e B$\hat{P}$C são ângulos retos

Obs.:
1) *Quando duas retas r e s forem perpendiculares indicaremos este fato da seguinte maneira: $r \perp s$.*
2) *Quando um ângulo for reto colocaremos um quadradinho apoiado sobre os lados, com um ponto no centro, para indicar este fato na figura.*

A$\hat{P}$B *é reto*

3) *Um grau (1°) pode ser definido como: (1°) = 1/90 (medida do ângulo reto)]
Note então que a medida de um ângulo reto é 90°.*

B12 – Ângulo agudo e ângulo obtuso
Definição

Se um ângulo não nulo for menor que um ângulo reto, ele é chamado **ângulo agudo** e se um ângulo não raso for maior que um ângulo reto ele é chamado **ângulo obtuso**.

A$\hat{P}$B < ângulo reto $\Rightarrow$ A$\hat{P}$B é agudo   A$\hat{P}$B > ângulo reto $\Rightarrow$ A$\hat{P}$B é obtuso

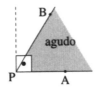 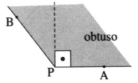

B13 – Soma e diferença de dois ângulos
Definição

a) Considere dois ângulos adjacentes A$\hat{P}$B e B$\hat{P}$C, de modo que A$\hat{P}$C também seja um ângulo. Nestas condições, A$\hat{P}$C é chamado soma de A$\hat{P}$B com B$\hat{P}$C.

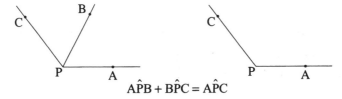

A$\hat{P}$B + B$\hat{P}$C = A$\hat{P}$C

b) A soma de dois ângulos quaisquer, se for um ângulo, é igual a soma de dois ângulos adjacentes congruentes a eles.

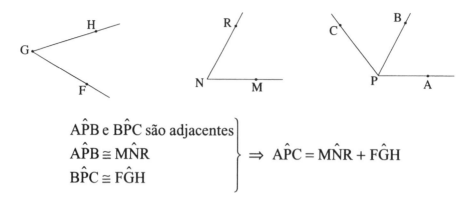

$$\left.\begin{array}{l} A\hat{P}B \text{ e } B\hat{P}C \text{ são adjacentes} \\ A\hat{P}B \cong M\hat{N}R \\ B\hat{P}C \cong F\hat{G}H \end{array}\right\} \Rightarrow A\hat{P}C = M\hat{N}R + F\hat{G}H$$

c) considere dois ângulos consecutivos não adjacentes $A\hat{P}B$ e $B\hat{P}C$ com $A\hat{P}B > B\hat{P}C$. O ângulo $A\hat{P}C$ é chamado diferença entre os ângulos $A\hat{P}B$ e $B\hat{P}C$.

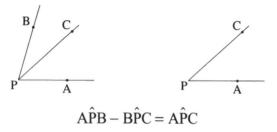

$$A\hat{P}B - B\hat{P}C = A\hat{P}C$$

d) A diferença entre dois ângulos quaisquer diferentes é igual a diferença entre os ângulos consecutivos não adjacentes congruentes a eles.

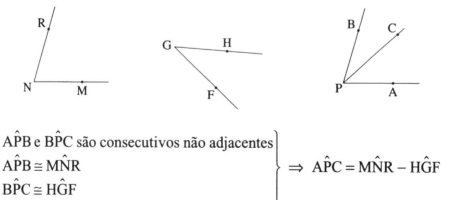

$$\left.\begin{array}{l} A\hat{P}B \text{ e } B\hat{P}C \text{ são consecutivos não adjacentes} \\ A\hat{P}B \cong M\hat{N}R \\ B\hat{P}C \cong H\hat{G}F \end{array}\right\} \Rightarrow A\hat{P}C = M\hat{N}R - H\hat{G}F$$

B14 – Ângulos complementares e ângulos suplementares

a) Dois ângulos são **complementares** quando a soma de suas medidas for 90°. Cada um deles é chamado complemento do outro.

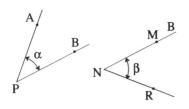

$\alpha + \beta = 90°$ ⇔ $A\hat{P}B$ e $M\hat{N}R$ são complementares

b) Dois ângulos são **adjacentes complementares** quando são adjacentes e a sua soma é um ângulo reto.

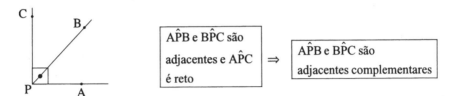

c) Dois ângulos são **suplementares** quando a soma de sua medidas for 180°. Cada um deles é chamado suplemento do outro.

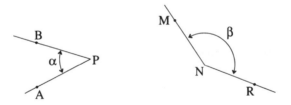

$\alpha + \beta = 180°$ ⇔ $A\hat{P}B$ e $M\hat{N}R$ são suplementares

d) Dois ângulos são **adjacentes suplementares** se são adjacentes e os lados não em comum são semi-retas opostas.

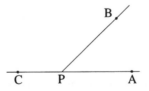

$A\hat{P}B$ e $B\hat{P}C$ são adjacentes e A, P e C são colineareares ⇔ $A\hat{P}B$ e $B\hat{P}C$ são adjacentes suplementares

Lembre-se: $A\hat{P}C$ pode ser chamado **ângulo raso**.

Quando dois ângulos são **adjacentes suplementares,** dizemos que eles formam um **par linear** e reciprocamente

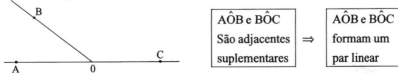

Obs.:
1) Quando dois ângulos são complementares dizemos que um é o complemento do outro.
2) Quando dois ângulos são suplementares dizemos que um é o suplemento do outro.
3) Muitas vezes, para simplificar os enunciados vamos identificar um ângulo com a sua medida.
Exemplos:
30° e 60° são complementares
80° e 100° são suplementares
20° é o complemento de 70° e 70° é o complemento de 20°
60° é o suplemento de 120° e 120° é o suplemento de 60°
4) Um ângulo (setor angular) raso é igual a soma de dois ângulos (setores angulares) retos. Muitas vezes, principalmente nos problemas, deixamos um pouco o rigor de lado e usamos a expressão **ângulo** com o mesmo sentido de **setor angular**.

B15 – Ângulos opostos pelo vértice
Definição
a) Dois ângulos não adjacentes determinados por duas retas concorrentes são chamados **opostos pelo vértice**.

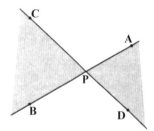

AP̂D e BP̂C são opostos pelo vértice
AP̂C e BP̂D são opostos pelo vértice

b) Teorema 1: "Se dois ângulos são opostos pelo vértice, então eles são congruentes."

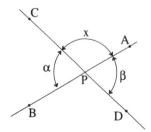

AP̂D e BP̂C são opostos pelo vértice ⇒ AP̂D ≅ BP̂C

Demonstração

Sejam α e β as medidas desses ângulos.

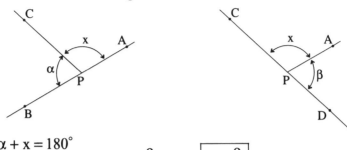

Note que: $\begin{cases} \alpha + x = 180° \\ \beta + x = 180° \end{cases} \Rightarrow \alpha + x = \beta + x \Rightarrow \boxed{\alpha = \beta}$

$\alpha = \beta \Rightarrow A\hat{P}D \cong B\hat{P}C$

Obs.: Como dois ângulos congruentes têm medidas iguais, podemos dizer que dois ângulos opostos pelo vértice têm medidas iguais. (Este fato já foi usado na demonstração).

B16 – Submúltiplos do grau

Usaremos dois submúltiplos do grau para medir ângulos: o minuto e o segundo

Símbolos: 1 minuto = 1';   1 segundo = 1"

As relações entre o grau, o minuto e o segundo são as seguintes:

$\boxed{1° = 60'}$ e $\boxed{1' = 60''}$

Note que: $1° = 60' = 60 \times (1') = 60 \times (60'') = 3600''$

$\boxed{1° = 60' = 3600''}$

Exemplos:

A metade de 4° é 2° $\left(\dfrac{4°}{2} = 2°\right)$

A metade de 1° = a metade de 60'= 30' $\left(\dfrac{1°}{2} = \dfrac{60'}{2} = 30'\right)$

A metade de 1' = a metade de 60''= 30'' $\left(\dfrac{1'}{2} = \dfrac{60''}{2} = 30''\right)$

A metade de 5° é a metade de: 4° + 1° = 2° + a metade e 60' = 2° + 30'. Que escrevemos: 2°30'.

$\left(\dfrac{5°}{2} = \dfrac{4°+1°}{2} = 2°+\dfrac{1°}{2} = 2°+\dfrac{1°}{2} = 2°+\dfrac{60°}{2} = 2°+30° = 2°30'\right)$

A metade de 9° = 4° 30'

A metade de 4° 30' = 2° 15'

A metade de 2° 15' = $\dfrac{2°14'+1'}{2}$ = 1°7' + $\dfrac{1'}{2}$ = 1° 7'30"

B17 – Operações

a) Simplificação de medidas

Para simplificarmos medidas de ângulos, quando são resultados de adições ou de produto por número inteiro, basta lembrarmos que 60" = 1' e 60' = 1°.
Veja os exemplos:

1°) 2° 60' = 2° + 1° = 3°
3°) 6° 40' 60" = 6° 41'
5°) 89° 59' 60" = 89° 60' = 90°
7°) 130" = 120" + 10" = 2' 10"
9°) 50° 58' 350"
    50° 58' 300" + 50"
    50° 58' 5' + 50"
    50° 63' 50"
    50' 1° + 3' 50 = 51° 3' 50"

2°) 5° 60' = 6°
4°) 7° 59' 60" = 7° 60" = 8°
6°) 70' = 60' + 10' = 1° 10'
8°) 8° 70' = 8° 60' + 10' = 9° + 10'
10°) 30° 118' 550"
    30° 118' 540" + 10"
    30° 118' + 9' + 10"
    30° 127' 10"
    30° 2° + 7' 10" = 32° 7' 10"

Quando o número for grande divide-se por 60, mas não pode "cortar" os zeros:

$$954' \Rightarrow \left(\begin{array}{c|c} 954' & 60 \\ 54' & 15° \end{array} \text{ não há zeros para cortar} \right) \Rightarrow 954' = 15°54'$$

$$950' \Rightarrow \left(\begin{array}{c|c} 950' & 60 \\ 50' & 15° \end{array} \text{ Se cortasse zeros o resto seria 5'. Que é errado.} \right) \Rightarrow 950' = 15°50'$$

b) Adição

Basta somar graus com graus, minutos com minutos, segundos com segundos e depois simplificar, se for possível, o resultado.
Exemplos:

1°) $(32° \ 40' \ 30") + (40° \ 10' \ 40")$

$\begin{cases} 32° \ 40' \ 30" \\ 40° \ 10' \ 40" \end{cases}$

  72° 50' 70" = 72° 51' 10"

2°) $(42° \ 40' \ 30") + (48° \ 45' \ 50") =$
  = 90° 85' 80" = 90° 86' 20" =
  = 91° 26' 20"

c) Subtração

Basta subtrair graus de graus, minutos de minutos e segundos de segundos. As vezes temos que transformar 1° em 60' ou 1' em 60" (ou ambos) para efetuar a subtração.

Exemplos:

1º) $(30° \ 45' \ 50'') - (15° \ 20' \ 30'')$

$\begin{cases} 30° \ 45' \ 50'' \\ 15° \ 20' \ 30'' \end{cases}$
$\overline{}$
$\quad 15° \ 25' \ 50''$

2º) $30° - (20° \ 50') =$
$(29° \ 60') - (20° \ 50') =$
$= 9° \ 10'$

3º) $(29° \ 48') - (20° \ 30' \ 50'') =$
$(29° \ 47' \ 60'') - (20° \ 30' \ 50'') =$
$9° \ 17' \ 10''$

4º) $80° - (50° \ 30' \ 45'') =$
$(79° \ 60') - (50° \ 30' \ 45'') =$
$(79° \ 59' \ 60'') - (50° \ 30' \ 45'') =$
$= 29°29'15''$

d) Multiplicação por um número natural

Basta multiplicar o número natural pelos graus, minutos e segundos, quando for o caso, e depois, se for possível, simplificar o resultado.

Exemplos:

1º) $2 . (5° \ 35' \ 45'')$
$10° \ 70' \ 90'' =$
$10° \ 71' \ 30'' =$
$11° \ 11' \ 30''$

2º) $5 . (15° \ 45' \ 50'')$
$75° \ 225' \ 250'' =$
$75° \ 229' \ 10''$
$78° \ 49' \ 10''$

e) Divisão por número natural

Basta dividir graus, minutos e segundos pelo número natural sendo que se der resto em:

i) graus, transformar em minutos (multiplicando o resto por 60), soma com os minutos já dados e efetue a divisão dos minutos resultantes pelo número natural dado.

ii) minutos, transformar em segundos (multiplicando o resto por 60), soma com os segundos resultantes pelo número natural dado.

iii) segundos, coloque vírgula e encontre os décimos de segundo, centésimos de segundos, etc.

Exemplos:

1º) $(36° \ 24' \ 39'') : 3$

$\begin{array}{r|l} 36°24' \ 39'' & 3 \\ \hline & 12° \ 8' \ 13'' \end{array}$

2º) $(81° \ 46' \ 15'') : 3$

$\begin{array}{cccc|l} 81° & 46' & 15'' & & 3 \\ 21° & 16' & \dfrac{60''}{75''} & & 27° \ 15' \ 25'' \\ & \underline{1'} & 15'' & & \\ 0 & 1'=60'' & 0 & & \end{array}$

3º) $(72° \ 88' \ 45"):5$

```
    72°          58'      45"   | 5
    22°         120'     180"   14° 35' 45"
    ___         178'     ___
     2°          28'     225"
   _____        3'      25"
   2° = 120'   _____      0
               3' = 180"
```

4º) $(49° \ 51' \ 49"):5$

```
    49°         51'      49"    | 5
     4°        240'      60"    9° 58' 21,8"
   _____    _____     _____
   4° = 240'   291'     109"
                41'      09"
                 1'       4"
              _____   _____
              1' = 60"   40"
```

Exercícios

74 Dizer se é região convexa ou região côncava a região dada nos casos:

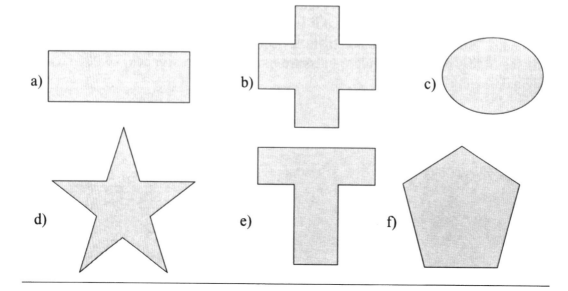

75 Classifique com V (verdadeira) ou F (falsa) as sentenças: (Já dissemos que os exercícios não devem ser feitos no livro)

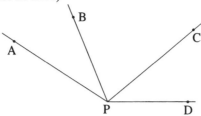

a) APB e BPC são consecutivos   b) APB e BPC são adjacentes
c) APC e BPC são consecutivos   d) APC e BPC são adjacentes
e) APB e CPD são consecutivos   f) APC e BPD são consecutivos

76 Completar: (para simplificar vamos fazer m(APB) = APB)
(Não é para completar no livro)

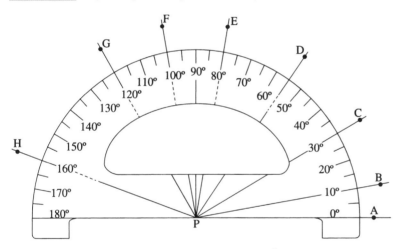

a) APB =
b) APC =
c) APD =
d) APE =
e) APF =
f) APG =
g) APH =
h) BPC =
i) BPD =
j) CPD =
k) CPE =
l) DPE =
m) DPF =
n) DPG =
o) DPH =
p) EPH =
q) EPG =
r) FPH =

77 Completar:

a) APD =   b) APB =
c) APF =   d) APE =
e) APG =   f) BPD =
g) BPC =   h) BPF =
i) BPE =   j) BPG =
k) CPA =   l) CPD =
m) CPF =   n) CPG =
o) CPE =   p) DPF =
q) DPG =   r) DPE =
s) EPG =   t) EPF =

78 Com o auxílio do transferidor, encontre as medidas indicadas nos ângulos:

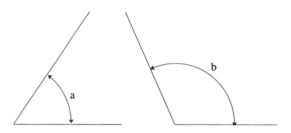

79 Determine as medidas dos seguintes ângulos:

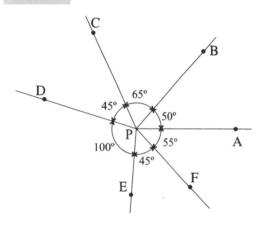

a) $A\hat{P}C =$
b) $A\hat{P}D =$
c) $A\hat{P}E =$
d) $B\hat{P}D =$
e) $B\hat{P}F =$
f) $B\hat{P}E =$
g) $C\hat{P}E =$
h) $C\hat{P}F =$

80 Determine as medidas dos **ângulos côncavos** indicados:

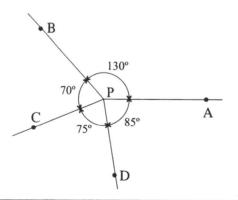

a) $A\hat{P}D =$
b) $A\hat{P}C =$
c) $A\hat{P}B =$
d) $B\hat{P}D =$
e) $B\hat{P}C =$
f) $B\hat{P}A =$
g) $C\hat{P}D =$

81 Utilizando o transferidor encontre o ângulo congruente ao ângulo indicado em cada item

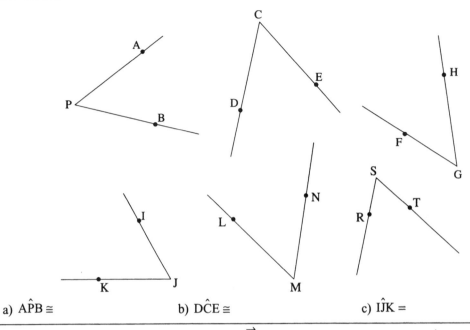

a) $A\hat{P}B \cong$ b) $D\hat{C}E \cong$ c) $I\hat{J}K =$

82 Usando o transferidor dizer se $\overrightarrow{PM}$ é bissetriz ou não do ângulo $A\hat{P}B$ nos casos:

a)   b)   c)

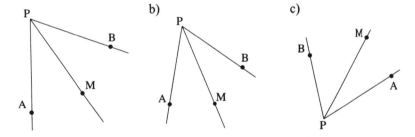

83 Medir os ângulos adjacentes complementares nos casos:

a)   b)

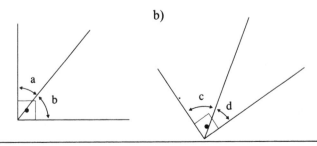

84 Medir os ângulos adjacentes suplementares nos casos:

a)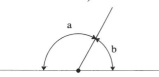
b)

85 Determine as medias indicadas nas figuras:

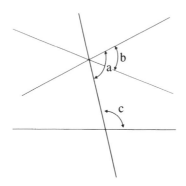
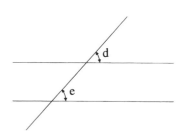

86 As medidas a, b, c, ... são as medidas dos ângulos assinalados nas figuras. Completar com (=) ou com (+ = 180°)

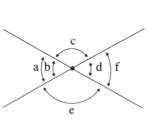
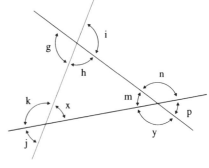

a	b	a	c	a	d	a	e
a	f	b	c	b	d	b	f
c	d	c	e	c	f	d	e
d	f	e	f	g	h	g	i
h	i	m	p	m	y	m	n
n	y	n	p	y	p	x	k
x	j	j	k				

Exercícios de Matemática - Vol. 6   51

87 Quando for possível obter as incógnitas através de um equacionamento, que é o caso desse exercício, isto significa que a figura não está em verdadeira grandeza. As medidas indicadas devem ser usadas para se obter as equações. (Não se deve usar o transferidor.)
Determinar os valores das incógnitas nos casos:

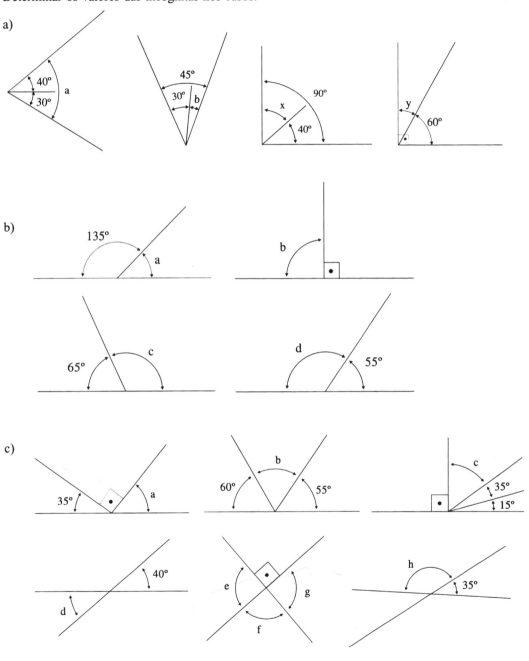

88 Determine os valores das incógnitas:

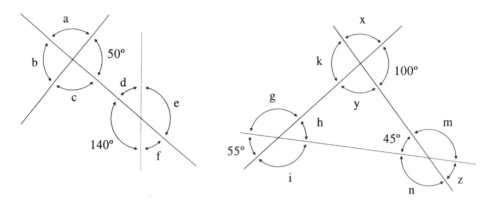

89 Determine o valor de x nos casos:

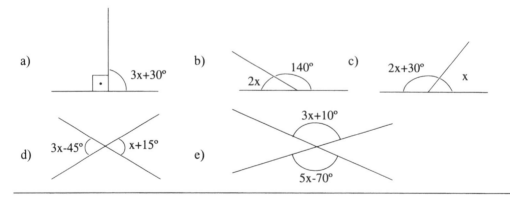

90 Determine o valor de x sabendo que em cada caso $\vec{PQ}$ é bissetriz de $A\hat{P}B$:

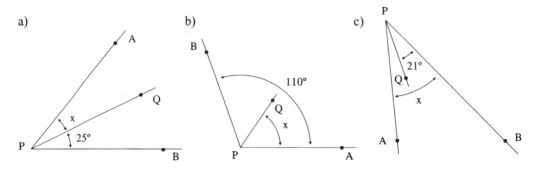

Exercícios de Matemática - Vol. 6   53

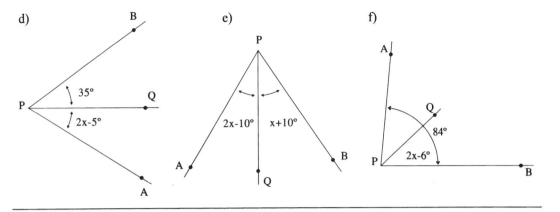

✓ Faça também os Exercícios de Fixação 120 → 122

91   Determine as incógnitas no casos:

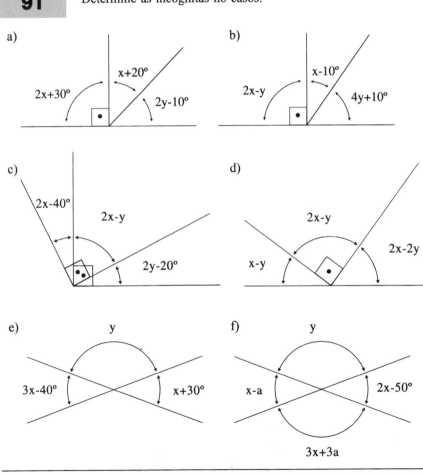

92 Determine o valor de a nos casos:

a)
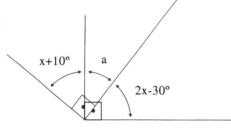

b)
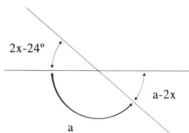

c)
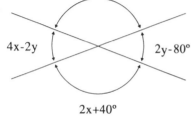

93 Sendo $\overrightarrow{PQ}$ a bissetriz de $A\hat{P}B$, determine a nos casos:

a)
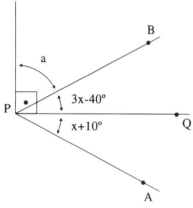

b)
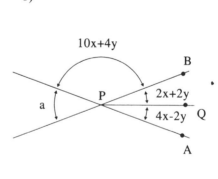

94 Se $\overrightarrow{OP}$ e $\overrightarrow{OQ}$ são bissetrizes dos ângulos $A\hat{O}B$ e $B\hat{O}C$, determinar $P\hat{O}Q$ nos casos:

a) $m(A\hat{O}C) = 134°$
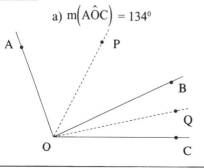

b)
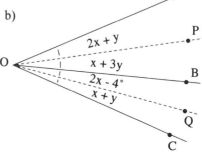

95 Determinar o ângulo formado pelas bissetrizes de dois ângulos adjacentes:

a) complementares   b) suplementares

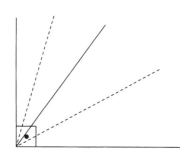
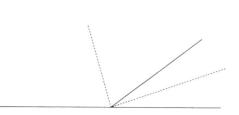

96 Se os ângulos $A\hat{P}B$ e $B\hat{P}C$ são consecutivos e $m(A\hat{P}B) = 100^0$ e $m(B\hat{P}C) = 30^0$, quanto mede $A\hat{P}C$?

97 Se os ângulos $A\hat{O}B$ e $B\hat{O}C$ são consecutivos e $\vec{OP}$ e $\vec{OQ}$ são respectivamente as suas bissetrizes, determine a medida de $P\hat{O}Q$, sabendo que $A\hat{O}B = 100^0$ e $B\hat{O}C = 40^0$.

98 Se $\vec{OP}$ e $\vec{OQ}$ são respectivamente as bissetrizes dos ângulos $A\hat{O}B$ e $B\hat{O}C$ e $A\hat{O}B = a$, $B\hat{O}C = b$, com $a > b$ e $P\hat{O}Q = x$ mostre que:

a) Se $A\hat{O}B$ e $B\hat{O}C$ são adjacentes, então: $x = \dfrac{a+b}{2}$

b) Se $A\hat{O}B$ e $B\hat{O}C$ são consecutivos não adjacentes, então: $x = \dfrac{a-b}{2}$

✓ Faça também os Exercícios de Fixação 123 → 126

99 Lembrando que 1° = 60' (1 grau = 60 minutos), transformar as medidas em graus em medidas em minutos:

a) 1° =   b) 2° =   c) 3° =   d) 4° =   e) 5° =
f) 6° =   g) 7° =   h) 8° =   i) 9° =   j) 10° =

100 Lembrando que 1' = 60" (1 minuto = 60 segundos), transformar as medidas em minutos em medidas em segundos:

a) 1' =   b) 2' =   c) 3' =   d) 4' =   e) 5' =

101 Transformar em segundos as seguintes medidas:

a) 40' =   b) 50' =   c) 60' =   d) 130' =
e) 1° =   f) 2° =   g) 3° =   h) 5° =

102 Transformar em minutos:

a) 1° 30' =
b) 2° 45' =
c) 3° 50' =
d) 40° 40' =
e) 50° 30' =
f) 60° 55' =

103 Transformar em segundos:

a) 2'45" =
b) 5'50" =
c) 6'50" =
d) 3°50" =
e) 5°45" =
f) 9°55" =
g) 1°10'30" =
h) 2°40'50" =
i) 3°20' 35"=

104 Transformar em graus as medidas:

a) 60' =
b) 120' =
c) 180' =
d) 240'=
e) 900' =
f) 2700' =
g) 1500' =
h) 3600' =

105 Transformar em minutos as seguintes medidas:

a) 120"=
b) 1200"=
c) 300"=
d) 540"=
e) 720"=
f) 1500" =
g) 4500"=
h) 7200"=

106 Transformar em graus as seguintes medidas:

a) 3600"=
b) 4200' =
c) 18000"=
d) 3300' =
e) 54000" =
f) 180000"=
g) 57600" =
h) 172800"=

107 Simplificar as seguintes medidas:

a) 3° 50' 60"
b) 5° 48' 120"
c) 49° 59' 60"
d) 79° 59' 60"
e) 30°58' 120"
f) 80° 57' 180"
g) 15° 80'
h) 29° 90'
i) 19° 45' 130"
j) 20° 50' 250"
k) 50° 59' 150"
l) 100° 58' 320"

108 Efetuar a adição nos casos:

a) (50° 30'10") + (40° 20' 30")
b) (40° 10' 35") + (5° 40' 45")
c) (30° 50' 45") + (20° 40' 55")
d) (35° 39' 44") + (30° 20' 16")

109 Efetuar as subtrações:

a) (50° 52' 35") - (40° 50' 30")
b) 40° - (25° 45')
c) (35° 40' 30") - (30° 30' 50")
d) 90° - (50° 20' 35")

110 Efetuar as multiplicações:

a) 3 (10° 21' 15")
b) 4 (20° 30' 20")
c) 10 (13° 25' 19")
d) 8 (15° 25' 30")

111 Efetuar as divisões:

a) (48° 42' 30") : 6
c) (108° 54' 40") : 5

b) (24° 14' 18") : 3
d) (132° 33' 22") : 5

---

112 Para simplificar os enunciados vamos identificar ângulo com a sua medida. Complete:

a) O complemento de 10° é _____
b) O suplemento de 20° é _____
c) O suplemento de 100° é _____
d) O complemento de 35° é _____
e) O complemento de 25° 30' é _____
f) O suplemento de 50° 45' é _____

---

113 Se dois ângulos são complementares e um deles mede

a) 30°, então o outro mede _____
b) 45°, então o outro mede _____
c) 85°, então o outro mede _____
d) 15°, então o outro mede _____
e) 35° 40', então o outro mede _____
f) 71° 30'50", então o outro mede _____

---

114 Se dois ângulos são suplementares então, se

a) um mede 40°, o outro mede _____
b) um mede 50°, o outro mede _____
c) um mede 75°, o outro mede _____
d) um mede 25°, o outro mede _____
e) um mede 50° 35', o outro mede _____
f) um mede 101° 36'54", o outro mede _____

---

115 Sendo x a medida de um ângulo, indicar o que se pede nos casos:

a) o dobro dessa medida:
b) o triplo dessa medida:
c) o quádruplo dessa medida:
d) a metade dessa medida:
e) a quarta parte dela:
f) dois terços dela:
g) três quintos dela:
h) cinco oitavos dela:
i) o complemento dessa medida:
j) o suplemento dela:

---

116 Representando por x a medida de um ângulo, representar:

a) o dobro do complemento desse ângulo:
b) o complemento do dobro desse ângulo:
c) o triplo do suplemento desse ângulo:
d) o suplemento do quíntuplo desse ângulo:
e) a metade do complemento desse ângulo:
f) o suplemento da terça parte desse ângulo:
g) $\frac{2}{5}$ do complemento desse ângulo:
h) $\frac{3}{4}$ do suplemento do triplo desse ângulo:
i) o complemento do suplemento desse ângulo:
j) o dobro do suplemento do complemento desse ângulo:
k) o complemento do complemento desse ângulo:
l) a metade desse ângulo somada com 30°:
m) a metade desse ângulo somado com 30°:

117 Em cada caso determine o ângulo em questão: (mesmo que perceber o resultado mentalmente, monte uma equação para encontrá-lo).
a) o dobro desse ângulo mede 150°
b) o seu complemento mede 70°
c) o suplemento do dobro desse ângulo mede 80°
d) a terça parte do complemento do dobro desse ângulo mede 10°
e) o suplemento do dobro do complemento desse ângulo mede 44°
f) a metade do complemento da terça parte do suplemento do dobro desse ângulo mede 40°

118 Dois ângulos são complementares; determine-os nos casos:

a) a diferença entre eles é 10° b) um é o dobro do outro

c) um é igual a $\frac{2}{3}$ do outro d) o suplemento de um é igual a $\frac{5}{4}$ do complemento do outro

119 Dois ângulos são suplementares; determine-os nos casos:

a) a diferença entre eles é 30° b) um excede o outro em 50°

c) a razão entre eles é $\frac{1}{3}$ d) o suplemento do complemento de um deles excede o outro em 50°

✓ Faça também os Exercícios de Fixação 127 → 130

Exercícios de Fixação

120 Determinar o valor das incógnitas nos casos:

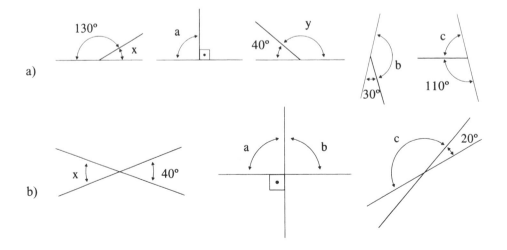

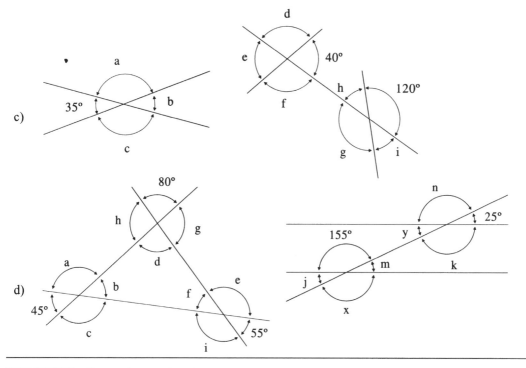

121
Determine o valor de x nos casos:

a)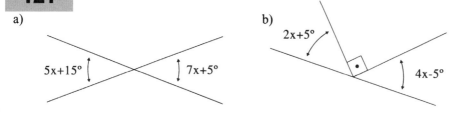

b)

122
Determine o valor de x nos casos:

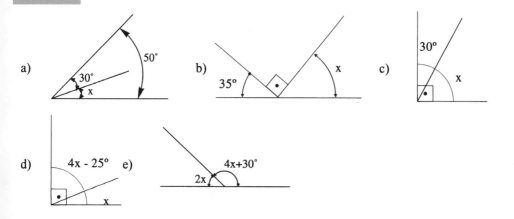

123 Determine x e y nos casos:

a)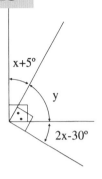

b)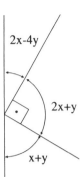

124 Determine x nos casos:

a)

b)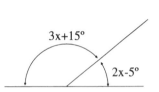

c)

125 Determine x e y nos casos:

a)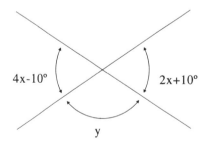

b)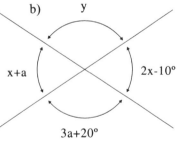

126 Se $\overrightarrow{OP}$ é bissetriz de $A\hat{O}B$ determine x e $A\hat{O}B$

a)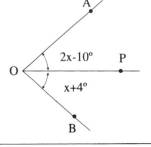

b)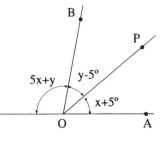

127 Simplificar as seguintes medidas:
(Dar a resposta na forma de número misto: graus, minutos, segundos)

a) 50° 70'80"   b) 20° 130' 190"   c) 18° 320'200"   d) 45° 450' 580"
e) 90° 25355"   f) 1250'18225"   g) 42855"   h) 4° 3700' 2750"

128 Efetuar:

a) (50° 35'28") + (31° 52'47")   b) (30° 28'35") - (20° 47'52")
c) 8.(15° 37'55")   d) (17° 37'51") : 3
e) 92° - (30° 48'59")   f) 15. (5° 38'53")
g) (47° 48'33") : 5   h) (100° 10'20") - (29° 35'58")
i) (39° 54'49") : 4   j) (120° 31'50") - (100° 41'56")

129 Determine:

a) o complemento de 32°   b) o suplemento de 96°
c) o dobro do complemento de 41°   d) o suplemento do triplo de 34°
e) o suplemento do complemento de 12°   f) o complemento do suplemento de 115°
g) dois terços do suplemento da metade do complemento de 30°

h) a terça parte do complemento de $\dfrac{2}{5}$ do suplemento do triplo de 50°

130 Resolver:

a) A diferença entre dois ângulos suplementares é 10°, determine-os.
b) Dois ângulos são complementares e a diferença entre os seus complementos é 40°, determine-os.
c) A diferença entre um ângulo e o seu complemento é 60°, determine esse ângulo.
d) O suplemento de um ângulo é igual ao quíntuplo da metade do complemento desse ângulo, determine esse ângulo.
e) A diferença entre o suplemento e o dobro do complemento de um ângulo é um ângulo reto. Determine esse ângulo.
f) A metade de um ângulo somada com o seu complemento dá 70°. Determine esse ângulo.
g) A metade de um ângulo somado com 120° é igual a metade do seu suplemento somada com 30°. Determine-o
h) O triplo do complemento de um ângulo é igual a metade do suplemento desse ângulo, quanto mede esse ângulo?

Exercícios Suplementares

131 Simplifique as seguintes medidas:

a) 30°70'   b) 45°150'   c) 65°39'123"   d) 110°58'300"   e) 30°56'240"

132 Determine as somas:

a) 30°40' + 15°35'   b) 10°30'45" + 15°29'20"

133 Determine as diferenças:

a) 20°50'45" - 5°45'30"   b) 31°40' - 20°45'
c) 90°15'20" - 45°30'50"   d) 90° - 50°30'45"

134 Determine os produtos:

a) 2 x (10°35'45")   b) 5 x (6°15'30")

135 Determine as divisões:

a) (46°48'54") : 2   b) (31°32'45") : 3   c) (52°63'42") : 5

136 Determine o valor de x nos casos:

a) 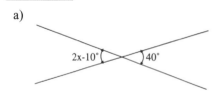   b)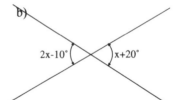

137 Determine o valor de α nos casos:

a) 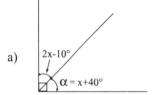   b) 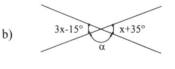   c)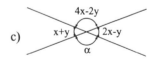

138 Se $\overrightarrow{OP}$ é bissetriz de $A\hat{O}B$, determine x nos casos:

a) 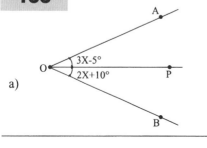   b)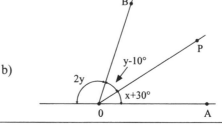

139 Da figura sabemos que $\vec{OP}$ e $\vec{OQ}$ são bissetrizes de $A\hat{O}B$ e $B\hat{O}C$. Determine $P\hat{O}Q$.

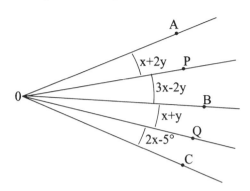

140 $\vec{OA}, \vec{OB}$ e $\vec{OC}$ são semi-retas coplanares, $m(A\hat{O}B) = 40°$ e $m(B\hat{O}C) = 60°$. Determine a medida de $A\hat{O}C$

141 A razão entre as medidas de dois ângulos é $\dfrac{3}{4}$ e a diferença entre eles é 15°, quais são as medidas desses ângulos?

142 Quatro semi-retas com origem num ponto P, determinan quatro ângulos, com no máximo um lado em comum, cujas medidas são proporcionais a 2, 3, 4 e 6. Determine as medidas desses ângulos.

143 Dois ângulos adjacentes medem 78° e 44°, quanto mede o ângulo formado pelas suas bissetrizes?

144 Dois ângulos consecutivos não adjacentes medem 138° e 40°, quanto mede o ângulo formado pelas suas bissetrizes?

145 Dois ângulos consecutivos medem 120° e 50°, quanto mede o ângulo formado pelas bissetrizes desses ângulos?

146 A soma de dois ângulos adjacentes é 172°, quanto mede o ângulo formado pelas suas bissetrizes?

147 A diferença de dois ângulos consecutivos não adjacentes é 72°, quanto mede o ângulo formado pelas suas bissetrizes?

148 As bissetrizes de dois ângulos consecutivos formam um ângulo de 46° e um deles mede 30°, quanto mede o outro?

149 $A\hat{O}B$ e $B\hat{O}C$ são ângulos adjacentes e $A\hat{O}B$ é o triplo de $B\hat{O}C$. Determinar $A\hat{O}B$ e $B\hat{O}C$ sendo $m(A\hat{O}C) = 104°$

150 A$\hat{O}$B e B$\hat{O}$C são ângulos consecutivos e A$\hat{O}$B é o quádruplo de B$\hat{O}$C. Sendo m$(A\hat{O}C) = 135°$, determine A$\hat{O}$B e B$\hat{O}$C.

Capítulo 3
Paralelismo

A – Definição de retas paralelas

Duas retas são paralelas se, e somente se, são coincidentes ou são coplanares e não têm ponto em comum.

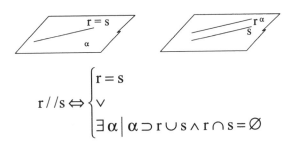

$$r//s \Leftrightarrow \begin{cases} r = s \\ \vee \\ \exists \alpha \mid \alpha \supset r \cup s \wedge r \cap s = \emptyset \end{cases}$$

Obs.:
1. Note que retas paralelas podem ter ponto em comum. É o caso das retas coincidentes.
2. Note que retas que não têm ponto em comum, nem sempre são paralelas. É o caso das retas reversas.
3. Duas semi-retas são paralelas quando estão contidas em retas paralelas.
   Dois segmentos são paralelos quando estão em retas paralelas. Uma semi-reta e um segmento são paralelos quando estão em retas paralelas. Sendo r // s temos:

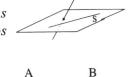

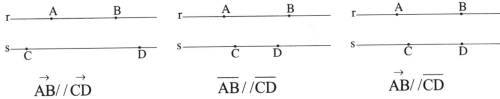

$\vec{AB} // \vec{CD}$ $\overline{AB} // \overline{CD}$ $\vec{AB} // \overline{CD}$

Da mesma forma, um segmento ou uma semi-reta pode ser paralela a uma reta:
$\overline{AB}//s$ e $\vec{AB}//s$.

B – Ângulos de duas retas e uma transversal

Dadas duas retas **r** e **s**, paralelas ou não, cortadas por uma transversal, os ângulos determinados por elas são assim denominados:

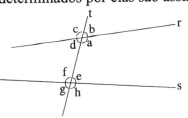
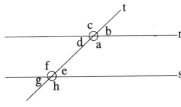

São chamados **alternos internos** os seguintes pares de ângulos: **(a e f)** e **(d e e)**.
São chamados **alternos externos** os pares: **(b e g)** e **(c e h)**
São chamados **colaterais internos** os pares: **(a e e)** e **(d e f)**
São chamados **colaterais externos** os pares: **(b e h)** e **(c e g)**
São chamados **correspondentes** os pares: **(b e e)**, **(a e h)**, **(d e g)** e **(c e f)**

C - Existência de paralelas

Teorema

Se duas retas cortadas por uma transversal determinam ângulos alternos internos congruentes, então elas são paralelas.

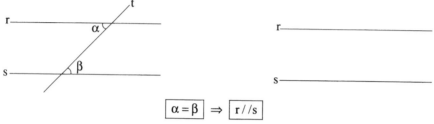

Este mesmo teorema pode ainda ser enunciado dos seguintes modos:
a. Ângulos alternos externos congruentes $\Rightarrow$ r e s são paralelas
b. Ângulos correspondentes congruentes $\Rightarrow$ r e s são paralelas
c. Ângulos colaterais internos suplementares $\Rightarrow$ r e s são paralelas
d. Ângulos colaterais externos suplementares $\Rightarrow$ r e s são paralelas

a) $\alpha = \beta \Rightarrow r//s$

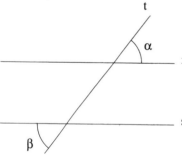

b) $\alpha = \beta \Rightarrow r//s$

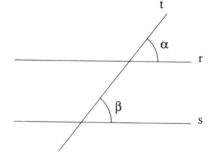

c) $\alpha + \beta = 180° \Rightarrow r//s$

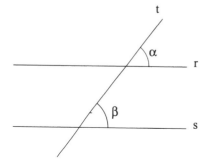

d) $\alpha + \beta = 180° \Rightarrow r//s$

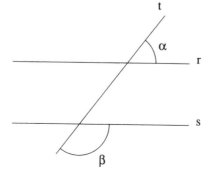

Por que na demonstração desse teorema usamos outros que serão vistos mais a frente, ele será demonstrado no capítulo 7.

Teorema – Existência por um ponto

Dadas uma reta r e um ponto P, existe uma reta s que passa por P e é paralela à r.

1ª Parte: Construção

Traçamos por P uma reta t que seja concorrente com r. Seja α um dos ângulos determinados por **r e t**

Traçamos por P uma reta s que determina com t um ângulo β, congruente a α, de modo que α e β sejam correspondentes. (Esta construção está justificada no capítulo 7).

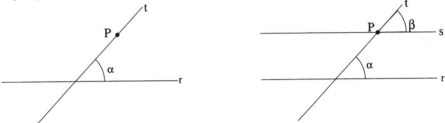

2ª Parte: Demonstração de que s // r

De acordo com o teorema: "Se duas retas cortadas por uma transversal formam ângulos correspondentes congruentes, então elas são paralelas", podemos afirmar que s é paralela a r.

D – Postulado de Euclides ou Postulado das Paralelas

"Dada uma reta e um ponto, a paralela a esta reta por este ponto é única".

Este postulado, em outras palavras, afirma que: Dados uma reta r e um ponto P, se a e b passam por P e ambas são paralelas a r, então a e b são coincidentes:

$$a//r, b//r, P \in a, P \in b \Rightarrow a = b$$

De acordo com o teorema anterior e o postulado das paralelas podemos escrever: "Dados uma reta e um ponto, **existe** uma **única** reta que passa pelo ponto e é paralela à reta dada".

E – Outros Teoremas:

Já vimos que: "Se duas retas e uma transversal determinam ângulos alternos internos congruentes, então elas são paralelas". O teorema seguinte é o recíproco dele.

Teorema

Se duas retas paralelas distintas são cortadas por uma transversal, então dois ângulos alternos internos obtidos são congruentes.

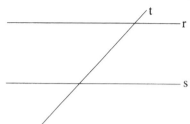
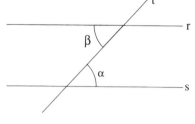

$$r//s \Rightarrow \alpha = \beta$$

Demonstração:

Vamos provar por **redução ao absurdo**

Vamos admitir que α e β sejam diferentes e ver o que ocorre:
1. Seja P o ponto onde as retas r e t se interceptam.
2. Vamos construir uma reta r' que passa por P e determina com t um ângulo β', congruente a α, de modo que β' e α sejam alternos internos. Como β ≠ β' obtemos que r' ≠ r.

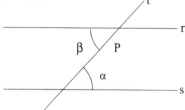
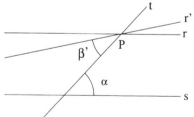

3. Como β' e α são congruentes, de acordo com o teorema: "Se duas retas cortadas por uma transversal determinam ângulos alternos internos congruentes, então elas são paralelas", podemos afirmar que r' e s são paralelas.
4. Note, então, que as retas distintas r' e r passam por P e ambas são paralelas a s, o que é um absurdo contra o **Postulado de Euclides**. Então, quando admitimos que α ≠ β, chegamos a um absurdo. Então α tem que ser congruente a β.

Este teorema pode ser ainda enunciado dos seguintes modos:
a) As retas r e s são paralelas ⇒ ângulos alternos externos são congruentes
b) As retas r e s são paralelas ⇒ ângulos correspondentes são congruentes
c) As retas r e s são paralelas ⇒ ângulos colaterais internos são suplementares
d) As retas r e s são paralelas ⇒ ângulos colaterais externos são suplementares

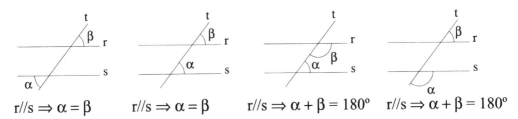

Teorema – Transitividade do paralelismo entre retas (no plano)
Se duas retas são paralelas a uma terceira, então essas duas retas são paralelas.

a//r, b//r ⇒ a//b

Demonstração – Vamos provar por redução ao absurdo
(Na geometria plana devemos considerar as três retas num mesmo plano. O que é o nosso caso)

Vamos admitir que as retas a e b, coplanares, tenham ponto em comum. Como elas são distintas (se forem coincidentes elas são, por definição, paralelas e não há nada para demonstrar) e têm um ponto em comum, então por este ponto passam duas retas distintas, ambas paralelas a reta r, o que é um absurdo contra o **Postulado das Paralelas**. Então as retas **a** e **b** não podem ter ponto comum. Como a e b são coplanares e não têm ponto em comum, elas são paralelas.

De acordo com o teorema acima e a definição de paralelas, podemos dizer que para o paralelismo de retas em um plano são válidas as propriedades:

  reflexiva: a // a
  simétrica: a // b ⇒ b // a
  transitiva: a // b, b // c ⇒ a // c

Teorema – Se duas retas são paralelas e uma reta é concorrente com uma, então ela é concorrente com a outra também.

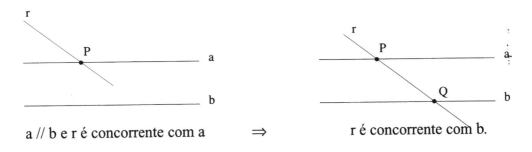

a // b e r é concorrente com a   ⇒   r é concorrente com b.

Demonstração – Note que **a** e **r** sendo concorrentes, então elas são distintas. Vejamos agora se **b** e **r** podem não ter ponto em comum. Se **b** e **r** não têm ponto em comum e são coplanares, então **b** e **r** são paralelas. Então as retas **a** e **r** são retas distintas que passam por um ponto P e são ambas paralelas à reta **b**, o que é um absurdo contra o Postulado de Euclides. Então **b** e **r** têm que ter ponto em comum. Isto é: **b** e **r** são concorrentes também.

F – Semi-retas de mesmo sentido e de sentidos opostos.

Definições:

1) Duas semi-retas contidas em uma mesma reta têm o **mesmo sentido**, quando a intersecção delas for uma delas e têm **sentidos opostos** quando a intersecção delas for o **conjunto vazio** ou **um ponto** ou **um segmento**.

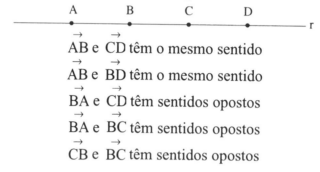

2) Duas semi-retas contidas em retas paralelas distintas têm o **mesmo sentido**, quando estão num mesmo semi-plano com origem na reta r que passa pelas suas origens e têm sentidos opostos quando estão em semi-planos opostos em relação a mesma reta **r**.

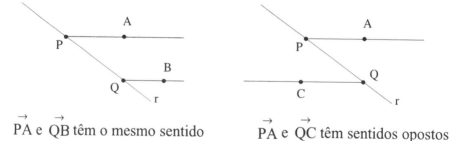

Teorema – Ângulos com lados respectivamente paralelos são congruentes ou suplementares. Vamos aqui considerar apenas os casos em que os lados paralelos estão contidos em retas paralelas distintas. Temos três casos:

1. Caso: Os lados de um têm o mesmo sentido que os lados do outro. **Neste caso eles são congruentes**.

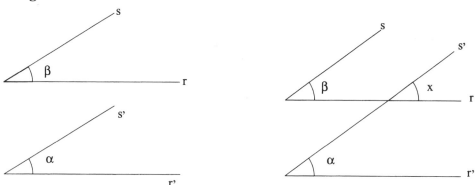

Como os lados de um são paralelos aos lados do outro, se considerarmos as retas paralelas que contêm dois lados (r e r') e a reta (s') que contém um outro lado, obtemos um ângulo x que é correspondente com α. Logo: $\alpha = x$. Da mesma forma, s // s' e r é transversal, obtemos que β e x são correspondentes. Logo: $\beta = x$. De $\alpha = x$ e $\beta = x$ obtemos que $\alpha = \beta$.

2. Caso: Os lados de um têm sentidos opostos aos lados do outro. **Neste caso eles são congruentes**.

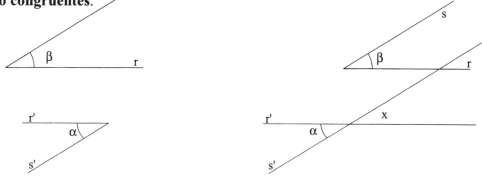

Basta considerarmos o ângulo x oposto pelo vértice com α (pode ser com β). Como x e β têm lados com mesmo sentido, de acordo com o 1º caso, $x = \beta$. Agora, de $\alpha = x$ e $x = \beta$ obtemos: $\alpha = \beta$.

3. Caso: Um lado de um tem o mesmo sentido que um lado do outro e os outros lados têm sentidos opostos. **Neste caso eles são suplementares**.

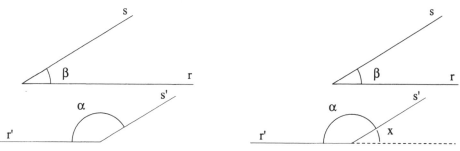

Basta considerarmos o ângulo x, adjacente suplementar de α (pode ser de β). Como x e β têm lados com mesmo sentido, de acordo com o 1º caso, x = β. Agora, de x = β e α + x = 180° obtemos: α + β = 180°

Exercícios

151 Dizer se são **correspondentes, alternos internos, alternos externos, colaterais internos** ou **colaterais externos** os seguintes pares de ângulos:

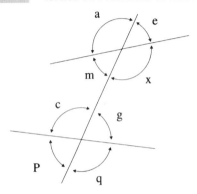
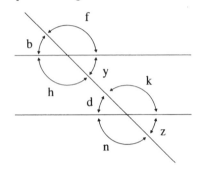

a) m , g	b) x , g	c) x , c	d) e , p	e) e , g
f) x , q	g) a , p	h) m , p	i) a , q	j) m , c
k) a , c	l) e , q	m) f , n	n) f , k	o) f , z
p) y , k	q) y , d	r) y , z	s) b , z	t) b , d
u) b , n	v) n , h	w) k , h	x) d , h	

152 Dizer se as retas **r** e **s** são paralelas ou não nos casos:

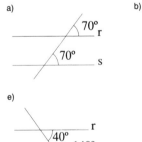
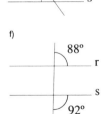
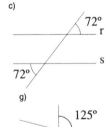
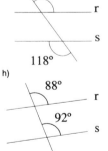

Exercícios de Matemática - Vol. 6

Sendo r e s retas paralelas, dizer se são congruentes ou suplementares os ângulos dados, nos casos:

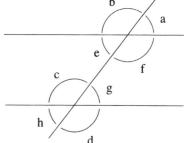

a) a , g b) a , h c) a , d
d) a , e e) a , b f) b , h
g) b , c h) b , d i) e , f
j) e , g k) e , c l) e , h
m) f , c n) f , g o) f , d

154 Dadas duas retas paralelas distintas cortadas por uma transversal, então:

a) Dois ângulos alternos internos (ou externos) são ....
b) Dois ângulos correspondentes são...
c) Dois ângulos colaterais internos (ou externos) são ....

155 Determinar as incógnitas nos casos, sabendo que r e s são paralelas

a)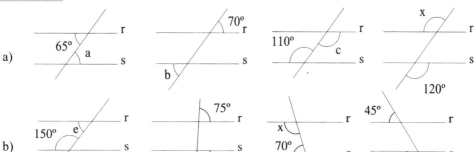

b)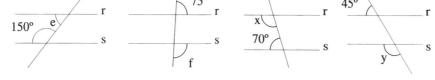

c)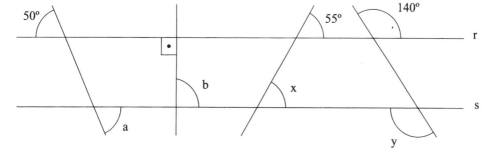

d)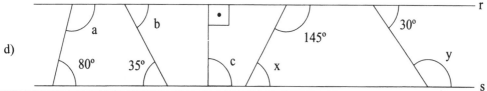

✓ **Faça também os Exercícios de Fixação 168 → 171**

156 Indique nas figuras os valores dos ângulos assinalados, sabendo que r e s são paralelas.

a)
b)
c)
d)
e)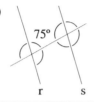
f)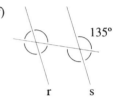

157 As retas r, s, t e u são paralelas entre si. Indique nas figuras as medidas dos ângulos assinalados.

158 As retas r, s e t são paralelas. Dizer se são congruentes ou suplementares os ângulos, nos casos:

a) a, e	b) b, e	c) b, d
d) c, g	e) b, j	f) b, h
g) c, h	h) i, f	i) p, n
j) p, x	k) p, y	l) p, l
m) o, k	n) n, l	o) x, k
p) x, l	q) x, y	r) y, z
s) y, q	t) q, k	u) k, m
w) k, z	v) y, n	x) n, k

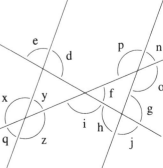

159 Determinar o valor da incógnita:

a) r//s

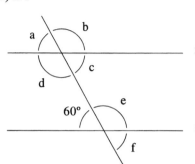

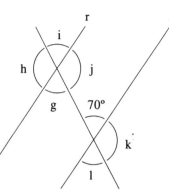

b) r // s, t //u

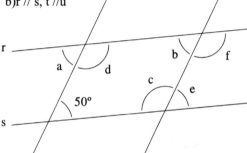

160 As retas r e s são paralelas. Determinar x:

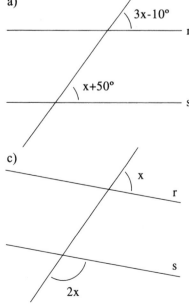

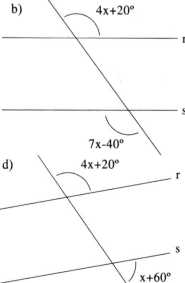

Determinar os valores das incógnitas sabendo que r e s são paralelas:

a)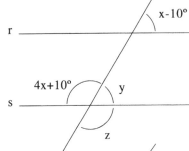

b)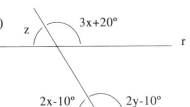

c)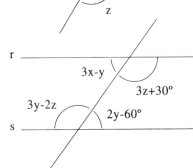

d)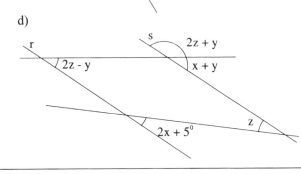

162 Indique na figura o valor dos ângulos assinalados. (Considere que são paralelas as retas com setas).

a)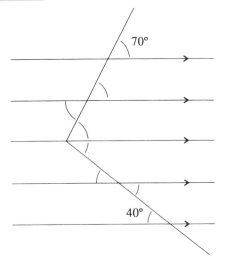

b)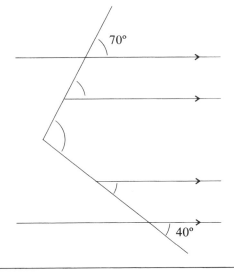

✓ **Faça também os Exercícios de Fixação 172 → 174**

Exercícios de Matemática - Vol. 6 77

163 As retas r e s são paralelas. Determine x nos casos: (trace retas paralelas auxiliares)

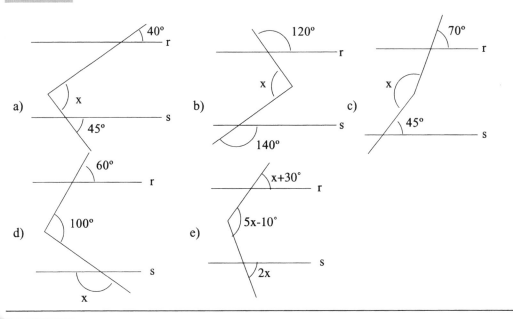

164 Se as retas r e s são paralelas, determine as incógnitas nos casos:

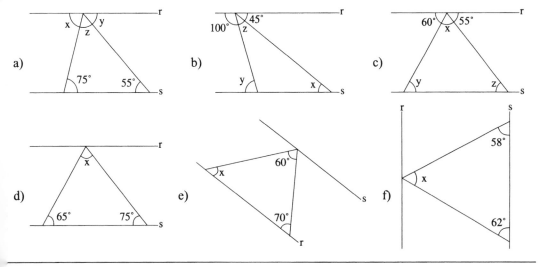

165 Uma transversal determina com duas retas paralelas ângulos alternos internos cujas medidas são 3x - 5° e x + 45°. Calcule a medida de um dos ângulos obtusos determinados.

166 Uma reta concorrente com duas retas paralelas determina ângulos colaterais externos cujas medidas são 2x + 50° e x + 10°. Determine a medida de um dos ângulos agudos.

167 Mostre que na figura ao lado x + y + z = 180°.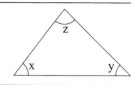

✓ Faça também os Exercícios de Fixação 175 → 184

Exercícios de Fixação

168 Determine o valor da incógnita, sabendo que **r** e **s** são paralelas, nos casos:

a) 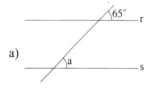   b) 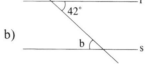   c)

d) 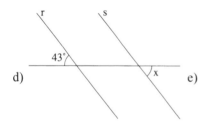   e) 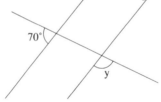   f)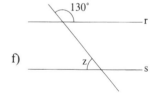

169 Se os segmentos AB e CD são paralelos (o quadrilátero ABCD é chamado trapézio), determine as incógnitas nos casos:

a) 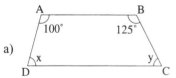   b) 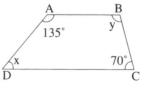   c)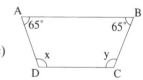

170 Determine as incógnitas sabendo que em cada caso temos dois pares de segmentos paralelos. (O quadrilátero é chamado paralelogramo).

a) 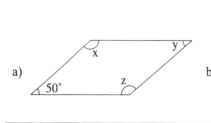   b) 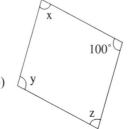   c)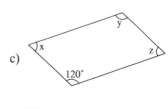

171 Em cada caso são dados ângulos de lados respectivamente paralelos. Determine as incógnitas.

a)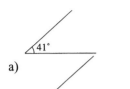

b)

c)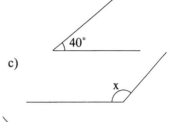

d)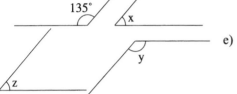

e)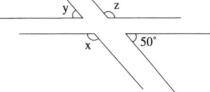

172 Sabendo que as retas **r** e **s** são paralelas, determine x nos casos:

a)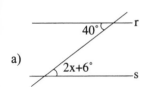

b)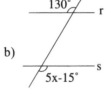

c)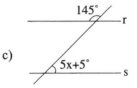

d)

e)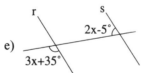

173 As retas **r** e **s** são paralelas. Determine x

a)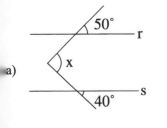

b)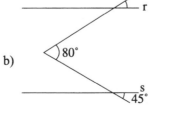

c)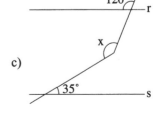

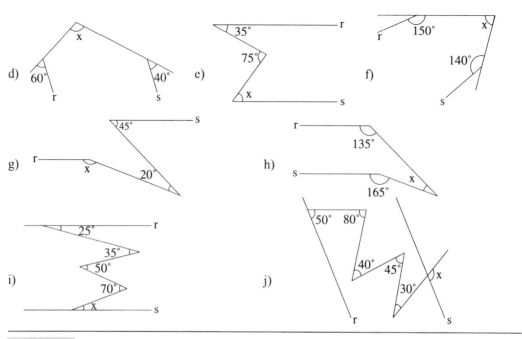

174 Sabendo que as retas **r** e **s** são paralelas, determine x

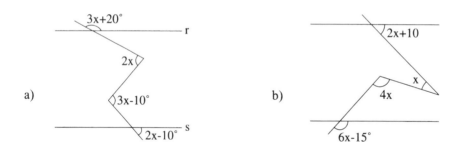

175 As retas r e s são paralelas. Determine as incógnitas nos casos:

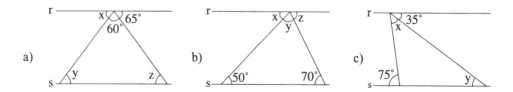

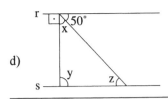
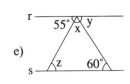
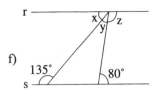

d) e) f)

176 Determine o valor de x nos casos:
Sugestão: Trace por A uma reta paralela a $\overline{BC}$

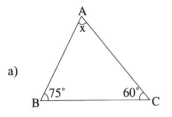
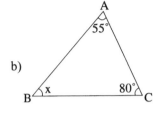
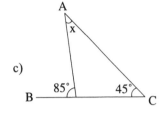

a) b) c)

177 Uma transversal determina com duas paralelas dois ângulos correspondentes cujas medidas são 2x − 40° e x + 10°. Determine as medidas dos ângulos agudos determinados.

178 Uma reta concorrente com duas retas paralelas determina dois ângulos colaterais internos que medem 3x + 16° e x + 12°. Determine um dos ângulos obtusos.

179 Uma transversal determina com duas paralelas ângulos alternos internos que medem x + y e 3x − y e ângulos colaterais internos que medem 2x + y e 3x − y, com x e y positivos. Determine a medida do ângulo agudo determinado.

Exercícios Suplementares

180 As retas r e s são paralelas. Determine as incógnitas:

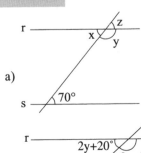
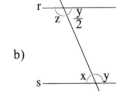
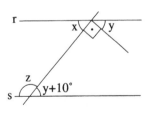

a) b) c)

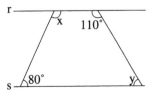

d) e) f)

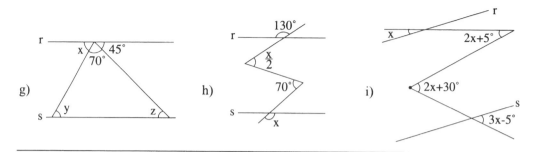

181 Em cada item os segmentos AB e CD são paralelos. Determine os ângulos $\hat{A}$, $\hat{B}$, $\hat{C}$ e $\hat{D}$.

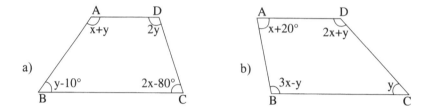

182 Em cada caso temos dois pares de segmentos paralelos. Determine $\hat{A}$, $\hat{B}$, $\hat{C}$ e $\hat{D}$

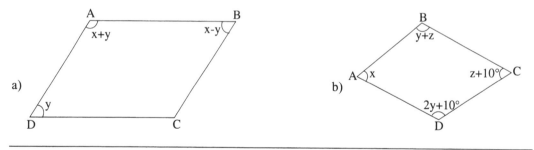

183 Uma transversal determina com duas paralelas dois ângulos alternos externos cujas medidas são 2x + 40° e x + y e dois ângulos colaterais externos que medem 2x + 40° e y - x. Calcule os ângulos determinados

184 Considere duas paralelas cortadas por uma transversal. Mostre as bissetrizes de dois ângulos:

a) alternos são paralelas.
b) colaterais estão em retas perpendiculares.

Capítulo 4
Triângulos

A - Definição

Dados três pontos A, B e C não de uma mesma reta (não alinhados ou não colineares) a união dos segmentos $\overline{AB}$, $\overline{AC}$ e $\overline{BC}$ chamamos triângulos ABC e indicamos por $\triangle ABC$

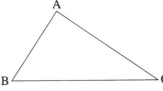

$\triangle ABC = \overline{AB} \cup \overline{AC} \cup \overline{BC}$

B - Elementos de um triângulo

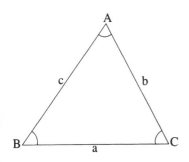

Vértices: São os pontos A, B e C da definição.

Lados: São os segmentos $\overline{AB}$, $\overline{AC}$ e $\overline{BC}$ da definição

Ângulos Internos: os ângulos, $B\hat{A}C$, $A\hat{B}C$ e $A\hat{C}B$ que podemos representar respectivamente por $\hat{A}$, $\hat{B}$ e $\hat{C}$ são chamados ângulos internos (ou simplesmente ângulos) do triângulo.

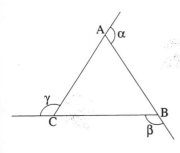

Ângulos externos: Os ângulos adjacentes suplementares dos ângulos internos de um triângulo são chamados ângulos externos do triângulo.

α, β e γ são ângulos externos do triângulo

Perímetro: A soma das medidas dos lados de um triângulo chama-se perímetro do triângulo. Indicamos o perímetro por 2p.

Então:

$\boxed{2p = AB + AC + BC}$ ou $\boxed{2p = a + b + c}$, onde a, b e c são respectivamente as medidas dos lados opostos a $\hat{A}$, $\hat{B}$ e $\hat{C}$.

C - Região triangular, Região externa e Região interna

Considere os semiplanos com origem nas retas que contêm os lados do triângulo, que contêm os vértices do triângulo.

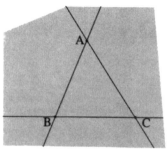
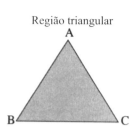

Região triangular

Região triangular: A intersecção dos semiplanos acima mencionados chama-se região triangular. Freqüentemente, por comodidade, chamamos uma **região triangular** apenas de **triângulo**.

Região externa: O conjunto dos pontos do plano do triângulo não pertencentes a região triangular chama-se **região externa do triângulo**.

Região interna: O conjunto dos pontos da região triangular, não pertencente aos lados do triângulo chama-se **região interna do triângulo**.

Obs.:
*Note que a região interna de um triângulo é uma **região convexa** e a região externa é uma região côncava.*

D - Classificações

D1 – Classificação quanto aos lados

Triângulo Eqüilátero: É aquele cujos lados são congruentes (os lados têm medidas iguais)

Triângulos Isósceles: É aquele que têm dois lados congruentes (dois lados têm medidas iguais)

Triângulo Escaleno: É aquele que não tem dois lados congruentes (os lados têm medidas diferentes)

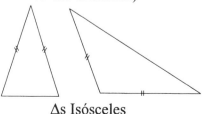

Δ Eqüilátero   Δs Isósceles   Δ Escaleno

Obs.:
1. *Para facilitar costumamos indicar na figura segmentos congruentes com "marcas" iguais (veja nas figuras acima)*
2. *Note que todo triângulo eqüilátero é também isósceles. (Se ele tem 3 lados congruentes, então ele tem 2 lados congruentes).*
3. *Num triângulo que tem dois lados congruentes (triângulo isósceles), o outro lado é chamado base*

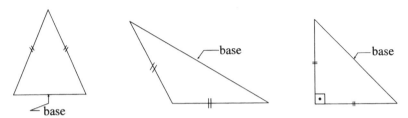

4. *Num triângulo isósceles o ângulo oposto à base é chamado ângulo do vértice e os outros dois são chamados ângulos da base*

$\hat{A}$ *é o ângulo do vértice*

$\hat{B}$ e $\hat{C}$ *são os ângulos da base*

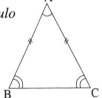

D2 – Classificação quanto aos ângulos

Triângulo Acutângulo: É aquele cujos ângulos são ângulos agudos
Triângulo Retângulo: É aquele que têm um ângulo reto
Triângulo Obtusângulo: É aquele que tem um ângulo obtuso

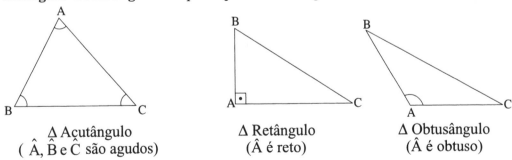

Δ Acutângulo
($\hat{A}$, $\hat{B}$ e $\hat{C}$ são agudos)

Δ Retângulo
($\hat{A}$ é reto)

Δ Obtusângulo
($\hat{A}$ é obtuso)

Obs.: (algumas dessas observações são teoremas que serão provados em outro capítulo)

1. Todo triângulo eqüilátero é também acutângulo

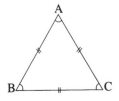

$\hat{A}$, $\hat{B}$ e $\hat{C}$ *são agudos*

2. Os outros dois ângulos de um triângulo retângulo são agudos

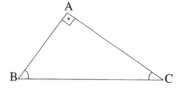

$\hat{A}$ é reto e $\hat{B}$ e $\hat{C}$ são agudos

3. Os outros dois ângulos de um triângulo obtusângulo são agudos

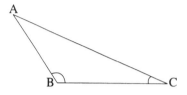

$\hat{B}$ é obtuso e $\hat{A}$ e $\hat{C}$ são agudos

4. Um triângulo retângulo pode ser triângulo isósceles

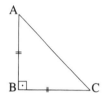

$\hat{B}$ é reto e $AB = BC$

5. Um triângulo obtusângulo pode ser triângulo isósceles

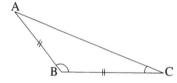

$\hat{B}$ é obtuso e $AB = BC$

6. Num triângulo retângulo o lado oposto ao ângulo reto é chamado **hipotenusa** do triângulo e os outros dois lados são chamados **catetos**

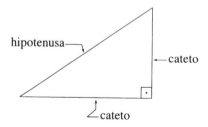

E – Mediana, Bissetriz e Altura

E1 – Mediana:

Mediana de um triângulo é o segmento cujas extremidades são um vértice e o ponto médio do lado oposto a esse vértice.

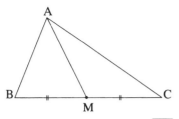
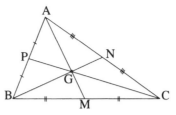

$\overline{AM}$ é a mediana relativa ao lado $\overline{BC}$ ou mediana relativa ao vértice A.
As três medianas de um triângulo concorrem num mesmo ponto G que é chamado **baricentro** do triângulo (Este assunto será retomado em outro capítulo)

E2 – Bissetriz:

Bissetriz de um triângulo é o segmento contido na bissetriz de um ângulo interno do triângulo, cujas extremidades são um vértice e o ponto de intersecção da bissetriz com o lado oposto.

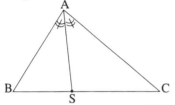
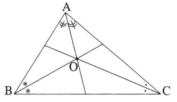

$\overline{AS}$ é a bissetriz relativa ao lado $\overline{BC}$ ou bissetriz relativa ao vértice A.
As três bissetrizes de um triângulo concorrem num mesmo ponto O que é chamado **incentro** do triângulo.

O **incentro** de um triângulo é o centro da circunferência inscrita no triângulo. (Este assunto será retomado em outro capítulo).

E3 – Altura:

Altura de um triângulo é o segmento contido numa reta perpendicular, por um vértice, à reta que contém o lado oposto a esse vértice, cujas extremidades são esse vértice e o ponto de intersecção dessas retas.

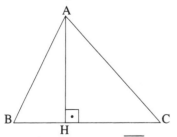
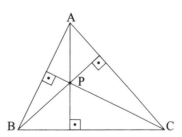

$\overline{AH}$ é a altura relativa ao lado $\overline{BC}$ ou altura relativa ao vértice A.
As três retas que contêm as alturas de um triângulo concorrem num mesmo ponto que é chamado **ortocentro** do triângulo.
No triângulo acutângulo as alturas, com exceção das extremidades, estão na região interna do triângulo. E o ortocentro é um ponto interno. (Veja figura acima).

No triângulo **retângulo** duas alturas coincidem com dois lados (os catetos) e a outra tem pontos na região interna. (Diremos que ela é interna).
A altura relativa à hipotenusa é interna. Cada cateto é altura relativa ao outro cateto. O **ortocentro** é o vértice do ângulo reto do triângulo.

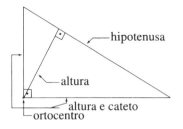

No triângulo **obtusângulo** as alturas não são concorrentes. Quem são concorrentes num mesmo ponto são as retas que contêm as alturas. Duas alturas são externas e uma é interna. (Embora as extremidades não sejam internas ao triângulo). O ortocentro é externo ao triângulo.
(Este assunto será retomado em outro capítulo).

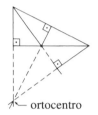

F – Mediatriz

F1 – Mediatriz de um segmento
Mediatriz de um segmento é a reta perpendicular a esse segmento pelo seu ponto médio.

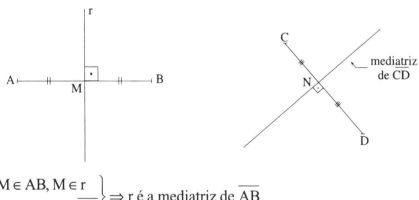

$$\left.\begin{array}{l} M \in AB, M \in r \\ AM = MB, r \perp \overline{AB} \end{array}\right\} \Rightarrow r \text{ é a mediatriz de } \overline{AB}$$

F2 – Mediatrizes de um triângulo
Mediatriz de um triângulo são as mediatrizes dos lados desse triângulo.

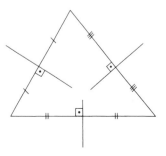 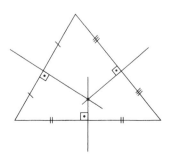

As mediatrizes de um triângulo concorrem num mesmo ponto C que é chamado **circuncentro** do triângulo.
No triângulo **acutângulo** o circuncentro é interno ao triângulo. (Veja figura acima).
No triângulo **obtusângulo** o circuncentro é externo ao triângulo.

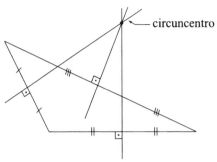

No triângulo **retângulo** o circuncentro é o ponto médio da hipotenusa do triângulo.

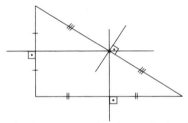

O circuncentro de um triângulo é o centro da circunferência circunscrita ao triângulo.

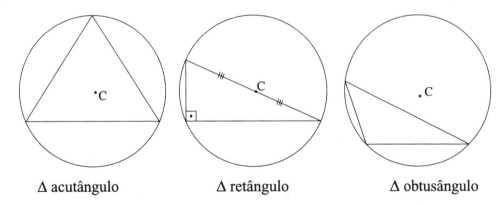

Δ acutângulo　　　　　Δ retângulo　　　　　Δ obtusângulo

(Este assunto será retomado em outro capítulo).

G – Soma de ângulos no triângulo

G1 – Soma dos ângulos internos do triângulo

Teorema
A soma dos ângulos internos de um triângulo é igual (em graus) a 180°.

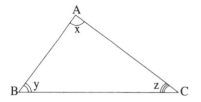

$$\hat{A} + \hat{B} + \hat{C} = 180°$$

ou

$$x + y + z = 180°$$

Demonstração:
Basta traçarmos por um dos vértices uma reta paralela ao lado oposto. Tracemos então por A uma reta paralela a $\overline{BC}$.

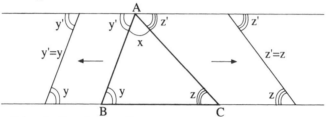

Considere as medidas indicadas na figura.
Como ângulos alternos internos são congruentes obtemos y' = y e z' = z. E como x + y' + z' = 180°, obtemos:

$$x + y + z = 180°$$ ou $$\hat{A} + \hat{B} + \hat{C} = 180°$$

Consequência: "Os ângulos agudos de um triângulo retângulo são complementares".

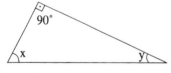

$$x + y = 90°$$

De fato: Como x + y + 90° = 180°, temos: $$x + y = 90°$$

G2 – Soma dos ângulos externos de um triângulo

Teorema:
A soma dos ângulos externos de um triângulo, se considerarmos um em cada vértice, é (em graus) igual a 360°.

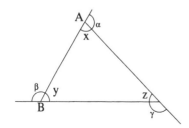

$$\alpha + \beta + \gamma = 360°$$

Demonstração:

Como cada ângulo interno e o externo adjacente são suplementares, temos:

$$\begin{cases} \alpha + x = 180° \\ \beta + y = 180° \\ \gamma + z = 180° \end{cases} \Rightarrow \alpha + \beta + \gamma + \underbrace{x + y + z} = 180° + 180° + 180° \Rightarrow$$

$$\alpha + \beta + \gamma + \quad 180° \quad = 180° + 360°$$

$$\boxed{\alpha + \beta + \gamma = 360°}$$

Obs.: Um triângulo tem 6 ângulos externos, e a soma deles é 720°, mas quando falamos na soma dos ângulos externos de um triângulo, devemos considerar apenas um em cada vértice. E a soma neste caso é 360°

$$\boxed{\alpha + \beta + \gamma = 360°}$$

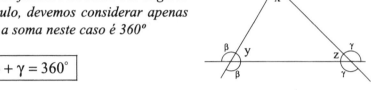

G3 – O ângulo externo

Teorema

Cada ângulo externo de um triângulo é igual a soma dos dois ângulos internos que não são adjacentes a ele.

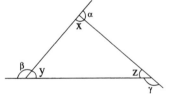

$$\boxed{\alpha = y + z}$$
$$\boxed{\beta = x + z}$$
$$\boxed{\gamma = x + y}$$

Demonstração:

De acordo com as medidas indicadas na figura temos:

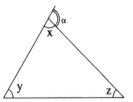

$$\begin{cases} \alpha + x = 180° \\ x + y + z = 180° \end{cases} \Rightarrow$$

$$\alpha + x = x + y + z \Rightarrow \boxed{\alpha = y + z}$$

Analogamente obtemos as outras relações: $\boxed{\beta = x + z}$ e $\boxed{\gamma = x + y}$

Outra Demonstração:

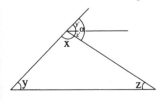

Tracemos por um vértice uma reta paralela ao lado oposto. Considere as medidas indicadas na figura.

Como $\alpha = y' + z'$, $y' = y$ (correspondentes) e $z' = z$ (alternos internos), obtemos: $\boxed{\alpha = y + z}$

H – Triângulo Isósceles

Sabemos que o triângulo isósceles é aquele que tem dois lados congruentes e sabemos também que num triângulo que tem dois lados congruentes, o outro lado é chamado base desse triângulo.

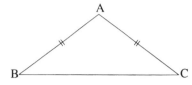

$\overline{BC}$ é a base do triângulo.

$\hat{A}$ é chamado ângulo do vértice.

$\hat{B}$ e $\hat{C}$ são chamados ângulos da base.

Teorema
Num triângulo isósceles, os ângulos da base são congruentes.

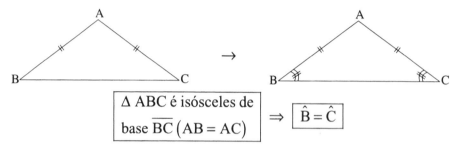

(Este teorema está demonstrado no capítulo 7).

Teorema (Este teorema é o recíproco do anterior).
Se um triângulo tem dois ângulos congruentes, então ele é um triângulo isósceles.

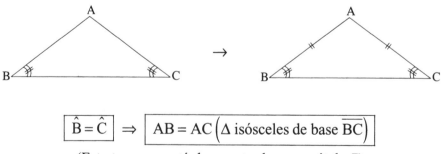

(Este teorema está demonstrado no capítulo 7)

I – Triângulo Eqüilátero

Sabemos que o triângulo eqüilátero é aquele cujos lados são congruentes. E sabemos também que todo triângulo eqüilátero é também isósceles.

$\triangle ABC \begin{cases} \text{é eqüilátero} \\ \text{é isósceles de base } \overline{AB} \\ \text{é isósceles de base } \overline{AC} \\ \text{é isósceles de base } \overline{BC} \end{cases}$

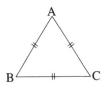

Teorema
Se um triângulo é eqüilátero então ele é também eqüiângulo (os ângulos são congruentes)

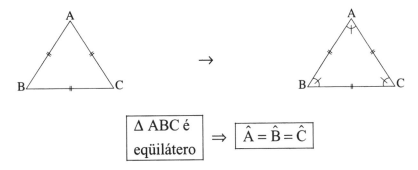

Demonstração:
Como ele é isósceles de base $\overline{AB}$, obtemos: $\hat{A} = \hat{B}$.

Como ele é isósceles de base $\overline{AC}$, obtemos $\hat{A} = \hat{C}$. Então:

$$\hat{A} = \hat{B} = \hat{C}$$

Conseqüência:
"Cada ângulo de um triângulo eqüilátero mede 60°".

De fato: Como $\hat{A} = \hat{B} = \hat{C} = x$ e $A + B + C = 180°$, temos:

$x + x + x = 180°$

$3x = 180° \Rightarrow x = 60° \Rightarrow$ $\boxed{\hat{A} = \hat{B} = \hat{C} = 60°}$

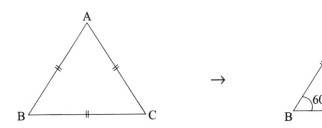

Teorema:

(Este teorema é o recíproco do anterior). Se um triângulo é eqüiângulo, então ele é também eqüilátero.

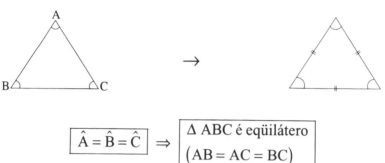

$$\hat{A} = \hat{B} = \hat{C} \Rightarrow \begin{array}{c} \Delta \text{ ABC é eqüilátero} \\ (AB = AC = BC) \end{array}$$

Demonstração:

Sabemos que se um triângulo tem dois ângulos congruentes, então ele é isósceles. Então:

Como $\hat{B} = \hat{C}$, ele é isósceles de base $\overline{BC}$. Isto é: AB = AC

Como $\hat{A} = \hat{C}$, ele é isósceles de base $\overline{AC}$. Isto é: AB = BC. Então:

$$AB = AC = BC \Rightarrow \Delta \text{ ABC é eqüilátero}$$

Exercícios

Dizer, nos casos, se o triângulo é acutângulo, retângulo ou obtusângulo.
(Suponha que as figuras estão em verdadeira grandeza)

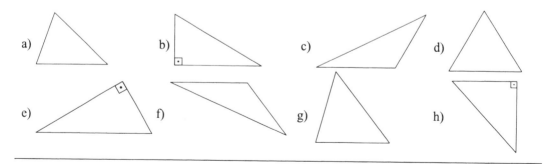

Em cada caso são dadas as medidas dos ângulos de um triângulo. Dizer se ele é acutângulo, retângulo ou obtusângulo.

a) 40°, 60°, 80°   b) 40°, 50°, 90°   c) 35°, 45°, 100°
d) 60°, 60°, 60°   e) 5°, 15°, 160°   f) 45°, 45°, 90°

187 Dizer se o triângulo é eqüilátero, isósceles ou escaleno. (Segmentos congruentes estão com "marcas" iguais).

a)   b)    c)    d)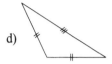

188 Em cada caso são dadas as medidas dos lados de um triângulo. Dizer se ele é eqüilátero, isósceles ou escaleno.

a) 10m, 15m, 17m
b) 12m, 16m, 12m,
c) 21m, 21m, 21m
d) 18cm, 19cm, 19cm

189 Dizer se o triângulo é retângulo isósceles, obtusângulo isósceles ou acutângulo isósceles, nos casos:

a) 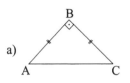   b)   c) 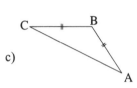   d)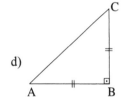

190 Dizer qual é a base de cada triângulo isósceles do exercício anterior

191 Indicamos o perímetro de um triângulo por 2p. Determine o perímetro do triângulo nos casos.: (A unidade de todas as medidas indicadas nas figuras é o metro (m)).

a) 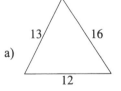   b) 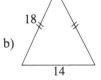   c) 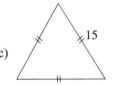   d)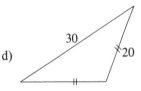

192 Em cada caso temos um triângulo cujo perímetro é de 72 m. Determine x (as unidades das medidas indicadas é o m).

a) 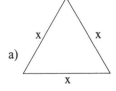   b) 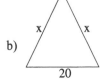   c)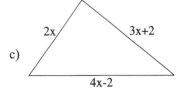

193 Dado o perímetro do triângulo, determine os lados nos casos:

a) 2p = 52   b) 2p = 72   c) 2p = 38

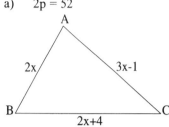
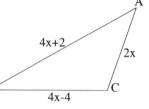

194 Em cada caso é dado um triângulo isósceles de base $\overline{BC}$. Determine x:

a)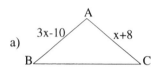
b)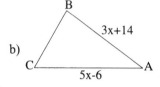

195 Em cada caso é dado um triângulo isósceles de base $\overline{BC}$. Determine os lados do triângulo.

a)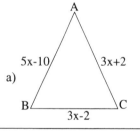
b)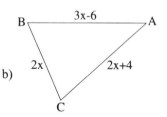

196 Em cada caso é dado o perímetro de um triângulo isósceles de base $\overline{AC}$. Determine as incógnitas.

a) 2p = 48
b) 2p = 58

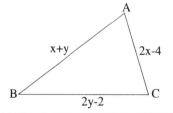
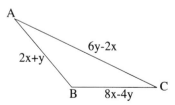

197 Em cada caso é dado um triângulo eqüilátero. Determinar as incógnitas.

a)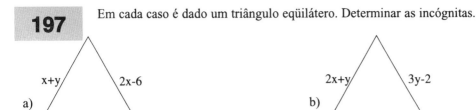

b)

198 Se AM é mediana do triângulo ABC, determine os lados do triângulo, nos casos:

a)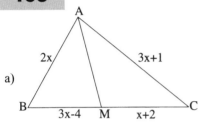

b)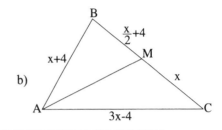

✓ Faça também os Exercícios de Fixação 223 → 229

199 Se $\overline{AS}$ é bissetriz do triângulo ABC determine $\hat{A}$ e $\hat{B}$ nos casos:

a)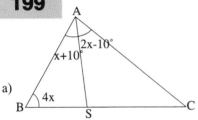

b)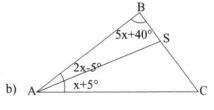

200 Lembrando que a soma dos ângulos de um triângulo é 180°, indique na figura a medida do ângulo assinalado:

a)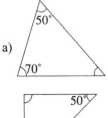

b)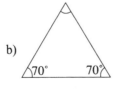

c)

d)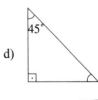

e)

f)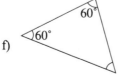

g)

h)

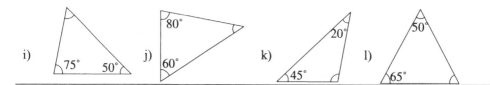

201 Lembrando que o ângulo externo de um triângulo é igual a soma dos internos não adjacentes, indique na figura, em cada caso, a medida do ângulo assinalado.

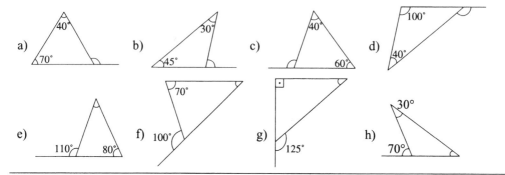

202 Lembrando que a soma das medidas dos ângulos externos de um triângulo é igual a 360°, indique em cada caso a medida do ângulo assinalado.

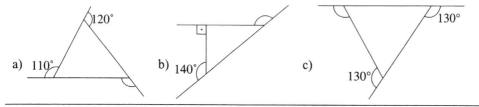

203 Lembrando que os ângulos agudos de um triângulo retângulo são complementares (a soma é 90°), indique a medida do ângulo assinalado.

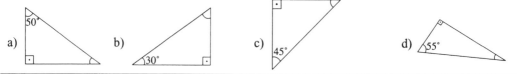

204 Em cada caso são dadas as medidas de dois ângulos internos de um triângulo. Determine a medida do terceiro ângulo.
a) 50° e 100°   b) 60° e 60°   c) 5° e 15°   d) 90° e 1°   e) 170° e 6°
f) 58° e 59°   g) 41° e 49°   h) 32° e 42° i) 132° e 18°

205 Em cada caso são dadas as medidas de dois ângulos externos de um triângulo. Determine a medida do terceiro ângulo externo:
a) 120° e 120°   b) 115° e 125°   c) 130° e 140°
d) 140° e 150°   e) 90° e 150°   f) 140° e 140°

206 Em cada caso é dado um ângulo agudo de um triângulo retângulo. Determine a medida do outro ângulo agudo.

a) 35° b) 41° c) 85° d) 59° e) 31°

207 Determinar as incógnitas:

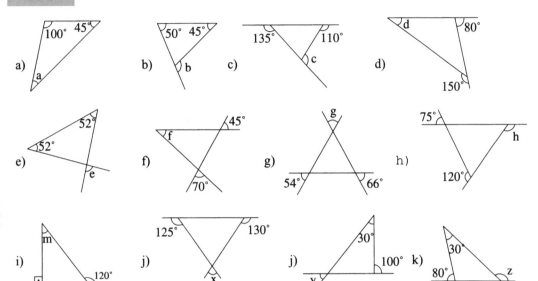

208 Determine as incógnitas nos casos:

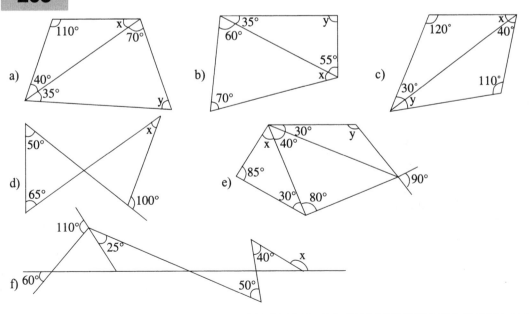

✓ Faça também os Exercícios de Fixação 230 → 232

209 Em cada caso temos um triângulo eqüilátero. Indicar na figura as medidas dos ângulos assinalados:

a) 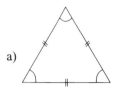 b)  c)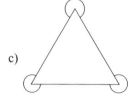

210 Em cada caso temos um triângulo isósceles (segmentos com "marcas" iguais são congruentes). Indique na figura as medidas dos ângulos assinalados:

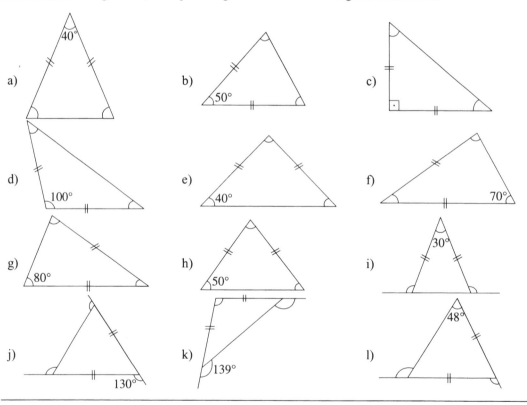

211 Nos dois casos temos um triângulo isósceles. Indique a medida dos ângulos assinalados. "Podemos afirmar que todo triângulo isósceles que tem um ângulo de 60° é um triângulo _____."

a)   b)

212 Determine as incógnitas:

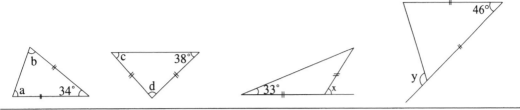

213 Determine as incógnitas: (Em cada figura segmentos com "marcas" iguais são congruentes).

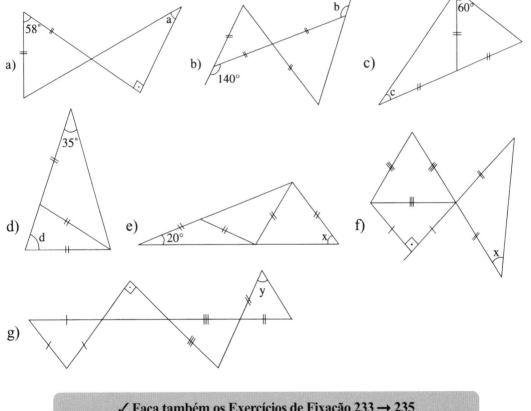

✓ Faça também os Exercícios de Fixação 233 → 235

214 Determine o valor de x, nos casos:

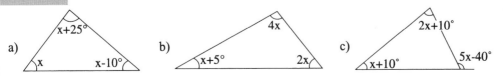

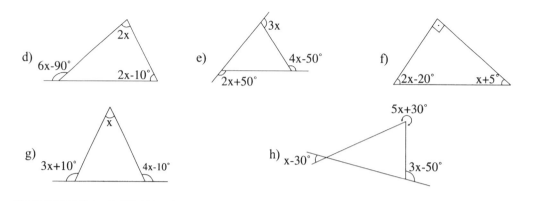

215 Em cada caso temos um triângulo isósceles de base $\overline{BC}$. Determine o ângulo do vértice desse triângulo:

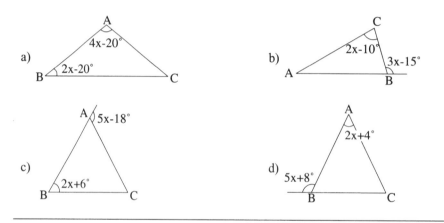

216 Se em cada caso é dado um triângulo isósceles de base AB, determine as incógnitas:

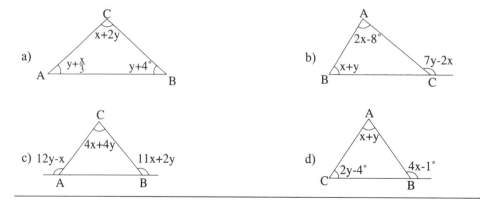

✓ Faça também os Exercícios de Fixação 236 → 242

217 As retas r e s são paralelas. Determine as incógnitas. (Prolongue segmentos até encontrar as paralelas e use a soma dos ângulos internos de triângulo ou ângulo externo).

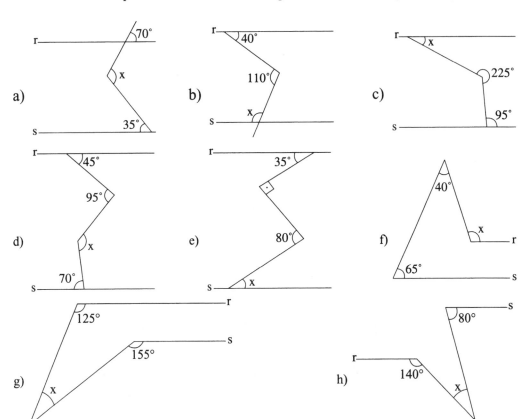

218 Determinar x em função das outras medidas indicadas:

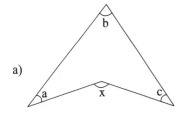

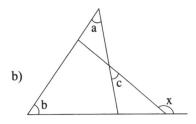

219 Determine os ângulos do triângulo ABC, nos casos:

a) $\hat{B} = \hat{A} - 10$ e $\hat{C} = \hat{A} - 50$

b) $B = 2\hat{A}$ e $\hat{C} = \hat{A} + 20°$

c) $A = \dfrac{\hat{B}}{2}$ e $C = \dfrac{2\hat{A} + \hat{B}}{2}$

d) $A = C - 10°$ e $C = \hat{B} + 5°$

220 Determine os ângulos de um triângulo isósceles, nos casos

a) Cada ângulo da base mede o quádruplo do ângulo do vértice
b) Um ângulo externo da base excede o ângulo do vértice em 75°
c) O ângulo oposto à base, formado pelas bissetrizes dos ângulos das bases, excede um ângulo da base em 80°.
d) O ângulo do vértice excede o complemento do ângulo da base em 10°.

221 O ângulo oposto ao lado $\overline{BC}$, formado pelas bissetrizes dos ângulos $\hat{B}$ e $\hat{C}$ de um triângulo ABC, é igual ao quíntuplo do ângulo $\hat{A}$. Determine $\hat{A}$.

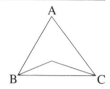

222 O ângulo oposto a $\overline{BC}$, formado pelas bissetrizes dos ângulos externos em B e C de um triângulo ABC, excede o ângulo $\hat{A}$ em 15°. Determine $\hat{A}$.

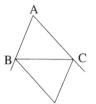

✓ Faça também os Exercícios de Fixação 175 → 184

Exercícios de Fixação

223 Sabendo que x = 5, determine os lados e o perímetro 2p do triângulo nos casos:

a)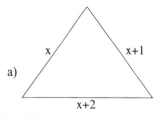
b)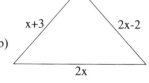
c)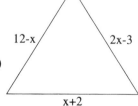

224 Se o △ABC é isósceles de base $\overline{BC}$, determine x.

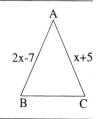

225 O triângulo ABC é eqüilátero. Determine x e y.

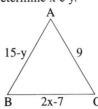

226 Se o △ABC é isósceles de base $\overline{BC}$, determine BC.

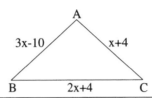

227 Determine x e y, sabendo que o triângulo ABC é eqüilátero.

a)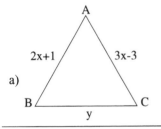

b)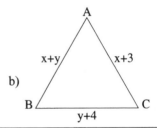

228 Resolver:

a) Se o perímetro de um triângulo eqüilátero é de 75 cm, quanto mede cada lado?
b) Se o perímetro de um triângulo isósceles é de 100 m e a base mede 40 m, quanto mede cada um dos outros lados?
c) O perímetro de um triângulo isósceles é de 120 m. Se a base excede cada um dos lados congruentes em 15 m, quanto mede cada lado?
d) Cada um dos lados congruentes de um triângulo isósceles excede a base em 7 m. Sabendo que o perímetro desse triângulo tem 59 m, quanto mede cada lado?
e) A soma das medidas dos lados congruentes de um triângulo isósceles excede a base em 10 m. Se o perímetro desse triângulo é de 70 m, quanto mede cada lado?

229 Determine o perímetro do triângulo ABC nos casos:

a) Triângulo eqüilátero com AB = x + 2y, AC = 2x - y e BC = x + y + 3.
b) Triângulo isósceles de base $\overline{BC}$ com AB = 2x + 3, AC = 3x - 3 e BC = x + 3.

230 Determine o valor da incógnita nos casos:

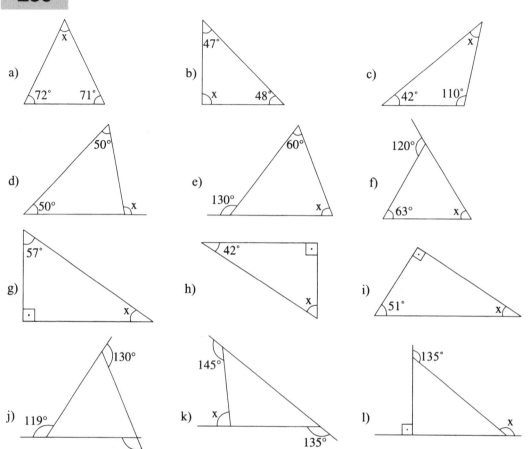

231 Determine x nos casos:

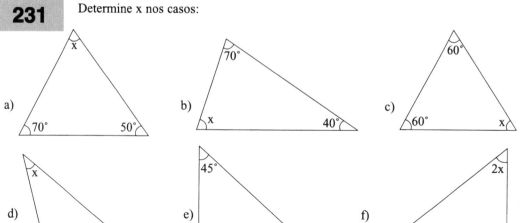

g) 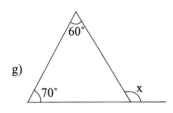   h) 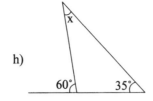   I)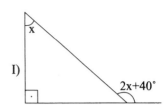

232 Determine x e y nos casos:

a) 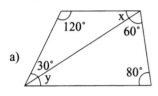   b)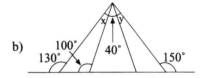

233 Segmentos com "marcas" iguais são congruentes.
Determine x nos casos:

a) 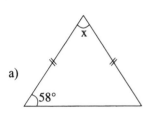   b) 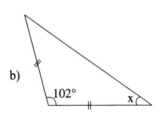   c)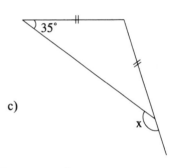

d) 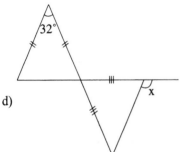   e)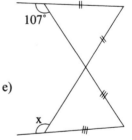

234 Se o triângulo ABC é isósceles de base $\overline{BC}$, determine x nos casos:

a) 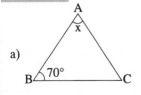   b) 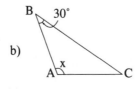   c)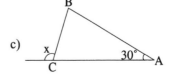

235 Determine o valor da incógnita (segmentos com "marcas iguais" são congruentes).

a)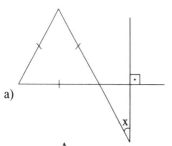

b)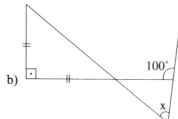

c)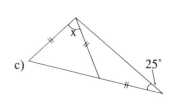

d)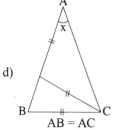
AB = AC

e)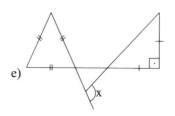

f)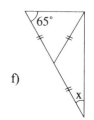

236 Determinar x e y nos casos:

a)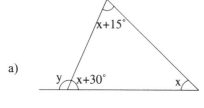

b)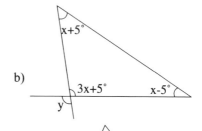

c)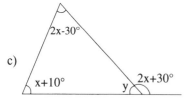

d)

237 Determine os ângulos dos triângulos nos casos:

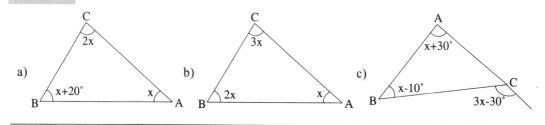

238 O triângulo ABC é isósceles de base BC. Determine x nos casos:

a) 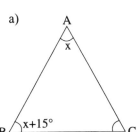 b) 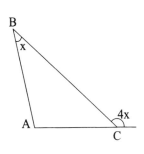 c)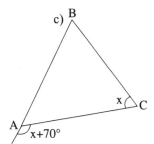

239 Se o △ABC é isósceles de base BC, determine $\hat{A}$, $\hat{B}$ e $\hat{C}$.

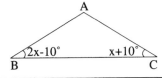

240 Se o △ABC é isósceles de base $\overline{AC}$, determine $\hat{A}$, $\hat{B}$ e $\hat{C}$.

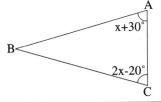

241 Se o △ABC é isósceles de base BC, determine $\hat{A}$, $\hat{B}$ e $\hat{C}$.

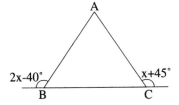

242 Determine x e y nos casos:

a) 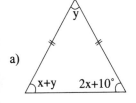 b)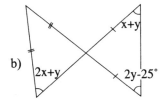

243 Sendo as retas r e s paralelas, determine x nos casos:
(Prolongue segmentos determinando triângulos.)

a)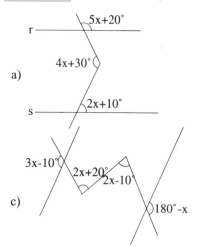

b)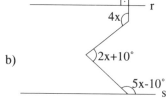

c)

d)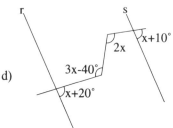

244 Determinar os ângulos de um triângulo ABC nos casos:

a) $\hat{A} = \hat{B}$ e $\hat{C} = 3A$
b) $\hat{A} - \hat{B} = 30°$ e $\hat{C} - \hat{B} = 30°$
c) $\hat{A} = 2\hat{B}$ e $3\hat{A} = 2\hat{C}$

245 Determinar os ângulos de um triângulo isósceles nos casos:

a) Cada ângulo da base é o dobro do ângulo do vértice.
b) Cada ângulo da base excede o do vértice em 30°.
c) A soma dos ângulos da base excede o ângulo do vértice em 40°.
d) Um ângulo externo da base excede o ângulo do vértice em 60°.
e) O ângulo do vértice é o quíntuplo da soma dos ângulos da base.
f) O ângulo, oposto à base, formado pelas bissetrizes dos ângulos da base excede o dobro do ângulo do vértice em 30°.
g) O ângulo, oposto à base, formado pelas bissetrizes dos ângulos externos da base é igual ao quádruplo do ângulo do vértice.
h) O ângulo formado pelas bissetrizes dos ângulos externos da base, não oposto à base, excede o dobro do ângulo do vértice em 15°.

246 Mostre que o ângulo, oposto à base de um triângulo isósceles, formado pelas bissetrizes dos ângulos externos da base é igual ao ângulo da base.

247 Do triângulo ABC, sabemos que $\overline{AS}$ é bissetriz de $\hat{A}$ e que $\overline{CH}$ é altura. Determine x.

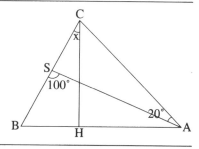

248 Do triângulo ABC, sabemos que $\overline{AP}$ e $\overline{BQ}$ são alturas. Mostre que $P\hat{A}C$ e $Q\hat{B}C$ são congruentes.

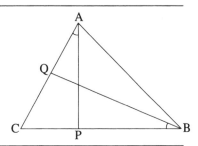

249 Mostre que se um lado de um triângulo é o **dobro** da mediana relativa a ele, então este triângulo é **triângulo retângulo**.

Exercícios Suplementares

250 Se o triângulo ABC é isósceles de base BC, determine x e y nos casos:

a)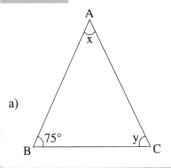

b)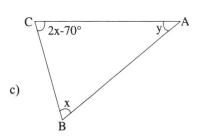

c)

251 Determine os valores das incógnitas. Segmentos assinalados com "marcas" iguais são congruentes.

a)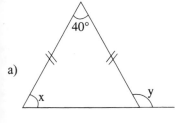

b)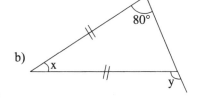

c)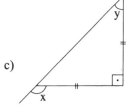

d)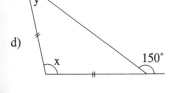

e)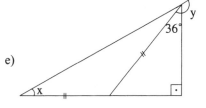

252 Se as retas r e s são paraleleas, determine x, y e z nos casos:

a)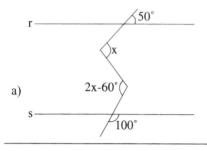

b)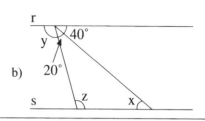

253 As retas **r** e **s** são paralelas. Determine x nos casos:
(Prologue segmentos para obter triângulos).

a)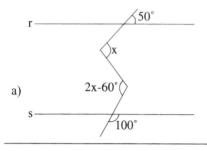

b)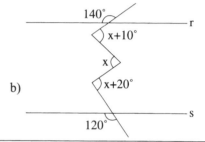

254 O triângulo ABC é isósceles de base $\overline{BC}$. Determinar os lados e o perímetro deste triângulo.

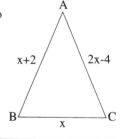

255 O triângulo ABC é isósceles, determinar os lados e o seu perímetro. (Considere os 3 casos)

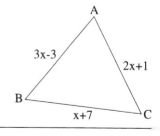

256 Determinar o lado do triângulo eqüilátero ABC nos casos:

a)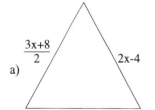

b)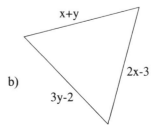

257 Determine os ângulos de um triângulo isósceles nos casos:

a) Um dos ângulos mede 40°.   b) Um dos ângulos mede 100°.   c) A soma de dois ângulos é 100°.

258 A soma de dois ângulos de um triângulo retângulo é 100°. Determine os ângulos.

259 Os ângulos de um triângulo são proporcionais a 2, 3 e 4. Determine os ângulos desse triângulo.

260 Determinar os ângulos agudos de um triângulo retângulo, nos casos:

a) Um é o dobro do outro.
b) Um excede o outro em 10°.
c) A razão entre eles é $\frac{2}{3}$
d) Um deles excede os $\frac{2}{3}$ do outro em 15°

261 Determine os ângulos de um triângulo isósceles nos casos:

a) O ângulo do vértice excede o ângulo da base em 60°.
b) O ângulo da base excede o do vértice em 60°.
c) A soma dos ângulos da base excede o ângulo do vértice em 100°.
d) O ângulo do vértice é a quinta parte do ângulo oposto a base, formado pelas bissetrizes dos ângulos da base.
e) O ângulo oposto a um dos lados congruentes, formado pelas bissetrizes do ângulo do vértice e de um ângulo da base, mede 129°.
f) O ângulo oposto a base, formado pelas bissetrizes dos ângulos externos da base, excede o ângulo do vértice em 60°.

262 Determine os ângulos de um triângulo isósceles nos casos:

a) Um dos ângulos é o dobro de outro.
b) Um deles excede o outro em 30°.
c) O ângulo AÔB onde $\overline{AB}$ é um lado e **O** é o incentro (encontro das bissetrizes) do triângulo mede 125°.

263 Do triângulo ABC dos casos sabemos que $\overline{AH}$ é altura e $\overline{BS}$ é bissetriz. Determine as incógnitas

a)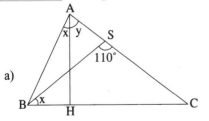

b)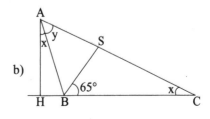

264 Determine o valor de x nos casos:

a)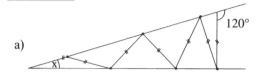

b)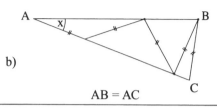
AB = AC

265 Determine x em função de a nos casos:

a)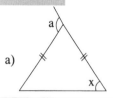

b)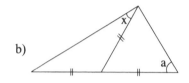

c)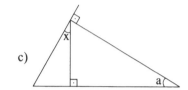

266 Determine x em função das outras medidas indicadas:

a) $\overline{AB} = \overline{AD} = \overline{DE}$
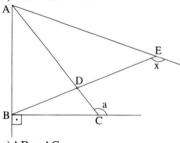

b) $\overline{AH}$ é altura e $\overline{AS}$ é bissetriz do $\triangle ABC$
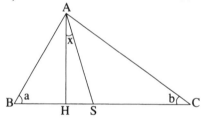

c) AB = AC
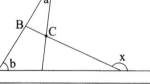

d) AB = AC
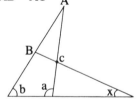

267 O ângulo formado pelas bissetrizes dos ângulos $\hat{B}$ e $\hat{C}$, oposto a $\overline{BC}$, de um triângulo ABC excede o ângulo $\hat{A}$ em 60° e excede $\hat{B}$ em 50°. Determine os ângulos desse triângulo.

268 O ângulo $\hat{A}$ de um triângulo ABC é o dobro do ângulo oposto a $\overline{BC}$, formado pelas bissetrizes dos ângulos externos em B e C. Determine os ângulos desse triângulo sabendo-se que $\hat{B}$ excede $\hat{C}$ em 10°.

269 Mostre que a reta que contém as bissetrizes dos ângulos externos de vértice oposto a base de um triângulo isósceles é paralela à reta que contém a base.

270 Mostre que os ângulos opostos a um lado de um triângulo, formados pelas bissetrizes internas e bissetrizes externas, são suplementares.

Capítulo 5
Quadriláteros

A - Quadrilátero côncavo e quadrilátero convexo

Definição

Considere quatro pontos A, B, C e D coplanares distintos, três a três não colineares (não alinhados), de modo que os segmentos $\overline{AB}$, $\overline{BC}$, $\overline{CD}$ e $\overline{AD}$ não tenham pontos entre as extremidades em comum. A união desses segmentos, $\overline{AB} \cup \overline{BC} \cup \overline{CD} \cup \overline{AD}$, é chamado quadrilátero ABCD.
Temos dois casos:

1°) Um dos pontos é interno ao triângulo determinado pelos outros três pontos. Neste caso o quadrilátero é chamado **quadrilátero côncavo**.

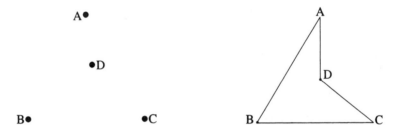

2°) Cada ponto é externo ao triângulo determinado pelos outros três pontos. Neste caso o quadrilátero é chamado **quadrilátero convexo**.

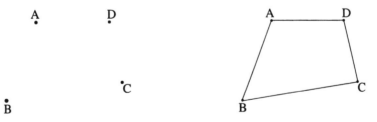

Vamos agora voltar nossa atenção para os quadriláteros convexos.

B - Elementos de um quadrilátero

Se não dissermos nada em contrário, toda vez que falarmos em **quadrilátero** estamos nos referindo a **quadrilátero convexo**.

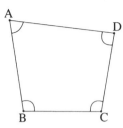

Vértices: São os pontos A, B, C e D da definição.
Lados: São os segmentos AB, BC, CD e AD da definição.
Ângulos internos: Os ângulos BÂD, AB̂C, BĈD e AD̂C, que podemos representar apenas por Â, B̂, Ĉ e D̂, são chamados ângulos internos (ou simplesmente ângulos) do quadrilátero.
Vértices consecutivos: São as extremidades de um lado: A e B ou B e C ou C e D ou A e D
Vértices opostos: São dois vértices que não são extremidades de um mesmo lado: A e C ou B e D.
Lados consecutivos: São dois lados que têm uma extremidade em comum: AB e CD ou BC e CD ou CD e DA ou DA e AB.
Lados opostos: São dois lados que não têm extremidades em comum: AB e CD ou BC e AD.
Ângulos consecutivos: São ângulos de vértices consecutivos:
Â e B̂ ou B̂ e Ĉ ou Ĉ e D̂ ou Â e D̂

Ângulos opostos: São ângulos de vértices opostos: Â e Ĉ ou B̂ e D̂.

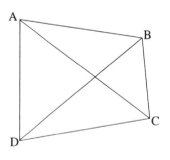 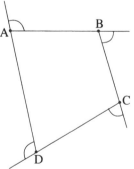

Diagonais: São os segmentos determinados por dois vértices não consecutivos: AC e BD .
Ângulos externos: São os ângulos adjacentes suplementares dos ângulos internos.
Perímetro: é a soma das medidas dos lados: $\boxed{2p = AB + BC + CD + AD}$

Nota: Quando falamos em um quadrilátero ABCD, A e C são vértices opostos e B e D são vértices opostos.

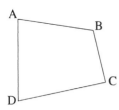

Por exemplo: O quadrilátero ao lado é (Se começarmos com o vértice A) o quadrilátero ABCD (sentido horário) ou é o quadrilátero ADCB (sentido anti-horário) mas não podemos chamá-lo de quadrilátero ABDC.

C - Região quadrangular, Região externa e Região interna

Região quadrangular

É a intersecção dos semi-planos, com origem nos lados, que contém os lados do quadrilátero convexo.

Para simplificar, freqüentemente chamamos **região quadrangular** apenas de **quadrilátero**.

Região externa: O cojunto dos pontos do plano do quadrilátero não pertencentes a região quadrangular chama-se **região externa** do quadrilátero.

Região interna: O conjunto dos pontos da região quadrangular não pertencentes aos lados do quadrilátero chama-se **região interna** do quadrilátero.

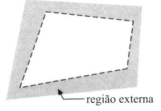
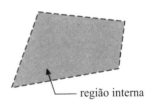

D - Soma de ângulos no quadrilátero

D1 – Soma dos ângulos internos

Teorema " A soma das medidas dos ângulos internos de um quadrilátero convexo é igual a 360°

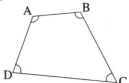

$$\hat{A} + \hat{B} + \hat{C} + \hat{D} = 360°$$

Demonstração

Uma diagonal de um quadrilátero (não esquecer que estamos pensando em quadrilátero convexo) decompõe este quadrilátero em dois triângulos e que a soma dos ângulos internos desse quadrilátero é igual a soma dos ângulos desses dois triângulos.
Então:

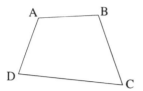 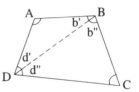

Note que: $b' + b'' = \hat{B}$ e $d' + d'' = \hat{D}$

Então: $\begin{cases} A + b' + d' = 180° \\ \hat{C} + b'' + d'' = 180° \end{cases} \Rightarrow \hat{A} + \underbrace{b' + b''}_{\hat{B}} + C + \underbrace{d' + d''}_{\hat{D}} = 360° \Rightarrow \boxed{\hat{A} + \hat{B} + \hat{C} + \hat{D} = 360°}$

*Observação: Sendo **r** a medida de um ângulo reto, podemos escrever:*

$\hat{A} + \hat{B} + \hat{C} + \hat{D} = 4r$.

D2 – Soma dos ângulos externos

Teorema A soma das medidas dos ângulos externos de um quadrilátero convexo é igual a 360°. (Considerando um em cada vértice)

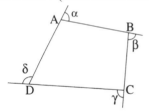

$\boxed{\alpha + \beta + \gamma + \delta = 360°}$

Demonstração

$\alpha + \hat{A} = 180°, \beta + \hat{B} = 180°, \gamma + \hat{C} = 180°$ e $\delta + \hat{D} = 180°$

Então:

$\alpha + \beta + \gamma + \delta + \underbrace{\hat{A} + \hat{B} + \hat{C} + \hat{D}}_{360°} = 4 \cdot (180°)$

$\alpha + \beta + \gamma + \delta + \quad\quad 360° \quad\quad = 720°$

$\boxed{\alpha + \beta + \gamma + \delta = 360°}$

Obs.:
1º) Podemos escrever: $\alpha + \beta + \gamma + \delta = 4r$
2º) Note que, no quadrilátero, a soma das medidas dos ângulos internos é igual a soma das medidas dos ângulos externos. (Ambas valem 360° ou 4r)

3º) Note que a soma das medidas dos ângulos externos é a mesma no triângulo e no quadrilátero

$$\alpha + \beta + \gamma = 360°$$

E – Quadriláteros Notáveis

E1 – Trapézio

Definição: Um quadrilátero é um trapézio se, e somente se, tem dois lados paralelos.

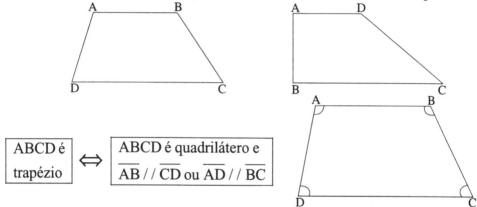

Bases: Os lados paralelos são chamados bases do trapézio $\left(\overline{AB} \text{ e } \overline{CD}\right)$

Ângulos da base: Dois ângulos do trapézio com vértices nas extremidades de uma base são chamados ângulos da base. $\left(\hat{A} \text{ e } \hat{B} \text{ e } \hat{C} \text{ e } \hat{D}\right)$

E2 – Classificação dos trapézios

a) **Trapézio Isósceles:** É o trapézio cujos lados que não são bases, são congruentes.

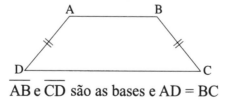

$\overline{AB}$ e $\overline{CD}$ são as bases e $AD = BC$

b) **Trapézio Escaleno:** É o trapézio cujos lados que não são bases, não são congruentes.

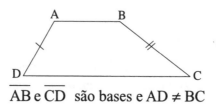

$\overline{AB}$ e $\overline{CD}$ são bases e $AD \neq BC$

c) **Trapézio Retângulo**: É o trapézio que tem um lado não base perpendicular às bases e o outro oblíquo às bases. (Perpendiculares e oblíquas serão estudadas em outro capítulo)

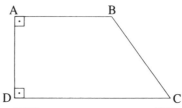

$\overline{AB}$ e $\overline{CD}$ são bases, $\overline{AD}$ é perpendicular e $\overline{BC}$ é oblíquo às bases.
Resumindo: r//s

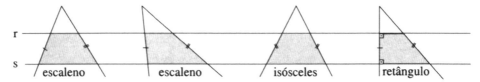

Obs.:
1º) Note que nem sempre os ângulos da base maior são agudos e os da base menor são obtusos.
2º) O trapézio retângulo é também trapézio escaleno.

E3 – Paralelogramo
Definição: Um quadrilátero é um paralelogramo se, e somente se, os lados opostos são paralelos.

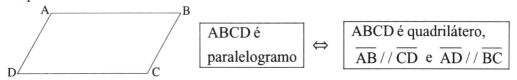

E4 – Retângulo
Definição: Um quadrilátero é um retângulo se, e somente se, os seus ângulos são retos.

Obs.:
1º) Se um quadrilátero ABCD tem ângulos congruentes, então ele é um retângulo.
  De fato: $A = B = C = D$ e $A + B + C + D = 360°$
  $\Rightarrow \hat{A} = \hat{B} = \hat{C} = \hat{D} = 90° \Rightarrow ABCD$ é um retângulo.
2º) Mais adiante provaremos que todo retângulo é um paralelogramo.

ABCD é retângulo ⇒ $\overline{AB}//\overline{CD} \wedge \overline{AD}//\overline{BC}$

E5 – Losango
Definição: Um quadrilátero é um losango se, e somente se, os lados são congruentes.

ABCD é um losango ⇔ ABCD é quadrilátero e AB = BC = CD = AD

Obs.: Mais adiante provaremos que todo losango é um paralelogramo

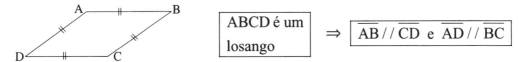

ABCD é um losango ⇒ $\overline{AB}//\overline{CD}$ e $\overline{AD}//\overline{BC}$

E6 – Quadrado
Definição: Um quadrilátero é um quadrado se, e somente se, os ângulos são congruentes e os lados são congruentes.

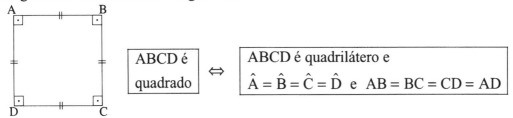

ABCD é quadrado ⇔ ABCD é quadrilátero e $\hat{A} = \hat{B} = \hat{C} = \hat{D}$ e AB = BC = CD = AD

Da definição decorre que $\hat{A} = \hat{B} = \hat{C} = \hat{D} = 90° = 1r$

2) Note que por definição um quadrado é um retângulo e também é um losango. Conseqüentemente um quadrado é também um paralelogramo.

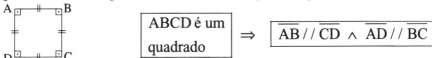

ABCD é um quadrado ⇒ $\overline{AB}//\overline{CD} \wedge \overline{AD}//\overline{BC}$

3) Note que todo quadrado é um retângulo, mas nem todo retângulo é um quadrado.
4) Note que todo quadrado é um losango, mas nem todo losango é um quadrado.
Resumindo: (r // s, a // b, c // d, e // f, g // h) Todos são paralelogramos.

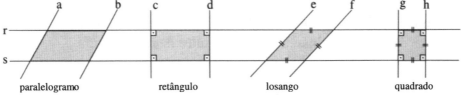

F - Algumas propriedades

F1 – Trapézio qualquer

Teorema: Em qualquer trapézio a soma de dois ângulos consecutivos, não de uma mesma base, é 180°. (Esses ângulos são suplementares)

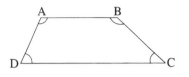

ABCD é um trapézio de bases $\overline{AB}$ e $\overline{CD}$ $\Rightarrow$ $\hat{A} + \hat{D} = 180°$; $\hat{B} + \hat{C} = 180°$

Demonstração

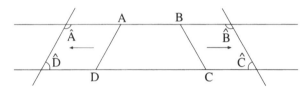

Como as bases $\overline{AB}$ e $\overline{CD}$ estão em retas paralelas e $\hat{A}$ e $\hat{D}$ são colaterais internos ($\hat{B}$ e $\hat{C}$ também) e nestas condições ângulos colaterais internos são suplementares (somam 180°) temos: $\hat{A} + \hat{D} = 180°$ e $\hat{B} + \hat{C} = 180°$

F2 – Trapézio Isósceles

a) Teorema: Os ângulos de uma mesma base de um trapézio isósceles são congruentes

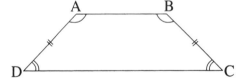

ABCD é trapézio isósceles de bases $\overline{AB}$ e $\overline{CD}$ $\Rightarrow$ $\hat{A} = \hat{B}$; $\hat{C} = \hat{D}$

Este teorema está provado no capítulo 7

Consequência: "Dois ângulos opostos de um trapézio isósceles são suplementares." (Eles somam 180°)

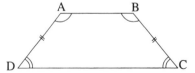

$\hat{A} + \hat{C} = 180°$
$\hat{B} + \hat{D} = 180°$

De fato: Como $\hat{A} + \hat{D} = 180°$ (Teorema anterior) e $\hat{D} = \hat{C}$, obtemos $\hat{A} + \hat{C} = 180°$

Analogamente: $\hat{B} + \hat{D} = 180°$

b) Teorema: Em todo trapézio isósceles, se a base menor é congruente aos lados oblíquos, as diagonais são bissetrizes dos ângulos da base maior.

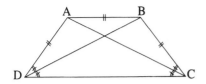

| $\overline{AB}$ é a base menor de um trapézio e $AB = AD = BC$ | $\Rightarrow$ | $\overline{DB}$ e $\overline{CA}$ são bissetrizes de $\hat{D}$ e $\hat{C}$ |

Demonstração

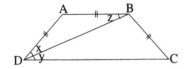 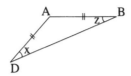 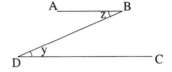

Note que o triângulo ABD é isósceles de base $\overline{BD}$. Então: $x = z$.
E como as bases $\overline{AB}$ e $\overline{CD}$ são paralelas, os ângulos alternos internos são congruentes.
Então: $z = y$

$x = z$ e $z = y \Rightarrow x = y$ $x = y \Rightarrow \overline{DB}$ **é bissetriz de** $\hat{D}$.

Analogamente obtemos que $\overline{CA}$ **é bissetriz de** $\hat{C}$.

c) **Teorema:** Em todo trapézio isósceles, se a base maior é congruente aos lados oblíquos, as diagonais são bissetrizes dos ângulos da base menor.

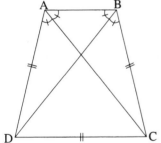

| $\overline{CD}$ é a base maior de um trapézio e $AD = CD = BC$ | $\Rightarrow$ | $\overline{AC}$ e $\overline{BD}$ são bissetrizes de $\hat{A}$ e $\hat{B}$ |

(A demonstração é análoga a do teorema anterior.)

F3 – Paralelogramo

Todas as propriedades válidas para o paralelogramo também são, evidentemente, válidas para o retângulo, o losango e o quadrado, pois esses quadriláteros são também paralelogramos, como veremos no capítulo 7.

a) **Teorema:** "Ângulos consecutivos de um paralelogramo são suplementares" (Eles somam 180°)

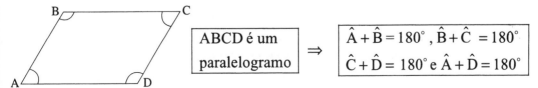

Demonstração

Como $\overline{AD}$ é paralelo a $\overline{BC}$, os ângulos colaterais internos $\hat{A}$ e $\hat{B}$ são suplementares (somam 180°). Analogamente obtemos que $\hat{B}$ e $\hat{C}$, $\hat{C}$ e $\hat{D}$ e $\hat{A}$ e $\hat{D}$ também são suplementares.

Então: $\hat{A} + \hat{B} = \hat{B} + \hat{C} = \hat{C} + \hat{D} = \hat{A} + \hat{D} = 180°$

> Obs.: Como o **retângulo**, o **quadrado** e o **losango** são paralelogramos, podemos afirmar que:

1º) Ângulos consecutivos de um retângulo são suplementares.
2º) Ângulos consecutivos de um losango são suplementares.
3º) Ângulos consecutivos de um quadrado são suplementares.

b) **Teorema:** Ângulos opostos de um paralelogramo são congruentes.

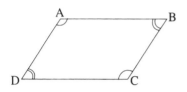

ABCD é um paralelogramo $\Rightarrow$ $\hat{A} = \hat{C}$ e $\hat{B} = \hat{D}$

Demonstração

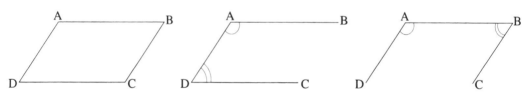

Como o paralelogramo tem lados opostos paralelos (definição), temos:
$\begin{cases} \overline{DC} // \overline{AB}, \hat{D} \text{ e } \hat{A} \text{ são colaterais} \Rightarrow \hat{D} + \hat{A} = 180° \\ \overline{AD} // \overline{BC}, \hat{A} \text{ e } \hat{B} \text{ são colaterais} \Rightarrow \hat{A} + \hat{B} = 180° \end{cases}$

$\hat{D} + \hat{A} = 180°$ e $\hat{A} + \hat{B} = 180°$ $\Rightarrow$ $\hat{D} + \hat{A} = \hat{A} + \hat{B}$ $\Rightarrow$ $\boxed{\hat{D} = \hat{B}}$

Analogamente obtemos: $\boxed{\hat{A} = \hat{C}}$

> Obs.: Não esqueça que este teorema vale para o **retângulo**, o **losango** e o **quadrado**, pois eles são paralelogramos.

Então:
1º) Ângulos opostos de um retângulo são congruentes.
2º) Ângulos opostos de um losango são congruentes.
3º) Ângulos opostos de um quadrado são congruentes

c) **Teorema:** (Recíproco do anterior)

Se os ângulos opostos de um quadrilátero são congruentes, então ele é um paralelogramo.

$\hat{A} = \hat{C}$ e $\hat{B} = \hat{D}$ $\Rightarrow$ ABCD é um paralelogramo

Demonstração

Como: $\hat{A} = \hat{C}$ e $\hat{B} = \hat{D}$ e $\hat{A} + \hat{B} + \hat{C} + \hat{D} = 360°$ temos:

$$\hat{C} + \hat{D} + \hat{C} + \hat{D} = 360° \Rightarrow$$

$$\Rightarrow 2\hat{C} + 2\hat{D} = 360° \Rightarrow \boxed{\hat{C} + \hat{D} = 180°} \Rightarrow \boxed{\hat{C} + \hat{B} = 180°}$$

De acordo com o teorema: "Se duas retas cortadas por uma transversal determinam ângulos colaterais suplementares, então essas retas são paralelas", de $\hat{C} + \hat{D} = 180°$ obtemos que $\overline{AD}$ é paralelo a $\overline{BC}$ e de $\hat{C} + \hat{B} = 180°$ obtemos que $\overline{AB}$ é paralelo a $\overline{DC}$. Logo: ABCD tem lados opostos paralelos. Então: **ABCD é paralelogramo**.

Nota: Como o retângulo e quadrado tem ângulos retos, os ângulos opostos são congruentes (são retos), então de acordo com o teorema acima, o retângulo e o quadrado são paralelogramos.
Note ainda que todo retângulo e quadrado são paralelogramos, mas nem todo paralelogramo é retângulo ou quadrado.

d) **Teorema:** Lados opostos de um paralelogramo são congruentes.

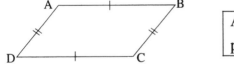

ABCD é um paralelogramo $\Rightarrow$ AD = BC e AB = DC

Este teorema será demonstrado no capítulo 7.

Obs.: Como o retângulo, losango e quadrado são paralelogramos, podemos afirmar que:

1°) "Lados opostos de um retângulo são congruentes"
2°) "Lados opostos de um losango são congruentes"
3°) "Lados opostos de um quadrado são congruentes"

F4 – Retângulo

Teorema: As diagonais de um retângulo são congruentes.

Este teorema está demonstrado no capítulo 7.

Nota: Como o quadrado é também um retângulo, as suas diagonais são congruentes.

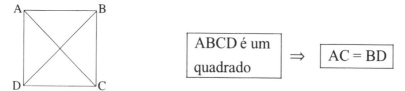

F5 – Losango

a) **Teorema:** "Ângulos opostos de um losango são congruentes"

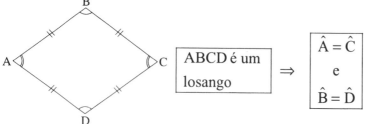

Demonstração

Como a diagonal AC determina no losango dois triângulos isósceles de base $\overline{AC}$, cujos ângulos das bases indicaremos por x e y, obtemos que:

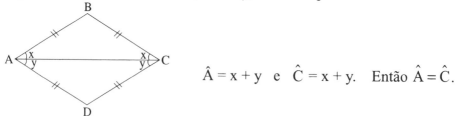

$\hat{A} = x + y$ e $\hat{C} = x + y$. Então $\hat{A} = \hat{C}$.

Analogamente obtemos que: $\hat{B} = \hat{D}$.

Conseqüência: "Todo losango é um paralelogramo"

De fato: de acordo com o teorema: " Se um quadrilátero tem ângulos opostos congruentes, então ele é um paralelogramo", como o losango tem ângulos opostos congruentes, podemos afirmar que o losango é um paralelogramo.

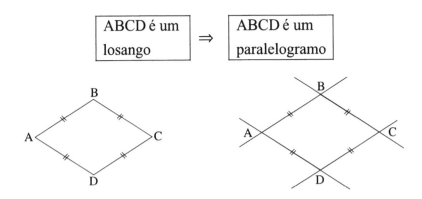

Note que nem todo paralelogramo é um losango.

b) **Teorema:** "As diagonais de um losango são bissetrizes dos seus ângulos."

Demonstração

Como os triângulos ADC e ABC são isósceles de base $\overline{AC}$ obtemos que x = y e z = w. Como os lados opostos de um losango são paralelos (o losango é um paralelogramo), os ângulos alternos x e z são congruentes. Logo: x = y = z = w.

Então $\overline{AC}$ é bissetriz de $\hat{A}$ e $\hat{C}$.

Analogamente obtemos que $\overline{BD}$ é bissetriz de $\hat{B}$ e $\hat{D}$.

c) **Teorema:** As diagonais de um losango são perpendiculares.

Demonstração

Como as diagonais são bissetrizes e os ângulos opostos são congruentes, podemos indicar as medidas como na figura ao lado. E como a soma dos ângulos de um quadrilátero é 360° e de um triângulo é 180°, temos:

$$\begin{cases} 4x + 4y = 360° \\ x + y + \alpha = 180° \end{cases} \Rightarrow \begin{cases} x + y = 90° \\ x + y + \alpha = 180° \end{cases} \Rightarrow \boxed{\alpha = 90°}$$

$\alpha = 90° \Rightarrow A\hat{O}B$ é reto $\Rightarrow \boxed{\overline{AC} \perp \overline{BD}}$

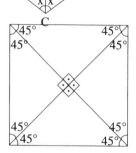

Nota: Como todo quadrado é também um losango, as suas diagonais são bissetrizes e são perpendiculares. Veja os ângulos indicados na figura.

Outras propriedades dos quadriláteros serão vistas no capítulo 7.

Exercícios

271 Lembrando que a soma dos ângulos internos de um quadrilátero é 360°, indique em cada caso a medida do ângulo assinalado.

a)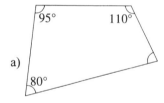
b)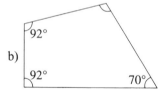
c)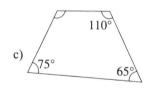

272 Lembrando que a soma dos ângulos externos de um quadrilátero é 360°, indique em cada caso a medida do ângulo assinalado.

a)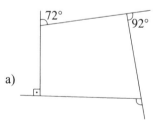
b)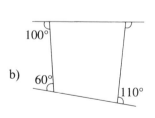
c)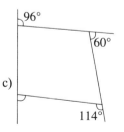

273 Em cada caso são dados três ângulos de um quadrilátero. Determine a medida do quarto ângulo.

a) 90°, 90° e 90°
b) 100°, 120° 70°
c) 40°, 60° e 120°
d) 80°, 70° e 100°
e) 100°, 100° e 100°
f) 75°, 85° e 95°

274 Em cada caso são dados três ângulos externos de um quadrilátero. Determine a medida do quarto ângulo.
a) 80°, 110° e 60°   b) 95°, 105° e 115°   c) 150°, 100° e 70°

275 Determine o valor da incógnita nos casos:

a) 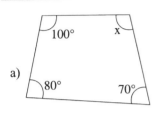   b) 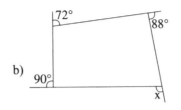   c)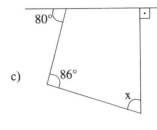

d) 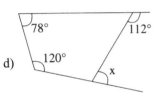   e) 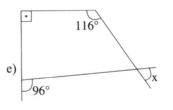   f)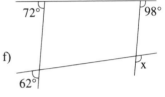

276 Determine x nos casos:

a) 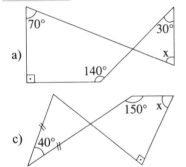   b)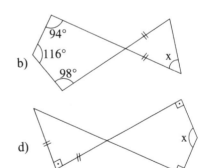

c)   d)

277 Determinar o valor de x nos casos:

a) 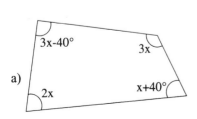   b)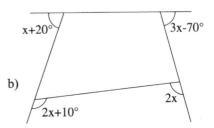

c)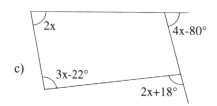

d)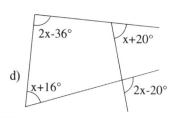

278 Determine os ângulos do quadrilátero ABCD nos casos:

a)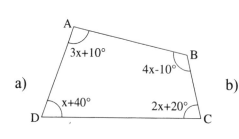

b)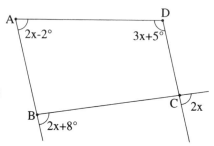

279 Se $\overline{AP}$ e $\overline{BP}$ são bissetrizes dos ângulos $\hat{A}$ e $\hat{B}$, determine x nos casos:

a)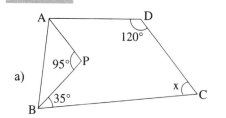

b)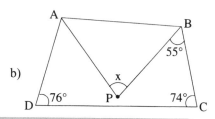

✓ Faça também os Exercícios de Fixação 298 → 302

280 Em cada caso é dado um trapézio de bases $\overline{AB}$ e $\overline{CD}$. Indique nas figuras as medidas dos ângulos assinalados:

a)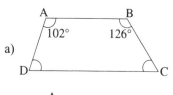

b)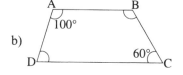

c)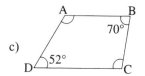

d)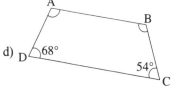

e)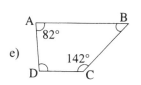

f)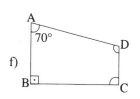

281 Em cada caso é dado um trapézio isósceles (é fácil identificar as bases). Indique nas figuras as medidas dos ângulos assinalados:

a) 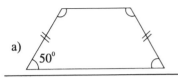 b) 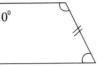 c)

282 A base menor de um trapézio isósceles é congruente ao lado oblíquo às bases. Determine x nos casos:

a) 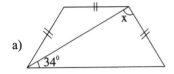 b) 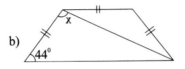 c)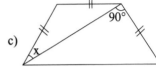

283 A base maior de um trapézio isósceles é congruente aos lados oblíquos às bases. Determine x nos casos:

a) 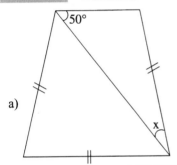 b)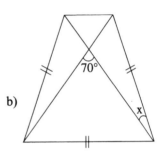

284 Em cada caso são dadas as medidas de dois ângulos de um trapézio. Determine as medidas dos outros dois:

a) 100° e 110°   b) 75° e 20°   c) 10° e 160°   d) 150° e 25°

285 É dada, em cada caso, a medida de um ângulo de um trapézio isósceles. Determine as medidas dos outros três:

a) 45°   b) 140°   c) 38°   d) 112°

286 Em cada caso é dado um ângulo de um trapézio retângulo. Determine a medida do outro ângulo não reto deste trapézio:

a) 20°   b) 50°   c) 80°   d) 102°   e) 150°

287 Em cada caso é dado um trapézio de base $\overline{AB}$ e $\overline{CD}$. Determine as incógnitas:

a) 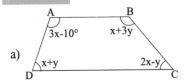 b)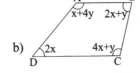

288 Em cada caso temos um trapézio isósceles, determine os seus ângulos:

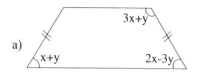
a)

b)

289 Determine os ângulos $\hat{E}$ e $\hat{F}$ sabendo que ABCD é um trapézio de bases $\overline{AB}$ e $\overline{CD}$.

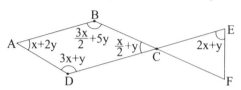

✓ Faça também os Exercícios de Fixação 303 → 307

290 Em cada caso temos um paralelogramo. Indique nas figuras as medidas dos ângulos assinalados:

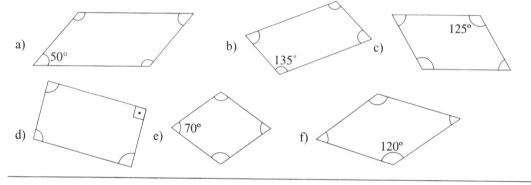

291 Em cada caso é dado um losango. Indique nas figuras as medidas dos ângulos assinalados:

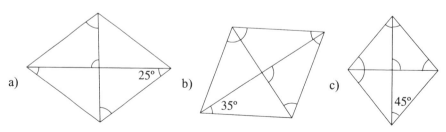

292 Em cada caso é dada a medida de um ângulo de um paralelogramo. Determine as medidas dos outros três:

a) 30°   b) 110°   c) 150°   d) 45°   e) 90°   f) 10°

293 Em cada caso temos um paralelogramo. Determine as incógnitas:

a)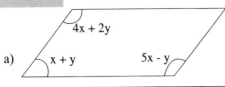

b)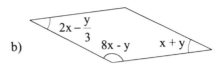

294 Os quadriláteros da figura são paralelogramos. Indique na figura as medidas dos ângulos assinalados:

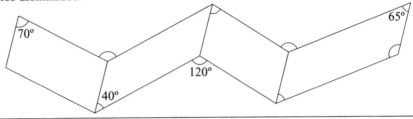

295 Na figura temos um quadrilátero qualquer e segmentos internos que são bissetrizes. Mostre que $x + y = 180°$

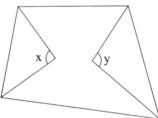

296 Mostre que as bissetrizes de dois ângulos consecutivos, não de uma mesma base, de um trapézio são perpendiculares.

297 Mostre que as bissetrizes de dois ângulos opostos de um paralelogramo são paralelas.

✓ Faça também os Exercícios de Fixação 308 → 325

Exercícios de Fixação

298 Determine o valor da incógnita nos casos:

a)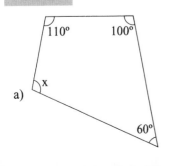

b)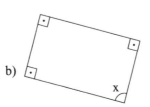

c)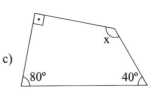

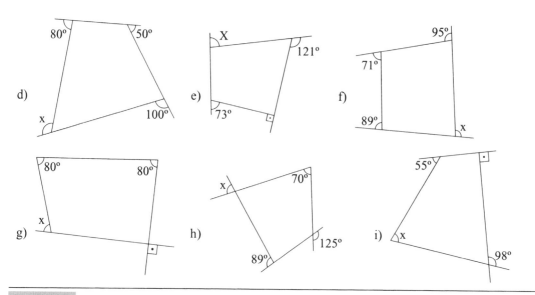

299
Determine x nos casos:

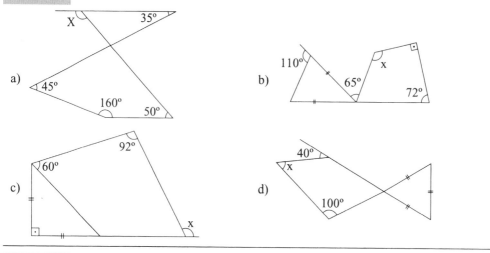

300
Determine x nos casos:

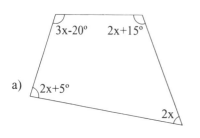
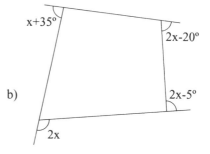

301 Determinar os ângulos do quadrilátero ABCD nos casos:

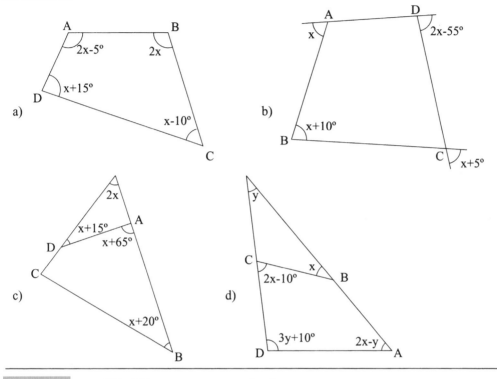

302 Se $\overline{AP}$ e $\overline{BP}$ são bissetrizes de $\hat{A}$ e $\hat{B}$, determine x:

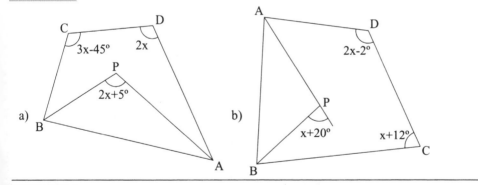

303 Determine os valores das incógnitas sabendo que ABCD é um trapézio de bases $\overline{AB}$ e $\overline{CD}$, nos casos:

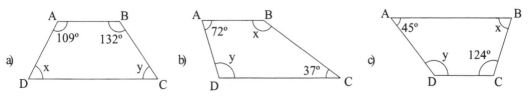

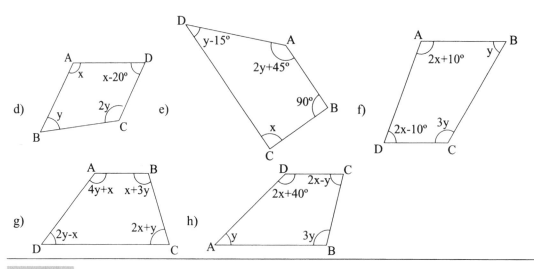

304 Determine os ângulos do trapézio ABCD, onde AD e BC são as bases nos casos:

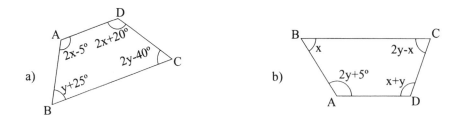

305 Em cada caso é dado um trapézio isósceles. Determine os ângulos desse trapézio:

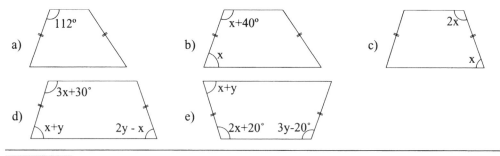

306 Em cada caso temos um trapézio isósceles. Determine o seu perímetro.

307 Em cada caso temos um trapézio ABCD com AB = BC = CD. Determine as incógnitas:

a)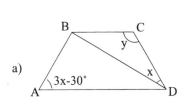

b)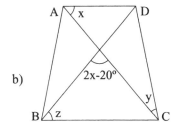

308 Em cada caso temos um paralelogramo. Determine as incógnitas:

a)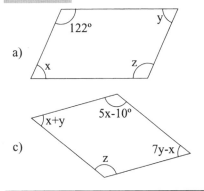

b)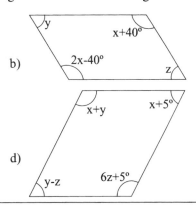

c)

d)

309 Determinar os ângulos do paralelogramo dado nos casos:

a)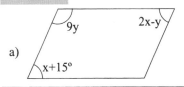

b)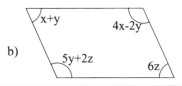

310 Determine os lados do paralelogramo dado nos casos:

a)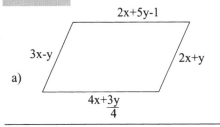

b)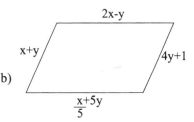

311 Determine as incógnitas sabendo que o quadrilátero dado é um losango nos casos:

a)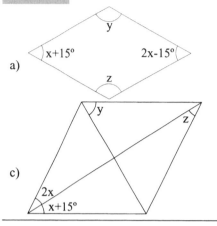

b)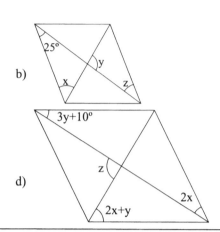

c)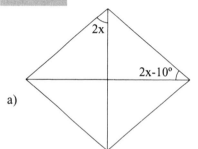

d)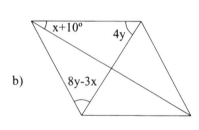

312 Determine os ângulos do losango dado nos casos:

a)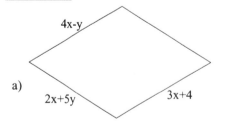

b)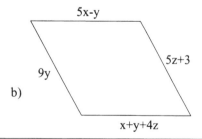

313 Determine o lado do losango dado nos casos:

a)

b)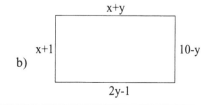

314 Determine os lados do retângulo dado em cada caso:

a)

b)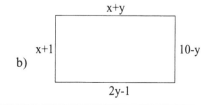

315 Determinar o perímetro do quadrado ABCD dado ao lado.

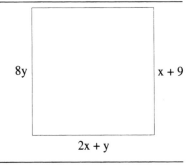

316 Em cada caso temos um quadrado e um triângulo equilátero. Determine as incógnitas:

a) b)

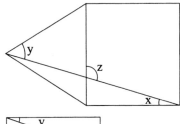

c) d)

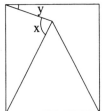

317 Na figura temos dois quadrados. Determine as incógnitas.

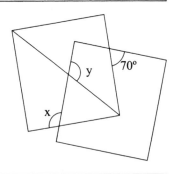

318 Na figura temos dois quadrados e um triângulo equilátero. Determine as incógnitas.

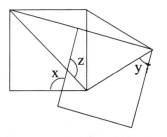

319 Em cada caso determine os ângulos do quadrilátero ABCD em questão:

a) Sabe-se que: $\hat{A} - \hat{B} = 20°$, $\hat{A} - \hat{C} = 50°$ e $\hat{A} - \hat{D} = 10°$
b) Sabe-se que: $\hat{A} = 2\hat{B}$, $\hat{C} = \hat{D}$ e $\hat{A} - \hat{C} = 65°$
c) Os ângulos são proporcionais a 2, 5, 6 e 7.

320 Em cada caso determine os ângulos do trapézio em questão:

a) Os ângulos da base menor medem o dobro e o quíntuplo, respectivamente, dos ângulos consecutivos a eles, da outra base.
b) Os ângulos da base menor são proporcionais a 6 e 7 e somam 260°.

321 Determine os ângulos do trapézio isósceles dado nos casos:

a) Um dos ângulos é o dobro de outro.
b) Um deles excede outro em 6°.
c) Um deles é igual a soma de dois outros.
d) Um deles é igual ao quádruplo da soma de dois outros.
e) A diferença de dois ângulos é 32°.
f) A soma de dois ângulos é o quíntuplo da soma dos outros dois.
g) O ângulo, oposto à base, formado pelas bissetrizes de dois ângulos da base mede 140°.

322 Determine o ângulo agudo do trapézio retângulo nos casos:

a) O obtuso é o dobro do agudo.
b) O obtuso excede o agudo em 22°.
c) O obtuso e o agudo são proporcionais a 5 e 4.
d) A diferença entre o agudo e o obtuso é 50°.
e) O ângulo formado pelas bissetrizes dos ângulos da base maior mede 65°.
f) O ângulo formado pelas bissetrizes dos ângulos da base menor mede 65°.

323 Determine o ângulo agudo de um paralelogramo nos casos:

a) O obtuso é o triplo do agudo.
b) O obtuso excede o agudo em 100°.
c) O obtuso e o agudo são proporcionais a 8 e 1.
d) A diferença entre dois ângulos é 120°.

324 Determine os lados do quadrilátero em questão nos casos:

a) Quadrilátero qualquer com 240 m de perímetro cujos lados são proporcionais a 1, 2, 3 e 4.
b) Trapézio isósceles com 48 m de perímetro cuja base maior excede a menor em 6 m, que por sua vez é igual a soma dos lados oblíquos.
c) Trapézio isósceles com 98 m de perímetro, sabendo que as bases maior e menor excedem a soma dos lados oblíquos em 12 m e 2 m.
d) Paralelogramo com 40 m de perímetro, onde um lado excede outro em 6 m.
e) Retângulo cujo perímetro é de 22 m, sabendo que um lado excede a soma de outros dois em 8 m.
f) Losango cujo perímetro excede um lado em 39 m.

325 Resolver:

a) Determine o ângulo agudo de um trapézio retângulo, sabendo que a diferença entre as medidas de dois ângulos é 60°.
b) Determine o ângulo obtuso de um trapézio retângulo, sabendo que um ângulo mede a metade de outro.
c) Determine o ângulo oposto à base, formado pelas diagonais de um trapézio isósceles, sabendo que este trapézio tem um ângulo de 80° e tem ainda três lados congruentes.

Exercícios Suplementares

326 Sendo r e s retas paralelas, determine x. (Prolongue segmentos para obter quadriláteros e use a soma dos ângulos do quadrilátero.

a)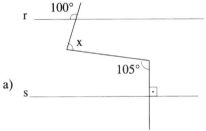
b)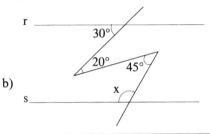

327 Determine o valor de x nos casos:

a)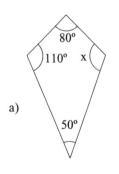
b)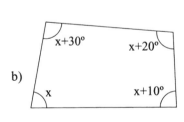

328 Determine os ângulos do quadrilátero ABCD nos casos:

a)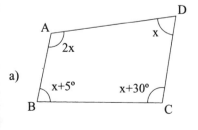
b)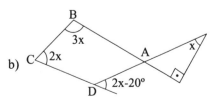

329 Determine o valor de x nos casos:

a) PA = PB

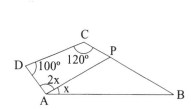

b) AB = AD e CB = CD

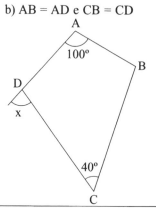

330 Se $\overline{AP}$ e $\overline{BP}$ são bissetrizes, determine x nos casos:

a)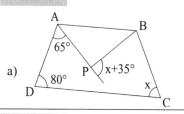

b)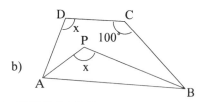

331 Se $\overline{AP}$ e $\overline{BP}$ são bissetrizes, determine:

a) $\hat{C} + \hat{D}$

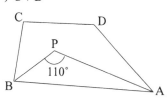

b) $\hat{C}$, que excede $\hat{D}$ em 10°
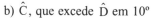
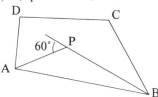

332 Se ABCD é trapézio de bases $\overline{AB}$ e $\overline{CD}$, determine x e y.

a)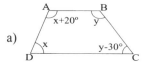

b)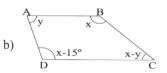

333 ABCD é trapézio de bases $\overline{AB}$ e $\overline{CD}$. Se $\overline{DP}$ e $\overline{CP}$ são bissetrizes, determine x e B$\hat{C}$D.

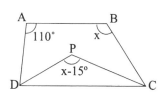

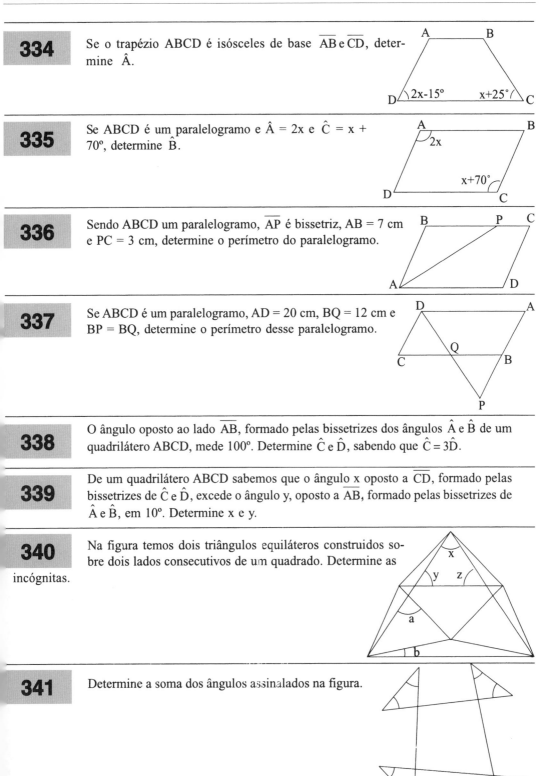

334 Se o trapézio ABCD é isósceles de base $\overline{AB}$ e $\overline{CD}$, determine $\hat{A}$.

335 Se ABCD é um paralelogramo e $\hat{A} = 2x$ e $\hat{C} = x + 70°$, determine $\hat{B}$.

336 Sendo ABCD um paralelogramo, $\overline{AP}$ é bissetriz, AB = 7 cm e PC = 3 cm, determine o perímetro do paralelogramo.

337 Se ABCD é um paralelogramo, AD = 20 cm, BQ = 12 cm e BP = BQ, determine o perímetro desse paralelogramo.

338 O ângulo oposto ao lado $\overline{AB}$, formado pelas bissetrizes dos ângulos $\hat{A}$ e $\hat{B}$ de um quadrilátero ABCD, mede 100°. Determine $\hat{C}$ e $\hat{D}$, sabendo que $\hat{C} = 3\hat{D}$.

339 De um quadrilátero ABCD sabemos que o ângulo x oposto a $\overline{CD}$, formado pelas bissetrizes de $\hat{C}$ e $\hat{D}$, excede o ângulo y, oposto a $\overline{AB}$, formado pelas bissetrizes de $\hat{A}$ e $\hat{B}$, em 10°. Determine x e y.

340 Na figura temos dois triângulos equiláteros construidos sobre dois lados consecutivos de um quadrado. Determine as incógnitas.

341 Determine a soma dos ângulos assinalados na figura.

Capítulo 6
Polígonos

A – Polígono qualquer

Definição: Sejam $P_1, P_2, ..., P_n$, com $n \geq 3$, pontos distintos dois a dois, pertencentes a um plano, de modo que três deles, se consecutivos, não são colineares. (São consecutivos os pontos P_n, P_1 e P_2, os pontos $P_{n-1} P_n$ e P_1 e os pontos P_i, P_{i+1}, P_{i+2}, para todo inteiro positivo $i \leq n-2$). A união dos segmentos $\overline{P_1 P_2}, \overline{P_2 P_3}, ..., \overline{P_{n-1} P_n}$ e $\overline{P_n P_1}$ chamamos polígono $P_1 P_2 P_3 ... P_n$

$$\text{Polígono } P_1 P_2 P_3 ... P_n = \overline{P_1 P_2} \cup \overline{P_2 P_3} \cup ... \cup \overline{P_{n-1} P_n} \cup \overline{P_n P_1}$$

Vértices: Os pontos $P_1, P_2, ..., P_n$ da definição são chamados **vértices** do polígono.

Lados: Os segmentos $\overline{P_1 P_2}, \overline{P_2 P_3}, ..., \overline{P_n P_1}$ da definição são chamados **lados** do polígono.

Exemplos:

a) n = 3 (Triângulo)

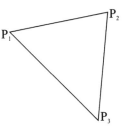

b) n = 4 (Quadrilátero)

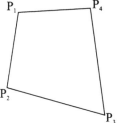

c) n = 5 (Pentágono)

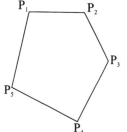

d) n = 6 (Hexágono)

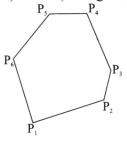

e) n = 7 (Heptágono)

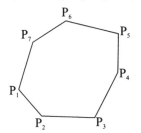

B – Polígono convexo e Polígono côncavo

Definição: Se toda reta que contém um dos lados, não contém, exceto as extremidades desse lado, pontos de outro lado, o polígono é chamado **convexo**.

Se cada vértice está apenas em dois lados, dois lados não tenham pontos entre as extremidades em comum e existe reta, que contém um lado, que deixa vértices em semi-planos opostos, o polígono é chamado **côncavo**.

a) Polígono convexo b) Polígono côncavo c) Polígono complexo

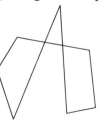

Obs.:
1) *Neste livro vamos estudar apenas **polígonos convexos***
2) *Quando um polígono tem um número pequeno de lados, ao invés de representá-lo por $P_1 P_2 P_3...$, costumamos representá-lo por ABCD... .*

C – Elementos do polígono convexo

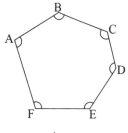

Vértices consecutivos: São extremidades de um mesmo lado: A e B, B e C, etc.

Lados consecutivos: São lados que têm uma extremidade em comum: $\overline{AB}$ e $\overline{BC}$, $\overline{CD}$ e $\overline{DE}$, etc.

Ângulos internos: São os ângulos determinados por dois lados consecutivos: $A\hat{B}C$, $B\hat{C}D$, etc. Podemos representá-lo assim: $\hat{B}$, $\hat{C}$, etc.

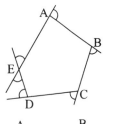

Ângulos externos: São os ângulos que formam com um ângulo interno um par linear (Ângulos adjacentes suplementares). Há dois em cada vértice.

Ângulos consecutivos: São ângulos do polígono cujos vértices são vértices consecutivos do polígono: $\hat{A}$ e $\hat{B}$, $\hat{B}$ e $\hat{C}$, etc.

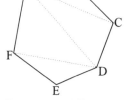

Diagonais: São os segmentos determinados por dois vértices não consecutivos: $\overline{AC}$, $\overline{AD}$, $\overline{DF}$, etc.

Perímetro: É a soma das medidas dos lados.

D – Regiões no polígono convexo

D1 – Região Poligonal

É a intersecção dos semi-planos, com origem nos lados, que contêm os lados do polígono.

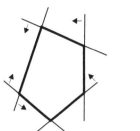 

Para simplificar, freqüentemente chamamos a **região poligonal** apenas de **polígono**.

D2 – Região Interna

O conjunto dos pontos da região poligonal, não pertencentes aos lados do polígono, chama-se **região interna do polígono.**

D3 – Região Externa

O conjunto dos pontos do plano do polígono, não pertencentes à região poligonal, chama-se **região externa do polígono**

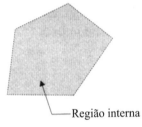 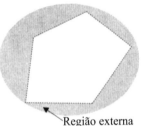

Região interna   Região externa

E – Nomenclatura

De acordo com o número **n** de lados, alguns polígonos convexos recebem nomes especiais. Isto é:

n = 3 → triângulo	n = 4 → quadrilátero	n = 5 → pentágono
n = 6 → hexágono	n = 7 → heptágono	n = 8 → octógono
n = 9 → eneágono	n = 10 → decágono	n = 11 → undecágono
n = 12 → dodecágono	n = 13 → tridecágono	n = 14 → tetradecágono
n = 15 → pentadecágono		
⋮		
n = 20 → icoságono		

Nota: O número de vértices de um polígono é igual ao número de lados:
O heptágono tem 7 lados e 7 vértices.
O undecágono tem 11 lados e 11 vértices, etc.

F – Soma dos ângulos no polígono convexo

F1 – Soma dos ângulos internos

Teorema: "A soma das medidas dos **ângulos internos** de um polígono convexo de **n** lados é dada por $Si = (n-2)180°$".

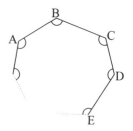

$$Si = \hat{A} + \hat{B} + \hat{C} + ...$$
$$\boxed{Si = (n-2)180°}$$

Demonstração: (A demonstração rigorosa será vista em outro volume desta coleção).
Tracemos todas as diagonais que têm uma das extremidades em um dos vértices do polígono. Sendo **n** o número de lados do polígono, a região poligonal será a união de (n - 2) triângulos, de modo que dois deles não tenham pontos internos em comum. Note que a soma dos ângulos do polígono é igual a soma dos ângulos desses triângulos. E como a soma dos ângulos de um triângulo é 180° temos: $\boxed{Si = (n-2)180°}$

Exemplos:

1º) $n = 3 \Rightarrow Si = (3-2) \cdot 180° \Rightarrow \boxed{Si = 180°}$

2º) $n = 4 \Rightarrow Si = (4-2) \cdot 180° \Rightarrow \boxed{Si = 360°}$

3º) $n = 5 \Rightarrow Si = (5-2) \cdot 180° \Rightarrow \boxed{Si = 540°}$

4º) $n = 6 \Rightarrow Si = (6-2) \cdot 180° \Rightarrow \boxed{Si = 720°}$ etc.

(Note que as somas vão aumentando de 180° em 180°)

Si=180°

Si=360°

Si=540°

Si=720°

F2 – Soma dos ângulos externos

Teorema: "A soma das medidas dos **ângulos externos** de um polígono convexo, qualquer que seja o número de lados (considerando um ângulo em cada vértice) é 360°.

$Se = e_1 + e_2 + e_3 + ... + e_n$

$\boxed{Se = 360°}$

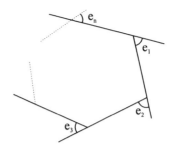

Demonstração: Sendo i_1, i_2,... os ângulos internos, e_1, e_2, ... os externos adjacentes e lembrando que o interno e o externo correspondentes são suplementares (somam 180°) temos:

$\begin{cases} i_1 + e_1 = 180° \\ i_2 + e_2 = 180° \\ \vdots \\ i_n + e_n = 180° \end{cases}$ somando membro a membro obtemos:

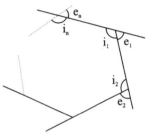

$\underbrace{i_1 + i_2 + ... + i_n}_{Si} + \underbrace{e_1 + e_2 + ... + e_n}_{Se} = n.(180°) \Rightarrow$

Si + Se = $n.(180°) \Rightarrow$

$(n-2)180°$ + Se = $n(180°) \Rightarrow$

$n.(180°) - 360°$ + Se = $n.(180°) \Rightarrow$ $\boxed{Se = 360°}$

Obs.: A soma dos ângulos externos de um triângulo, a de um quadrilátero, a de um pentágono, etc, são todas iguais a 360°

Se=360°
Si=180°

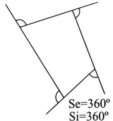
Se=360°
Si=360°

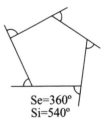
Se=360°
Si=540°

G – Número de diagonais

Teorema: "O número de diagonais de um polígono convexo de **n** lados é dado por $d = \dfrac{n(n-3)}{2}$ "

d = número de diagonais
n = número de lados

$\boxed{d = \dfrac{n(n-3)}{2}}$

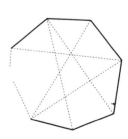

Demonstração: (A demonstração rigorosa será vista em outro volume).
Considere o polígono de **n** lados $A_1, A_2, ... A_n$. Note que, com uma extremidade em A_1, eles determinam n segmentos. A saber:

$\overline{A_1A_1}$ (segmento nulo)

$\overline{A_1A_2}$ (um lado)

$\overline{A_1A_3}$ (uma diagonal)

⋮

$\overline{A_1A_n}$ (um lado)

Três desses segmentos não são diagonais. Então temos: (n -3) deles, são diagonais. Então, com uma extremidade em um determinado vértice, temos (n - 3) diagonais. Para acharmos o número de diagonais que "partem" dos **n** vértices, basta multiplicarmos n por (n - 3). Mas como cada diagonal é determinada por dois vértices, este produto [n (n - 3)] nos dá o dobro do número de diagonais. Então:

$$2d = n(n-3) \Rightarrow \boxed{d = \frac{n(n-3)}{2}}$$

Exemplos:

1º) O triângulo não tem diagonal:

$n = 3 \Rightarrow d = \frac{3(3-3)}{2} = 0$

2º) O quadrilátero tem 2 diagonais:

$n = 4 \Rightarrow d = \frac{4(4-3)}{2} = 2 \Rightarrow d = 2$

3º) O pentágono tem 5 diagonais:

$n = 5 \Rightarrow d = \frac{5(5-3)}{2} = 5 \Rightarrow d = 5$

d=0

d=2

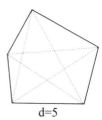
d=5

H – Polígonos Regulares

Polígono equiângulo: É aquele cujos ângulos são congruentes entre si.
Polígono equilátero: É aquele cujos lados são congruentes entre si.
Polígono regular: É o polígono convexo que é equiângulo e também equilátero.

Exemplos:
1º) O losango é equilátero   O retângulo é equiângulo   O quadrado é o quadrilátero regular

2º) O triângulo é o único polígono que se for equilátero será equiângulo, e reciprocamente.
O polígono regular de três lados é o triângulo equilátero.

3º) A soma dos ângulos internos de um pentágono, como já vimos, é 540°. Se ele for equiângulo, para obtermos a medida de um ângulo basta dividirmos 540° por 5. Isto é: $Ai = \dfrac{540°}{5} = 108°$

Pentágono equilátero   Pentágono equiângulo   Pentágono regular

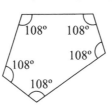 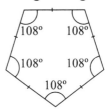

H1 – Ângulo interno e ângulo externo

a) Ângulo interno
Como um polígono regular de **n** lados tem **n** ângulos internos congruentes entre si, temos:

$$\boxed{Si = n \cdot Ai}$$

E como $Si = (n-2)\,180°$, obtemos:

$Ai = \dfrac{Si}{n} \Rightarrow \boxed{Ai = \dfrac{(n-2)\,180°}{n}}$

b) Ângulo externo
Como um polígono regular de **n** lados tem **n** ângulos externos (considerando um em cada vértice) congruentes entre si, temos:

$\boxed{Se = n \cdot Ae}$ E como $Se = 360°$ para todo polígono convexo, obtemos:

$$Ae = \frac{Se}{n} \Rightarrow \boxed{Ae = \frac{360°}{n}}$$

Obs.: Como a expressão para o cálculo do ângulo externo de um polígono regular é mais simples do que a do ângulo interno, é preferível, quando pedirem o ângulo interno, acharmos o externo e lembrando que eles são suplementares, obtêm-se o interno:

$$\boxed{A_e = \frac{360°}{n}} \quad e \quad \boxed{Ai + Ae = 180°}$$

Exemplos:

1º) Qual a soma dos ângulos internos de um octógono convexo?
Sol.:
$Si = (n - 2)\,180°$, octógono $\Rightarrow n = 8$

$Si = (8 - 2)\,180° \Rightarrow Si = (6) \cdot 180° \Rightarrow \boxed{Si = 1080°}$

2º) Qual o polígono convexo cuja soma dos ângulos internos é 1080°?
Sol.:
$Si = (n - 2)\,180° \Rightarrow 1080° = (n - 2)\,180° \Rightarrow n - 2 = 6 \Rightarrow \boxed{n = 8} \Rightarrow$ **octógono**

3º) Quanto mede cada ângulo interno de um octógono regular?
Sol.:

$$Ae = \frac{360}{n} = \frac{360}{8} = 45°$$

$Ai + Ae = 180° \Rightarrow Ai = 180° - 45° \Rightarrow \boxed{Ai = 135°}$

4º) Qual é o polígono regular cujo ângulo interno mede 135°?
Sol.:

$Ai = 135° \Rightarrow Ae = 45°$

$Ae = \frac{360°}{n} \Rightarrow 45° = \frac{360°}{n} \Rightarrow 45° \, n = 360° \Rightarrow \boxed{n = 8}$

$n = 8 \Rightarrow \boxed{\text{octógono}}$

5º) Quantas diagonais tem um octógono convexo?

Sol.: $d = \dfrac{n(n-3)}{2} \Rightarrow d = \dfrac{8(8-3)}{2} \Rightarrow d = 4 \cdot 5 \Rightarrow \boxed{d = 20}$

6º) Qual é o polígono convexo que tem 20 diagonais?
Sol.:

$d = \dfrac{n(n-3)}{2} \Rightarrow 20 = \dfrac{n(n-3)}{2} \Rightarrow n^2 - 3n = 40 \Rightarrow$

$\Rightarrow n^2 - 3n - 40 = 0 \Rightarrow (n-8)(n+5) = 0 \Rightarrow n = 8$ ou $n = -5 \Rightarrow$ **octógono**

Resumindo:
1º) $d = \dfrac{n(n-3)}{2}$
2º) $Si = (n-2)\,180°$
3º) $Se = 360°$
4º) $Ae = \dfrac{360°}{n}$
5º) $Ai + Ae = 180° \Rightarrow Ai = 180° - Ae$
6º) $Ai = \dfrac{Si}{n} \Rightarrow Ai = \dfrac{(n-2)180°}{n}$

Exercícios

342 Determine o número de diagonais do polígono convexo nos casos:
a) heptágono   b) decágono   c) pentadecágono

343 Determine a soma das medidas dos ângulos internos do polígono convexo nos casos:
a) pentágono   b) hexágono   c) octógono   d) eneágono

344 Determine a soma das medidas dos ângulos externos do polígono convexo nos casos:
a) pentágono   b) hexágono   c) decágono   d) icoságono

345 Em cada caso determine a soma dos ângulos internos do polígono convexo em questão:

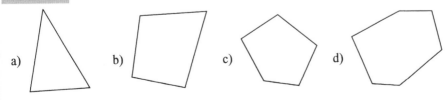

346 Determine a soma dos ângulos internos, a soma dos externos e o número de diagonais dos polígonos:
a) Triângulo   b) Quadrilátero convexo   c) Pentágono convexo   d) Hexágono convexo

347 Determine o valor de x nos casos:

a)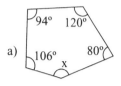
b)
c)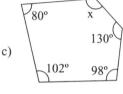

d)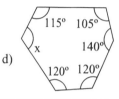
e)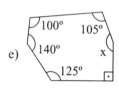
f)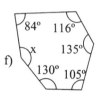

348 Determine o valor de x nos casos:

a)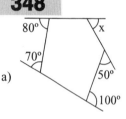
b)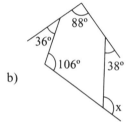
c)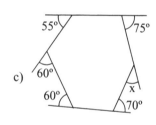

✓ **Faça também os Exercícios de Fixação 361 → 367**

349 Em cada caso temos um polígono regular, determine Si, Se e indique nas figuras as medidas dos ângulos internos e externos

a)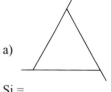
b)
c)
d)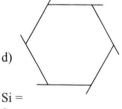

Si =   Si =   Si =   Si =
Se =   Se =   Se =   Se =

350 Determine as incógnitas:

a) pentágono regular

b) Hexágono regular

Exercícios de Matemática - Vol. 6

351 O primeiro termo da seqüência abaixo é 180° e a diferença entre dois termos consecutivos é 180°. Que seqüência é esta?
(180°, 360°, 540°, 720°, 900°, 1080°, 1260°, 1440°,...)

352 Em cada caso temos um pentágono regular, determine as incógnitas:

a)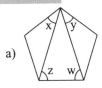
b)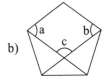

353 Em outro capítulo vamos provar que a diagonal que liga vértices opostos de um polígono regular, com número par de lados, é bissetriz dos ângulos opostos. Determine as incógnitas.

a)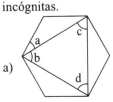
b)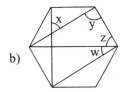

354 Em cada caso é dado o ângulo externo de um polígono regular. Determine a medida do ângulo interno.

a)   b)  c)

355 Em cada caso é dado o ângulo interno de um polígono regular, complete com a medida do ângulo externo:

a) 144°, _____   b) 170°, _____   c) 120°, _____   d) 162°, _____

356 Em cada caso é dada a soma dos ângulos internos de um polígono convexo. Determine o número de lados do polígono.

a) Si = 2160°   b) Si = 4140°   c) Si = 4500°

357 Em cada caso é dado o ângulo externo de um polígono regular. Determine o número de lados do polígono.

a) $a_e = 20°$ b) $a_e = 8°$ c) $a_e = 15°$

358 Em cada caso é dado o ângulo interno de um polígono regular. Determine o número de lados do polígono.

a) $a_i = 156°$ b) $a_i = 170°$ c) $a_i = 144°$

359 Resolver:

a) Determine o número de diagonais de um polígono convexo cuja soma dos ângulos internos é 3600°.
b) Determine o número de diagonais de um polígono regular cujo ângulo interno mede 162°.

360 Resolver:

a) O ângulo oposto a $\hat{B}$ formado pelas bissetrizes dos ângulos $\hat{A}$ e $\hat{C}$ de um polígono regular ABCDE... mede 60°. Quantas diagonais tem este polígono?

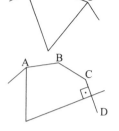

b) O ângulo que contém $\overline{BC}$ formado pela bissetriz de $\hat{A}$ e pela mediatriz de $\overline{CD}$ de um polígono regular ABCDE... mede 50°. Qual a soma dos ângulos desse polígono?

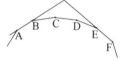

c) O ângulo que contém $\overline{CD}$, formado pelas retas que contém os lados $\overline{AB}$ e $\overline{EF}$ de um polígono regular ABCDEFG..., mede 108°. Quantas diagonais tem este polígono?

✓ Faça também os Exercícios de Fixação 368 → 374

Exercícios de Fixação

361 Determine o número de diagonais do polígono convexo nos casos:
a) hexágono   b) dodecágono   c) tridecágono   d) tetradecágono

362 Determine a soma dos ângulos internos do polígono convexo nos casos
a) heptágono   b) undecágono   c) tetradecágono   d) icoságono

363 Determine a soma dos ângulos externos do polígono convexo nos casos:
a) octógono   b) eneágono   c) undecágono   d) pentadecágono

364 Determine o valor de x nos casos:

a)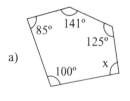
b)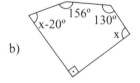
c)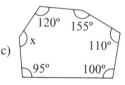
d)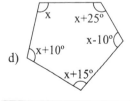
e)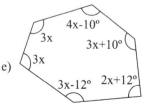

365 Determine os ângulos do pentágono ABCDE nos casos:

a)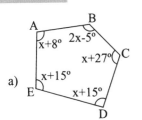

b) $\overline{AB} // \overline{ED}$

366 Determine os ângulos do hexágono ABCDEF nos casos:

a)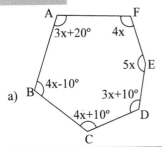

b) $\overline{AB} // \overline{ED}$

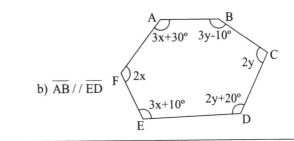

367 Determine x nos casos:

a)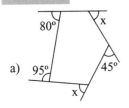

b)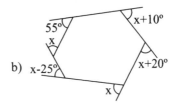

368 Determine as incógnitas se os polígonos são regulares, nos casos:

a) Pentágono e quadrado

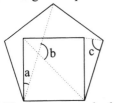

b) Pentágono e triângulo

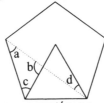

c) Hexágono e quadrado

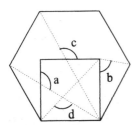

d) Hexágono e pentágono

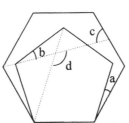

369 Resolver:

a) Quanto mede o ângulo externo de um polígono regular cujo ângulo interno mede 172°?
b) Quanto mede o ângulo interno de um polígono regular cujo ângulo externo mede 40°?
c) Quantos lados tem o polígono cuja soma dos ângulos internos vale 2700°?
d) Quantos lados tem o polígono que tem 152 diagonais?
e) Quantas diagonais tem o polígono cuja soma dos ângulos internos vale 2520°?
f) Quanto vale a soma dos ângulos internos de um polígono que tem 189 diagonais?

370 Resolver:

a) Quanto mede o ângulo externo de um polígono regular de 30 lados?
b) Quanto mede o ângulo interno de um polígono regular de 45 lados?
c) Quantos lados tem o polígono regular cujo ângulo externo mede 40°?
d) Quantos lados tem o polígono regular cujo ângulo interno mede 150°?
e) Quanto vale a soma dos ângulos internos de um polígono regular cujo ângulo externo mede 12°?
f) Quanto vale a soma dos ângulos internos de um polígono regular cujo ângulo interno mede 160°?
g) Quantas diagonais tem o polígono regular cujo ângulo externo mede 18°?
h) Quantas diagonais tem o polígono regular cujo ângulo interno mede 140°?

371 Resolver:

a) Qual é o polígono convexo cujo número de diagonais é o quádruplo do número de lados?
b) Qual é o polígono cujo número de lados é o dobro do número de diagonais?
c) Qual é o polígono cujo número de diagonais excede o número de lados em 18?
d) Qual é o polígono cuja diferença entre os números de lados e diagonais é 25?

372 Resolver:

a) Quantas diagonais partem de cada vértice de um polígono de 25 lados?
b) Se de cada vértice de um polígono partem 30 diagonais, quantos lados tem esse polígono?
c) Se de cada vértice de um polígono partem 28 diagonais, quantas diagonais ele tem?
d) Se o ângulo interno de um polígono regular mede 170°, quantas diagonais partem de cada vértice desse polígono?
e) Se de cada vértice de um polígono regular partem 15 diagonais, quanto mede cada ângulo interno dele?
f) Se de cada vértice de um polígono partem 20 diagonais, quanto vale a soma dos ângulos internos desse polígono?
g) Se um polígono tem 324 diagonais, quantas partem de cada vértice?
h) Se a soma dos ângulos internos de um polígono vale 5400°, quantas diagonais partem de cada vértice dele?

373 Resolver:

a) Quantas diagonais tem o polígono regular cujo ângulo interno excede o ângulo externo em 90°?
b) O ângulo que contém os vértices B e C formado pelas bissetrizes de $\hat{A}$ e $\hat{D}$ de um polígono regular ABCD... mede 60°. Quantas diagonais tem esse polígono?
c) As mediatrizes dos lados $\overline{AB}$ e $\overline{EF}$ de um polígono regular ABCDEFG... são perpendiculares.

Quantas diagonais tem esse polígono?

d) O ângulo interno de um polígono regular excede o ângulo que contém $\overline{CD}$, formado pelas mediatrizes dos lados $\overline{AB}$ e $\overline{DE}$ em 148°. Quantos lados tem esse polígono?

e) Os números de lados de dois polígonos são números pares consecutivos. Se a soma das medidas dos ângulos internos desses dois polígonos é 3960°, quantas diagonais tem o polígono com maior número de lados?

f) A soma dos números de diagonais de três polígonos regulares cujos números de lados são números inteiros consecutivos é 82. Quantas diagonais tem o polígono com ângulo externo menor?

374 Mostre que uma diagonal de um pentágono regular é paralela a um lado.

Exercícios Suplementares

375 Determine o valor de x nos casos:

a)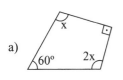

b)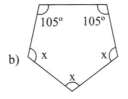

c)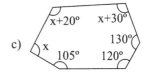

d)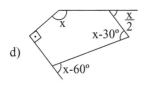

e) $\overline{AB} // \overline{ED}$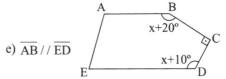

376 Nos casos abaixo, determine x, sabendo que os segmentos $\overline{AP}, \overline{BP}, \overline{CP}$ e $\overline{DP}$ nas figuras em que aparecem são bissetrizes.

a)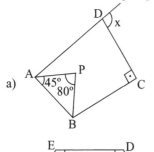

b)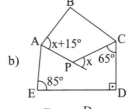

c)

d)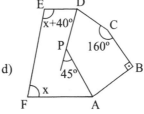

377 Sendo $\overline{AP}$ e $\overline{CP}$ bissetrizes de $\hat{A}$ e $\hat{C}$, determine x.

a) $\overline{AB} // \overline{PC}$
$\overline{AP} // \overline{BC}$

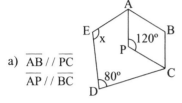

b) $\overline{AB} // \overline{PC}$

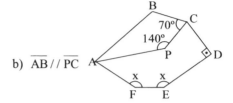

378 Se o triângulo ABP é equilátero, determine x nos casos:

a) ABCDE é pentágono regular

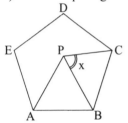

b) ABCDE é pentágono regular

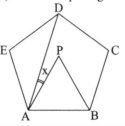

379 Determine os valores de x e y nos casos:

a) Pentágono regular e quadrado

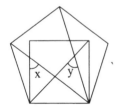

b) Hexágono regular e quadrado

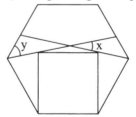

380 Resolver:

a) O ângulo interno de um polígono regular é o quíntuplo do ângulo externo. Quantas diagonais tem esse polígono?
b) A soma dos ângulos externos de um polígono convexo é a oitava parte da soma dos ângulos internos, quantas diagonais tem esse polígono?
c) A soma dos ângulos internos de um polígono regular é igual a 10 vezes o ângulo interno desse polígono. Qual a soma dos ângulos internos desse polígono?
d) A razão entre o ângulo externo e interno de um polígono regular é $\frac{1}{8}$. Qual a soma dos ângulos desse polígono?

381 Dado o número de diagonais, determine o número de lados do polígono nos casos:

a) 5   b) 9   c) 20   d) 35   e) 54   f) 135

Exercícios de Matemática - Vol. 6   161

382 Prova-se que todo polígono regular possui na região interna um ponto que eqüidista dos vértices e eqüidista dos lados, que é chamado centro do polígono. Ele é o centro da circunferência inscrita e o centro da circunferência circunscrita. Dizer quantas diagonais passam pelo centro do polígono regular dado nos casos:
a) Quadrado   b) Pentágono   c) Hexágono   d) Heptágono
e) Octógono   f) Decágono   g) Icoságono

383 Quantas diagonais de um polígono regular de 18 lados não passam pelo centro do polígono?

384 Um polígono regular tem 189 diagonais. Quantas delas não passam pelo centro?

385 A diferença entre o número de diagonais que não passa pelo centro e o número das que passam pelo centro, de um polígono regular é de 42. Quanto mede o ângulo interno desse polígono?

386 Resolver:

a) Qual o polígono regular que tem 6 diagonais passando pelo seu centro?
b) Um polígono regular tem 170 diagonais. Quantas passam pelo centro?
c) O ângulo interno de um polígono regular mede 140°, quantas diagonais passam pelo centro?
d) Um polígono regular tem 30 diagonais que não passam pelo centro. Quanto mede cada ângulo interno desse polígono?

387 Resolver:

a) De um polígono regular ABCDE... sabemos que o ângulo ACB mede 10°. Quantas diagonais deste polígono não passam pelo centro?
b) O ângulo $A\hat{D}C$ de um polígono regular ABCDEF... mede 30°; determinar a soma dos ângulos internos desse polígono.
c) As mediatrizes dos lados $\overline{AB}$ e $\overline{CD}$ de um polígono regular ABCDEF... formam um ângulo, que contém B e C, de 20°. Quantas diagonais desse polígono passam pelo centro?
d) As bissetrizes dos ângulos internos $\hat{A}$ e $\hat{E}$ de um polígono regular ABCDEFG... são perpendiculares. Qual a soma dos ângulos internos desse polígono?
e) As mediatrizes dos lados $\overline{AB}$ e $\overline{DE}$ de um polígono regular ABCDE... formam um ângulo que contém B, C e D, que excede o ângulo externo desse polígono em 20°. Quantas diagonais tem esse polígono?
f) As retas que contém os lados $\overline{AB}$ e $\overline{EF}$ de um polígono regular ABCDEFG... formam um ângulo, que contém C e D, que é o dobro do ângulo externo do polígono. Quantas diagonais tem esse polígono?

Capítulo 7
Congruência de Triângulos

A – Definição

Dois triângulos são congruentes se, e somente se, houver uma correspondência entre seus vértices de modo que ângulos de vértices correspondentes sejam congruentes e lados correspondentes sejam congruentes (lados correspondentes são um lado de um e o lado do outro determinado por vértices correspondentes às extremidades dele).

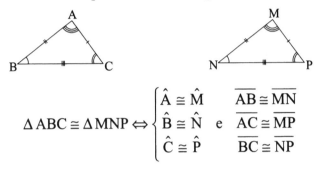

$$\triangle ABC \cong \triangle MNP \Leftrightarrow \begin{cases} \hat{A} \cong \hat{M} \\ \hat{B} \cong \hat{N} \\ \hat{C} \cong \hat{P} \end{cases} \text{ e } \begin{array}{l} \overline{AB} \cong \overline{MN} \\ \overline{AC} \cong \overline{MP} \\ \overline{BC} \cong \overline{NP} \end{array}$$

Nota: Para a congruência de triângulo valem as propriedades:
Reflexiva: $\triangle ABC \cong \triangle ABC$
Simétrica: $\triangle ABC \cong \triangle MNP \Rightarrow \triangle MNP \cong \triangle ABC$
Transitiva: $\triangle ABC \cong \triangle MNP$ e $\triangle MNP \cong \triangle XYZ \Rightarrow \triangle ABC \cong \triangle XYZ$
Obs.: Quando escrevemos que o $\triangle ABC$ é congruente ao $\triangle PQR$, fica convencionado que os vértices A, B e C correspondem, respectivamente, aos vértices P, Q e R. Isto é:

$$\triangle ABC \cong \triangle PQR \Rightarrow \begin{cases} A \leftrightarrow P \\ B \leftrightarrow Q \\ C \leftrightarrow R \end{cases}$$

Se $\triangle ABC \cong \triangle PQR$ podemos escrever: $\triangle BCA \cong \triangle QRP$, $\triangle CAB \cong \triangle RPQ$, etc.

B – Casos de congruência

Para verificarmos se dois triângulos são congruentes, não é necessário verificar as seis congruências vistas na definição. Basta verificarmos três delas, convenientemente escolhidas, então podemos afirmar que os triângulos são congruentes. E sendo os triângulos congruentes, valerão as outras três congruências. Vejamos então os **casos** (critérios) de congruência.
Se adotarmos um caso como postulado, conseguimos provar os outros casos. Mas por enquanto vamos aceitar todos os casos sem demonstração.

B1 – 1º caso (LAL) Postulado: Se dois lados e o ângulo compreendido entre eles de um triângulo são congruentes a dois lados e o ângulo compreendido entre eles de um outro triângulo, então esses triângulos são congruentes.

$$\begin{cases} \overline{AB} \cong \overline{MN} & (L) \\ \hat{B} \cong \hat{N} & (A) \\ \overline{BC} \cong \overline{NP} & (L) \end{cases} (LAL) \Rightarrow \triangle ABC \cong \triangle MNP$$

Da congruência dos triângulos obtemos as outras congruências. Isto é: $\hat{A} = \hat{M}$, $\overline{AC} \cong \overline{MP}$ e $\hat{C} = \hat{P}$

B2 – 2º caso (ALA) Teorema: Se dois ângulos e o lado comum a eles de um triângulo são congruentes a dois ângulos e o lado comum de outro, então esses triângulos são congruentes.

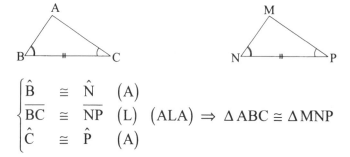

$$\begin{cases} \hat{B} \cong \hat{N} & (A) \\ \overline{BC} \cong \overline{NP} & (L) \\ \hat{C} \cong \hat{P} & (A) \end{cases} (ALA) \Rightarrow \triangle ABC \cong \triangle MNP$$

Então: $\overline{AB} \cong \overline{MN}$, $\hat{A} \cong \hat{M}$ e $\overline{AC} \cong \overline{MP}$

B3 – 3º caso (LLL) Teorema: Se os três lados de um triângulo são congruentes aos três lados de outro, então esses triângulos são congruentes.

$$\begin{cases} \overline{AB} \cong \overline{MN} & (L) \\ \overline{BC} \cong \overline{NP} & (L) \\ \overline{AC} \cong \overline{MP} & (L) \end{cases} (LLL) \Rightarrow \triangle ABC \cong \triangle MNP$$

Então: $\hat{A} \cong \hat{M}$, $\hat{B} \cong \hat{N}$ e $\hat{C} \cong \hat{P}$

B4 – 4º caso (LAAo) Teorema: Se um lado, um ângulo adjacente e o ângulo oposto a esse lado de um triângulo, são ordenadamente congruentes a um lado, um ângulo adjacente e o oposto a esse lado de outro, então esses triângulos são congruentes.

$$\begin{cases} \overline{BC} \cong \overline{NP} & (L) \\ \hat{C} \cong \hat{P} & (A) \\ \hat{A} \cong \hat{M} & (Ao) \end{cases} \Rightarrow \triangle ABC \cong \triangle MNP$$

Então: $\overline{AB} \cong \overline{MN}$, $\overline{AC} \cong \overline{MP}$ e $\hat{B} \cong \hat{N}$

B5 – Caso especial para triângulo retângulo (hip.cat.)
Teorema: Se a hipotenusa e um cateto de um triângulo retângulo são congruentes à hipotenusa e um cateto de outro, então esses triângulos são congruentes.

$\triangle ABC$ e $\triangle MNP$ são triângulos retângulos de hipotenusas $\overline{AB}$ e $\overline{MN}$, então:

$$\begin{cases} \overline{AB} \cong \overline{MN} & (\text{hip}) \\ \overline{BC} \cong \overline{NP} & (\text{cat}) \end{cases} \Rightarrow \triangle ABC \cong \triangle MNP$$

Então: $\overline{AC} \cong \overline{MP}$, $\hat{A} \cong \hat{M}$ e $\hat{B} \cong \hat{N}$

Obs.:
*1) Note que se os ângulos de um triângulo são congruentes aos ângulos de outro, **não** podemos afirmar que estes triângulos são congruentes. Podem ser ou não. Então AAA não é um caso de congruência.*

$\hat{M} = \hat{A}$, $\hat{N} = \hat{R}$, $\hat{P} = \hat{S}$ e $\triangle MNP \cong \triangle ARS$, *mas:*

$\hat{M} = \hat{A}$, $\hat{N} = \hat{B}$ e $\hat{P} = \hat{C}$ e $\triangle MNP$ não é congruente ao $\triangle ABC$.

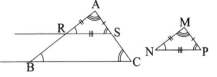

*2) Se dois lados e um ângulo oposto a um deles de um triângulo são ordenadamente congruentes a dois lados e o ângulo oposto a um deles de outro, **não podemos** afirmar que esses triângulos são congruentes. Podem ser ou não. Então: LLA_o não é um caso de congruência.*

$\overline{AB} = \overline{QN}$, $\overline{BC} = \overline{NP}$, $\hat{C} \cong \hat{P}$ e $\triangle ABC \cong \triangle QNP$,

mas: $\overline{AB} \cong \overline{MN}$, $\overline{BC} \cong \overline{NP}$, $\hat{C} \cong \hat{P}$ e $\triangle ABC$ não é congruente ao $\triangle MNP$.

3) Em **Semelhança de Triângulos** prova-se que se os lados de um triângulo são proporcionais aos lados de outro, então os ângulos de um são ordenadamente congruentes aos ângulos do outro. Veja o seguinte exemplo curioso: Podem 5 elementos (ângulos e lados) de um triângulo serem congruentes a 5 elementos de outro e os triângulos não serem congruentes?

Para exemplificar, considere um triângulo cujos lados meçam 8 cm, 12 cm e 18 cm e um outro cujos lados meçam 12 cm, 18 cm e 27 cm (Note que **dois** lados de um são congruentes a **dois** do outro). Como os lados de um são proporcionais aos lados do outro: $\dfrac{8}{12} = \dfrac{12}{18} = \dfrac{18}{27}$, podemos afirmar que os **três** ângulos de um são congruentes aos **três** ângulos do outro. Então, 5 elementos de um (3 ângulos e 2 lados) são congruentes a 5 elementos do outro e eles não são congruentes (8 ≠ 27). Veja a figura.

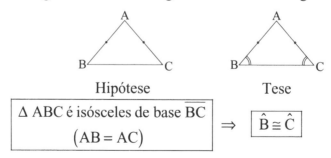

4) Usamos a congruência de triângulos para provar um número grande de propriedades, inclusive algumas que já foram enunciadas em capítulos anteriores. Algumas propriedades que veremos a seguir são usadas até para provar alguns dos casos de congruência.

C – Algumas propriedades

Estes dois primeiros teoremas são mais difíceis porque o leitor vê apenas um triângulo e consideramos dois. O segredo está na correspondência entre os vértices.

C1 – Triângulo isósceles

a) **Teorema**: Num triângulo isósceles os ângulos da base são congruentes.

Hipótese | Tese

$\triangle$ ABC é isósceles de base $\overline{BC}$
(AB = AC)
$\Rightarrow$ $\hat{B} \cong \hat{C}$

Demonstração:
Consideremos os triângulos ABC e ACB. Os vértices correspondentes a A, B e C são respectivamente A, C e B. Conseqüentemente, os lados correspondentes a $\overline{AB}$, $\overline{BC}$ e $\overline{AC}$ são respectivamente $\overline{AB}$, $\overline{CB}$ e $\overline{AB}$.

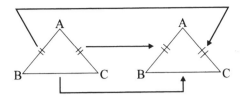

Vejamos se esses triângulos são congruentes:

△ ABC △ ACB

$\begin{cases} \overline{AB} \cong \overline{AC} & (\triangle \text{ isósceles}) \\ B\hat{A}C \cong C\hat{A}B & (\text{âng. comum}) \\ \overline{AC} \cong \overline{AB} & (\triangle \text{ isósceles}) \end{cases}$

Pelo caso LAL podemos afirmar que: △ ABC ≅ △ ACB.

Então: $\boxed{\hat{B} = \hat{C}}$

(Note que B do △ ABC corresponde a C o △ ACB)

b) Teorema: (Recíproco do anterior) Se um triângulo tem dois ângulos congruentes, então ele é um triângulo isósceles cuja base tem extremidades nos vértices desses ângulos.

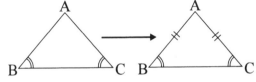

Hip
$\boxed{\hat{B} = \hat{C}} \Rightarrow \boxed{\triangle \text{ ABC é isósceles de base BC (AB = AC)}}$

Demonstração: Consideremos os triângulos ABC e ACB.
Vejamos se esses triângulos são congruentes:

△ ABC △ ACB

$\begin{cases} \hat{B} \cong \hat{C} & (\text{Hip}) \\ \overline{BC} \cong \overline{CB} & (\text{Lado comum}) \\ \hat{C} \cong \hat{B} & (\text{Hip}) \end{cases}$ (ALA) ⇒ △ ABC ≅ △ ACB

E então: $\boxed{\overline{AB} \cong \overline{AC}}$ (Note que AB do △ ABC corresponde a AC do △ ACB)

c) Teorema: A mediana relativa à base de um triângulo isósceles é também bissetriz e altura relativas à base.

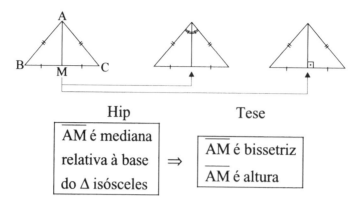

Hip
| $\overline{AM}$ é mediana relativa à base do $\triangle$ isósceles |

$\Rightarrow$

Tese
| $\overline{AM}$ é bissetriz |
| $\overline{AM}$ é altura |

Demonstração:
Consideremos os triângulos ABM e ACM
Vejamos se eles são congruentes:

$\triangle$ ABM $\triangle$ ACM

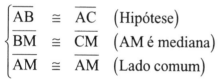

$\begin{cases} \overline{AB} \cong \overline{AC} & \text{(Hipótese)} \\ \overline{BM} \cong \overline{CM} & \text{(AM é mediana)} \\ \overline{AM} \cong \overline{AM} & \text{(Lado comum)} \end{cases}$

Pelo caso LLL podemos afirmar que $\triangle$ ABM $\cong$ $\triangle$ ACM. E então:

1º) $B\hat{A}M \cong C\hat{A}M$ (São ângulos correspondentes de triângulos congruentes).

Portanto: $\overline{AM}$ é bissetriz de $\hat{A}$.

2º) $A\hat{M}B \cong A\hat{M}C$ (São ângulos correspondentes de triângulos congruentes). E como eles são adjacentes suplementares obtemos $A\hat{M}C = 90°$ e $A\hat{M}C = 90°$. Portanto $\overline{AM}$ é altura relativa ao vértice A.

d) Teorema: A bissetriz relativa à base de um triângulo isósceles é também mediana e altura relativas à base.

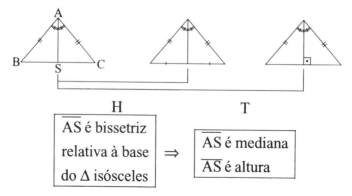

H
| $\overline{AS}$ é bissetriz relativa à base do $\triangle$ isósceles |

$\Rightarrow$

T
| $\overline{AS}$ é mediana |
| $\overline{AS}$ é altura |

Demonstração:
Consideremos os triângulos ABS e ACS
Vejamos se eles são congruentes:

Δ ABS   Δ ACS

$\begin{cases} \overline{AB} \cong \overline{AC} & \text{(Hipótese)} \\ B\hat{A}S \cong C\hat{A}S & (\overline{AS}\text{ é bissetriz}) \\ \overline{AS} \cong \overline{AS} & \text{(Lado comum)} \end{cases}$

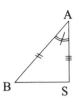 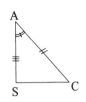

Pelo caso LAL obtemos que: Δ ABS ≅ Δ ACS. E então:

1º) $\overline{BS} \cong \overline{CS}$. Portanto: $\overline{AS}$ é mediana relativa a base.

2º) $A\hat{S}B \cong A\hat{S}C \Rightarrow A\hat{S}B = 90°$ e $A\hat{S}C = 90° \Rightarrow \overline{AS}$ é altura relativa a base $\overline{BC}$.

e) Teorema: A altura relativa à base de um triângulo isósceles é também mediana e bissetriz relativa à base.

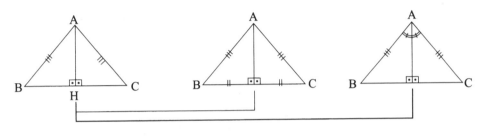

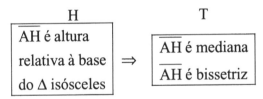

Demonstração:
Consideremos os triângulos ABH e ACH

Δ ABH   Δ ACH

$\begin{cases} \overline{AB} \cong \overline{AC} & \text{(Hipótese)} \\ \hat{B} \cong \hat{C} & \text{(Teor. anterior)} \\ A\hat{H}B \cong A\hat{H}C & (\overline{AH}\text{ é altura}) \end{cases}$

Pelo caso LAAo podemos afirmar que Δ ABH ≅ Δ ACH. Então:

1º) $\overline{BH} \cong \overline{CH}$. Portanto: $\overline{AH}$ é mediana relativa à base.

2º) $B\hat{A}H \cong C\hat{A}H$. Portanto: $\overline{AH}$ é bissetriz relativa à base.

Conclusão: A **mediana**, a **bissetriz** e a **altura** relativas à base de um triângulo isósceles são coincidentes.

Note ainda que a **altura**, a **mediana** e a **bissetriz** relativas à base do triângulo isósceles estão sobre a **mediatriz** da base do triângulo.

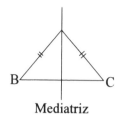
Mediatriz

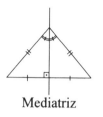
Mediatriz

*Obs.: Como todo triângulo equilátero é isósceles "de 3 modos", qualquer lado é base, a **altura**, **mediana** e **bissetriz** relativas a um mesmo lado são coincidentes.*

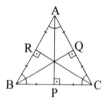

Se o △ ABC é equilátero, então

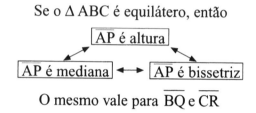

O mesmo vale para $\overline{BQ}$ e $\overline{CR}$

C2 – Paralelogramos

Algumas propriedades já foram demonstradas no capítulo 5. Por exemplo: "Ângulos opostos de um paralelogramo são congruentes (e reciprocamente)"

a) Teorema: Lados opostos de um paralelogramo são congruentes.

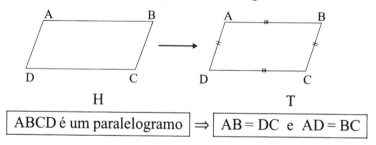

Demonstração:
Consideremos os triângulos ABC e CDA.
(Observe os vértices correspondentes)
Vejamos se eles são congruentes:
△ ABC   △ CDA

$\begin{cases} C\hat{A}B \cong A\hat{C}D & \text{(alternos)} \\ \overline{AC} \cong \overline{CA} & \text{(lado comum)} \\ A\hat{C}B \cong C\hat{A}D & \text{(alternos)} \end{cases}$

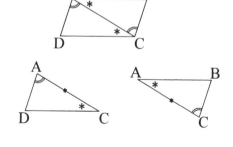

Pelo caso **ALA** podemos afirmar que: △ABC ≅ △CDA. E então: $\overline{AB} \cong \overline{CD}$ e $\overline{AD} \cong \overline{BC}$.

b) Teorema: (é o reciproco do anterior) Se dois lados opostos de um quadrilátero são congruentes, então este quadrilátero é um paralelogramo.

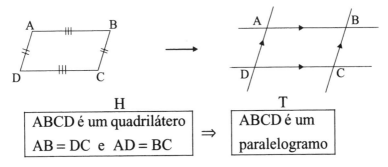

H	T
ABCD é um quadrilátero AB = DC e AD = BC	ABCD é um paralelogramo

⇒

Demonstração:
Consideremos os triângulos ABC e CDA
Vejamos se eles são congruentes:

Δ ABC   Δ CDA

$\begin{cases} \overline{AB} \cong \overline{CD} \text{ (Hip.)} \\ \overline{BC} \cong \overline{DA} \text{ (Hip.)} \\ \overline{AC} \cong \overline{CA} \text{ (Comum)} \end{cases}$

Pelo caso **LLL** obtemos que: Δ ABC ≅ Δ CDA. Então:

1º) BÂC ≅ DĈA. Portanto: $\overline{AB} // \overline{CD}$

2º) AĈB ≅ CÂD. Portanto: $\overline{BC} // \overline{AD}$

Lados opostos paralelos ⇒ ABCD é paralelogramo.

Obs.: Deve ficar claro que quando provamos que um quadrilátero é um paralelogramo, todas as propriedades do paralelogramo valem para esse quadrilátero.

Exemplo: O quadrilátero com lados opostos congruentes é um paralelogramo. Então o quadrilátero que tem lados opostos congruentes tem ângulos opostos congruentes.

c) Teorema: Se dois lados opostos de um quadrilátero são paralelos e congruentes, então esse quadrilátero é um paralelogramo.

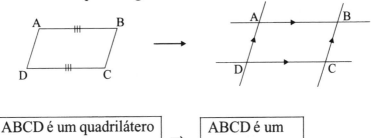

ABCD é um quadrilátero $\overline{AB} // \overline{CD}$, AB = CD	ABCD é um paralelogramo

⇒

Demonstração:
Considere os triângulos ABC e CDA.

△ ABC   △ CDA

$\begin{cases} \overline{AB} \cong \overline{CD} & \text{(Hip.)} \\ \hat{BAC} \cong \hat{DCA} & \text{(alternos)} \\ \overline{AC} \cong \overline{CA} & \text{(comum)} \end{cases}$

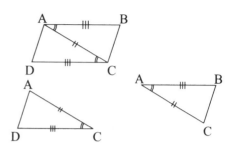

Pelo caso LAL obtemos que: △ ABC ≅ △ CDA.

Então: $A\hat{C}B \cong C\hat{A}D$. Portanto: $\overline{AD} // \overline{CB}$.

Lados opostos paralelos ⇒ ABCD é paralelogramo.

d) Teorema: O ponto onde as diagonais de um paralelogramo se interceptam é o ponto médio de cada uma delas. (As diagonais de um paralelogramo se cortam ao meio).

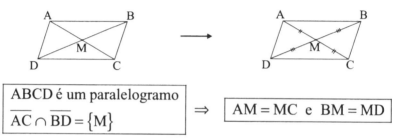

| ABCD é um paralelogramo |
| $\overline{AC} \cap \overline{BD} = \{M\}$ |

⇒ | AM = MC e BM = MD |

Demonstração:
Consideremos os triângulos AMB e CMD
△ AMB   △ CMD

$\begin{cases} M\hat{A}B \cong M\hat{C}D & \text{(alternos)} \\ \overline{AB} \cong \overline{CD} & \text{(hipot.)} \\ M\hat{B}A \cong M\hat{D}C & \text{(alternos)} \end{cases}$

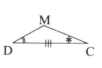
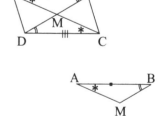

Pelo caso ALA obtemos que: △ AMB ≅ △ CMD.
Então: AM = MC e BM = MD

e) Teorema: (Recíproco do anterior)
Se o ponto de intersecção das diagonais de um quadrilátero é o ponto médio de cada uma deles, então este quadrilátero é um paralelogramo.

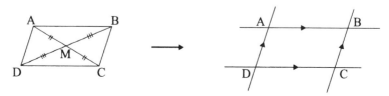

> ABCD é um quadrilátero
> $\overline{AC} \cap \overline{BD} = \{M\}$ e
> $AM = MC$ e $BM = MD$
> $\Rightarrow$ ABCD é um paralelogramo

Demonstração:
Considere os triângulos AMB e CMD
$\triangle$ AMB $\triangle$ CMD

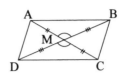

$\begin{cases} \overline{AM} \cong \overline{CM} & \text{(Hip.)} \\ A\hat{M}B \cong C\hat{M}D & \text{(O.P.V.)} \\ \overline{BM} \cong \overline{DM} & \text{(Hip.)} \end{cases}$

Pelo caso LAL obtemos que: $\triangle AMB \cong \triangle CMD$.
Então: $M\hat{A}B \cong M\hat{C}D \Rightarrow \overline{AB} // \overline{CD}$
Analogamente obtemos que $\triangle AMD \cong \triangle CMB$.
Então: $M\hat{D}A \cong M\hat{B}C \Rightarrow \overline{AD} // \overline{BC}$
Lados opostos paralelos $\Rightarrow$ ABCD é um paralelogramo.

Obs.:
1) Esquematizando alguns teoremas e os seus recíprocos:

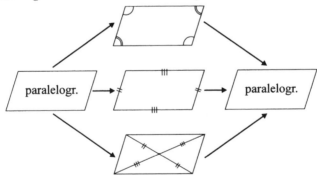

*2) As extremidades de dois **segmentos congruentes** contidos em **retas paralelas distintas** são vértices de um **paralelogramo**.*

(Este é um bom método para construir um paralelogramo)

3) As extremidades de dois segmentos que se cortam ao meio são vértices de um paralelogramo.

4) Deve ficar claro que há outras maneiras de demonstrar esses teoremas.

C3 – Trapézios isósceles

a) **Teorema:** Os ângulos de uma mesma base de um trapézio isósceles são congruentes.

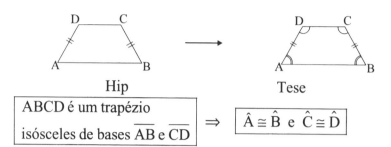

Hip   Tese

| ABCD é um trapézio isósceles de bases $\overline{AB}$ e $\overline{CD}$ | $\Rightarrow$ | $\hat{A} \cong \hat{B}$ e $\hat{C} \cong \hat{D}$ |

Demonstração:
Consideremos que DC seja a base menor. Tracemos por **D** uma reta paralela a $\overline{CB}$. Seja **E** o ponto onde ela intercepta $\overline{AB}$. Note que DCBE é um paralelogramo. Então: DE = CB.

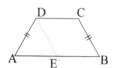

De DE = CB e CB = DA (Hip.) obtemos que DE = DA. Ou seja: Δ DAE é isósceles de base AE.
Logo $\hat{A} = \hat{E}$. E como $\hat{E} = \hat{B}$ (ângulos correspondentes determinados por duas paralelas e uma transversal) obtemos que $\hat{A} = \hat{B}$.
Finalmente, de $\hat{A} + \hat{D} = 180°$ e $\hat{B} + \hat{C} = 180°$ e $\hat{A} = \hat{B}$, obtemos que $\hat{C} = \hat{D}$.
Então: $\boxed{\hat{A} = \hat{B} \text{ e } \hat{C} = \hat{D}}$

b) **Teorema:** As diagonais de um trapézio isósceles são congruentes.

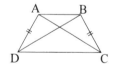

| ABCD é um trapézio isósceles | $\Rightarrow$ | $\overline{AC} \cong \overline{BD}$ |

Demonstração:
Consideremos os triângulos ADC e BCD
  Δ ADC   Δ BCD
$\begin{cases} \overline{AD} \cong \overline{BC} \quad \text{(hip.)} \\ \hat{D} \cong \hat{C} \quad \text{(Teor.ant.)} \\ \overline{DC} \cong \overline{CD} \quad \text{(lado comum)} \end{cases}$

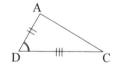
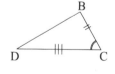

Pelo caso LAL podemos afirmar que Δ ADC ≅ Δ BCD.
Então: $\overline{AC} \cong \overline{BD}$

c) **Teorema:** (Reciproco do item a)
Se os ângulos de uma base de um trapézio são congruentes, então este trapézio é isósceles.

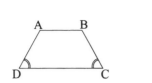 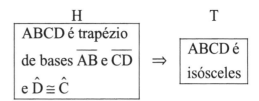

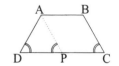

Demonstração:

1) Tracemos pelo vértice A uma reta paralela a $\overline{BC}$ que encontra $\overline{DC}$ em P. Note que ABCP é um paralelogramo.
2) $A\hat{P}D \cong B\hat{C}P$ (São ângulos correspondentes).
3) $\hat{D} \cong \hat{C}$ (Hip) e $\hat{C} \cong \hat{P} \Rightarrow \hat{D} \cong \hat{P} \Rightarrow \triangle ADP$ é isósceles de base DP. Então AD = AP.
4) Como ABCP é paralelogramo, temos : AP = BC
5) Finalmente, de AD = AP e AP = BC obtemos: AD = BC. Isto é: ABCD é trapézio isósceles.

d) Teorema: (Reciproco do item b)
Se as diagonais de um trapézio são congruentes, então este trapézio é isósceles.

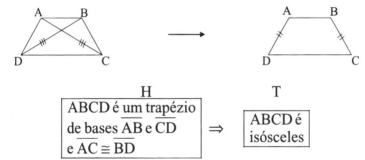

Demonstração:

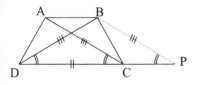 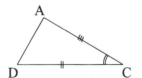 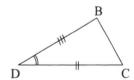

1) Tracemos por B uma reta paralela a diagonal $\overline{AC}$ que encontra a reta da base $\overline{DC}$ em P. Note que ABPC é um paralelogramo. Então BP = AC e $B\hat{P}C \cong A\hat{C}D$ (são correspondentes).
2) De BP = AC e AC = BD obtemos que BP = BD. Então o $\triangle$ BDP é isósceles de base DP. Logo: $B\hat{D}P \cong B\hat{P}D$.
3) De $\hat{D} = \hat{P}$ e $\hat{P} = \hat{C}$ obtemos $\hat{D} = \hat{C}$.

4) Considere agora os triângulos ACD e BDC. Pelo caso LAL eles são congruentes.
Então: AD = BC. Isto é: ABCD é trapézio isósceles.
Esquematizando esses teoremas e os recíprocos, temos:

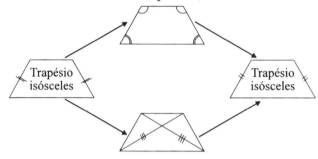

C4 – Retângulos

a) **Teorema:** Todo retângulo é um paralelogramo. (Tem lados opostos paralelos)

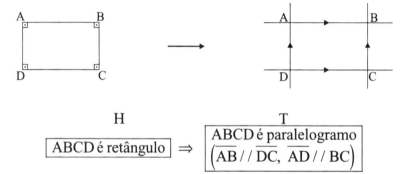

$$\boxed{ABCD \text{ é retângulo}} \overset{H}{\underset{}{\Rightarrow}} \overset{T}{\boxed{\begin{array}{c} ABCD \text{ é paralelogramo} \\ (\overline{AB}//\overline{DC},\ \overline{AD}//\overline{BC}) \end{array}}}$$

Demonstração: Já provamos no cap.5 que se um quadrilátero tem ângulos opostos congruentes então ele é um paralelogramo. Então, como o retângulo tem ângulos opostos congruentes, ele é um paralelogramo. (Tem lados opostos paralelos).

Conseqüência: Como todo quadrado é retângulo, temos:
Todo quadrado é um paralelogramo (Tem lados opostos paralelos)

Obs.: Como todo retângulo é um paralelogramo, vale para o retângulo todas as propriedades do paralelogramo:
- *Lados opostos de um retângulo são congruentes*
- *As diagonais de um retângulo se cortam ao meio*

Estas propriedades também são válidas para o quadrado.

b) **Teorema:** As diagonais de um retângulo são congruentes.

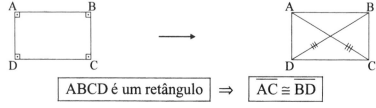

$$\boxed{ABCD \text{ é um retângulo}} \Rightarrow \boxed{\overline{AC} \cong \overline{BD}}$$

Demonstração:
Considere os triângulos ADC e BCD. Note que pelo caso LAL podemos afirmar que eles são congruentes. Então: $\overline{AC} \cong \overline{BD}$.

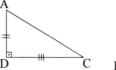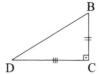

Obs.:1) Como as diagonais de um retângulo se cortam ao meio, pois ele é um paralelogramo, note que os quatro segmentos determinados nas diagonais pela intersecção são congruentes.

2) Note que em todo retângulo as diagonais são congruentes, mas a reciproca não é verdadeira: se um quadrilátero tem diagonais congruentes, não se pode afirmar que ele é um retângulo. A não ser que o quadrilátero seja um paralelogramo (ver o próximo teorema). Para ser retângulo as diagonais, além de congruentes, tem que se cortar nos respectivos pontos médios.

c) Teorema: Se um paralelogramo tem diagonais congruentes, então ele é retângulo. (Ele tem ângulos retos).

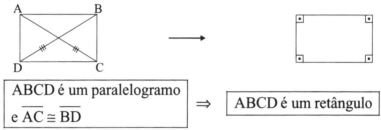

Demonstração:
Consideremos os triângulos ADC e BCD. Note que eles são congruentes (caso LLL). Então $A\hat{D}C \cong B\hat{C}D$ e como esses ângulos são suplementares (ângulos consecutivos de um paralelogramo) temos: $\hat{D} = \hat{C}$ e $\hat{D} + \hat{C} = 180° \Rightarrow \hat{D} = \hat{C} = 90°$. Como ângulos opostos de um paralelogramo são congruentes obtemos: $\hat{A} = \hat{B} = \hat{C} = \hat{D} = 90°$. Então ABCD é retângulo.

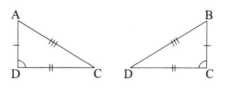

Conseqüência: Se dois segmentos **congruentes** se **cortam ao meio**, então as suas extremidades são vértices de um retângulo.

De fato: Segmentos que se cortam ao meio determinam um paralelogramo e paralelogramo com diagonais congruentes é retângulo.

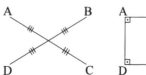

Esquematizando:

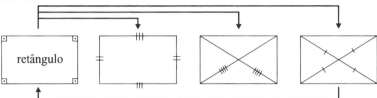

C5 – Losangos

a) Teorema: Todo losango é um paralelogramo (tem lados opostos paralelos)

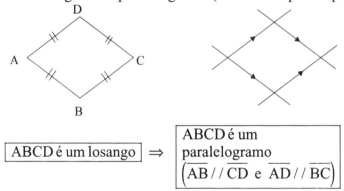

$$\boxed{ABCD \text{ é um losango}} \Rightarrow \boxed{\begin{array}{l} ABCD \text{ é um} \\ \text{paralelogramo} \\ (\overline{AB}//\overline{CD} \text{ e } \overline{AD}//\overline{BC}) \end{array}}$$

Demonstração:
Já provamos no cap. 5 que se um quadrilátero tem lados opostos congruentes, então ele é um paralelogramo. Então, como o losango tem lados opostos congruentes (os quatro são congruentes), ele é um paralelogramo (lados opostos paralelos).

Obs.: 1) Como todo losango é um paralelogramo, vale para o losango todas as propriedades do paralelogramo:
- *Ângulos opostos são congruentes*
- *As diagonais se cortam ao meio*

2) Já provamos também no capítulo 5 que as diagonais de um losango:
- *São perpendiculares.*
- *São bissetrizes dos ângulos.*

b) Teorema: Se as diagonais de um quadrilátero são perpendiculares e se cortam ao meio, então esse quadrilátero é um losango.

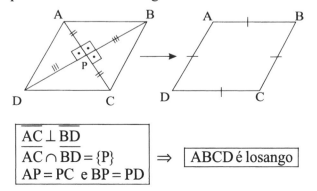

$$\boxed{\begin{array}{l} \overline{AC} \perp \overline{BD} \\ \overline{AC} \cap \overline{BD} = \{P\} \\ AP = PC \text{ e } BP = PD \end{array}} \Rightarrow \boxed{ABCD \text{ é losango}}$$

Demonstração:
Note que pelo caso LAL os quatro triângulos PAB, PAD, PCB e PCD são congruentes, donde obtemos que: AB = BC = CD = AD. Então ABCD é um losango.
Conseqüência: Todo paralelogramo que tem diagonais perpendiculares é um losango.
De fato: As diagonais de um paralelogramo se cortam ao meio. Se são perpendiculares, de acordo com esse teorema, o quadrilátero é um paralelogramo.

Obs.: Quando desenhamos um losango com as diagonais paralelas às margens do papel, "vemos" melhor as propriedades.

É mais fácil "perceber" que as diagonais são perpendiculares e bissetrizes na figura da esquerda do que na da direita. Na figura da direita é mais fácil perceber que o losango é um paralelogramo.

c) Teorema: Se as diagonais de um quadrilátero são bissetrizes dos ângulos, então esse quadrilátero é um losango.

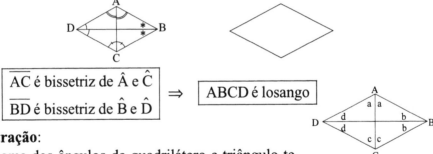

Demonstração:
Usando soma dos ângulos de quadrilátero e triângulo temos:

1) $2a + 2b + 2c + 2d = 360°$ ⇒
$\boxed{a + b + c + d = 180°}$ (I)

2) $\begin{cases} 2a + b + d = 180° \text{ (II)} \\ 2b + a + c = 180° \text{ (III)} \end{cases}$

3) $\begin{cases} I - II \Rightarrow c - a = 0 \Rightarrow a = c \\ I - III \Rightarrow d - b = 0 \Rightarrow b = d \end{cases}$

4) $\begin{cases} a = c \Rightarrow \triangle ABC \text{ é isósceles} \Rightarrow AB = BC \\ b = d \Rightarrow \triangle ABD \text{ é isósceles e } \triangle CBD \text{ é isósceles} \Rightarrow AB = AD \text{ e } DC = BC \end{cases}$

De AB = BC = DC = AD obtemos: ABCD é losango.

Esquematizando:

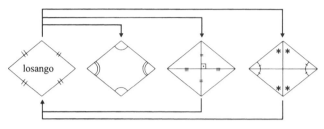

C6 – Quadrado

O quadrado, como já vimos, tem ângulos retos (ele é portanto um retângulo) e tem lados congruentes (ele é um losango). Como o quadrado é um retângulo e também um losango, para ele são válidas todas as propriedades do retângulo e do losango.
O quadrado tem:
- lados opostos paralelos (ele é um paralelogramo).
- ângulos opostos congruentes (todos são retos).
- lados opostos congruentes (todos os lados são congruentes).

As diagonais de um quadrado são:
- perpendiculares (ele é um losango)
- congruentes (ele é um retângulo)
- bissetrizes dos ângulos dele (ele é um losango)
- se cortam ao meio (ele é um paralelogramo).

a) Teorema: Se um paralelogramo tem diagonais congruentes e perpendiculares, então ele é um quadrado.

Demonstração:

1) O paralelogramo com diagonais congruentes é um retângulo. Então ABCD é retângulo. Logo: $\hat{A} = \hat{B} = \hat{C} = \hat{D} = 90°$

2) O paralelogramo que tem diagonais perpendiculares é um losango. Então ABCD é losango. Logo: AB = BC = CD = AD

3) Como os ângulos de ABCD são retos e os lados são congruentes, ele é um quadra-

do (Definição).
Conseqüências:
1) O retângulo que tem diagonais perpendiculares é um quadrado

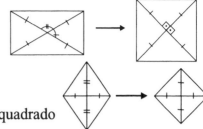

2) O losango que tem diagonais congruentes é um quadrado

*Obs.: Existe quadrilátero (não paralelogramo) que tem diagonais congruentes e perpendiculares e não é quadrado. Veja a figura. Basta as diagonais **não** se cortarem nos respectivos pontos médios.*

D – Desigualdades no triângulo

D1 – Teorema do ângulo externo

Um ângulo externo de um triângulo é maior que cada um dos ângulos internos não adjacentes a ele.

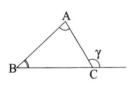

H	T
γ é ângulo externo do △ ABC, adjacente ao ângulo $\hat{C}$	$γ > \hat{A}$ $γ > \hat{B}$

Demonstração:
Vamos provar que $γ > \hat{A}$

1º) Considere na semi-reta $\overrightarrow{BM}$, onde M é o ponto médio de $\overline{AC}$, o ponto P de modo que BM = MP, com P ≠ B.

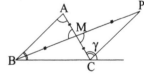

2º) Note que pelo caso LAL podemos afirmar que △ AMB ≅ △ CMP, donde tiramos que $B\hat{A}M ≅ P\hat{C}M$.

3º) Finalmente, de $γ > P\hat{C}M$ e $P\hat{C}M ≅ B\hat{A}M$ obtemos que $γ > B\hat{A}M$, isto é: $γ > \hat{A}$

Para provarmos que $γ > \hat{B}$, tomamos Q sobre a semi-reta $\overrightarrow{AN}$ onde N é ponto médio de $\overline{BC}$, com AN = NQ, Q ≠ A. De modo análogo ao que foi feito acima obtemos $γ > \hat{B}$.

Obs.: Usando este teorema provamos que o triângulo retângulo e o triângulo obtusângulo têm dois ângulos agudos.

D2 – Teorema:

Se um lado de um triângulo é maior que outro, então o ângulo oposto a este lado é maior que o ângulo oposto ao outro. (Ao maior lado opõe-se o maior ângulo).

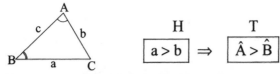

Demonstração:
1) Como BC > AC, existe um ponto P entre B e C de modo que CP = AC = b. Então o Δ ACP é isósceles de base $\overline{AP}$. Seja β as medidas dos ângulos da base.

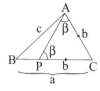

2) Como β é ângulo externo do Δ APB, obtemos que β > $\hat{B}$ (Teorema anterior). E como β < $\hat{A}$, temos:
$\hat{A}$ > β e β > $\hat{B}$ ⇒ $\boxed{\hat{A} > \hat{B}}$

Conseqüência: Se num triângulo escaleno ABC as medidas dos lados opostos a $\hat{A}, \hat{B}$ e $\hat{C}$ são respectivamente a, b e c, se a > b > c, então $\hat{A} > \hat{B} > \hat{C}$.

$\boxed{a > b > c \Rightarrow \hat{A} > \hat{B} > \hat{C}}$

D3 – Teorema: (Recíproco ao anterior)
Se um ângulo de um triângulo é maior que outro, então o lado oposto a este ângulo é maior que o lado oposto ao outro. (Ao maior ângulo opõe-se o maior lado).

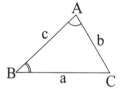

H: $\boxed{\hat{A} > \hat{B}}$ ⇒ T: $\boxed{a > b}$

Demonstração:
Note que tem que ocorrer um dos casos:
a < b, a = b ou a > b. Se não ocorrer a < b, nem a = b, obrigatoriamente devemos ter: a > b.
1º) Vejamos se ocorre a < b:
a < b ⇒ $\hat{A} < \hat{B}$ (Teorema anterior). O que contradiz a hipótese onde $\hat{A} > \hat{B}$. Então não pode ocorrer a < b.
2º) Vejamos se ocorre a = b:
a = b ⇒ $\hat{A} = \hat{B}$ (teorema do triângulo isósceles). O que contradiz a hipótese onde $\hat{A} > \hat{B}$. Então não ocorre a = b.
Finalmente, como não ocorre a < b nem a = b, deve ocorrer a > b.

Conseqüência: Em um triângulo escaleno ABC com $\hat{A} > \hat{B} > \hat{C}$ temos: a > b > c.

$\boxed{\hat{A} > \hat{B} > \hat{C} \Rightarrow a > b > c}$

D4 – Teorema (Desigualdade triangular)
Cada lado de um triângulo é menor que a soma dos outros dois.

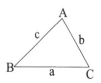

H		T
a, b e c são as medidas dos lados	⇒	a < b + c b < a + c c < a + b

Vamos provar que a < b + c. Analogamente obtem-se b < a + c e
c < a + b

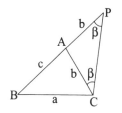

1) Tomemos sobre a semi-reta $\vec{BA}$, fora do segmento $\overline{BA}$, o ponto
P com AP = AC = b. Note que o △ APC é isósceles de base $\overline{PC}$.
Seja β as medidas dos ângulos da base.

2) Voltemos agora nossa atenção para o triângulo BCP. Note que
$\hat{P} < \hat{C}$ ($\hat{P} = β$ e $\hat{C} > β$) e que o lado oposto a $\hat{P}$ é **a** e que o lado oposto a $\hat{C}$ é b + c.
De acordo com o teorema anterior: "Ao maior ângulo opõe-se o maior lado", com o
$\hat{P} < \hat{C}$, podemos afirmar que **a < b + c**.

Nota: Podemos dizer também que num triângulo cada lado é maior que o módulo da diferença dos outros dois:

$\begin{cases} b < a + c \\ c < a + b \end{cases} \Rightarrow \begin{cases} b - c < a \\ c - b < a \end{cases} \Rightarrow \begin{cases} a > b - c \\ a > c - b \end{cases} \Rightarrow a > |b - c|$ ou $a > |c - b|$ pois $|b - c| = |c - b|$

Da mesma forma obtemos que b > |a - c| e c > |a - b|.
Então podemos escrever:
|b - c| < a < b + c, |a - c| < b < a + c e |a - b| < c < a + b

Obs.: Não existe, por exemplo, triângulo cujos lados medem 6 cm, 9 m e 16 m, pois 16 > 6 + 9. Para existir, cada lado tem que ser menor que a soma dos outros dois e 16 < 6 + 9 é falso.

Note que não basta: 6 < 9 + 16 e 9 < 6 + 16. Como 16 < 6 + 9 é falso, não existe triângulo com essas medidas para os lados.
Note também que : |6 - 16| < 9 < 6 + 16 ⇒ 10 < 9 < 22 é falso. Então não existe triângulo com essas medidas para os lados.

D5 – Teorema:

Se dois lados de um triângulo são congruentes a dois lados de um segundo triângulo e o ângulo formado por esses lados no primeiro é maior que o ângulo formado pelos lados em questão no segundo, então o terceiro lado do primeiro é maior que o terceiro lado do segundo.

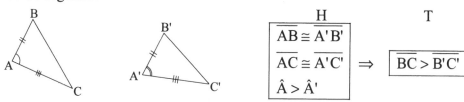

Demonstração:

1) Traçamos no interior do ângulo BÂC um segmento $\overline{AP}$ congruente a $\overline{AC}$, de modo que BÂP seja congruente a B'Â'C'. Pelo caso LAL: △ ABP ≅ △ A'B'C'. Então,

$\overline{B'C'} \cong \overline{BP}$

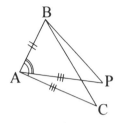 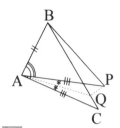

2) Traçamos a bissetriz de PÂC que encontra $\overline{BC}$ em Q. Note que pelo caso LAL, o triângulo PAQ é congruente ao CAQ. Então, QC = QP. Logo: BC = BQ + QC $\Rightarrow$ BC = BQ + QP.

3) Como num triângulo cada lado é menor que a soma dos outro dois, no triângulo BQP temos: BP < BQ + QP. Então BP < BC (pois BC = BQ + QP). E como BP = B'C', obtemos que B'C' < BC, ou seja: $\overline{BC} > \overline{B'C'}$.

D6 – Teorema: (Recíproco do anterior)
Se dois lados de um triângulo são congruentes a dois lados de um segundo triângulo e o terceiro lado do primeiro é maior que o terceiro lado do segundo, então o ângulo oposto ao terceiro lado do primeiro triângulo é maior que o ângulo oposto ao terceiro lado do outro.

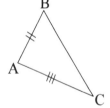 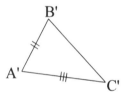

$\boxed{\overline{BC} > \overline{B'C'}} \Rightarrow \boxed{\hat{A} > \hat{A}'}$

Demonstração:
Note que tem que ocorrer um dos casos:
$\hat{A} = \hat{A}'$, $\hat{A} < \hat{A}'$ ou $\hat{A} > \hat{A}'$. Se não ocorrer $\hat{A} = \hat{A}'$ nem $\hat{A} < \hat{A}'$, obrigatoriamente devemos ter: $\hat{A} > \hat{A}'$

1) Vejamos se ocorre $\hat{A} = \hat{A}'$.
Neste caso os triângulos seriam (LAL) congruentes. Então: $\overline{BC} \cong \overline{B'C'}$, o que contradiz a hipótese. Logo não pode ocorrer $\hat{A} = \hat{A}'$

2) Vejamos se ocorre $\hat{A} < \hat{A}'$.
Se $\hat{A} < \hat{A}'$, de acordo com o teorema anterior, obtemos: $\overline{BC} < \overline{B'C'}$, o que também contradiz a hipótese. Logo não pode ocorrer $\hat{A} < \hat{A}'$.

Finalmente, como não ocorre $\hat{A} = \hat{A}'$ nem $\hat{A} < \hat{A}'$, deve, obrigatoriamente ocorrer: $\hat{A} > \hat{A}'$.

E – Paralelas e transversal

Teorema: Se duas retas cortadas por uma transversal determinam ângulos alternos internos congruentes, então elas são paralelas.

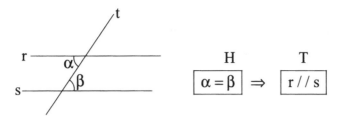

Sabemos então por hipótese que $\alpha = \beta$. Vejamos se r e s podem ser concorrentes. Há duas possibilidades:

Em ambos os casos, se r não for paralela a s, essas retas determinam um triângulo, onde ou α é ângulo externo e β é interno não adjacente, ou o contrário. E como, de acordo com o **teorema do ângulo externo**, o ângulo externo é maior que qualquer ângulo interno não adjacente, obtemos que:

$\alpha > \beta$ ou $\beta > \alpha$, o que é um absurdo pois, por hipótese, $\alpha = \beta$. Então, se **r** e **s** forem concorrentes chegamos a um absurdo contra a hipótese.

Isto é: $\boxed{\alpha > \beta \Rightarrow r//s}$

Este mesmo teorema pode ser enunciado assim:
1º) Ângulos correspondentes congruentes $\Rightarrow$ r // s
2º) Ângulos alternos externos congruentes $\Rightarrow$ r // s
3º) Ângulos colaterais internos suplementares $\Rightarrow$ r // s
4º) Ângulos colaterais externos suplementares $\Rightarrow$ r // s

Obs.: O recíproco deste teorema está provado no capítulo 3.

F – Mediana relativa a hipotenusa de um triângulo retângulo

a) Teorema: A mediana relativa à hipotenusa de um triângulo retângulo mede a metade da hipotenusa.

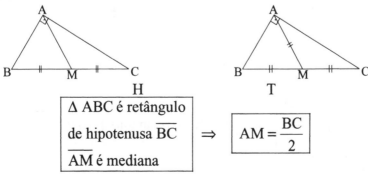

Demonstração:
Note que se provarmos que $\alpha = x$, obtemos que o triângulo AMB é isósceles de base AB, donde:

$AM = BM = \dfrac{BC}{2}$.

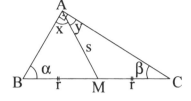

Vejamos:

1) Note que:
$\begin{cases} \alpha + \beta = 90° \\ x + y = 90° \end{cases} \Rightarrow \alpha + \beta = x + y \Rightarrow \boxed{\alpha - x = y - \beta} \Rightarrow$

$\Rightarrow (\alpha > x \Rightarrow y > \beta)$ e $(\alpha < x \Rightarrow y < \beta)$

2) Levando em conta as medidas indicadas na figura (BM = MC = r e AM = s) e o teorema: "Ao maior ângulo de um triângulo opõe-se o maior lado", temos:

$\begin{cases} \alpha > x \Rightarrow s > r \\ y > \beta \Rightarrow r > s \end{cases} \Rightarrow \alpha > x$ leva a um absurdo

Então α não pode ser maior que x.

$\begin{cases} \alpha < x \Rightarrow s < r \\ y < \beta \Rightarrow r < s \end{cases} \Rightarrow \alpha < x$ leva a um absurdo.

Então α não pode ser menor que x.

3) Se α não pode ser maior nem menor que x, obtemos que $\alpha = x$. Então o $\triangle$ AMB é isósceles de base $\overline{AB}$. Portanto $\boxed{AM = BM = \dfrac{BC}{2}}$

b) Teorema: (Recíproco do anterior)
Se uma mediana de um triângulo mede a metade do lado a qual ela é relativa, então este triângulo é retângulo cuja hipotenusa é este lado.

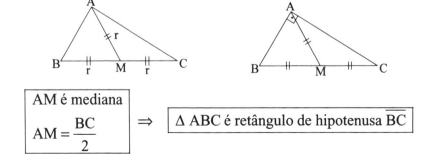

$\boxed{\begin{array}{l} \text{AM é mediana} \\ AM = \dfrac{BC}{2} \end{array}} \Rightarrow \boxed{\triangle ABC \text{ é retângulo de hipotenusa } \overline{BC}}$

Exercícios de Matemática - Vol. 6   187

Demonstração:
Como os triângulos AMB e AMC são isósceles de bases $\overline{AB}$ e $\overline{AC}$, podemos afirmar que $\alpha = x$ e $\beta = y$. E como $\alpha + x + \beta + y = 180°$, temos: $x + x + y + y = 180°$ $\Rightarrow$

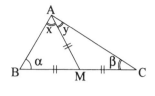

$\Rightarrow 2x + 2y = 180°$ $\Rightarrow$ $\boxed{x + y = 90°}$ $\Rightarrow$ $\boxed{\hat{A} = 90°}$.

$\hat{A} = 90°$ $\Rightarrow$ $\triangle ABC$ é retângulo de hipotenusa $\overline{BC}$.

Obs.:
1) Este teorema anterior já foi provado como exercício em outro capítulo.
2) Como no triângulo retângulo o ponto médio da hipotenusa eqüidista dos vértices, ele é o centro da circunferência circunscrita ao triângulo. A mediana relativa relativa à hipotenusa é o raio e a hipotenusa é o diâmetro.
3) A mediana relativa a hipotenusa de um triângulo retângulo determina nele dois triângulos isósceles.
*4) O teorema do item **a** será provado de outras formas posteriormente.*

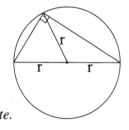

Exercícios

---

388 Em cada caso são dados dois triângulos congruentes. Completar com os ângulos e com os lados congruentes:

a) $\triangle ABC \cong \triangle RLT$

$\hat{A}$ e ___, $\hat{B}$ e ___, $\hat{C}$ e ___, $\overline{AB}$ e ___, $\overline{AC}$ e ___, $\overline{BC}$ e ___

b) $\triangle ZXA \cong \triangle YBZ$

$\hat{Z}$ e ___, $\hat{X}$ e ___, $\hat{A}$ e ___, $\overline{ZA}$ e ___, $\overline{ZX}$ e ___, $\overline{XA}$ e ___

---

389 Em cada caso segmentos com "marcas iguais" são congruentes e ângulos com marcas iguais são congruentes. Citar o caso de congruência, caso eles sejam congruentes.

a)    b)    c)

d)    e) 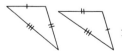   f) 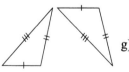   g)

h) 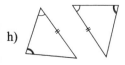   i)    j)

390 Se os triângulos forem congruentes diga qual o caso e se não forem responda: não

a) 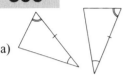   b) 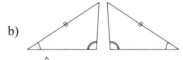   c)

d)    e)    f)

g) 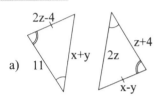   h)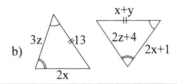

391 Determine as incógnitas nos casos:

a) 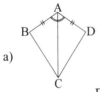   b)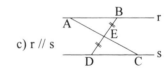

392 Em cada caso dizer quais são os triângulos congruentes respeitando a correspondência entre vértices, e dizer por qual caso eles são congruentes:

a) 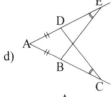   b) 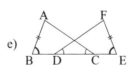   c) r // s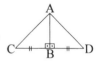

d) 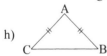   e) 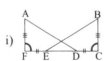   f)    g)

h) (triângulo ABC)   i) (figura)   j) $\overline{AB} // \overline{CD}$, AB = CD

393 Traçando a mediana relativa à base de um triângulo isósceles, prove que os ângulos da base são congruentes.

394 Mostre que:

a) Lados opostos de um paralelogramo são congruentes.
b) As diagonais de um paralelogramo se cortam ao meio.
c) As diagonais de um retângulo são congruentes.
d) Ângulos das bases de um trapézio isósceles são congruentes.
e) As diagonais de um trapézio isósceles são congruentes.

395 Demonstrar:

a) As medianas relativas aos lados congruentes de um triângulo isósceles são congruentes.
b) As bissetrizes relativas aos vértices da base de um triângulo isósceles são congruentes.
c) As alturas relativas aos lados congruentes de um triângulo isósceles são congruentes.
d) Se uma altura relativa a um lado de um triângulo é também mediana, então este triângulo é isósceles.
e) Se uma altura relativa a um lado de um triângulo é também bissetriz, então este triângulo é isósceles.
f) Se uma bissetriz de um triângulo é também mediana, então este triângulo é isósceles.
g) Se duas alturas de um triângulo são congruentes, então ele é um triângulo isósceles.
h) Se as três alturas de um triângulo são congruentes, então ele é equilátero.

396 Em cada caso é dado um triângulo retângulo ABC onde AM é mediana relativa à hipotenusa. Determine as incógnitas:

a) 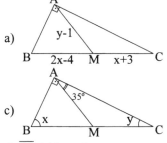　　b)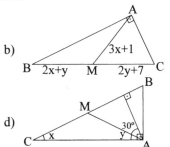

c) 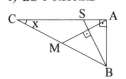　　d)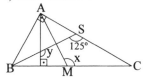

e) $\overline{BS}$ é bissetriz

f) $\overline{BS}$ é bissetriz

397 Em cada caso é dada uma relação entre os ângulos de um triângulo. Determine uma relação entre os lados.

a) $\hat{A} > \hat{B} > \hat{C}$　b) $\hat{X} = \hat{Y} < \hat{Z}$　c) $\hat{M} < \hat{P} < \hat{Q}$　d) $\hat{A} = \hat{B} = \hat{C}$　e) $\hat{A} > \hat{C} > \hat{B}$　f) $\hat{X} < \hat{Z} < \hat{Y}$

398 Em cada caso são dadas três medidas. Dizer se elas são medidas dos lados de algum triângulo (considere o centímetro como a unidade das medidas)

a) 9, 12, 15　　b) 9, 12, 20　　c) 9, 12, 21　　d) 9, 12, 24
e) 12, 15, 27　　f) 25, 13, 38　　g) 22, 7, 14　　h) 21, 22, 23

399 Dadas as medidas (em cm) de dois lados de um triângulo, determine o intervalo de variação da medida do terceiro lado.

a) 14 e 18　　b) 1 e 20　　c) 12 e 12　　d) 17 e 7　　e) 2 e 22

400 Determine o intervalo de variação da medida x sendo que as medidas dadas são dos lados de um triângulo.

a) 6, x + 2, 9　　b) x, 2x - 7, 14　　c) 2x + 6, 27 - x, 12　　d) $\frac{x}{2}$, 2x - 15, x - 5

401 Em cada caso são dadas as medidas (em metros) de dois lados de um triângulo isósceles. Determine a medida do terceiro lado.
a) 9 e 7   b) 12 e 5   c) 14 e 7   d) 15 e 8   e) 17 e 26   f) 12 e 12

402 Dadas as medidas de dois lados de um triângulo (em cm) determine a medida do terceiro lado, nos casos:
a) 5 e 9 e o terceiro lado é expresso por um número par.
b) 15 e 20 e o terceiro lado é expresso por um múltiplo de 5.
c) 3 e 27 e o terceiro lado é expresso por um número ímpar.

403 Sem usar o seu recíproco, prove que ao maior ângulo de um triângulo opõe-se o maior lado.

404 Da figura sabemos que ABCD é um quadrado e que $P\hat{D}C = P\hat{C}D = 15°$. Mostre que o triângulo PAB é equilátero.

Exercícios de Fixação

405 Classificar com V ou F (Verdadeira ou Falsa)
a) O triângulo isósceles tem dois lados congruentes.
b) O triângulo equilátero tem dois lados congruentes.
c) O triângulo equilátero tem três lados congruentes.
d) Todo triângulo isósceles é também equilátero.
e) Todo triângulo equilátero é também isósceles.
f) A altura, a mediana e a bissetriz relativas ao mesmo lado de um triângulo isósceles são coincidentes.
g) A altura, a mediana e a bissetriz relativas ao mesmo lado de um triângulo equilátero são coincidentes.
h) Se uma altura de um triângulo é também bissetriz, então ele é isósceles.
i) Se uma bissetriz de um triângulo é também mediana, então ele é isósceles.
j) Se duas alturas de um triângulo são também medianas, então esse triângulo é equilátero.

406 Classificar com V ou F
a) Todo retângulo é um paralelogramo.   b) Todo retângulo é um losango.
c) Todo retângulo é um quadrado.   d) Todo losango é um paralelogramo.
e) Todo losango é um retângulo.   f) Todo losango é um quadrado.
g) Todo quadrado é um paralelogramo.   h) Todo quadrado é um retângulo.
i) Todo quadrado é um losango.   j) Todo paralelogramo é um losango.
k) Todo paralelogramo é um retângulo.

407 — Classificar com V ou F

a) Lados opostos de um paralelogramo são congruentes.
b) Ângulos opostos de um paralelogramo são congruentes.
c) As diagonais de um paralelogramo se cortam ao meio.
d) As diagonais de um paralelogramo são perpendiculares.
e) As diagonais de um paralelogramo são congruentes.
f) As diagonais de um paralelogramo são bissetrizes dos seus ângulos.
g) As diagonais de um retângulo são congruentes.
h) As diagonais de um retângulo são perpendiculares.
i) As diagonais de um retângulo são bissetrizes dos seus ângulos.
j) As diagonais de um losango são congruentes.
k) As diagonais de um losango são perpendiculares.
l) As diagonais de um losango são bissetrizes dos seus ângulos.
m) As diagonais de um quadrado são congruentes.
n) As diagonais de um quadrado são perpendiculares.
o) As diagonais de um quadrado são bissetrizes dos seus ângulos.

408 — Classifique com V ou F
Os quatro triângulos pequenos determinados pelas diagonais de um

a) paralelogramo são congruentes.   b) retângulo são congruentes.
c) losango são congruentes.   d) quadrado são congruentes.

409 — De o valor V ou F
O quadrilátero

a) que tem lados opostos congruentes é um paralelogramo.
b) cujas diagonais se cortam ao meio é um paralelogramo.
c) cujos ângulos opostos são congruentes é um paralelogramo.
d) que tem ângulos consecutivos suplementares é um paralelogramo.
e) cujas diagonais são perpendiculares é um losango.
f) cujas diagonais são congruentes é um retângulo.
g) cujas diagonais são congruentes e perpendiculares é um quadrado.
h) cujas diagonais são bissetrizes dos seus ângulos é um losango.

410 — Classificar com V ou F
O paralelogramo cujas diagonais são

a) congruentes é um retângulo.
b) congruentes é um quadrado.
c) congruentes é um losango.
d) perpendiculares é um retângulo.
e) perpendiculares é um losango.
f) perpendiculares é um quadrado.
g) bissetrizes dos seus ângulos é um retângulo.
h) bissetrizes de seus ângulos é um losango.
i) bissetrizes de seus ângulos é um quadrado.
j) congruentes e bissetrizes dos seus ângulos é um quadrado.
k) congruentes e perpendiculares é um quadrado.
l) bissetrizes dos seus ângulos e perpendiculares é um quadrado.

411 — Classifique com V ou F

a) O retângulo que tem diagonais perpendiculares é quadrado.
b) O retângulo cujas diagonais são bissetrizes dos seus ângulos é um quadrado.
c) O losango cujas diagonais são congruentes é um quadrado.
d) O retângulo que tem lados congruentes é um quadrado.
e) O losango que tem lados congruentes é um quadrado.

412 Classifique com V ou F

a) Ângulos consecutivos de um paralelogramo são suplementares.
b) Ângulos consecutivos de um trapézio são suplementares.
c) Ângulos opostos de um paralelogramo são suplementares.
d) Ângulos opostos de um trapézio são suplementares.
e) Ângulos consecutivos, não de uma mesma base, de um trapézio são suplementares.
f) Ângulos opostos de um trapézio isósceles são suplementares.
g) Ângulos opostos de um trapézio isósceles são congruentes.

413 Dado um triângulo equilátero ABC, demonstre que é equilátero o triângulo A'B'C' nos casos:

a) A' B' e C' estão respectivamente sobre $\overline{AB}, \overline{BC}$ e $\overline{AC}$ e AA' = BB' = CC'.

b) A', B', C' estão respectivamente nas semi-retas $\overrightarrow{CA}, \overrightarrow{AB}$ e $\overrightarrow{BC}$, estão fora do triângulo e AA' = BB' = CC'.

414 Se dois triângulos são congruentes, mostre que:

a) Duas medianas correspondentes são congruentes.
b) Duas bissetrizes correspondentes são congruentes.
c) Duas alturas correspondentes são congruentes.

415 Se dois lados de um triângulo são congruentes a dois lados de um outro, mostre que esses dois triângulos são congruentes se:

a) as medianas relativas a dois lados congruentes são congruentes.
b) as medianas relativas ao terceiro lado são congruentes.

416 Mostre que as diagonais de um trapézio isósceles determina com as bases triângulos isósceles.

417 Mostre que as diagonais de um pentágono regular são congruentes.

418 Determine as diagonais do paralelogramo dado nos casos:

a)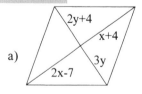

b)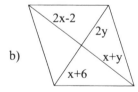

419 Em cada caso temos um triângulo retângulo ABC onde $\overline{AM}$ é mediana relativa a hipotenusa. Determine as incógnitas

a)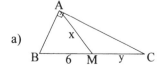

b)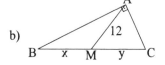

c)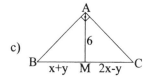

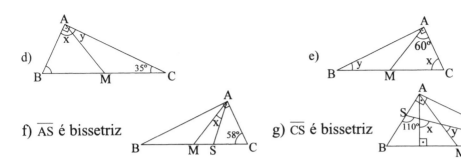

d)

e)

f) $\overline{AS}$ é bissetriz

g) $\overline{CS}$ é bissetriz

---

420 Na figura ao lado ABCD é um paralelogramo. Prove que os triângulos AFD e BEC são congruentes.

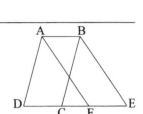

---

421 Na figura ABCD e ABEF são paralelogramos. Prove que CDFE é um paralelogramo.

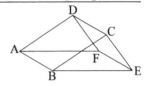

---

422 Pelos vértices de um triângulo ABC traçamos retas paralelas aos lados opostos. Mostre que os três triângulos pequenos determinados são congruentes ao triângulo ABC.

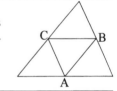

---

423 ABCD e AEFG da figura são quadrados. Prove que BE = DE

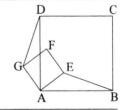

---

424 Da figura sabemos que M e N são pontos médios de $\overline{AB}$ e $\overline{AC}$ e que $\overline{MB}$ é paralelo a $\overline{PC}$. Mostre que MPCB é um paralelogramo.

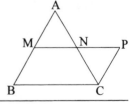

---

425 ABCD e AECF são paralelogramos. Prove que $\overline{BD}$ e $\overline{EF}$ se cortam ao meio e que $\overline{EB}$ e $\overline{FD}$ são paralelos.

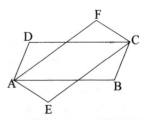

426 As diagonais de um paralelogramo ABCD concorrem em M. Uma reta passa por M e intercepta $\overline{AB}$ em K e $\overline{CD}$ em L. Mostre que AK = CL.

427 Dado um paralelogramo ABCD, considere $\overline{BB'}$ e $\overline{DD'}$ perpendiculares a reta AC com B' e D' nessa reta. Mostre que BB' = DD'.

428 Sendo M o ponto médio do lado $\overline{BC}$ de um paralelogramo ABCD e **P** a intersecção das retas AB e DM, mostre que AP = 2·AB.

429 As bissetrizes de dois ângulos consecutivos de um paralelogramo interceptam-se sobre um lado do paralelogramo. Mostre que um lado do paralelogramo é o dobro do outro.

430 ABCD é um losango e a bissetriz de DÂC encontra $\overline{DC}$ em P. Mostre que $A\hat{P}D = 3 \cdot D\hat{A}P$.

431 Dizer se existe triângulo cujos lados têm as medidas dadas (expressas em metros) nos casos:
a) 5, 4 e 10   b) 8, 8 e 16   c) 15, 6 e 9   d) 8, 7 e 13

432 Dados dois lados de um triângulo, ache o intervalo ao qual pertence a medida do terceiro lado, nos casos:
a) 5m e 9m   b) 10m e 13m   c) 13m e 2m   d) 9m e 9m

433 Dados dois lados de um triângulo isósceles, ache a medida do terceiro lado nos casos:
a) 5m e 12m   b) 5m e 10m   c) 5m e 3m   d) 5m e 2m

434 Dados dois lados de um triângulo determine o outro lado nos casos:

a) 2m e 6m e o terceiro lado é expresso por um n° par.
b) 2m e 5m e o terceiro lado é expresso por um n° ímpar.
c) 3m e 7m e o terceiro lado é expresso por um n° par.
d) 2m e 9m e o terceiro lado é expresso por um n° ímpar.

435 Dois lados de um triângulo medem 4m e 15m. Determine a medida do terceiro lado nos casos:
a) Ele é múltiplo de 10.   b) Ele é múltiplo de 9.   c) Ele é múltiplo de 6.   d) Ele é um número par.

Exercícios Suplementares

436 Mostre que:

a) Um triângulo retângulo tem dois ângulos agudos.
b) A hipotenusa de um triângulo retângulo é maior que cada um dos catetos.
c) O triângulo obtusângulo tem dois ângulos agudos.
d) O lado oposto ao ângulo obtuso de um triângulo obtusângulo é maior que cada um dos outros lados.
e) A hipotenusa de um triângulo retângulo é maior que a semi-soma dos catetos.
f) Qualquer lado de um triângulo é menor que o semiperímetro.

437 Mostre que:

a) Se P é um ponto interno de um triângulo ABC, então BP̂C é maior que BÂC.
b) Se P é um ponto interno de um triângulo ABC, então: PB + PC < AB + AC.
c) Se P é um ponto interno de um triângulo ABC e x = PA, y = PB e z = PC, então x + y + z está entre o semiperímetro e o perímetro do triângulo.

438 Mostre que a mediana (medida dela) relativa a um lado de um triângulo está entre a semidiferença e a semi-soma das medidas dos outro dois lados.

439 Mostre que a soma das medidas das medianas de um triângulo está entre o semiperímetro (p) e o perímetro (2p) do triângulo.

440 A bissetriz do ângulo agudo Ĉ de um triângulo retângulo ABC de hipotenusa $\overline{BC}$ encontra o cateto $\overline{AB}$ num ponto P. Mostre que AP < PB.

441 Mostre que a altura relativa a um lado de um triângulo é menor que a semi-soma das medidas dos outros dois lados.

442 Mostre que a soma das três alturas é menor que o perímetro desse triângulo.

443 Sendo $\overline{AS}$ a bissetriz relativa ao vértice A de um triângulo ABC com AB < AC, mostre que BS < CS.

444 Sendo P um ponto qualquer da bissetriz $\overline{AS}$ de um triângulo ABC com AB < AC, mostre que PB < PC.

445 Dado um hexágono regular ABCDEF, mostre que:

a) BF e DF são congruentes.
b) Há duas diagonais de medidas diferentes.
c) As diagonais $\overline{BF}$ e $\overline{CE}$ são paralelas.
d) A maior diagonal é bissetriz dos ângulos cujos vértices são suas extremidades.
e) A diagonal maior é paralela a um lado.
f) Dois lados opostos são paralelos.
g) As diagonais que partem de um mesmo vértice dividem o ângulo desse vértice em partes iguais.

446 Dado um heptágono regular ABCDEFG, mostre que

a) As diagonais $\overline{AC}$ e $\overline{AF}$ são congruentes.
b) As diagonais $\overline{AD}$ e $\overline{AE}$ são congruentes.
c) A diagonal $\overline{AD}$ é paralela ao lado $\overline{BC}$.
d) As diagonais que partem de um mesmo vértice dividem o ângulo desse vértice em partes iguais.

Capítulo 8

Retas Perpendiculares

A – Retas perpendiculares

A1 – Definição

Duas retas são perpendiculares quando são concorrentes e dois ângulos adjacentes determinados por elas são congruentes. Cada um dos ângulos que elas determinam é chamado ângulo reto.
Como eles são congruentes e suplementares, fica claro que cada um mede 90°
(Esta definição já foi vista em outro capítulo.)

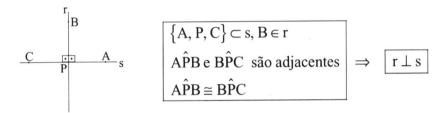

$\{A, P, C\} \subset s, B \in r$
$A\hat{P}B$ e $B\hat{P}C$ são adjacentes $\Rightarrow$ $r \perp s$
$A\hat{P}B \cong B\hat{P}C$

A2 – Existência e unicidade por um ponto

Teorema: Dada uma reta e um ponto, pertencente a ela ou não, existe uma única reta que passa pelo ponto e é perpendicular a reta dada. (Vamos aceitar este teorema sem demonstração).

Obs.: Quando o ponto pertence a reta existe uma única perpendicular em cada plano que contém a reta.

1º caso $P \in r$

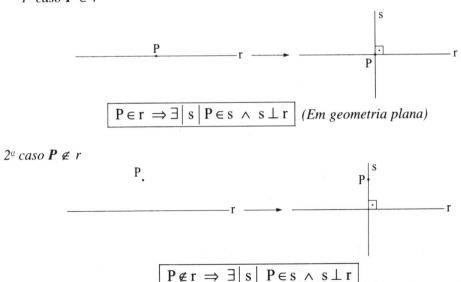

$P \in r \Rightarrow \exists | s | P \in s \land s \perp r$ *(Em geometria plana)*

2º caso $P \notin r$

$P \notin r \Rightarrow \exists | s | P \in s \land s \perp r$

Teorema: Se duas retas são paralelas distintas e uma reta é perpendicular a uma delas, então ela é perpendicular a outra também (Geometria plana).

Demonstração: Já sabemos que se **r** é concorrente com **a**, então ela será concorrente com **b**. Então as retas paralelas **a** e **b** são cortadas pela transversal **r**, determinando ângulos correspondentes congruentes. Se **r** e **a** formam ângulo reto, **r** e **b** também formam ângulo reto. Então: **r** é perpendicular a **b**.

Teorema: Se duas retas, contidas em um plano, são perpendiculares a uma terceira, então elas são paralelas.

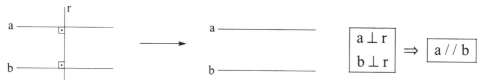

Demonstração: Note que se **a** = **b**, por definição **a** e **b** são paralelas.
Se **a** e **b** são distintas e têm ponto comum, então por este ponto estão passando duas retas, **a** e **b**, distintas, ambas perpendiculares a **r**, o que é um absurdo, pois existe uma única perpendicular por um ponto, em um plano, a uma reta dada.

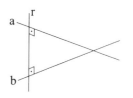

Então, como **a** e **b** são coplanares e não têm ponto em comum, elas são paralelas.

Obs.:
1º) Em geometria espacial não é verdade que duas retas perpendiculares a uma terceira são paralelas. Veja o cubo ao lado.
***a** e **b** são perpendiculares a **r** e não são paralelas.*
2º) Note que para o paralelismo vale a propriedade transitiva, mas para o perpendicularismo não.

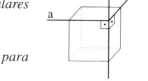

Em um plano: a // r, b // r ⇒ a // b   (Transitividade)

a ⊥ r, b ⊥ r ⇒ a // b

Pode ocorrer a ⊥ r, b ⊥ r e a ⊥ b?
*3º) Se duas retas são concorrentes e não são perpendiculares, elas são chamadas **retas oblíquas**.*
α ≠ 90° ⇔ r e s são oblíquas
*4º) Se dois segmentos tem ponto em comum e estão contidos em retas perpendiculares, eles são chamados **segmentos perpendiculares**. (Da mesma forma podemos definir **semi-retas perpendiculares**, segmento, etc.*

$\overline{AB}$ e $\overline{CD}$ *são perpendiculares.*

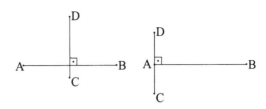

B – Projeções Ortogonais

B1 – Ponto sobre reta

Definição: A projeção ortogonal de um ponto sobre uma reta é o pé da perpendicular conduzido pelo ponto à reta.
(Pé da perpendicular é a intersecção das perpendiculares)

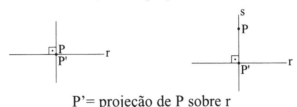

P'= projeção de P sobre r

Note que se o ponto pertence à reta a projeção e o ponto são coincidentes.

B2 – Segmento sobre reta

Definição: 1º) Se o segmento estiver numa reta perpendicular à reta na qual ele vai ser projetado, a projeção ortogonal dele sobre a reta é a intersecção dessas retas. A projeção do segmento é um ponto.
2º) Se o segmento estiver em uma reta oblíqua à reta na qual ele vai ser projetado, a projeção dele sobre a reta é o segmento determinado pelas projeções de suas extremidades sobre a reta. A projeção do segmento é um segmento.

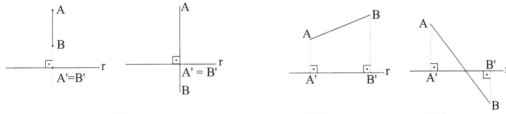

A'= projeção de $\overline{AB}$ sobre r $\overline{A'B'}$ = projeção de $\overline{AB}$ sobre r

Obs.:
*1º) Como neste capítulo vamos falar apenas em **projeções ortogonais**, quando falarmos apenas em **projeção**, estamos querendo dizer **projeção ortogonal**.*

*2º) Note que se $\overline{AB}$ for paralelo a r, então $\overline{A'B'}$ é congruente a $\overline{AB}$.
De fato: ABB'A' é um retângulo (paralelogramo com ângulo reto) e como retângulo tem lados opostos congruentes, obtemos: A'B' = AB.*

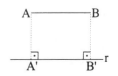

3°) Se $\overline{AB}$ for oblíquo à reta r, então $\overline{A'B'}$ é menor do que $\overline{AB}$.
De fato. Tracemos por A uma reta paralela a r que intercepta a reta BB' em P. Como APB'A' é um retângulo, temos: A'B' = AP e como $AP < AB$, pois $\overline{AP}$ é cateto e $\overline{AB}$ é hipotenusa do triângulo retângulo ABP, obtemos: A'B' < AB.

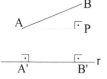

4°) Note que se uma extremidade do segmento está sobre a reta de projeção e a outra não, a projeção é um cateto do triângulo retângulo cujo segmento é a hipotenusa.

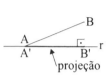

C – Segmento perpendicular e segmentos oblíquos

Por um ponto P, não pertencente a uma reta r, traçamos o segmento $\overline{P'P}$ perpendicular a r e segmentos $\overline{PA}, \overline{PB}, \overline{PC}, \overline{PD},...$, oblíquos a r, com P', A, B, C, D, ... sobre r.

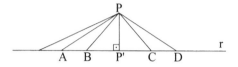

Obs.:

1°) Se dois segmentos têm projeções congruentes dizemos que eles são igualmente afastados da perpendicular.

$P'A = P'B \Rightarrow \overline{PA}$ e $\overline{PB}$ estão igualmente afastados de $\overline{P'P}$.

2°) Se dois segmentos têm projeções não congruentes dizemos que o que tem projeção maior está mais afastado da perpendicular

$P'B > P'A \Rightarrow \overline{PB}$ está mais afastado de $\overline{P'P}$ do que $\overline{PA}$.

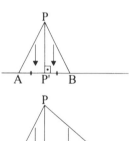

Teoremas:
1°) **O segmento perpendicular é menor que qualquer segmento oblíquo.**

Demonstração:

Note que o $\triangle$ PP'C é retângulo em P'. Então $\hat{C} < \hat{P}'$. E como ao maior ângulo opõe-se o maior lado, temos: $\overline{PP'} < \overline{PC}$.

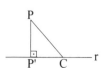

2°) **Dois segmentos oblíquos com projeções congruentes são congruentes.**
(Segmentos igualmente afastados da perpendicular são congruentes).

Demonstração: Note que $\overline{AP'}$ é a projeção de $\overline{AP}$ e $\overline{BP'}$ é a projeção de $\overline{BP}$. Como os triângulos PP'A e PP'B são congruentes (caso LAL) obtemos que $\overline{PA} \cong \overline{PB}$.

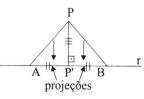

3°) (Recíproco do anterior) **Dois segmentos de oblíquos congruentes têm projeções congruentes.**
(Segmentos congruentes são igualmente afastados da perpendicular).

Demonstração: Os triângulos PP'A e PP'B são congruentes pelo caso especial (hip., cat.) para triângulos retângulos. Então: P'A = P'B.

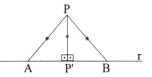

4°) **Se dois segmentos oblíquos têm projeções não congruentes, o que tem projeção maior é maior.**
(Se um segmento é mais afastado que outro da perpendicular, então ele é maior que o outro)

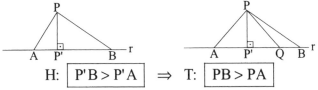

H: P'B > P'A ⇒ T: PB > PA

Demonstração:
1) Como P'B > P'A considere o ponto Q sobre $\overline{P'B}$ de modo que P'Q = P'A. De acordo com o teorema anterior podemos afirmar que PQ = PA.
2) Como PQ̂P' é agudo, obtemos que PQ̂B é obtuso. Então PB > PQ (ao maior ângulo está oposto o maior lado).
3) Finalmente, de PB > PQ e PQ = PA obtemos: PB > PA.

5°) (Recíproco do anterior) **Se dois segmentos oblíquos não são congruentes, então o maior deles tem projeção maior.**
(Se um segmento é maior do que outro, então ele está mais afastado da perpendicular).

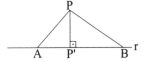

H: PB > PA ⇒ T: P'B > P'A

Demonstração: Note que: P'B = P'A ⇒ PB = PA (absurdo contra a hipótese). P'B < P'A ⇒ PB < PA (absurdo contra a hipótese). Então, como não pode ocorrer P'B = P'A, nem P'B < P'A, só pode ocorrer: P'B > P'A.

6°) **Se dois segmentos oblíquos não são congruentes, então o que forma ângulo maior com a sua projeção é menor que o outro.**

1° caso: 2° caso:

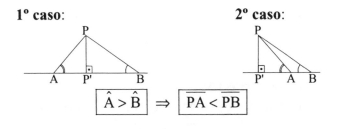

Â > B̂ ⇒ $\overline{PA} < \overline{PB}$

Demonstração:

1° caso: Considere o triângulo APB. Como $\hat{A} > \hat{B}$ (Hipótese) e ao maior ângulo de um triângulo está oposto o maior lado, obtemos que $\overline{PA}$ é menor que $\overline{PB}$.

2° caso: Considere o triângulo APB. Como o ângulo externo em $\hat{A}$ é agudo, o ângulo interno $\hat{A}$ do triângulo é obtuso. Como ao maior ângulo de um triângulo está oposto o maior lado e $\hat{A}$ é maior que $\hat{B}$ obtemos que $\overline{PA}$ é menor que $\overline{PB}$.

7°) (Recíproco do anterior) **Se dois segmentos oblíquos não são congruentes, então o menor deles forma ângulo maior com a sua projeção.**

$$\boxed{\overline{PA} < \overline{PB}} \Rightarrow \boxed{\hat{A} > \hat{B}}$$

1° caso: 2° caso:

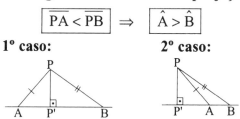

Demonstração:

1° caso: Como ao maior lado de um triângulo está oposto o maior ângulo, $\overline{PB}$ maior que $\overline{PA}$ implica em $\hat{A}$ maior que $\hat{B}$.

2° caso: Como o segmento maior está mais afastado da perpendicular, o ângulo $\hat{A}$, externo do triângulo APB, é maior que o ângulo interno $\hat{B}$. Então: $\hat{A}$ é maior que B.

Obs.: Lembrando do triângulo isósceles, podemos afirmar que se os ângulos que dois oblíquos formam com as projeções forem congruentes, os segmentos são congruentes (e reciprocamente).

D – Distâncias

D1 – Distância entre dois pontos distintos

Definição: A distância entre dois pontos distintos é igual ao segmento determinado por eles ou igual a qualquer segmento congruente a ele.

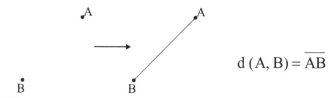

A medida de $\overline{AB}$ é chamada distância métrica entre A e B.

Obs.: Se os pontos são coincidentes, a distância entre eles é nula. Esta definição já foi vista no capítulo 1.

D2 – Distância entre ponto e reta

Definição: É igual a distância entre o ponto e a projeção ortogonal dele sobre a reta.

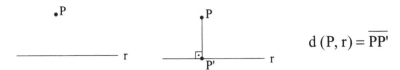

Note que se o ponto pertence à reta, a distância entre o ponto e a reta é nula.

D3 – Teorema
Se duas retas são paralelas distintas, então os pontos de uma são equidistantes (estão a uma mesma distância) da outra.

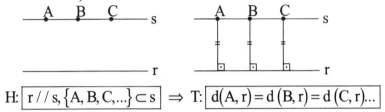

H: $\boxed{r // s, \{A, B, C, ...\} \subset s}$ ⇒ T: $\boxed{d(A, r) = d(B, r) = d(C, r)...}$

Demonstração:
Sendo $\overline{AA'}$ e $\overline{BB'}$ as distâncias entre A e r e B e r, sabemos que
$\overline{AA'}$ e $\overline{BB'}$ são perpendiculares a r. De acordo com o teorema:
"Se duas retas são paralelas e uma reta é perpendicular a uma,
então ela é também perpendicular à outra", podemos afirmar que

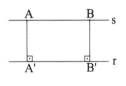

AA' e BB' são perpendiculares à reta s também. Então o quadrilátero AA'B'B é um retângulo. E como retângulo tem lados opostos congruentes, obtemos:
d (A, r) = d (B, r)
Da mesma forma, para qualquer ponto P de s obtemos que d (P, r) = d (A, r).

D4 – Distância entre duas retas paralelas distintas
Definição: É igual a distância entre um ponto qualquer de uma e a outra.

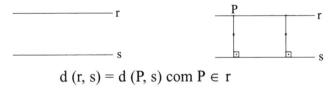

d (r, s) = d (P, s) com P ∈ r

De acordo com o teorema anterior para qualquer ponto escolhido a distância obtida será a mesma.

Obs.: Note que a distância entre duas retas coincidentes ou concorrentes é nula.

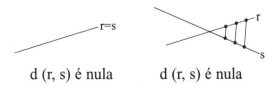

d (r, s) é nula   d (r, s) é nula

E – Ângulos de lados respectivamente perpendiculares

Teorema: Ângulos de lados (ou lado e prolongamento de lado ou prolongamentos dos lados) respectivamente perpendiculares, são congruentes ou suplementares.
Nas figuras temos várias possibilidades onde x = y e x + z = 180°.
Seja a e b os lados de um ângulo (não reto para exemplificar) e a'e b'os lados do outro.

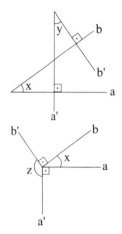
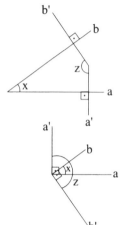
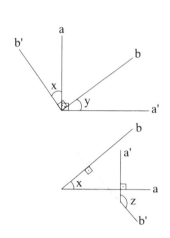

Vamos provar dois casos. (Analogamente provamos os outros).

1°)
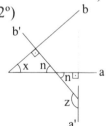

Note que:

$$\begin{cases} n + x = 90° \\ n + y = 90° \end{cases}$$

n + x = n + y ⇒ $\boxed{x = y}$

2°)

Note que:
$$\begin{cases} x + n = 90° \\ z = n + 90° \end{cases}$$

$$\begin{cases} x + n = 90° \\ z - n = 90° \end{cases}$$

$\boxed{x + z = 180°}$

F – Lugar Geométrico (L. G.)

F1 – Lugar Geométrico

Definição: Uma figura (conjunto de pontos) é o **lugar geométrico** (LG), ou apenas **lugar**, dos pontos que possuem uma certa propriedade se, e somente se:
1º) todos os pontos da figura têm essa propriedade;
2º) todos os pontos que possuem a propriedade pertencem a essa figura.

F2 – Alguns exemplos

Não esquecer que estamos estudando **geometria plana**
1º) A **mediatriz** de um segmento é o lugar geométrico (LG) dos pontos que são eqüidistantes das extremidades do segmento.
Mediatriz é a reta perpendicular ao segmento pelo seu ponto médio.
Note que qualquer ponto da mediatriz eqüidista das extremidades do segmento. E qualquer ponto que eqüidista das extremidades do segmento está sobre a mediatriz.

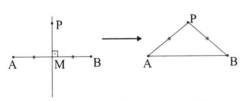
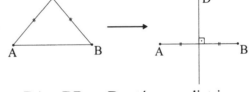

P está na mediatriz ⇒ PA = PB.   DA = DB ⇒ D está na mediatriz.

2º) A **bissetriz** de um ângulo convexo é o lugar geométrico (LG) dos pontos, internos ao ângulo, que equidistam dos lados do ângulo.
Note que qualquer ponto da bissetriz eqüidista dos lados do ângulo. E que qualquer ponto interno que eqüidista dos lados está sobre a bissetriz.

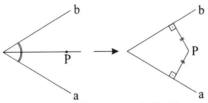
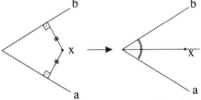

P está na bissetriz d (P, a) = d (P, b).   d (X, a) = d (X, b) ⇒ X está na bissetriz.

3º) Dadas duas retas concorrentes, o lugar geométrico (LG) dos pontos que eqüidistam dessas retas é a união das retas que contêm as bissetrizes dos ângulos formados por essas retas dadas.

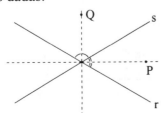
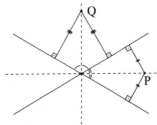

Lembre-se: As bissetrizes são perpendiculares.

4º) A **mediatriz** de um segmento perpendicular a duas retas paralelas distintas, com uma extremidade em cada uma das retas, é o LG dos pontos que eqüidistam dessas paralelas. Note que este LG é uma reta paralela às retas.

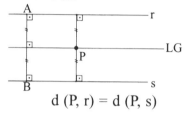

$d(P, r) = d(P, s)$

5º) Dada uma distância **d** e uma reta **r**, o lugar geométrico dos pontos que distam **d** de **r** é a união das duas retas paralelas **a** e **b**, em semiplanos opostos (com origem em **r**), conduzidos por pontos que distam **d** de **r**.

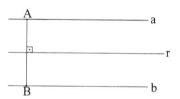

6º) Dado um ponto **C** e uma distância **r**, o lugar geométrico dos pontos que distam **r** de **C** é a circunferência de centro **C** e raio **r**.

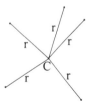
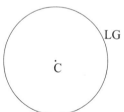

G – Altura de quadrilátero notável

G1 – Altura de um trapézio

Definição: A altura de um trapézio é igual a distância entre as retas que contém as bases. Note que quando falamos em distância podemos pensar na distância geométrica ou na distância métrica. Então podemos pensar na altura do trapézio como um segmento perpendicular às retas das bases, com uma extremidade em cada uma (há infinitos) ou pensar na medida dos segmentos, e como os segmentos são todos congruentes, têm todos uma única medida. Neste caso a altura é única. Dentro do contexto devemos entender qual é a altura em questão.

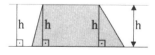

Note que o trapézio tem uma única altura. (Em qual delas estamos pensando?!)

G2 – Altura de um paralelogramo

Definição: A altura de um paralelogramo é a distância entre as retas que contém lados opostos. (É a distância entre retas que contêm lados paralelos).

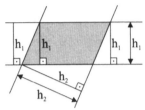

Note que o paralelogramo tem duas alturas distintas.
Olhe o retângulo, que é um paralelogramo particular:

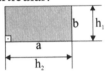

No retângulo as alturas têm as medidas dos lados.
Olhe o **losango** e o **quadrado** ($h_1 = h_2$).

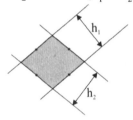
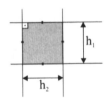

H – Simetria

H1 – Simétrico de um ponto

a) **Simétrico de um ponto em relação a outro ponto**
Definição: Dado um ponto **O**, que será chamado centro de simetria, e um ponto **A**, um ponto A_1 é chamado **simétrico** de **A** em relação a **O**, se e somente se, **O** é **ponto médio** de $\overline{AA_1}$.
(Define-se ainda que o simétrico de **O** em relação a **O** é o próprio ponto **O**).

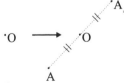

A_1 = Simétrico de A em relação a O.
(Note que: A = simétrico de A_1 em relação a O).

b) **Simétrico de um ponto em relação a uma reta**
Definição: Dada uma reta **e**, que será chamada eixo de simetria, e um ponto **A**, um ponto A_1 é chamado **simétrico** de **A** em relação a **e**, se e somente se, **e** é mediatriz de $\overline{AA_1}$.

(Se o ponto **A** pertence a **e**, o simétrico de **A** em relação **e** é o próprio ponto **A**).

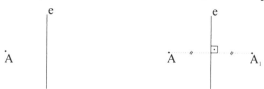

A_1 = Simétrico de **A** em relação a **e**.
(Note que: a = Simétrico de A_1 em relação a **e**)

H2 – Simétrica de úma figura

a) Simétrica de uma figura em relação a um ponto
Definição: Dada uma figura (um conjunto de pontos), a simétrica desta figura em relação a um ponto **O** dado é o conjunto dos pontos que são os simétricos dos pontos da figura dada em relação ao ponto **O**.

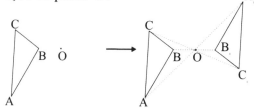

b) Simétrica de uma figura em relação a uma reta
Definição: Dada uma figura (um conjunto de pontos), a simétrica dessa figura em relação a uma reta **e**, ou eixo **e**, dado é o conjunto dos pontos que são os simétricos dos pontos da figura dada em relação ao eixo **e**.

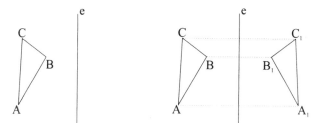

H3 – Centro de simetria de uma figura

Dizemos que uma figura tem **centro de simetria O** se, e somente se, qualquer que seja um ponto **P** dela, o ponto P_1 simétrico de P em relação a **O** é também um ponto dessa figura.

Exemplo: O ponto de intersecção das diagonais de um paralelogramo é **centro de simetria** desse paralelogramo.

H4 – Eixo de simetria de uma figura

Dizemos que uma figura tem um eixo **e** de simetria se, e somente se, qualquer que seja um ponto **P** dela, o ponto P_1 simétrico de P em relação ao eixo **e** é também um ponto dessa figura.

Exemplo: A reta que passa pelos pontos médios das bases de um trapézio isósceles é eixo de simetria desse trapézio.

Obs.:

1º) Quando obtemos uma figura a partir de outra, dizemos que fizemos uma transformação de uma figura na outra.

2º) Um exemplo de transformação é quando obtemos a simétrica de uma figura em relação a um ponto (simetria central). Veja item **a**.
Um outro nome para essa transformação é **rotação de 180º** (ou **meio giro**).

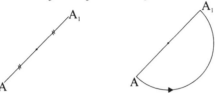

A **rotação de 180º** ou **meio giro** é uma **isometria** (Isométrico ↔ mesma medida). Isto significa que a partir de uma figura, por meio giro, obtemos uma figura congruente a ela. (Veja item a)

3º) Outro exemplo de transformação é quando obtemos a simétrica de uma figura em relação a um eixo (simetria axial). Veja item b.
Um outro nome dessa transformação é **reflexão**.
A **reflexão** é também uma **isometria**.

4º) Para que fique definida uma simetria central (meio giro) é suficiente dar o seu centro.

5º) Para que fique definida uma simetria axial (reflexão) é suficiente dar o seu eixo.

6º) Uma rotação em torno de um centro **O**, com um ângulo de rotação α, com $0 \leq \alpha \leq 180º$, em qualquer sentido (horário ou anti-horário) também é uma transformação isométrica.

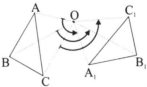

7º) Uma translação também é uma transformação isométrica.

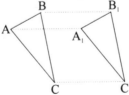

8º) A homotetia também é uma transformação, mas não é isométrica. Os ângulos correspondentes preservam as medidas, mas os segmentos não.

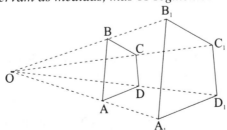

Exercícios

447 Determinar o valor de x nos casos

a)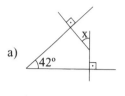
b)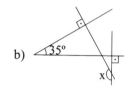
c)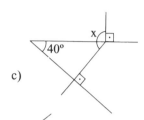

d)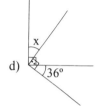
e)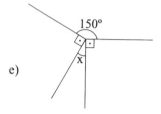
f)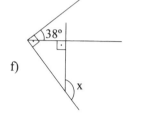

448 Determine x

a)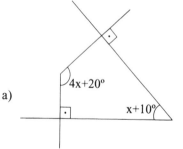
b)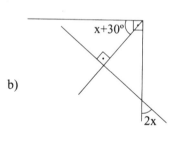

449 Se $\overline{AH}$ é altura relativa ao lado $\overline{BC}$ do $\triangle ABC$, determine $\hat{B}$ e $\hat{C}$ nos casos:

a)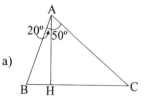
b)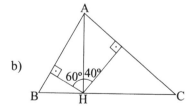

450 Já provamos que a mediana relativa a hipotenusa de um triângulo retângulo mede a metade da hipotenusa.

Traçando retas por B e C paralelas a $\overline{AC}$ e $\overline{AB}$, obtemos um quadrilátero.

Usando esse quadrilátero, prove que $AM = \dfrac{BC}{2}$. (Olhe as figuras)

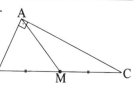

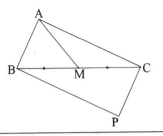
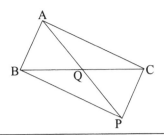

451 Sendo AM a mediana relativa a hipotenusa, determine as incógnitas nos casos:

a) 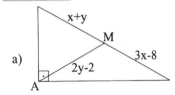 b) $\overline{BS}$ é bissetriz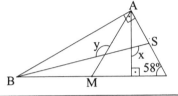

452 Se o triângulo ABC é retângulo de hipotenusa $\overline{BC}$ e $\overline{AM}$ é mediana, determine x:

a) 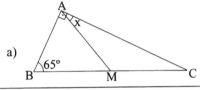 b)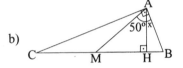

453 Em cada caso abaixo temos um triângulo isósceles de base $\overline{BC}$. Determine o ângulo da base.

a) 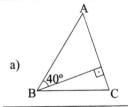 b)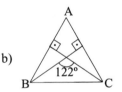

454 No triângulo ABC da figura, se $\overline{AH}$ é altura e $\overline{BS}$ é bissetriz, determine $B\hat{S}C$ dados $B\hat{A}H = 30°$ e $A\hat{C}B = 40°$.

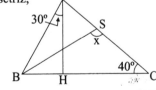

455 Da figura, sabemos que $\overline{AH}$ é altura e $\overline{AS}$ é bissetriz relativas a $\overline{BC}$ do triângulo ABC. Se $\hat{B} = 70°$ e $H\hat{A}S = 15°$, determine $\hat{C}$.

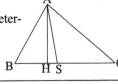

456 Determine o valor de x nos casos:

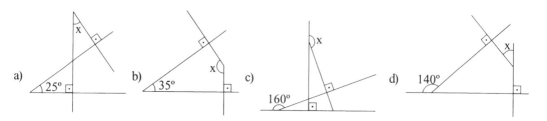

457 Como o quadrado é um paralelogramo, ele tem duas alturas. Mostre que elas são iguais.

458 Mostre que as duas alturas de um losango são iguais. (Não esquecer que todo losango é também um paralelogramo.)

459 Mostre que as projeções ortogonais dos lados oblíquos as bases, de um trapézio isósceles, sobre a base maior são congruentes.

460 Mostre que as projeções de dois lados opostos de um paralelogramo, sobre uma reta que contém um dos outros lados são congruentes.

461 Mostre que num triângulo isósceles acutângulo as projeções da base sobre os outros lados são congruentes.

462 Prove que as projeções de dois lados opostos de um paralelogramo sobre uma reta qualquer são congruentes.

463 Dado um segmento $\overline{AB}$ contido numa reta oblíqua a uma reta r, mostre que a projeção do ponto médio de $\overline{AB}$ sobre r é o ponto médio da projeção de $\overline{AB}$ sobre r.

464 Por um ponto P fora de uma reta traçamos dois segmentos oblíquos a reta. Mostre que o de projeção menor forma um ângulo maior com a reta.

Exercícios de Fixação

465 Em cada caso são dados ângulos de lados respectivamente perpendiculares. Determine as incógnitas.

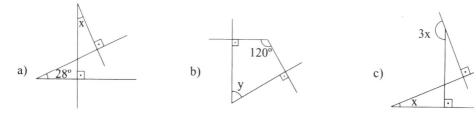

d)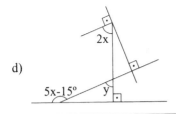

e)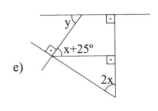

466 Se AM é mediana relativa a hipotenusa do triângulo retângulo, determine as incógnitas nos casos:

a)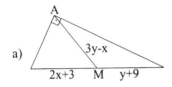

b)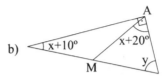

467 Mostre que a soma das distâncias entre um ponto qualquer da base de um triângulo isósceles e os outros lados é constante para cada triângulo dado.

468 Mostre que a mediana relativa a hipotenusa de um triângulo retângulo mede a metade da hipotenusa.
(Sugestão: Sendo $\overline{AM}$ a mediana e $\overline{BC}$ a hipotenusa, considere sobre a semi-reta $\overline{AM}$ o ponto P de modo que M seja ponto médio de AP. Prove que os triângulos BAC e PCA são congruentes).

469 De um ponto P, fora de uma reta r traçamos o segmento perpendicular e segmentos oblíquos.
Mostre que:
a) Segmentos oblíquos com projeções congruentes são congruentes, e reciprocamente.
b) Se dois segmentos oblíquos têm projeções não congruentes então o que tem maior projeção é maior, e reciprocamente.

470 Um segmento de reta tem:
a) Centro de simetria?   b) Eixo de simetria?

471 Uma reta tem:
a) Centro de simetria? Quantos?   b) Eixo de simetria? Quantos?

472 Dizer se tem centro de simetria ou não as seguintes figuras:
a) circunferência   b) trapézio escaleno   c) trapézio isósceles   d) paralelogramo
e) losango   f) retângulo   g) quadrado   h) triângulo isósceles
i) triângulo equilátero j) duas retas paralelas distintas.

473 Dizer quantos eixos de simetria tem a figura nos casos:
a) circunferência   b) trapézio escaleno   c) trapézio isósceles   d) paralelogramo
e) retângulo   f) losango   g) quadrado   h) triângulo isósceles
i) triângulo equilátero j) duas retas paralelas   k) um ângulo convexo   l) duas retas concorrentes

474 Quantos eixos de simetria tem um:

a) pentágono regular
b) hexágono regular
c) heptágono regular
d) octógono regular
e) decágono regular
f) pentadecágono regular

475 Se duas retas distintas coplanares tem centro de simetria, qual a posição relativa entre elas?

476 Todo polígono regular tem centro de simetria?

477 Uma semi-reta tem:
a) Centro de simetria
b) Eixo de simetria

Exercícios Suplementares

478 Dizer como se faz para obter um ponto que seja eqüidistante de três pontos não colineares.

479 Duas cidades estão afastadas de um rio no qual deve ser construída uma ponte. Dizer onde dever ser construída esta ponte para que ela esteja a uma mesma distância das duas cidades.

480 Dados dois pontos A e B e uma reta r, com A e B em um mesmo semiplano de origem r, dizer como se obtém um ponto P sobre r, de modo que a soma AP + PB seja mínima.

481 Mostre que o ponto de intersecção de duas bissetrizes de um triângulo eqüidista dos lados do triângulo.

482 Mostre que o ponto de intersecção das bissetrizes de dois ângulos externos de um triângulo eqüidista das retas que contêm os lados do triângulo.

483 Obter pontos que eqüidistam das retas que contém os lados de um triângulo.

484 Dados dois pontos A e B internos a um ângulo $X\hat{P}Y$, determinar um ponto M em $\overrightarrow{PX}$ e um ponto N em $\overrightarrow{PY}$ de modo que a soma AM + MN + NB seja mínima.

485 Mostre que:

a) Se um ponto está na mediatriz de um segmento, então ele eqüidista das extremidades do segmento.
b) Se um ponto eqüidista das extremidades de um segmento então ele está na mediatriz do segmento.

486 Mostre que:

a) Se um ponto está na bissetriz de um ângulo, então ele eqüidista dos lados do ângulo.
b) Se um ponto eqüidista dos lados de um ângulo, então ele está na bissetriz do ângulo.

487 O triângulo ABC ao lado é isósceles de base $\overline{BC}$. Determine x:

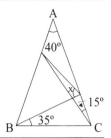

488 As retas r e s da figura ao lado são paralelas e DE = 2AB. Determine x:

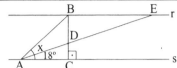

489 Da figura sabemos que AB = AC, $\hat{A} = 100°$ e AD = BC. Determine $C\hat{B}D$:

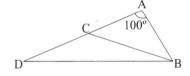

490 Sobre os lados $\overline{AB}$ e $\overline{AC}$ de um triângulo isósceles de base $\overline{BC}$ tomamos, respectivamente, os pontos Q e P de modo que $C\hat{B}P = 50°$ e $B\hat{C}Q = 60°$. Sabendo que $\hat{A} = 20°$, mostre que $B\hat{P}Q = 80°$.

Capítulo 9

Base Média e Pontos Notáveis

A – Base média de um triângulo

A1 – Teorema

O segmento cujas extremidades são os pontos médios de dois lados de um triângulo é paralelo ao terceiro lado e mede a metade dele.

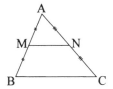

H	T
M e N são pontos médios de $\overline{AB}$ e $\overline{AC}$	$\overline{MN} // \overline{BC}$ $MN = \dfrac{BC}{2}$

Demonstração:

1) Tracemos por C uma reta paralela a $\overline{AB}$ e seja P o ponto onde essa reta encontra a reta $\overline{MN}$.
2) Consideremos os triângulos AMN e CPN. Note que pelo caso ALA, eles são congruentes. Então MN = NP e AM = PC.
3) De AM = MB e AM = PC, obtemos MB = PC e como por construção $\overline{PC}$ é paralela a $\overline{MB}$, podemos afirmar que o quadrilátero BMPC é um paralelogramo. Então $\overline{MP}$ é paralelo a $\overline{BC}$, donde obtemos que **MN é paralelo a BC**.
4) Como MN = NP (item 2), temos que MP = 2MN e como MP = BC (BMPC é um paralelogramo), obtemos que: 2MN = BC. Então $MN = \dfrac{BC}{2}$.

A2 – Teorema

Se um segmento com extremidades em dois lados de um triângulo é paralelo ao terceiro lado, e uma extremidade é ponto médio de um lado, a outra extremidade será ponto médio do outro lado.

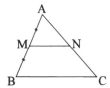

H	T
$\overline{MN} // \overline{BC}$ e M é ponto médio de $\overline{AB}$	N é ponto médio de $\overline{AC}$

Demonstração:

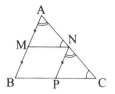

1) Tracemos por N a reta paralela a $\overline{AB}$ e seja P o ponto onde essa reta encontra $\overline{BC}$. Note que BMNP é um paralelogramo. Então NP = MB. E como MB = AM, temos AM = NP.
2) Considere os triângulos MNA e PCN. Pelo caso LAAo eles são congruentes. Então AN = NC, isto é: **N é ponto médio de AC**.

A3 – Definição

O segmento determinado pelos pontos médios de dois lados de um triângulo chama-se **base média do triângulo**. Lembre-se: A base média de um triângulo é paralela e mede a metade do terceiro lado do triângulo.

B – Base média de um trapézio

B1 – Teorema

O segmento cujas extremidades são os pontos médios dos lados não bases de um trapézio é paralelo às bases do trapézio e mede a metade da soma das medidas das bases.

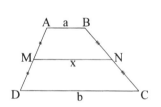

$$H \begin{array}{|l|} \hline \text{bases } \overline{AB} \text{ e } \overline{CD} \\ M \text{ e } N \text{ são pontos} \\ \text{médios de } \overline{AD} \text{ e } \overline{BC} \\ \hline \end{array} \Rightarrow T \begin{array}{|l|} \hline \overline{MN} \,//\, \overline{AB} \text{ e} \\ (\overline{MN} \,//\, \overline{CD}) \\ MN = \dfrac{AB+DC}{2} \\ \hline \end{array}$$

Demonstração:

1) Seja P o ponto de intersecção das retas $\overline{DC}$ e $\overline{AN}$
2) Considere os triângulos ABN e PCN. Note que pelo caso LAAo, eles são congruentes. Então AB = CP e AN = NP.
3) Note que MN é base média do triângulo ADP. Então $\overline{MN}$ é paralelo a $\overline{DP}$ e mede a metade de $\overline{DP}$. Como DP = AB + DC, obtemos:

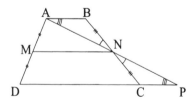

$$\boxed{\overline{MN}\,//\,\overline{CD} \text{ (ou } \overline{MN}\,//\,\overline{AB})} \text{ e } \boxed{MN = \dfrac{AB+DC}{2}} \quad \left(x = \dfrac{a+b}{2}\right)$$

B2 – Teorema

Se um segmento tem extremidades nos lados que não são bases de um trapézio, é paralelo às bases e uma das extremidades é ponto médio de um lado, então a outra extremidade também será ponto médio do outro lado.

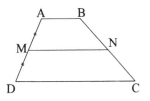

| AB e CD são bases |
| $\overline{MN}$ é paralelo a $\overline{AB}$ |
| M é ponto médio de $\overline{AD}$ |

$\Rightarrow$

| N é ponto |
| médio de BC |

Demonstração:
1) Tracemos por B e N retas paralelas a $\overline{AD}$ e sejam P e Q os pontos onde elas encontram, respectivamente, $\overline{MN}$ e $\overline{DC}$.
Note que ABPM e MNQD são paralelogramos.
2) De AM = BP, MD = NQ e AM = MD, obtemos que BP = NQ.

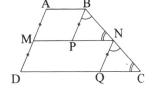

3) Considerando os triângulos BNP e NCQ, pelo caso LAAo, eles são congruentes. Então: BN = NC, isto é:
N é ponto médio de $\overline{BC}$.

B3 – Definição

O segmento determinado pelos pontos médios dos lados não bases de um trapézio é chamado **base média do trapézio**.

Lembre-se: A base média é paralela as bases e mede a metade da soma delas.

B4 – Teorema

O segmento determinado na base média, pelas diagonais de um trapézio, mede a metade da diferença das bases.

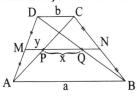

$$x = \frac{a-b}{2}$$

Demonstração:

Note que $\overline{MP}$ é base média do $\triangle ADC$: $y = \dfrac{b}{2}$

E também que $\overline{MQ}$ é base média do $\triangle DAB$:

$x + y = \dfrac{a}{2}$

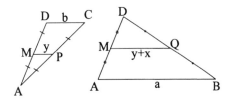

Então: $x + \dfrac{b}{2} = \dfrac{a}{2} \Rightarrow x = \dfrac{a}{2} - \dfrac{b}{2} \Rightarrow \boxed{x = \dfrac{a-b}{2}}$

C – Incentro

Teorema: As três bissetrizes de um triângulo são concorrentes num mesmo ponto e ele é o centro da circunferência inscrita no triângulo (Este ponto é chamado **incentro** do triângulo).

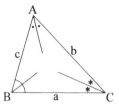 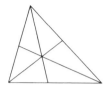 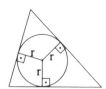

Demonstração:

1) Se as bissetrizes $\overline{AS}$ e $\overline{BR}$ fossem paralelas, não existiria o triângulo ABC. Então $\overline{AS}$ e $\overline{BR}$ se interceptam. Seja P o ponto de intersecção.

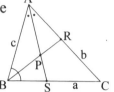

2) Como qualquer ponto da bissetriz eqüidista dos lados dos ângulos, podemos dizer que:

d (P, a) = d (P, c)   (P está em $\overline{BR}$)   e   d (P, b) = d (P, c)

(P está em $\overline{AS}$).

Chamemos de **r** a distância entre P e c: d (P, c) = r

3) Do item 2 tiramos que d (P, a) = d (P, b) = r. Então P eqüidista de a e b, isto é: P está na bissetriz de $\hat{C}$. Logo: As bissetrizes concorrem no mesmo ponto P.

4) No próximo capítulo vamos ver que se a distância entre o centro de uma circunferência e uma reta for igual ao raio, então a circunferência tangencia a reta. Nesse caso, considerando a circunferência com centro em P, com raio r, como r é a distância entre P e os lados, a circunferência vai tangenciar os lados do triângulo ABC.

D – Circuncentro

Teorema: As mediatrizes dos lados de um triângulo são concorrentes num mesmo ponto e esse ponto é o centro da circunferência circunscrita ao triângulo (Esse ponto é chamado **circuncentro** do triângulo).

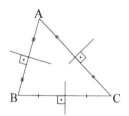 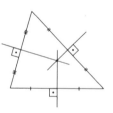 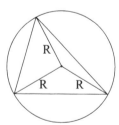

Demonstração:

1) Se as mediatrizes de $\overline{AB}$ e $\overline{BC}$ fossem paralelas não existiria o triângulo ABC. Então elas se encontram. Seja P o ponto de intersecção

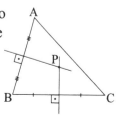

2) Como qualquer ponto da mediatriz de um segmento eqüidista das extremidades do segmento, podemos dizer que:

PA = PB   (P está na mediatriz de AB) e
PB = PC   (P está na mediatriz de BC).

Chamemos de R a distância entre P e B: PB = R.
3) Do item 2 tiramos que PA = PC = R. Então P eqüidista de A e C, isto é: P está na mediatriz de AC. Logo: As mediatrizes concorrem no mesmo ponto.
4) Como AP = BP = CP = R, A, B e C pertencem a circunferência de centro P e raio R. Então P é o centro da circunferência circunscrita ao triângulo.
Já sabem que o circuncentro nem sempre é um ponto interno ao triângulo.

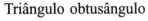
Triângulo obtusângulo   Triângulo retângulo

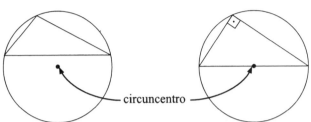

E – Ortocentro

Teorema As retas que contém as alturas de um triângulo são concorrentes num mesmo ponto. (Esse ponto é chamado ortocentro).

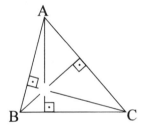
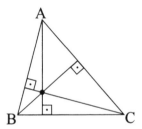

Demonstração:
1) Traçamos por A, B e C retas paralelas, respectivamente, a $\overline{BC}$, $\overline{AC}$ e $\overline{AB}$, obtendo desta forma o triângulo A', B' e C'.
2) Como os quadriláteros ACBC', AB'CB e ACA'B são paralelogramos, obtemos que os 4 triângulos são congruentes, donde obtemos que A, B e C são pontos médios de $\overline{B'C'}$, $\overline{A'C'}$ e $\overline{A'B'}$.
Note que os lados do triângulo ABC são bases médias do triângulo A'B'C'.
São portanto paralelos aos lados do triângulo ABC. Então as alturas do triângulo ABC são perpendiculares aos lados do triângulo A'B'C' pelos pontos médios. Isto significa que as alturas de ABC estão contidas nas mediatrizes dos lados de A'B'C' e como as mediatrizes (teorema anterior) são concorrentes num mesmo ponto, fica provado que as retas que contém as alturas são concorrentes num mesmo ponto.
Já vimos em outro capítulo que nem sempre o ortocentro é um ponto interno ao triângulo.

F – Baricentro

Teorema: As medianas de um triângulo são concorrentes num mesmo ponto que divide cada uma delas em duas partes, onde uma é o dobro da outra.

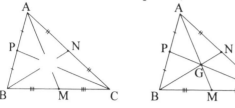

$$AG = 2.GM$$
$$BG = 2.GN$$
$$CG = 2.GP$$

Demonstração:

1) Seja G o ponto onde as medianas $\overline{BN}$ e $\overline{CP}$ se encontram. Sejam Q e R os pontos médios de $\overline{BG}$ e $\overline{CG}$

2) Como $\overline{PN}$ é base média do triângulo ABC: $PN = \dfrac{BC}{2}$.

E como $\overline{QR}$ é base média do triângulo GBC: $QR = \dfrac{BC}{2}$.

Então, $\overline{PN}$ e $\overline{QR}$ são congruentes e paralelos (ambos são paralelos a $\overline{BC}$). Logo PNRQ é um paralelogramo.

3) Como PNRQ é um paralelogramo, obtemos que G é ponto médio de $\overline{QN}$ e $\overline{RP}$. Então: BG = 2.GN e CG = 2.GP.

3) Considerando as medianas $\overline{AM}$ e $\overline{BN}$, e fazendo analogamente ao que foi feito acima, obtemos que $\overline{AM}$ e $\overline{BN}$ passam por um ponto G' tal que BG' = 2.G'N e AG' = 2.G'M.

De BG = 2.GN (item 2) e BG'= 2.G'N obtemos:

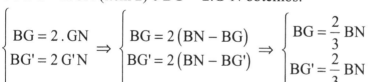

$$\begin{cases} BG = 2.GN \\ BG' = 2\,G'N \end{cases} \Rightarrow \begin{cases} BG = 2(BN - BG) \\ BG' = 2(BN - BG') \end{cases} \Rightarrow \begin{cases} BG = \dfrac{2}{3}BN \\ BG' = \dfrac{2}{3}BN \end{cases}$$

Então BG'= BG e como G e G' estão na mesma semi-reta $\overrightarrow{BN}$, obtemos G'= G. Logo AM também passa por G e AG = 2.GM.

Nota: Note que podemos também escrever:

$AG = \dfrac{2}{3}AM$ e $GM = \dfrac{1}{3}AM$

$BG = \dfrac{2}{3}BN$ e $GN = \dfrac{1}{3}BN$

$CG = \dfrac{2}{3}CP$ e $GP = \dfrac{1}{3}CP$

Exercícios

491 Se M e N são pontos médios de lados do triângulo, determine x nos casos:

a)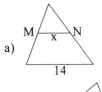
b)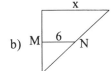
c)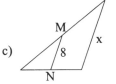
d)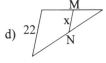

e)
f)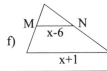
g)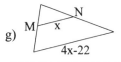

492 Os pontos sobre os lados do triângulo são pontos médios dos lados, determine as incógnitas.

a)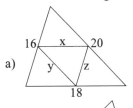
b)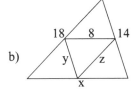
c)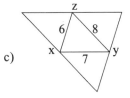

d)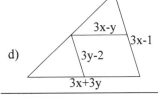
e)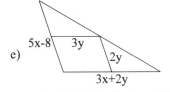

493 Se M e N são os pontos médios dos lados oblíquos às bases do trapézio, determine as incógnitas nos casos:

a)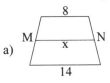
b)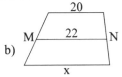
c)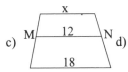
d)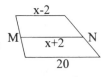

e)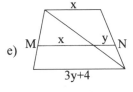
f)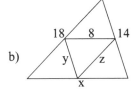
g)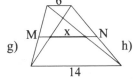
h)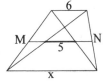

i)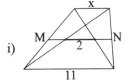
j)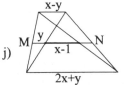
k)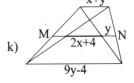

494 Se os pontos sobre os lados oblíquos às bases dividem-nos em partes iguais, determine as incógnitas nos casos:

a) 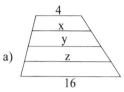 b) 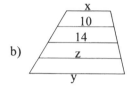 c)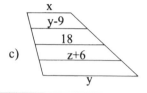

495 Se $\overline{AM}$ e $\overline{BN}$ são medianas do triângulo, determine x nos casos:

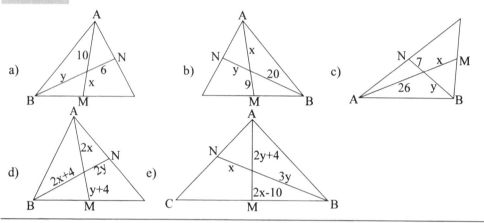

496 Se $\overline{AM}$, $\overline{BN}$ e $\overline{CP}$ são medianas do triângulo ABC, determine as incógnitas.

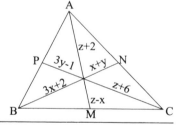

497 Se os pontos sobre os lados são pontos médios, determine AB.

a) 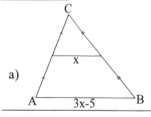 b)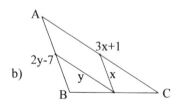

498 Considerando que os segmentos com "marcas iguais" são congruentes, determine o valor da incógnita nos casos:
a) trapézio   b) trapézio   c) trapézio   d) trapézio (MN = x - 2y + 5)

  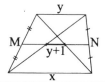

Exercícios de Fixação

499 Em cada caso os pontos sobre os lados do triângulo são pontos médios dos lados. Determine as incógnitas.

a)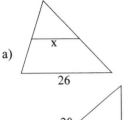
b)
c)

d)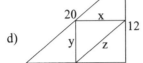
e)
f)

500 Determine o lado BC do triângulo ABC sendo M e N pontos médios dos lados AC e AB.

a)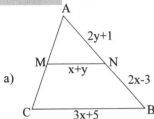
b)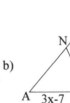

501 Se os pontos sobre os lados do trapézio são pontos médios, determine as incógnitas nos casos:

a)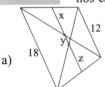
b) (figura com 17, 21, x)
c)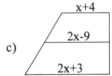

d)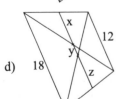
e)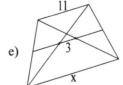
f)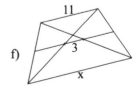

502 Determine as incógnitas da figura ao lado sabendo que ela é um trapézio e MN é base média.

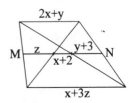

503 De o valor V (verdadeiro) ou F (falso) (a respeito de um triângulo):

a) A intersecção das medianas de um triângulo chama-se baricentro.
b) A intersecção das bissetrizes internas chama-se incentro.
c) A intersecção das mediatrizes dos lados é o circuncentro.
d) A intersecção das retas que contêm as alturas chama-se ortocentro.
e) O baricentro é sempre um ponto interno do triângulo.
f) O incentro é sempre um ponto interno do triângulo.
g) O ortocentro do triângulo retângulo é o vértice do ângulo reto do triângulo.
h) O ortocentro do triângulo obtusângulo é externo ao triângulo.
i) O circuncentro do triângulo retângulo é o ponto médio da hipotenusa.
j) O circuncentro do triângulo obtusângulo é externo ao triângulo.
k) O incentro é o centro da circunferência inscrita.
l) O circuncentro é o centro da circunferência circunscrita.
m) O baricentro de um triângulo divide cada mediana em duas partes onde uma é o dobro da outra.

504 Se os segmentos internos ao triângulo ABC são medianas, determine as incógnitas:

a) 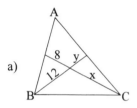   b) 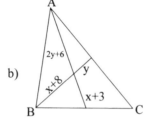   c)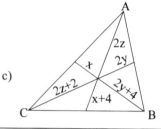

505 Na figura ao lado temos um paralelogramo. M é ponto médio de um lado. Determine as incógnitas.

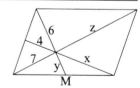

506 Considere um quadrado ABCD onde M e N são pontos médios de $\overline{AB}$ e $\overline{BC}$. Mostre que $\overline{DM}$ e $\overline{DN}$ dividem a diagonal $\overline{AC}$ em partes iguais.

Exercícios Suplementares

507 Considere os segmentos constituídos pelas três alturas, pelas três medianas e pelas três bissetrizes internas de um triângulo. Quantos desses segmentos, dois a dois distintos, teremos:

a) no triângulo equilátero;
b) no triângulo isósceles não equilátero;
c) no triângulo escaleno.

508 Sendo G o baricentro do triângulo ABC, determine x, y e z.
AG = 10   BG = y   CG = 14

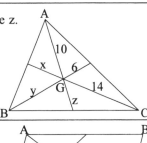

509 Se o quadrilátero ABCD é um paralelogramo e M é ponto médio de AB, determine x.
DP = 16
PM = x

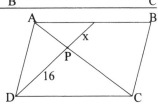

510 Resolver:

a) Sendo H o ortocentro de um triângulo ABC e $B\hat{H}C = 150°$, determine $\hat{A}$.

b) Se H é o ortocentro de um triângulo isósceles ABC de base $\overline{BC}$ e $B\hat{H}C = 50°$, determine os ângulos do triângulo.

c) Se P é o incentro de um triângulo ABC e $B\hat{P}C = 125°$, determine $\hat{A}$.

d) O circuncentro de um triângulo isósceles está interno ao triângulo e duas mediatrizes formam um ângulo de 50°. Determine os ângulos desse triângulo.

511 Considerando congruentes os segmentos com "marcas iguais", determine o valor da incógnita nos casos:

a)

b) paralelogramo

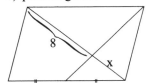

512 Prove que o quadrilátero cujos vértices são os pontos médios dos lados de um quadrilátero qualquer é um paralelogramo.

513 Que condições devem satisfazer as diagonais de um quadrilátero qualquer para que os pontos médios de seus lados sejam vértices de um:
a) losango   b) retângulo   c) quadrado

514 Seja $\overline{AS}$ bissetriz do triângulo ABC e P um ponto sobre $\overline{AB}$ de modo que $\overline{SP}$ seja paralelo a $\overline{AC}$. Mostre que AE = AS.

515 Seja P o incentro de um triângulo ABC e r a reta por **P** paralela a BC. Se r intercepta $\overline{AB}$ em R e $\overline{AC}$ em S, mostre que RB + SC = RS.

516 Consideremos um quadrilátero convexo com dois ângulos opostos retos. Prove que as bissetrizes dos outros dois ângulos internos do quadrilátero estão em retas paralelas.

517 Mostre que o ângulo BĈE da figura ao lado é reto.

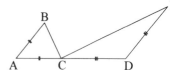

518 Considere um triângulo ABC com $\hat{B} - \hat{C} = 90°$. Se H é o ortocentro de ABC, mostre que os triângulos ABC e HBC são congruentes.

519 Dado um triângulo escaleno, prove que os pontos médios dos lados e o pé de uma altura são vértices de um trapézio isósceles.

520 Seja I o incentro de um triângulo ABC onde $\overline{AP}$ é bissetriz do triângulo. Seja Q a projeção de I sobre a reta BC. Mostre que os ângulos BÎP e CÎQ são congruentes.

521 Mostre como obter a bissetriz de um ângulo sem utilizar o seu vértice.

522 Da figura ao lado sabemos que H, K, X e Y são pontos médios de PB, PC, QB e QC. Prove que HK = XY.

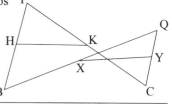

523 Da figura sabemos que $\overline{AB}$ e $\overline{PQ}$ se cortam ao meio e $\overline{AC}$ e $\overline{PR}$ também. Mostre que BC = QR.

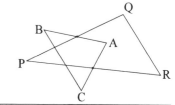

524 Da figura ao lado sabemos que AP = AQ e que D é ponto médio de BC. Mostre que $AP = \frac{1}{2}(AB + AC)$.

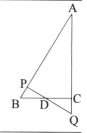

525 Da figura ao lado sabemos que D é ponto médio de BC, AN é bissetriz de Â e que BÑA é reto. Mostre que $DN = \frac{1}{2}(AB - AC)$.

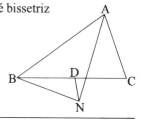

CAPÍTULO 10
Circunferência e Círculo

A – Circunferência

A1 – Definição

Considere um ponto **O** em um plano e uma distância **r** não nula. O conjunto dos pontos do plano dado cuja distância até **O** é igual a **r** é chamado circunferência de centro **O** e raio **r**.

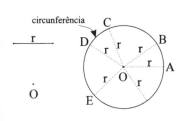

A,B,C,.. são pontos da circunferência.
Indicamos uma circunferência de centro O e raio r por:
C (O,r).
C (O,r) = {P | PO = r}
Nota: A distância r da definição pode ser um segmento ou a medida do segmento. Em cada caso é fácil saber qual delas está sendo considerada.

A2 – Região interna e Região externa

Definição: Dada uma circunferência de centro **O** e raio **r**, o conjunto dos pontos (do plano) cuja distância até **O** é menor que **r** e chamado **região interna** da circunferência. E o conjunto dos pontos cuja distância até **O** é maior que **r** é chamado **região externa**.

Região interna

$$AO < r, BO < r,...$$

Note que o centro O também pertence à região interna.

Região externa

$$AO > r, BO > r, ...$$

A3 – Círculo

Definição: O conjunto que é a união de uma circunferência com a sua região interna é chamado círculo. Então cada circunferência determina um círculo.

A,B,C e P são pontos do círculo.
Note que todo ponto da circunferência é também do círculo determinado, mas que nem todo ponto do círculo é ponto da circunferência que o determina.
O centro e o raio da circunferência são também chamados centro e raio do círculo que ela determina.

A4 – Congruência

Duas circunferências (ou círculos) são congruentes se, e somente se, os raios tem a mesma medida.

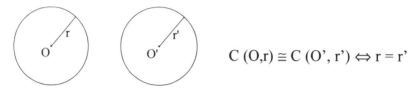

$C(O,r) \cong C(O',r') \Leftrightarrow r = r'$

A5 – Circunferências concêntricas

Duas circunferências (ou círculos) são concêntricos se, e somente se, têm o mesmo centro.

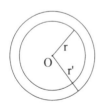

$C(O,r)$ e $C(O,r')$ são concêntricas

B – Elementos e partes da circunferência e círculo

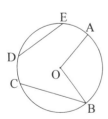

Centro: É o ponto **O** da definição.
Raio: É a distância **r** da definição ou qualquer segmento com uma extremidade no centro e outra na circunferência (OA, OB, OC, OD e OE são raios).
Corda: É qualquer segmento cujas extremidades são pontos da circunferência. ($\overline{BC}$ e $\overline{DE}$ são cordas).

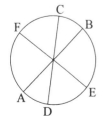

Diâmetro: É qualquer corda que passa pelo centro. ($\overline{AB}, \overline{CD}$ e $\overline{EF}$ são diâmetros).

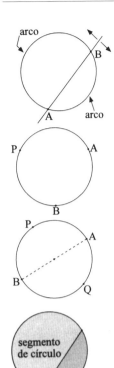

Arco: É a intersecção da circunferência com um semiplano cuja origem da corda são também as extremidades do arco. Cada dois pontos de uma circunferência determinam dois arcos. Indicamos o arco de extremidades A e B por $\overset{\frown}{AB}$. Para evitar ambigüidade as vezes colocamos uma terceira letra: Na figura ao lado temos dois arcos $\overset{\frown}{AB}$. Para não haver confusão:

$\overset{\frown}{AB}$ é o menor
$\overset{\frown}{APB}$ é o maior
$\overset{\frown}{AP}$ é o menor
$\overset{\frown}{ABP}$ é o maior

Semicircunferência: É cada um dos arcos cujas extremidades são as extremidades de um diâmetro.
$\overset{\frown}{APB}$ e $\overset{\frown}{AQB}$ são semicircunferências.
$\overset{\frown}{AB}$ é semicircunferência.

Segmento circular ou **segmento de círculo:** É a intersecção do círculo com um semiplano cuja origem contém uma corda. Cada corda determina no círculo dois segmentos circulares.

Semicírculo: É cada um dos segmentos de círculo determinados por um diâmetro.

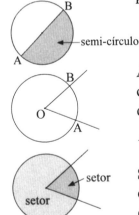

Ângulo central: É todo ângulo cujo vértice está no centro do círculo. O arco que fica no interior do ângulo é dito compreendido entre os seus lados.

$\overset{\frown}{AB}$ está compreendido entre os lados de $A\hat{O}B$.

Setor angular: É a intersecção do círculo com um setor angular central. Considerar também o setor angular côncavo. A medida do ângulo é também a medida do setor.

Coroa circular: É o conjunto união de duas circunferências concêntricas com a intersecção não vazia do interior de uma com o exterior da outra.

C – Medida de um arco

Definição: Considere o ângulo central cujos lados passam pelas extremidades do arco. Definiremos a medida do menor arco como a medida desse setor. Sendo **a** a medida (em graus) desse arco, a medida do arco maior será 360° – a.
Se A=B diremos que o arco $\widehat{AB}$ é nulo e mede 0° e o arco maior chamaremos de arco de uma volta e ele mede 360°.

Indicaremos a medida do arco $\widehat{AB}$ por m($\widehat{AB}$). Para simplificar muitas vezes usamos apenas AB.
m($\widehat{AB}$) = m(A$\hat{O}$B)
m($\widehat{APB}$) = 360° – m(A$\hat{O}$B)

D – Posições relativas entre circunferência e reta

D1 – Secantes

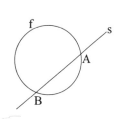

Definição: Dizemos que uma reta é secante a uma circunferência (ou que a reta e a circunferência são secantes) se, e somente se, a reta passa por dois pontos distintos da circunferência. (se a reta contém uma corda)
s e f são secantes
s é secante a f
s ∩ f = {A, B}

D2 – Tangentes

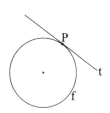

Definição: Dizemos que uma reta é tangente a uma circunferência (ou que a reta e a circunferência são tangentes) se, e somente se, a reta e a circunferência têm um único ponto em comum.
t tangencia f
f tangencia t
t e f são tangentes
t ∩ f = {P}

D3 – Externas

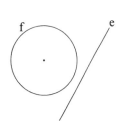

Definição: Dizemos que uma reta é externa (ou exterior) a uma circunferência (ou que a circunferência é externa a reta) se, e somente se, a reta e a circunferência não têm ponto em comum.
e é externa a f
f é externa a e
e ∩ f = ∅

Note que:
Sendo **d** a distância entre o centro **O** de uma circunferência **f** de raio **r** e uma reta **u**,

temos:

a) 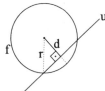 $d < r \Leftrightarrow u$ é secante com f

b) 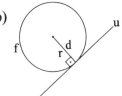 $d = r \Leftrightarrow u$ é tangente a f

c) 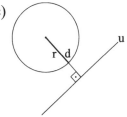 $d > r \Leftrightarrow u$ é exterior a f

d) A distância entre uma reta **u** e uma circunferência **f** é nula se **u** for secante ou tangente a **f** e será **d-r** se a reta **u** for exterior a **f**.

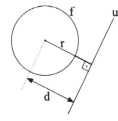 $d(f, u) = d - r$

e) Resumindo os itens a, b e c, temos:
O semi-eixo dado é onde estão as distâncias **d** entre o centro da circunferência **f** e a reta **u**.

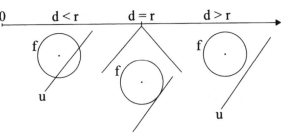

E – Polígono inscrito e Polígono circunscrito

Definição: Dizemos que um polígono está inscrito em uma circunferência (ou que a circunferência é circunscrita a ele) se, e somente se os seus vértices são pontos da circunferência.
ABCDE está inscrito em f.
(f é a circunferência).
f está circunscrita ao polígono.

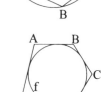

Definição: Dizemos que um polígono está circunscrito a uma circunferência (ou círculo) (ou que a circunferência está inscrita nele) se, e somente os seus lados são tangentes a essa circunferência.
ABCDE está circunscrito a f.
f está inscrita no polígono.

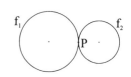

F – Posições relativas entre circunferências

F1 – Tangentes externamente

Se duas circunferências não tem pontos da região interior em comum e têm apenas um ponto em comum, elas são chamadas tangentes exteriores ou ditas tangentes externamente.
f_1 e f_2 são tangentes externamente
$f_1 \cap f_2 = \{P\}$.

F2 – Tangentes internamente

Se duas circunferências tem um único ponto comum e têm pontos internos em comum, elas são chamadas tangentes internamente.
f_1 e f_2 são tangentes internamente
$f_1 \cap f_2 = \{P\}$.

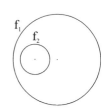

F3 – Uma interior a outra

Se duas circunferências não têm ponto comum mas têm pontos internos em comum, dizemos que uma é interna a outra.
f_2 é interna a f_1.
$f_1 \cap f_2 = \emptyset$.

F4 – Exteriores

Se duas circunferências não tem ponto comum nem pontos internos em comum, elas são chamadas exteriores ou dizemos que uma é exterior à outra.
f_1 e f_2 são exteriores.
$f_1 \cap f_2 = \emptyset$.

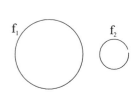

F5 – Secantes

Se duas circunferências têm apenas dois pontos distintos em comum, elas são chamadas secantes.

f_1 e f_2 são secantes.
$f_1 \cap f_2 = \{A,B\}$.

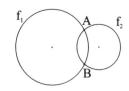

Note que sendo **R** e **r** os raios de duas circunferências e **d** a distância entre os centros, temos:

a) 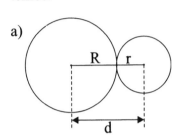 $d = R + r \Leftrightarrow$ tangentes externamente

b) $R > r$ 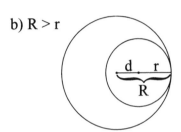 $d = R - r \Leftrightarrow$ tangentes internamente

c) $R > r$ 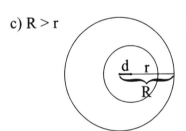 $d + r < R \Rightarrow d < R - r \Leftrightarrow$ uma é interior a outra

d) 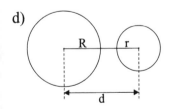 $d > R + r \Leftrightarrow$ exteriores

e) $R > r$ 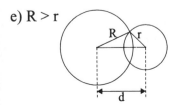 $R - r < d < R + r \Leftrightarrow$ secantes

Resumindo:
O semi-eixo dado é onde estão as distâncias entre os centros das circunferências (R > r).

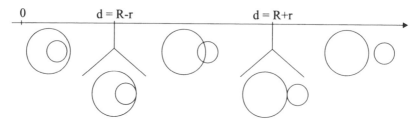

G – Comprimento da circunferência

G1 – Comprimento da circunferência

A figura ao lado sugere o seguinte enunciado:
"O comprimento de uma circunferência é o limite dos perímetros dos polígonos regulares inscritos nela"

Note que o perímetro do octágono é maior que o do quadrado, porém é menor que o comprimento da circunferência.

Note que o perímetro do hexadecágono (16 lados) é maior que o do octágono porém menor que o comprimento da circunferência.
E assim por diante.

Prova-se também que os comprimentos de duas circunferências são proporcionais aos seus diâmetros.

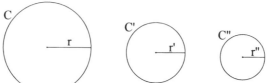

Sendo C, C' e C", os comprimentos de circunferências com raios, r, r' e r" temos:

$$\frac{C}{2r} = \frac{C'}{2r'} = \frac{C''}{2r''}$$

A razão $\frac{C}{2r}$ chamamos de π. Então:

$$\frac{C}{2r} = \pi \Rightarrow \boxed{C = 2\pi r}$$

O comprimento C de uma circunferência de raio r é dado por: $\boxed{C = 2\pi r}$

O π desejado pode ser calculado com a aproximação desejada calculando perímetros dos polígonos inscritos e circunscritos. O π é um número irracional.

$$\pi = 3,141592653589 \ldots$$

G2 – Comprimento de um arco

Usando a propriedade: "Arcos de uma mesma circunferência, de medidas iguais (em graus) tem o mesmo comprimento", fica fácil estabelecer que comprimentos de arcos de uma mesma circunferência são proporcionais às suas medidas.

$$\frac{\text{comp}(\widehat{AB})}{m(\widehat{AB})} = \frac{\text{comp}(\widehat{CD})}{m(\widehat{CD})}$$

Sendo α a medida em graus de um arco $\widehat{AB}$ temos:

$$\frac{\text{comp}(\widehat{AB})}{m(\widehat{AB})} = \frac{\text{compr. da circunferência}}{360°}$$

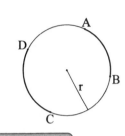

$$\frac{\text{comp}(\widehat{AB})}{\alpha} = \frac{2\pi r}{360°} = \text{comp}(\widehat{AB}) = \frac{\alpha}{360°}(2\pi r)$$

Indicando por $\widehat{AB}$ o comprimento do arco obtemos:

$$(\widehat{AB}) = \frac{\alpha}{360°}(2\pi r)$$

H – Teoremas

H1) A reta perpendicular a uma corda, conduzida pelo centro da circunferência, intercepta a corda no ponto médio (divide a corda ao meio). "Ela é a mediatriz da corda".

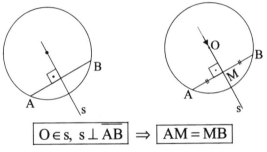

$$O \in s,\ s \perp \overline{AB} \Rightarrow AM = MB$$

Demonstração:
Considere o triângulo OAB. Como OA = OB = r ele é isósceles de base $\overline{AB}$ e como num triângulo isósceles a altura relativa a base é também mediana, obtemos que **M** é ponto médio de $\overline{AB}$. Isto é AM = MB.

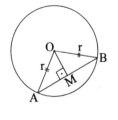

H2) (Recíproco do anterior). A reta perpendicular a uma corda pelo ponto médio, passa pelo centro da circunferência (a mediatriz de uma corda passa pelo centro da circunferência).

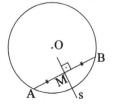
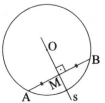
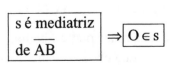

$$s \text{ é mediatriz de } \overline{AB} \Rightarrow O \in s$$

Demonstração:

Tracemos a reta s' por O (O ∈ s') que seja perpendicular a corda AB. De acordo com o teorema anterior s' passa pelo ponto médio M da corda.

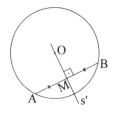

Mas como por um ponto existe uma única reta que é perpendicular a uma reta dada, por M existe uma única perpendicular a AB. Então s = s' e como O ∈ s', obtemos que O pertence a s.
Então a mediatriz da corda passa pelo centro.

H3) Em uma mesma circunferência ou em circunferências congruentes, cordas eqüidistantes do centro são congruentes.
Sendo OM e ON as distâncias entre o centro e as cordas, temos:

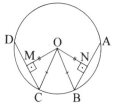

$$\boxed{OM = ON \Rightarrow CD = AB}$$

Demonstração:

1°) Como a perpendicular a uma corda, pelo centro, divide a corda ao meio, obtemos CM = MD e BN = NA
2°) Considere os triângulos OMC e ONB. Eles são congruentes, pelo caso especial para triângulos retângulos.
Então CM = BN e como CD = 2 CM e AB = 2 BN obtemos que CD = AB.

H4) (Recíproco do anterior) Se duas cordas de uma circunferência são congruentes, então elas eqüidintam do centro.
Sendo OM e ON as distâncias entre o centro e as cordas, temos:

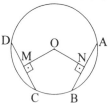

$$\boxed{AB = CD \Rightarrow ON = OM}$$

Demonstração:

1°) A perpendicular a uma corda, pelo centro, a divide ao meio. Então, de AB=CD, obtemos que CM=BN.
2°) Considerando os triângulos OBN e OCN, como CM=BN, eles são congruentes. Então ON=OM.

H5) Se uma reta é perpendicular a um raio passando pela sua extremidade na circunferência, então ela é tangente a circunferência.

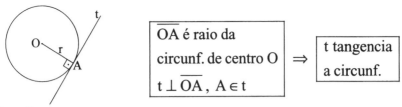

Demonstração:
Se t e a circunferência f não tiveram nenhum outro ponto em comum, então t e f têm apenas A em comum, isto é, t e f são tangentes. Vejamos o que ocorre com um ponto **P** qualquer de t, distintos de A. Como $\overline{OA}$ é perpendicular a t, então OP é hipotenusa do triângulo OAP, donde obtemos que OP > OA = r, ou seja: OP > r. Se OP é maior que r então P não pertence a circunferência de raio r. Então t e f têm apenas A em comum, isto é: t e f são tangentes.

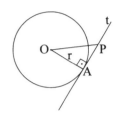

H6) (Recíproco do anterior). Se uma reta tangencia uma circunferência, ela é perpendicular ao raio que tem uma extremidade no ponto de contacto.

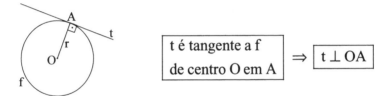

Demonstração:
Se $\overline{OA}$ não for perpendicular a t, existe um segmento $\overline{OO'}$ perpendicular a t, tal que OO' < OA.
Considere o ponto B, sobre a reta AO' de modo que a reta OO' seja mediatriz de AB. Desta forma obtemos que OB = OA e como OA = r obtemos OB = r. Então B pertence a circunferência e a reta t têm dois pontos em comum com a circunferência, o que é um absurdo pois t é por hipótese tangente a circunferência.
Então OA é perpendicular a t.

H7) Se partindo de um ponto P, externo a uma circunferência, traçarmos dois segmentos de tangentes (com as outras extremidades na circunferência), eles são congruentes.

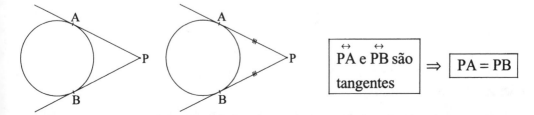

Demonstração:
Considere os triângulos OAP e OBP. Eles são congruentes pelo caso especial para triângulos retângulos. Então

$\boxed{PA = PB}$

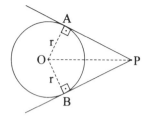

H8) Se um quadrilátero está circunscrito a uma circunferência (se ele é circunscritível), então as somas de lados opostos são iguais.

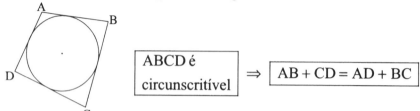

$\boxed{ABCD \text{ é circunscritível}} \Rightarrow \boxed{AB + CD = AD + BC}$

Demonstração:
Como segmentos de tangentes conduzidos a partir de um ponto externo são congruentes, podemos indicar as medidas como na figura.

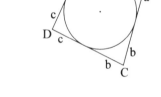

Note que:
1º) $AB = a + d$ e $CD = b + c$. Então
$AB + CD = a + b + c + d$
2º) $AD = d + c$ e $BC = a + b$. Então
$AD + BC = a + b + c + d$

Logo: $\boxed{AB + CD = AD + BC}$

H9) (Recíproco do anterior). Se as somas de lados opostos de um quadrilátero são iguais, então ele é circunscritível.

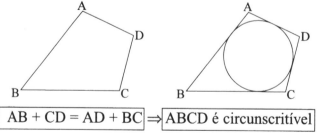

$\boxed{AB + CD = AD + BC} \Rightarrow \boxed{ABCD \text{ é circunscritível}}$

Demonstração:
Como existe sempre uma circunferência tangenciando três lados de um quadrilátero convexo, vamos considerar a circunferência que tangencia $\overline{AD}$, $\overline{AB}$ e $\overline{BC}$. (O centro é a intersecção das bissetrizes de $\hat{A}$ e $\hat{B}$ e o raio é a distância entre esse centro e um desses segmentos). E vamos admitir que $\overline{CD}$ não tangencia a mesma circunferência. (Vamos considerar o caso em que CD não intercepta a circunferência. Se interceptar a demonstração é a mesma).

Tracemos por C a reta tangente a circunferência. Seja D' o ponto onde ela encontra $\overline{AD}$. O quadrilátero ABCD' é circunscritível.

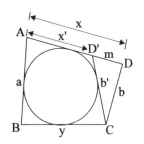

Então: a + b' = x' + y
E como por hipótese a + b = x + y obtemos: b' - b = x' - x.
Como x' = x - m temos:
b' - b = x - m - x $\Rightarrow$ b = b' + m
O que é um absurdo pois em um triângulo um lado tem que ser menor que a soma dos outros dois.
Então se $\overline{CD}$ não tangenciar a mesma circunferência, chegamos a um absurdo. Logo $\overline{CD}$ tangencia a mesma circunferência. Então ABCD é circunscritível.

H10) Se a distância **d** entre os centros de duas circunferências de raio R e r é d = R + r, então elas são tangentes.

Demonstração:
Precisamos provar que elas têm um ponto comum e apenas ele em comum.

1°) Provemos que elas têm um ponto em comum. Sejam essas circunferências f(O,R) e f'(O',r).
Como OO' = R + r, se P pertence a $\overline{OO'}$ e OP = R temos:

OP + PO' = OO' = R + r $\Rightarrow$ R + PO' = r + R $\Rightarrow$ $\boxed{PO' = r}$

Como OP = R, P pertence à circunferência f e como O'P = r, P pertence a f'. Então f e f' têm um ponto em comum.

2°) Se elas tiverem um outro ponto A também em comum, temos:
OA = R, O'A = r $\Rightarrow$ OA + O'A = R + r. (I)
A existência do triângulo OAO' implica em
OA + O'A > OO' = R + r. (II)
I e II leva a um absurdo. Logo f e f' não têm outro ponto em comum. Então f e f' são tangentes.

Note que a reta perpendicular a $\overline{OO'}$ por **P** é tangente as duas circunferências.

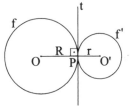

OO' = R + r $\Rightarrow$ f e f' são tangentes externamente.

Da mesma forma provamos que se a distância **d** entre os centros de duas circunferências de raios R e r é d = R - r, então elas são tangentes.

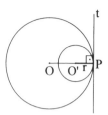 OO' = R - r ⇒ f e f' são tangentes internamente.

Note que a reta perpendicular a OO' por P é tangente às circunferências.

H11) Se duas circunferências são tangentes à mesma reta, no mesmo ponto, então elas são tangentes entre si.

Vamos considerar o caso em que os centros estão em semiplanos opostos com origem na reta. Se estiverem em um mesmo semiplano a demonstração é análoga.

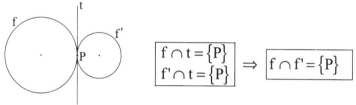

Demonstração:
Vamos considerar que as circunferências f (O,R) e f'(O',r) são tangentes à reta t em P.
Queremos provar que f e f' são tangentes.
Consideremos os raios $\overline{OP}$ e $\overline{O'P}$. Como t tangencia cada uma

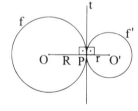

em P, temos que t é perpendicular a $\overline{OP}$ e a $\overline{O'P}$.
Mas como por um ponto existe uma única reta perpendicular a uma reta dada, podemos afirmar que OP e O'P estão na reta perpendicular a t por P. Logo O, P e O' estão nessa reta. Então OP + PO' = OO' ou seja: R + r = OO'.
De acordo com um problema anterior podemos afirmar que se OO'= R + r então as circunferências são tangentes.

H12) (Recíproco do H10). Se duas circunferências são tangentes externamente, então a distância entre os centros é igual à soma dos raios.

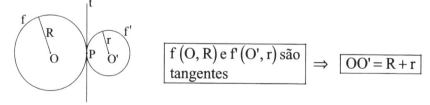

Demonstração:
Vamos supor que f e f' sejam tangentes em P. Então elas têm apenas o ponto P em comum e OP = R e O'P = r
Se P pertencer a OO', por definição de adição de segmentos obtemos que

OO' = OP + PO' e se P não estiver alinhado com O e O', pela desigualdade triangular, obtemos que OO' < OP + PO'. E como OP = R e PO' = r, temos: OO' = R + r ou OO' < R + r.

Vejamos se pode ocorrer OO' < R + r.

Nestas condições P não pertence ao segmento OO'. Consideremos o ponto A de modo que OO' seja mediatriz de PA. Obtemos que AO = OP = R e O'A = O'P = r, donde obtemos que A está nas duas circunferências. Logo as circunferências têm P e A em comum, o que é um absurdo pois elas são tangentes.

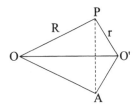

Então não pode ocorrer OO' < R + r. Isto é: OO' = R + r.

Da mesma forma provamos que se elas são tangentes internamente, então a distância entre os centros é a diferença dos raios.

H13) Se duas circunferências são tangentes, internamente ou externamente, então os centros e o ponto de contacto são colineares.

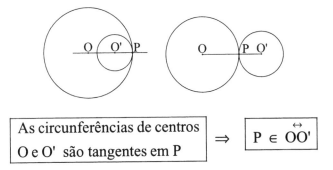

As circunferências de centros O e O' são tangentes em P $\Rightarrow$ $P \in \overleftrightarrow{OO'}$

Demonstração:
Se O, O' e P não forem colineares, então existe o triângulo O, O' e P e teremos, pela desigualdade triangular R - r < OO' < R + r. O que é um absurdo contra o teorema anterior que diz que OO' = R + r (ou OO' = R - r). Então, O, O' e P são colineares.

Exercícios

526 Em cada caso é dada uma circunferência cujo centro é o ponto "mais forte" assinalado no seu interior. Determine as incógnitas.

a)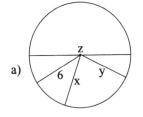

b)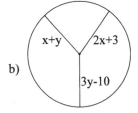

527 Determinar o raio e o diâmetro do círculo nos casos:

a)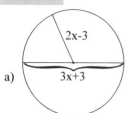

b)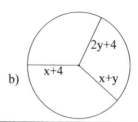

528 Determine as incógnitas nos casos:

a)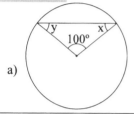

b)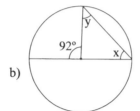

c)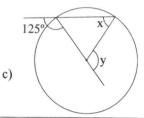

529 Determine a distância entre o ponto P e a circunferência f nos casos:

a) PO = 11

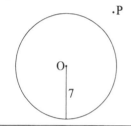

b) PO = 7

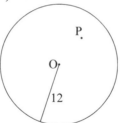

530 Determine a distância entre a reta **u** e a circunferência sendo **d** a distância entre a reta **u** e o centro **O** nos casos:

a) d = 16

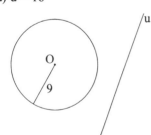

b) d = 22

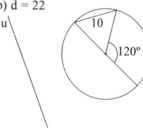

531 Em cada caso determine a distância entre as circunferências dadas:

a) OO' = 5   b) OO' = 21

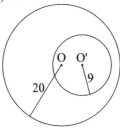
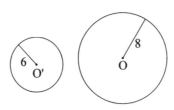

532 Determine a maior distância que se obtém quando achamos as distâncias entre dois pontos quaisquer, um de uma e outro de outra, das circunferências dadas.

a) OO' = 25   b) OO' = 6

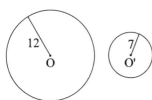
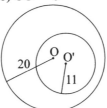

533 Em cada caso são dadas duas circunferências tangentes. Determine a distância d entre os centros.

a) 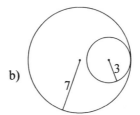 b)

534 Se a reta **r** é perpendicular, pelo centro da circunferência, à corda, determine as incógnitas nos casos:

a) 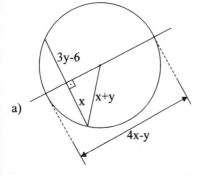 b)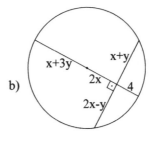

535 Sendo R o raio do círculo, determine x nos casos:

a) 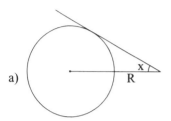   b)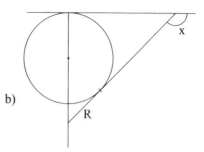

536 Em cada caso as retas são tangentes à circunferência. Determine as incógnitas.

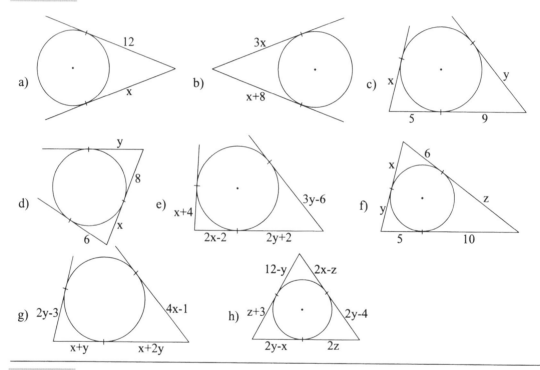

537 Determine PA nos casos:

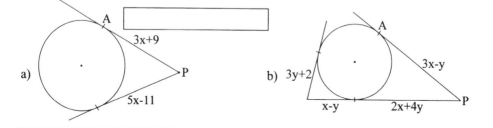

538 Determine o valor de x nos casos:

a)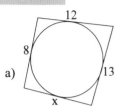

b)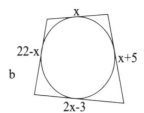

539 Determine o perímetro 2p do quadrilátero nos casos:

a)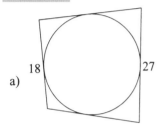

b)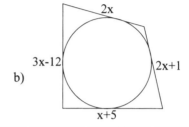

540 Determine os lados do quadrilátero nos casos:

a)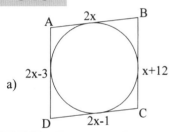

b)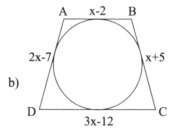

541 Determine os lados do triângulo nos casos:

a)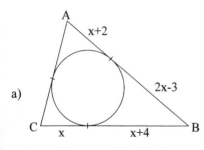

b)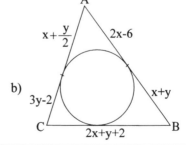

542 Determine o raio do círculo nos casos:

a)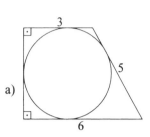

b)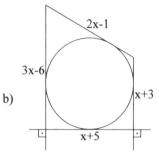

543 Determine o raio do círculo nos casos:

a)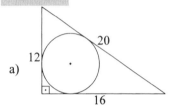

b)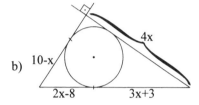

544 Determine os catetos AB e AC do triângulo retângulo ao lado.

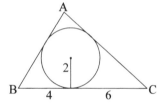

545 Determine as incógnitas

a)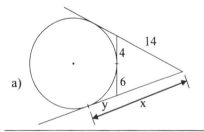

b)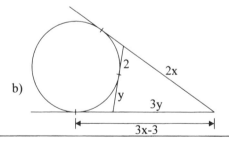

546 Determine x nos casos:

a)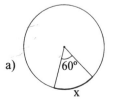

b)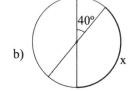

c)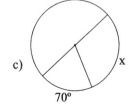

d) 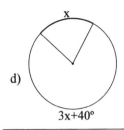 e) 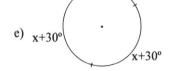 f)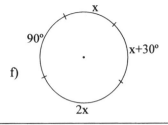

547 Determine as incógnitas nos casos:

a) 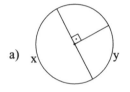 b) 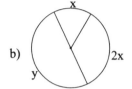 c)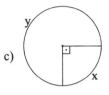

d) 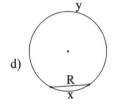 e) 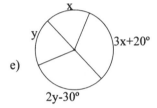 f)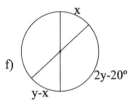

548 As circunferências são concêntricas. Determine as incógnitas nos casos:

a) 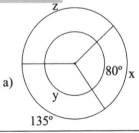 b)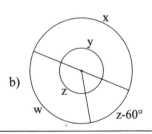

549 Determine o comprimento da circunferência dada, nos casos:

a)   b) 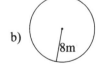 c)

550 Em cada caso é dado o raio de uma circunferência. Determine o seu comprimento.

a) 10 cm   b) 24 cm   c) 18 cm   d) $\dfrac{20}{\pi}$ cm

551 Em cada caso é dado o diâmetro de uma circunferência. Determine o comprimento da circunferência.

a) 12 m   b) 17 m   c) 28 m   d) $\dfrac{35}{\pi}$ m

552
Dado o comprimento C de uma circunferência, determine o seu raio, nos casos:
a) C = 40πm   b) C = 100πm   c) C = 64πm   d) C = 16m

553
Determine o comprimento do menor arco $\widehat{AB}$ nos casos:

a) 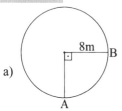   b) 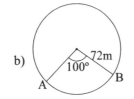   c)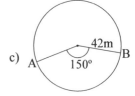

554
Sendo 12 m o raio de uma circunferência, determine o comprimento do arco $\widehat{AB}$, dada a sua medida, nos casos:
a) AB = 30°   b) AB = 210°   c) AB = 135°   d) AB = 225°

555
O raio de uma circunferência é de 36 cm. Dado o comprimento do arco $\widehat{AB}$, determine a sua medida, nos casos:
a) 22πm   b) 15πm   c) 34πm   d) 61πm

556
Resolver:
a) Qual o comprimento de uma circunferência de 28 m de raio?
b) Qual o comprimento de um arco de 60° de uma circunferência de 12 m de raio?
c) Qual a medida de um arco de 36πm de uma circunferência de 90 m de raio?
d) Qual o comprimento de um arco de 45° de uma circunferência de 72πm?
e) Um arco de 30° tem um comprimento de 40πm. Quanto mede o raio dessa circunferência?

Exercícios de Fixação

557
Determine as incógnitas nos casos:

a)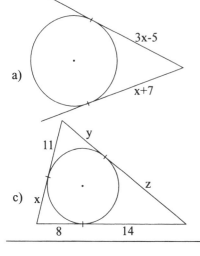

b)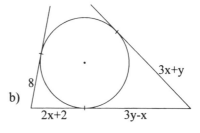

c)

d)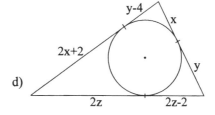

558 Determine PA nos casos:

a)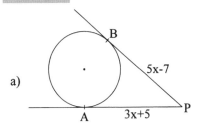

b)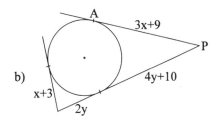

559 Determine os lados do triângulo ABC nos casos:

a)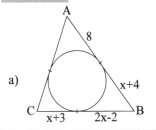

b)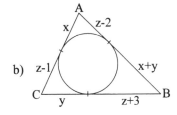

560 Determine x nos casos:

a)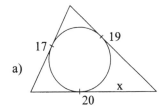

b)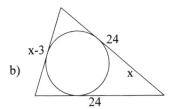

561 Determine x nos casos:

a)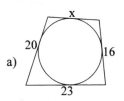

b)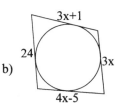

562 Determine o perímetro do quadrilátero nos casos:

a)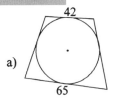

b)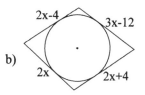

563 Resolver:

a) Uma reta tangencia uma circunferência de raio 8 m. Determine a distância entre a reta e o centro.
b) Uma reta dista 6 m do centro de uma circunferência de 2 m de diâmetro, qual a distância entre esta reta e a circunferência?
c) Uma reta é secante com uma circunferência cujo raio mede 12 m. Qual o intervalo de variação da distância **d** entre o centro e a reta?
d) Uma reta é externa a uma circunferência. Qual é o intervalo de variação da distância **d** entre o centro e a reta se o diâmetro do círculo é de 18 m?
e) Duas retas paralelas distintas tangenciam uma circunferência de raio 5 m. Qual é a distância entre essas retas?

564 Duas circunferências têm raios de 15 m e 6 m. Determine a distância entre os centros dessas circunferências sabendo que elas são tangentes:
a) Externamente.   b) Internamente.

565 Duas circunferências têm 13 m e 5 m de raios. Determine o intervalo de variação da distância **d** entre os centros, nos casos:
a) Elas são secantes.   b) Uma é interior à outra.   c) Elas são exteriores.

566 Duas circunferências com raios de 4 m e 18 m são tangentes em P. Determine o raio da circunferência tangente a ambas, mas não em P, de modo que os centros sejam colineares, e as duas circunferências dadas sejam tangentes.
a) Externamente.   b) Internamente.

567 Resolver:

a) Duas circunferências com 14 m e 40 m de diâmetros são tangentes. Determine a distância entre os centros.
b) Duas circunferências com raios de 10 m e 22 m têm ponto comum. Determine o intervalo de variação da distância **d** entre os centros.
c) Duas circunferências com diâmetros de 18 m e 60 m não tem ponto em comum. Determine o intervalo de variação da distância **d** entre os centros.

568 Duas circunferências concêntricas têm raios de 4 m e 20 m. Determine o raio da circunferência que tangencia ambas.

569 Duas circunferências com centros A e B cujos raios medem 4 m e 10 m são tangentes. Determine o raio de uma circunferência com centro B que tangencia a de centro A.

570 Duas circunferências com raios 6 m e 20 m são tangentes. Determine o raio de uma circunferência que seja concêntrica com uma e tangente à outra.

571 Determinar o valor de x nos casos:

a) 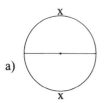   b) 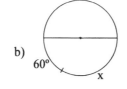   c) 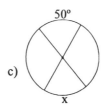   d)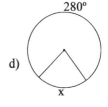

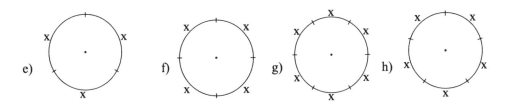

572 Determinar as incógnitas nos casos:

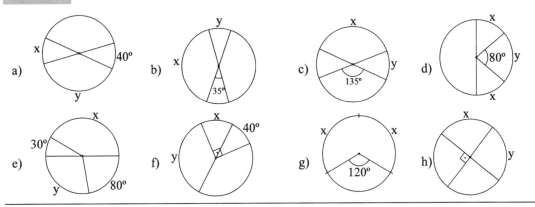

573 Ache o menor ângulo formado pelos ponteiros do relógio, nos seguintes horários:

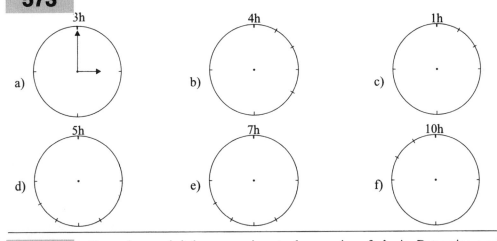

574 Em cada caso é dado o comprimento de uma circunferência. Determine o raio.
a) 128πm   b) 47πm   c) 90πm   d) 16m

575 Determine o comprimento do arco de circunferência cujo raio mede 36 m, dada a medida do arco, nos casos:
a) 50°   b) 95°   c) 130°   d) 250°

576 Resolver:

a) Uma circunferência tem 60πm. Qual o comprimento de um arco de 30° dessa circunferência?
b) O raio de uma circunferência mede 18 m. Qual o comprimento de um arco de 40°?
c) Um arco de 70° de uma circunferência mede 7πm. Quanto mede o raio?
d) O raio de uma circunferência mede 90 m. Qual a medida de um arco que tem 59πm de comprimento?

577 Três circunferências são tangentes entre si externamente. Se as distâncias entre os centros são de 9 m, 23 m e 22 m, quais as medidas dos raios?

578 Duas circunferências tangentes externamente tangenciam internamente uma outra. Se a distância entre os centros das duas primeiras é de 22 m e as outras distâncias entre os outros centros são de 14 m e 16 m, determinar os raios.

Exercícios Suplementares

579 Resolver:

a) As circunferências da figura são tangentes externamente. Se a distância entre os centros é 28 cm e a diferença entre os raios é 8 cm, determine os raios.

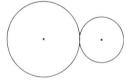

b) Duas circunferências são tangentes internamente e a soma dos raios é 30 cm. Se a distância entre os centros é 6 cm, determine os raios.

580 Na figura, as circunferências são tangentes duas a duas e os centros são os vértices do triângulo ABC. Sendo AB = 7 cm, AC = 5 cm e BC = 6 cm, determine os raios das circunferências.

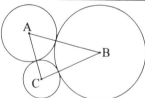

581 As circunferências são tangentes externamente em Q e $\vec{PA}$ e $\vec{PB}$ são tangentes às circunferências. Determine a medida do ângulo $A\hat{Q}B$ nos casos:

a) onde t é tangente comum e $A\hat{P}B = 80°$ b) com $A\hat{P}B = 100°$

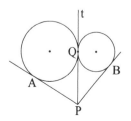 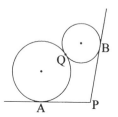

582 Diga o número de retas que passam pelo ponto P e tangenciam a circunferência λ nos casos:
a) P pertence a λ   b) P é interior a λ   c) P é externo a λ

583 Dizer quantas retas tangenciam ao mesmo tempo (são tangentes comuns) duas circunferências quando elas são:
a) Secantes   b) Exteriores   c) Uma interna à outra
d) Tangentes interiormente   e) Tangentes externamente

584 Em cada caso são dados os raios de duas circunferências e a distância **d** entre os centros. Dizer qual a posição das circunferências:
a) R = 12, r = 4 e d = 16   b) R = 15, r = 6 e d = 9
c) R = 20, r = 8 e d = 23   d) R = 16, r = 4 e d = 13
e) R = 13, r = 4 e d = 5   f) R = 11, r = 9 e d = 20
g) R = 12, r = 4 e d = 8   h) R = 13, r = 8 e d = 0

585 Determine o valor de x, sendo O o centro da circunferência, nos casos:

a) 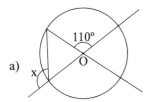   b)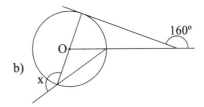

586 Sendo A, B e C os centro de três circunferências tangentes externamente duas a duas, determine os seus raios sabendo que AB = 15 m, AB = 18 m e BC = 21 m.

587 Se PA = 24 m, determine o perímetro do triângulo PCD.

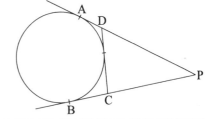

588 Resolver:
a) Quanto mede o raio do círculo inscrito em um quadrado de 40 m de perímetro?
b) O raio de um círculo mede 7 cm. Qual é o perímetro do quadrado circunscrito a ele?
c) O perímetro de um paralelogramo circunscritível é de 112 cm. Quanto mede os seus lados?
d) Um losango inscritível tem uma diagonal de 18 cm. Quanto mede a outra diagonal?
e) Um retângulo circunscritível tem um lado de 12 m, quanto mede o outro lado?

589 Resolver:

a) A soma das bases de um trapézio isósceles circunscritível é de 80 m. Quanto mede cada lado oblíquo às bases?
b) O perímetro de um trapézio isósceles circunscritível é de 140 m. Quanto mede cada lado oblíquo às bases?
c) Um trapézio isósceles circunscritível tem 48 m de perímetro. Determine os lados sabendo que uma base excede a outra em 14 m.
d) A base maior de um trapézio isósceles circunscritível excede cada um dos lados oblíquos em 8 m. Sendo de 168 m o seu perímetro, quanto medem os seus lados?
e) O lado oblíquo de um trapézio isósceles circunscritível mede 17 m e a base menor mede 12 m. Quanto mede a projeção do lado oblíquo sobre a base maior?

590 Resolver:

a) Os lados de um triângulo retângulo medem 15 m, 20 m e 25 m. Quanto mede o raio da circunferência inscrita?
b) As bases de um trapézio retângulo circunscritível medem 5 cm e 20 cm e um lado 17 m. Quanto mede o raio do círculo inscrito.
c) Os catetos de um triângulo retângulo medem **b** e **c** e a hipotenusa **a**. Determine o raio **r** da inscrita e o raio **R** da circunscrita.

591
Duas circunferências tangentes externamente tangenciam uma outra internamente. Se as distâncias entre os centros são de 40 m, 36 m e 24 m, determine os raios.

592
Determine o comprimento do arco menor $\widehat{AB}$, dando o raio de 90 cm e o ângulo central correspondente, nos casos:

a)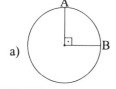
b)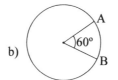
c)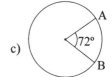

593
Determine o comprimento da linha cheia nos casos (os arcos são centrados em O_1, O_2 e O_3):

a)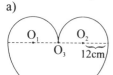

b) AO_1B e triângulo equilátero de 12 cm de lado

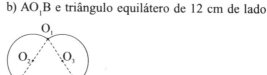

594
Determine o perímetro da figura sombreada nos casos:

a) Os arcos têm raios de 12 m e são centrados em A, B e C.

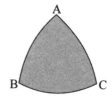

b) ABCD é um quadrado de 48 m de lado e os arcos centrados em A, B, C e D

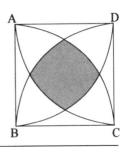

595 Se os ângulos de vértices O_1, O_2, O_3, O_4 e O_5 medem, respectivamente, 90°, 72°, 135°, 120° e 105° e os raios das circunferências de centros nestes vértices medem, respectivamente, 18 cm, 35 cm, 24 cm, 36 cm e 48 cm, determine o comprimento da linha cheia AB.

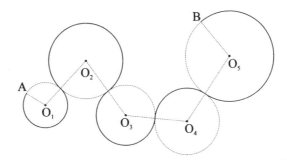

596 Uma reta corta duas circunferências concêntricas em A e B e em C e D. Mostre que AC = BD.

597 M é o ponto médio de uma corda $\overline{AB}$ e a reta OM, onde **O** é o centro do círculo, corta a circunferência em P. Mostre que $\overline{PM}$ é bissetriz do ângulo $A\hat{P}B$.

598 Duas cordas AB e CD de um círculo de centro **O** são congruentes. Mostre que AC = BD.

599 Um ponto P é interior a uma circunferência. Mostre como se constrói uma corda $\overline{AB}$ cujo ponto médio seja P.

600 Duas circunferências são secantes em A e B. Mostre que a reta que passa pelos centros é mediatriz de $\overline{AB}$.

601 Duas circunferências são secantes em X e Y e uma reta paralela $\overline{XY}$ intercepta uma em A e B e a outra em C e D. Mostre que AC = BD.

602 Duas circunferências com centros A e B se cortam em X e Y. Uma reta paralela a $\overline{AB}$, passando por X corta as circunferências em P e Q. Mostre que PQ = 2 . AB.

603 Duas cordas de um círculo de centro **O** interceptam-se em **P**. Se OP é bissetriz do ângulo formado por elas, mostre que elas são congruentes.

604 Duas cordas AB e CD de uma circunferência são congruentes. Se M e N são pontos médios dessas cordas, mostre que $\overline{MN}$ forma ângulos congruentes com $\overline{AB}$ e $\overline{CD}$.

605 As retas r e s são paralelas. Mostre que AB = CD.

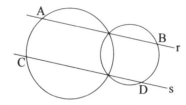

606 A e B são os centros de duas circunferências que se cortam em X e Y e M é ponto médio de $\overline{AB}$. Seja s a reta perpendicular a $\overline{MX}$ por X. Se s corta as circunferências em P e Q, mostre que XP = XQ.

607 Na figura, A, B e C são os centros das circunferências. Se AB = BC, mostre que PQ = RS.

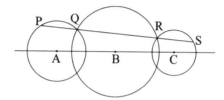

CAPÍTULO 11
Ângulos Relacionados com Arcos

A – Ângulo Central

Definição: Dada uma circunferência de centro **O**, **ângulo central** é qualquer ângulo que tem vértice em **O**.

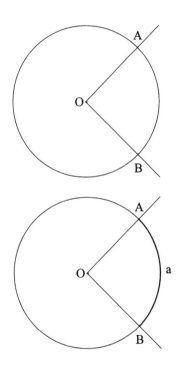

AÔB é ângulo central.

Os lados do ângulo central determinam na circunferência dois pontos, no caso A e B. A medida do menor arco $\widehat{AB}$ já foi definida como a medida do ângulo AÔB.

Então, sendo **a** a medida do arco $\widehat{AB}$, sabemos que **a** é também a medida de AÔB.

A medida do ângulo central é igual a medida do arco compreendido entre seus lados:

$$m(A\hat{O}B) = m(\widehat{AB})$$

Para simplificar: $\boxed{A\hat{O}B = a}$

B – Ângulo inscrito

Definição: Dada uma circunferência, dizemos que um ângulo é inscrito nessa circunferência se o seu vértice é um ponto dela e os seus lados contém, cada um deles, uma corda.

AP̂B é ângulo inscrito na circunferência.
AB está compreendido entre os lados.

Dizemos também que o ângulo AP̂B está inscrito no arco $\widehat{APB}$.

Teorema: O ângulo inscrito mede a metade do arco compreendido entre os seus lados

$$m(A\hat{P}B) = \frac{m(\widehat{AB})}{2}$$

ou $$x = \frac{a}{2}$$

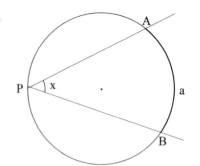

Demonstração:

1º Caso: Um dos lados do ângulo passa pelo centro da circunferência. Queremos provar que $x = \frac{a}{2}$.

Trace o raio $\overline{OA}$. Como o triângulo OAP é isósceles de base AP, obtemos $\hat{A} = x$.

Sendo α ângulo externo do triângulo OAP, note que $\alpha = 2x$.

Então: $\alpha = 2x$ e $\alpha = a$ (pois α é central) $\Rightarrow$

$$2x = a \Rightarrow \boxed{x = \frac{a}{2}}$$

2º Caso: Nenhum lado passa pelo centro.

a) 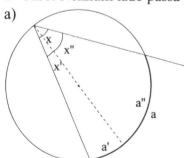 b)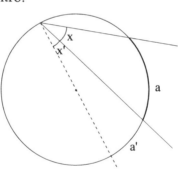

Basta traçar a reta que passa pelo vértice e pelo centro e aplicar o 1º caso:

a) $\begin{cases} x' = \dfrac{a'}{2} \\ x'' = \dfrac{a''}{2} \end{cases} \Rightarrow \underbrace{x' + x''}_{} = \dfrac{a'}{2} + \dfrac{a''}{2}$

$$x = \frac{a' + a''}{2}$$

$$\boxed{x = \frac{a}{2}}$$

b) $\begin{cases} x + x' = \dfrac{a + a'}{2} \\ x' = \dfrac{a'}{2} \end{cases}$

$$x + \frac{a'}{2} = \frac{a}{2} + \frac{a'}{2}$$

$$\boxed{x = \frac{a}{2}}$$

C – Ângulo de segmento

Definição: Se um ângulo têm vértice em uma circunferência dada e um lado contém uma corda e o outro está em uma tangente, então ele é chamado ângulo de segmento.

A$\hat{P}$B é ângulo de segmento.

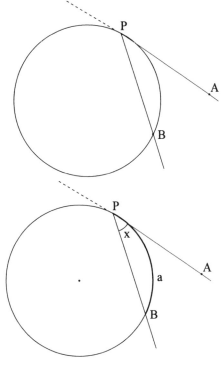

Teorema: O ângulo de segmento mede a metade do arco compreendido entre seus lados.

$$m(A\hat{P}B) = \frac{m(\overset{\frown}{PB})}{2}$$

ou $\boxed{x = \dfrac{a}{2}}$

Demonstração: Como a tangente é perpendicular ao raio que tem extremidade no ponto de contacto, podemos indicar as medidas como na figura seguinte.

$x + y = 90°$ e $y = \dfrac{180° - a}{2}$

$x + \dfrac{180° - a}{2} = 90°$

$x + 90° - \dfrac{a}{2} = 90°$

$$\boxed{x = \frac{a}{2}}$$

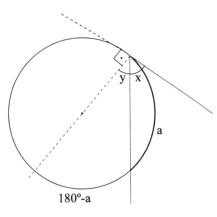

D – Ângulos excêntricos
D1 – Excêntrico interior

É o ângulo cujo vértice é interior a circunferência, mas não é o centro.

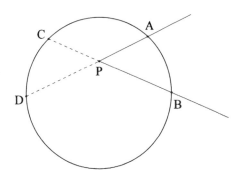

A$\hat{P}$B é excêntrico interior

(C$\hat{P}$D também)

Teorema: O ângulo excêntrico interior mede a metade da soma do arco compreendido entre seus lados com o arco compreendido pelos lados do oposto pelo vértice.

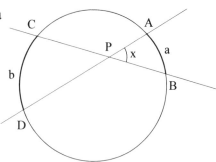

$$m(A\hat{P}B) = \frac{m(\overset{\frown}{AB}) + m(\overset{\frown}{CD})}{2}$$

ou $\quad x = \dfrac{a+b}{2}$

Demonstração:
Traçando a corda $\overline{BD}$ obtemos o triângulo PBD onde x é ângulo externo e α e β são ângulos inscritos na circunferência.
Levando em conta as medidas indicadas temos:

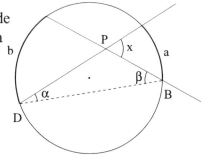

$x = \alpha + \beta$, $\alpha = \dfrac{a}{2}$ e $\beta = \dfrac{b}{2}$

Então: $x = \dfrac{a}{2} + \dfrac{b}{2} \Rightarrow \boxed{x = \dfrac{a+b}{2}}$

D2 – Excêntrico exterior

É quando o vértice está na região externa e os lados têm ponto em comum com a circunferência.

a) secantes   b) tangente e secante   c) tangentes

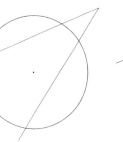 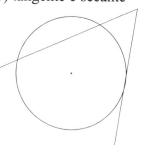 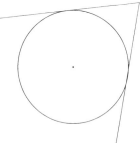

Teorema:
O ângulo excêntrico exterior mede a metade da diferença dos arcos compreendidos entre seus lados.

Demonstração:
Traçando a corda conveniente obtemos ângulos inscritos e de segmentos. Levando em conta as medidas indicadas obtemos:

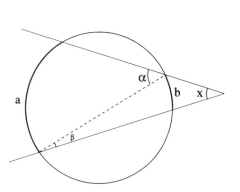
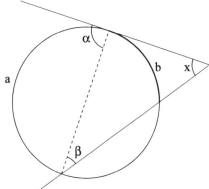

Para todos os casos:

$\alpha = x + \beta$, $\alpha = \dfrac{a}{2}$ e $\beta = \dfrac{b}{2}$

Então: $x = \alpha - \beta \Rightarrow x = \dfrac{a}{2} - \dfrac{b}{2}$

$$\boxed{x = \dfrac{a-b}{2}}$$

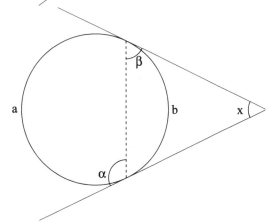

E – Quadrilátero inscrito
E1– Teorema

Se um quadrilátero está inscrito em uma circunferência (ou se um quadrilátero é inscritível), então ângulos opostos são suplementares (somam 180°).

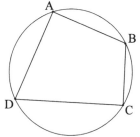

$$\boxed{\text{ABCD é inscritível}} \Rightarrow \boxed{\begin{array}{c}\hat{A} + \hat{C} = 180° \\ \hat{B} + \hat{D} = 180°\end{array}}$$

Demonstração:

Como os ângulos $\hat{A}$ e $\hat{C}$ estão inscritos, eles medem a metade do arco oposto.

Então: $\hat{A} = \dfrac{\overarc{BCD}}{2}$ e $\hat{C} = \dfrac{\overarc{BAD}}{2}$.

Somando: $\hat{A} + \hat{C} = \dfrac{\overarc{BCD}+\overarc{BAD}}{2} = \dfrac{360}{2} = 180°$

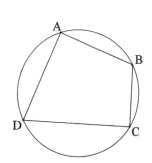

Então: $\boxed{\hat{A} + \hat{C} = 180°}$ e como A + C + B + D = 360° obtemos: $\boxed{\hat{B} + \hat{D} = 180°}$

E2 – Teorema (Recíproco do anterior)
Se dois ângulos opostos de um quadrilátero são suplementares, então o quadrilátero é inscritível (existe um círculo que o circunscreve).

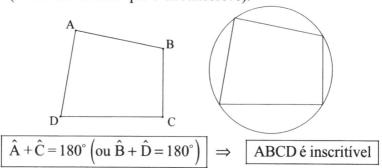

$$\boxed{\hat{A} + \hat{C} = 180° \left(\text{ou } \hat{B} + \hat{D} = 180°\right)} \Rightarrow \boxed{ABCD \text{ é inscritível}}$$

Demonstração:

1°) Se dois ângulos são suplementares, os outros dois também serão, pois a soma dos quatro é 360 = 2 (180°).

2°) Como três pontos não colineares sempre estão em uma circunferência, vamos considerar a circunferência que passa por A, C e D e vamos supor que ela não passe por B (vamos supor que o quadrilátero ABCD não seja inscritível) e ver se isso é possível.

Note que se B não está na circunferência, então ou ele é interno ou externo.

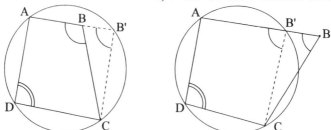

Seja B' o ponto onde a reta AB encontra a circunferência.

O quadrilátero AB'CD está inscrito. De acordo com o teorema anterior, $\hat{D} + \hat{B}' = 180°$.

Então: $\hat{D} + \hat{B}' = 180°$ e $\hat{D} + \hat{B} = 180°$ (hipótese) $\Rightarrow \hat{B}' = \hat{B}$, o que é um absurdo pois um é ângulo externo e o outro é interno não adjacente, e o ângulo externo é maior que o interno não adjacente.

Supor que o quadrilátero ABCD não seja inscritível leva a um absurdo. Então ABCD é inscritível.

Observações:

1) Todo ângulo inscrito numa circunferência, cujos lados passam pelas extremidades de um diâmetro e o vértice não é nenhuma dessas extremidades, é um ângulo reto.

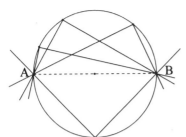 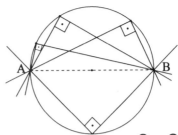

De fato: Como todos esses ângulos inscritos medem a metade dos arcos $\widehat{AB}$ e $\widehat{AB}=180°$, obtemos que qualquer um desses ângulos mede $90°$.

2) Se $\overline{AB}$ é um diâmetro de uma circunferência e **P** e um ponto qualquer dessa circunferência, porém distinto de A e B, então o triângulo PAB é retângulo em **P**.

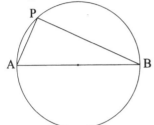 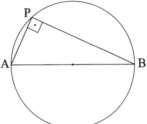

De fato: Como $\hat{P} = \dfrac{\widehat{AB}}{2}$ *e* $\widehat{AB} = 180°$, *temos:* $\hat{P} = 90°$

3) Se ABC é um triângulo retângulo de hipotenusa $\overline{BC}$, então $\overline{BC}$ é o diâmetro da circunferência circunscrita.

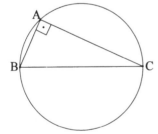 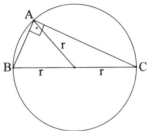

De fato: Considere a circunferência circunscrita, como $\hat{A} = 90° = \dfrac{\widehat{BC}}{2}$, *obtemos que* $\widehat{BC} = 180°$.

Se $\widehat{BC} = 180°$, temos que $\overline{AB}$ é diâmetro.
Note ainda que a mediana relativa a hipotenusa é raio e a hipotenusa é diâmetro.
Então: A mediana relativa a hipotenusa mede a metade da hipotenusa.

4) Quando um ângulo está inscrito em uma circunferência, dizemos também que ela está inscrita no arco da circunferência não compreendido entre os seus lados.

Desta forma, note que todos os ângulos inscritos num mesmo arco de circunferência têm a mesma medida (Todos eles medem a metade do arco compreendido entre os lados).

Todos os ângulos inscritos no arco maior $\widehat{AB}$ medem a metade do arco menor $\widehat{AB}$.

O arco maior $\widehat{AB}$ é chamado **arco capaz** de ângulos que medem α.

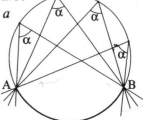

Exercícios

608 Determine o valor de x nos casos:

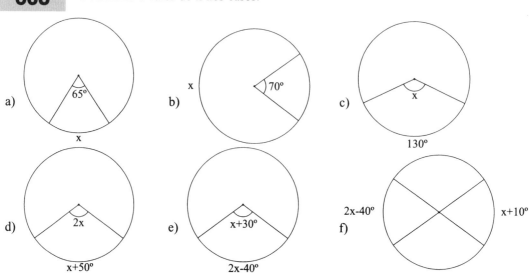

609 Determine as incógnitas nos casos:

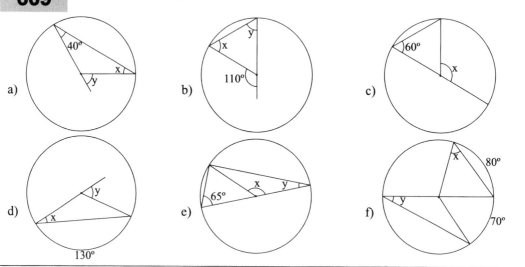

610 Determine x os casos:

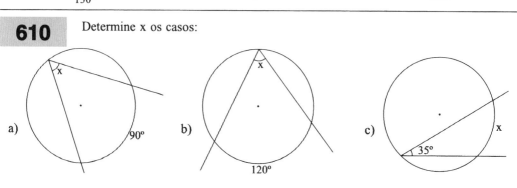

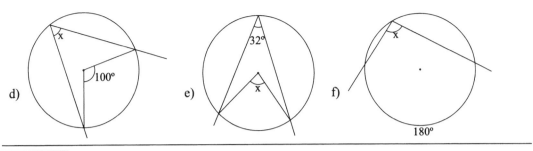

611
Determine as incógnitas nos casos:

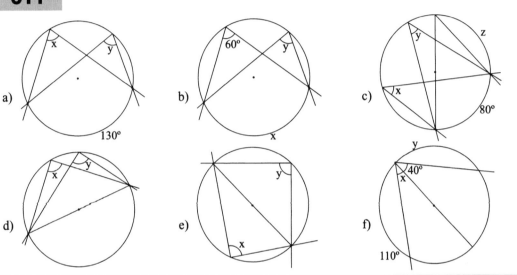

612
Determine x nos casos:

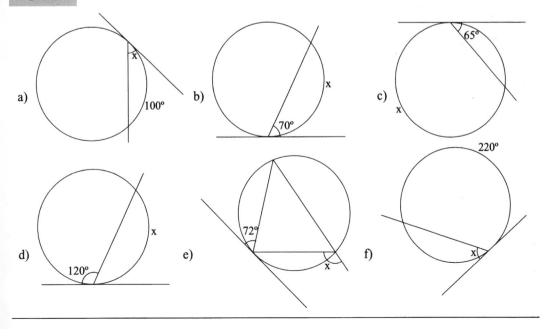

613 Determine x nos casos:

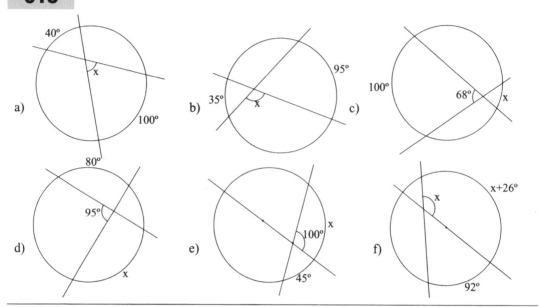

614 Determine x nos casos:

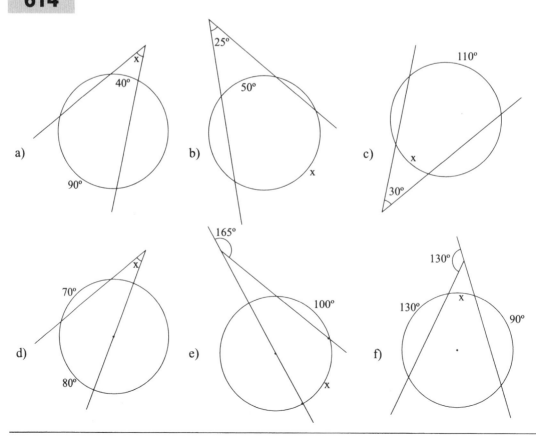

615 Determine x:

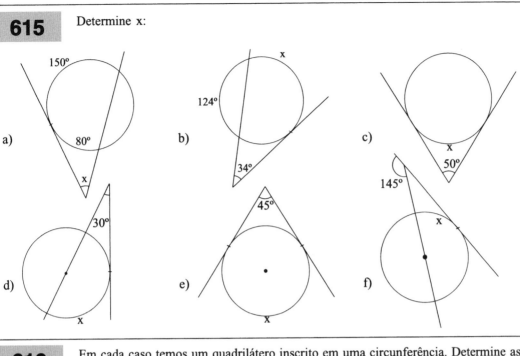

616 Em cada caso temos um quadrilátero inscrito em uma circunferência. Determine as incógnitas:

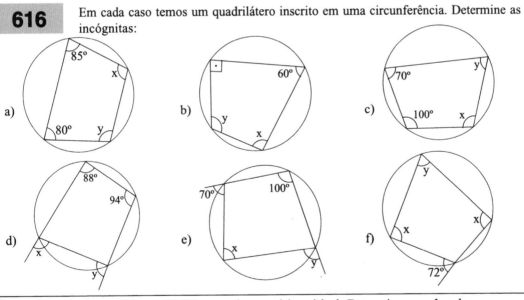

617 O quadrilátero ABCD em cada caso é inscritível. Determine seus ângulos:

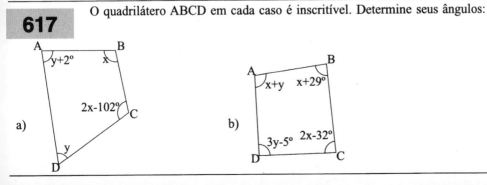

618 Determine as incógnitas nos casos:

a) 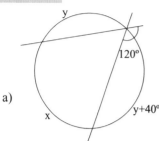 b) 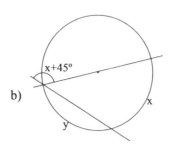 c)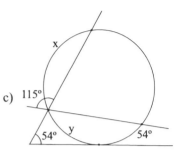

619 Determine as incógnitas nos casos:

a) 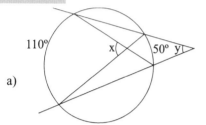 b)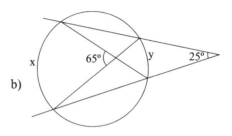

620 Determine $\hat{A} + \hat{C}$ nos casos:

a) 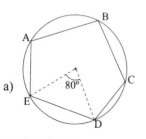 b)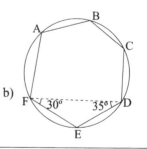

621 Determine x e y.

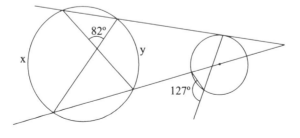

Exercícios de Fixação

622 Determine o valor do ângulo x nos casos:

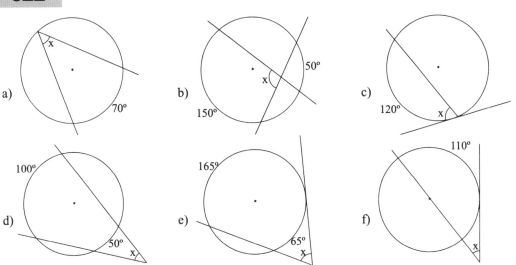

623 Determine o valor do arco x nos casos:

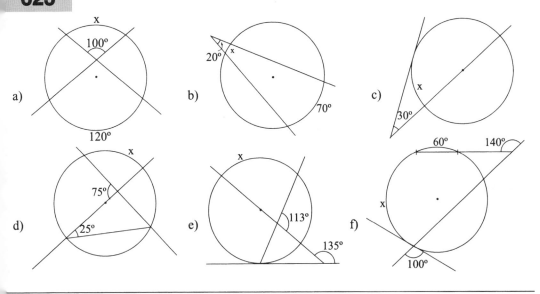

624 Determine o valor de x nos casos:

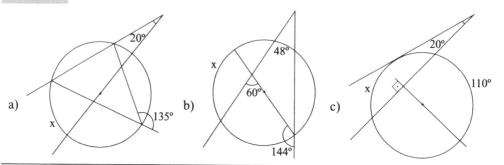

625 Em cada caso l_n é o lado do n-ágono regular inscrito no círculo. Determine as incógnitas.

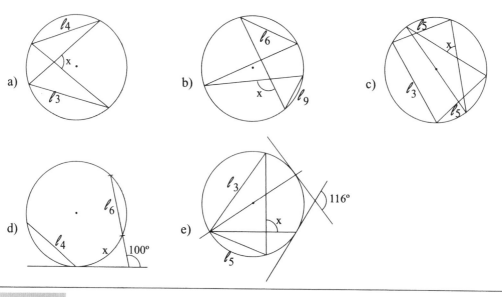

626 Determine nos casos:

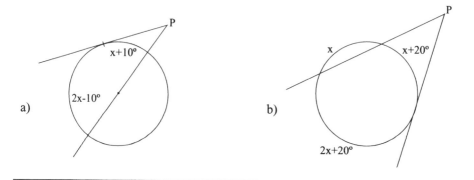

627 Em cada caso mostre a relação dada:

a) $x = \dfrac{a}{2}$

b) $x = \dfrac{a}{2}$

c) $x = \dfrac{a+b}{2}$

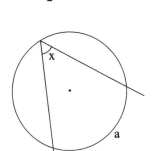
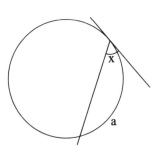
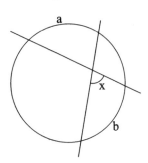

d) $x = \dfrac{a-b}{2}$

e) $x = \dfrac{a-b}{2}$

f) $x = \dfrac{a-b}{2}$

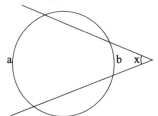
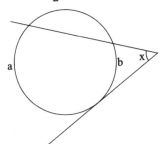
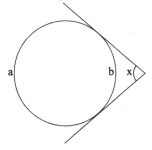

g) $x = \dfrac{a+b}{2}$

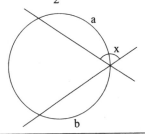

Exercícios Suplementares

628 Determine as medidas x e y nos casos:

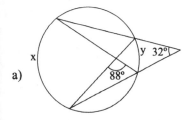
a)

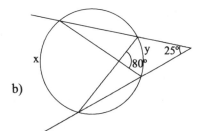
b)

629 Consideremos um triângulo equilátero ABC inscrito em um círculo. Determine o menor ângulo formado pelas retas tangentes a esse círculo nos pontos A e B.

630 Determine o valor de x nos casos:

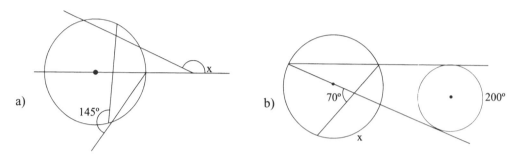

631 Prove que retas paralelas distintas secantes com uma circunferência, determinam na circunferência, entre as paralelas, arcos de mesma medida.

632 Mostre que se AB e CD são arcos de medidas iguais de uma circunferência, então as cordas $\overline{AB}$ e $\overline{CD}$ são congruentes.

633 Se os lados $\overline{AB}$ e $\overline{AC}$ de um triângulo são diâmetros de duas circunferências, prove que o outro ponto comum às circunferências está em $\overline{BC}$.

634 Duas circunferências secantes são congruentes. Mostre que os pontos onde elas se interceptam determinam nelas dois pares de arcos congruentes.

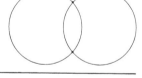

635 Por um ponto **P** externo a uma circunferência de centro O são conduzidas duas secantes. Mostre que se PO é bissetriz de $\hat{P}$, então os arcos dessa circunferência não compreendido entre as secantes são congruentes.

636 Duas secantes a uma circunferência de centro O são concorrentes em um ponto **P**. Mostre que se PO é bissetriz de $\hat{P}$, então os arcos não interceptados pela reta OP são congruentes.

637 Os círculos da figura são congruentes. Mostre que PA = PB.

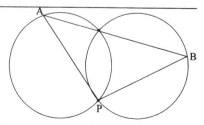

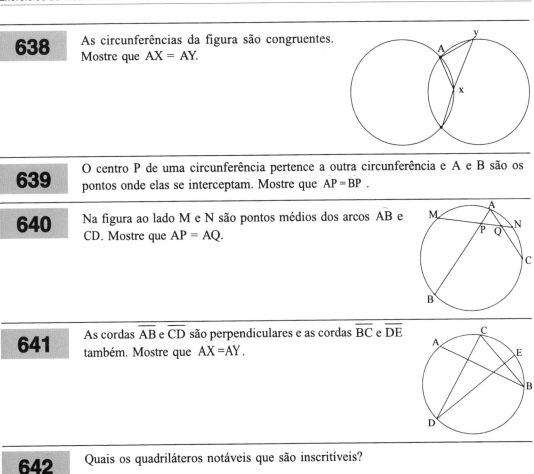

638 As circunferências da figura são congruentes. Mostre que AX = AY.

639 O centro P de uma circunferência pertence a outra circunferência e A e B são os pontos onde elas se interceptam. Mostre que AP = BP.

640 Na figura ao lado M e N são pontos médios dos arcos $\overarc{AB}$ e $\overarc{CD}$. Mostre que AP = AQ.

641 As cordas $\overline{AB}$ e $\overline{CD}$ são perpendiculares e as cordas $\overline{BC}$ e $\overline{DE}$ também. Mostre que AX = AY.

642 Quais os quadriláteros notáveis que são inscritíveis?

643 Prove que o ortocentro de um triângulo acutângulo é o incentro do triângulo cujos vértices são os pés das alturas.

CAPÍTULO 12

Áreas de Regiões Poligonais

A – Introdução

Assim como as medidas de segmentos e as medidas de ângulos, a forma rigorosa para se conceituar áreas é vista em um curso de terceiro grau.

Vamos aqui enunciar alguns postulados que nos leva às fórmulas para o cálculo das áreas de algumas **regiões poligonais**. Para simplificar os enunciados muitas vezes quando falarmos **polígono** estaremos querendo dizer **região poligonal**: área de um polígono vai significar, de agora em diante, área da região poligonal que ele determina.

i) Há uma função f que associa a toda região poligonal um número real positivo que é a sua área, como f é uma função note que a cada região poligonal P corresponde um único número S.

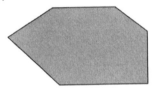

$f(P) = S$

S é a área do polígono **P.**

ii) Polígonos (Regiões poligonais) congruentes têm a mesma área.

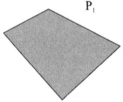

$P_1 \cong P_2 \Rightarrow f(P_1) = f(P_2)$

iii) Se duas regiões poligonais não se interceptam, ou têm apenas pontos de lados em comum, a área da união delas é a soma das suas áreas.

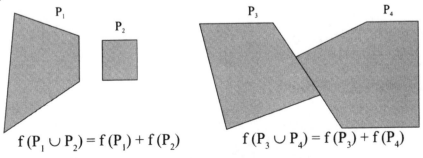

$f(P_1 \cup P_2) = f(P_1) + f(P_2)$ $\qquad$ $f(P_3 \cup P_4) = f(P_3) + f(P_4)$

iv) A área de um quadrado é o quadrado da medida do seu lado.

Sendo **S** a área do quadrado cuja medida do lado é **a** temos:

$$S = a^2$$

Exemplo:

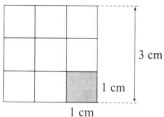

$S = (3 \text{ cm})^2 \Rightarrow S = 9 \text{ cm}^2$

Se a unidade escolhida para medir os segmentos for o cm, então a unidade de área será 1 cm².

(Note que o quadrado com 1 cm de lado "cabe" 9 vezes no quadrado com 3 cm de lado).

Nota: *Sendo u a unidade escolhida para medir os segmentos, adotaremos como unidade para a medida de área o quadrado cujo lado mede 1 u, cuja área é 1 u².*

B – Área do Retângulo

A área S do retângulo cujos lados medem **a** e **b** é igual ao produto das medidas dos lados.

$$S = a \cdot b$$

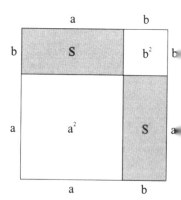

Demonstração: Lembrando que a área de um quadrado de lado a é a², de lado b é b² e de lado a + b é (a + b)² e sendo S a área do retângulo em questão, temos:

$2 \cdot S + a^2 + b^2 = (a + b)^2$

$2S + a^2 + b^2 = a^2 + 2ab + b^2$

$2S = 2ab \Rightarrow \boxed{S = ab}$

C – Área de Triângulo

C1 – Triângulo retângulo

Á área de um triângulo retângulo é igual a metade do produto das medidas dos catetos.

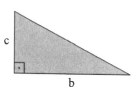

$$S = \frac{bc}{2}$$

Sejam b e c as medidas dos catetos.

Tracemos pelas extremidades da hipotenusa retas paralelas aos catetos. Obtendo desta forma um retângulo que é a união do triângulo retângulo dado com o outro obtido, congruente a ele.

Sendo S a área do triângulo em questão, temos:

S + S = Área do Retângulo = b . c $\Rightarrow$ 2S = bc $\Rightarrow$ $\boxed{S = \dfrac{bc}{2}}$

C2 – Triângulo Acutângulo

A área de um triângulo acutângulo é igual a metade do produto das medidas de um lado e da altura relativa a ele.

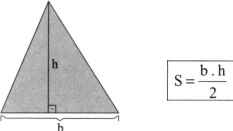

$$\boxed{S = \dfrac{b \cdot h}{2}}$$

Costumamos enunciar assim:
"A área de um triângulo é a metade do produto da base pela altura". Significando um lado e a altura relativa a ele.

Demonstração: Neste caso o pé de qualquer altura está sobre o lado correspondente. Então o triângulo é igual a união de dois triângulos retângulos cujas áreas já são conhecidas. Sendo S a área do triângulo acutângulo, temos:

$S = \dfrac{mh}{2} + \dfrac{nh}{2} \Rightarrow$

$S = \dfrac{(m+n)h}{2} \Rightarrow \boxed{S = \dfrac{bh}{2}}$

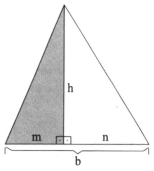

Obs.: Esta mesma dedução pode ser usada no triângulo retângulo e no triângulo obtusângulo quando consideramos o maior lado e a altura relativa a ele.

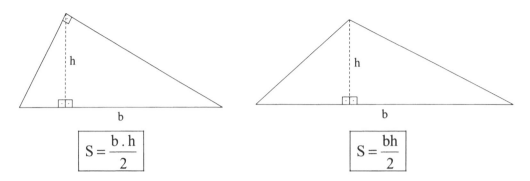

C3 – Triângulo Obtusângulo

A área de um triângulo obtusângulo é igual a metade do produto das medidas de um lado e da altura relativa a ele.

Vamos considerar um dos lados menores e a altura relativa a ele, pois neste caso o pé da altura está fora do lado. (Quando o pé estiver sobre o lado já foi visto no item anterior).

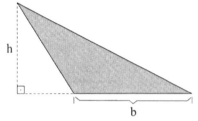

$$S = \frac{bh}{2}$$

Demonstração: Note que um triângulo retângulo é a união de um outro triângulo retângulo com um triângulo obtusângulo. Sendo S a área procurada, temos:

$$S + \frac{mh}{2} = \frac{(m+b)h}{2} \Rightarrow$$

$$S + \frac{mh}{2} = \frac{mh}{2} + \frac{bh}{2} \Rightarrow \boxed{S = \frac{bh}{2}}$$

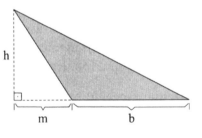

*Obs.: Como o triângulo tem três lados e três alturas, sendo h_a, h_b e h_c as alturas relativas aos lados **a**, **b** e **c**, obtemos:*

$$S = \frac{a \cdot h_a}{2} = \frac{b \cdot h_b}{2} = \frac{c \cdot h_c}{2}$$

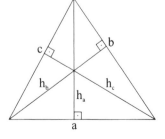

D – Área do Paralelogramo

A área do paralelogramo é igual ao produto das medidas de um lado e da altura relativa a ele.

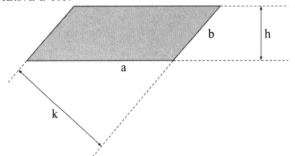

$$S = ah \quad \text{ou} \quad S = b \cdot k$$

Demonstração:
Construindo uma das diagonais do paralelogramo, o decompomos em dois triângulos congruentes cuja base é **a** e a altura é **h** (basta escolher a diagonal conveniente). Então, sendo S a área do paralelogramo, temos:

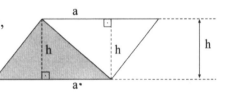

$$S = \frac{ah}{2} + \frac{ah}{2} \Rightarrow \boxed{S = ah}$$

E – Área do Trapézio

A área de um trapézio é o produto da média aritmética das medidas das bases pela medida da altura.

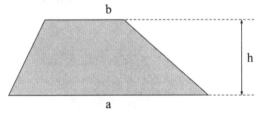

$$S = \frac{(a+b)h}{2}$$

Demonstração: Traçando uma das diagonais do trapézio o decompomos em dois triângulos de alturas **h** relativas as bases **a** e **b**. Sendo S a área do trapézio, temos:

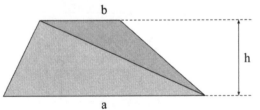

$$S = \frac{ah}{2} + \frac{bh}{2} \Rightarrow$$

$$\Rightarrow \boxed{S = \frac{(a+b)h}{2}}$$

F – Área do Quadrilátero de diagonais perpendiculares

A área de um quadrilátero de diagonais perpendiculares é igual a metade do produto das medidas das diagonais.

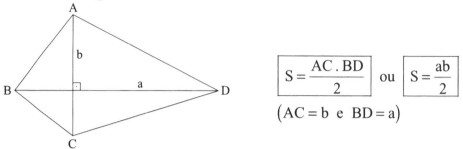

$$S = \frac{AC \cdot BD}{2} \quad \text{ou} \quad S = \frac{ab}{2}$$

$(AC = b \text{ e } BD = a)$

Demonstração: A diagonal $\overline{BD}$ decompõe o quadrilátero em dois triângulos cuja base é $\overline{BD}$ e a soma das alturas relativas é $\overline{AC}$. Então, sendo $AC = b$, $BD = a$ e S a área do quadrilátero, temos:

$S = \dfrac{an}{2} + \dfrac{am}{2} \implies$

$S = \dfrac{a(n+m)}{2} \implies \boxed{S = \dfrac{ab}{2}}$

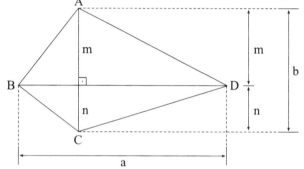

G – Área do Losango

Como o losango é um paralelogramo, a sua área é dada pelo produto das medidas de um lado e da altura relativa. E como o losango tem diagonais perpendiculares, a sua área é dada por metade do produto das diagonais.

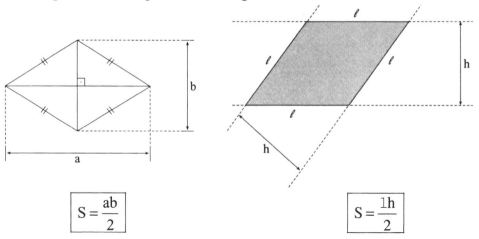

$$S = \frac{ab}{2} \qquad S = \frac{lh}{2}$$

Obs.:

1º) Como o quadrado também tem diagonais perpendiculares, a sua área também é dada por metade do produto das diagonais.

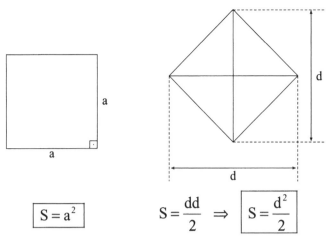

$$S = a^2 \qquad S = \frac{dd}{2} \Rightarrow S = \frac{d^2}{2}$$

2°) Note que a área do quadrilátero de diagonais perpendiculares é a metade da área do retângulo cujos lados passam pelos vértices e são paralelos às diagonais.

a) Qualquer $A = \dfrac{ab}{2}$ b) Losango $A = \dfrac{ab}{2}$ c) Quadrado $D = \dfrac{d^2}{2}$

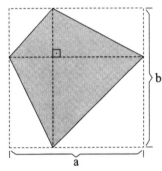 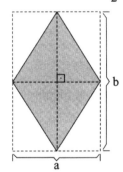 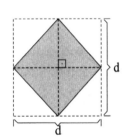

H – Figuras Equivalentes

Dizemos que duas figuras planas são equivalentes se elas têm a mesma área.

H1 – Triângulos Equivalentes

Como a área de um triângulo é dada pela metade do produto da base pela altura (significa um lado e a altura relativa a ele), se dois triângulos têm a mesma base e a mesma altura, então eles são equivalentes (têm a mesma área).

Os triângulos sombreados abaixo são equivalentes.

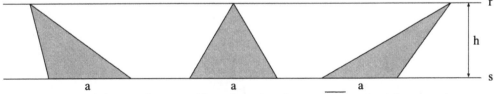

Se r e s são paralelas, todos os triângulos com bases $\overline{BC}$ coincidente, sobre s, e o outro vértice sobre r são equivalentes.

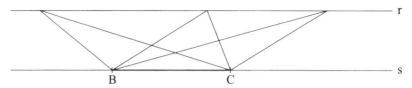

H2 – Paralelogramos Equivalentes

Os paralelogramos sombreados abaixo são equivalentes. (Têm a mesma base e a mesma altura).

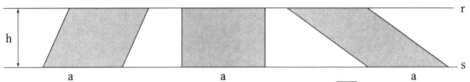

Se r e s são paralelas, todos os paralelogramos com lados $\overline{BC}$ coincidentes, sobre s, e o lado oposto sobre **r** são equivalentes.

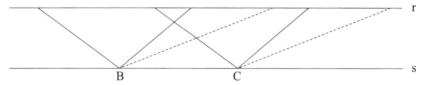

H3 – Trapézios Equivalentes

Os trapézios sombreados abaixo são equivalentes

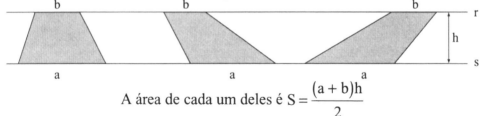

A área de cada um deles é $S = \dfrac{(a+b)h}{2}$

H4 – Polígonos com número diferente de lados

As figuras seguintes mostra como obter um polígono de $(n-1)$ lados equivalentes a um polígono de **n** lados.

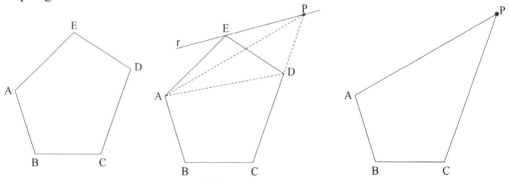

Se a reta r é paralela a diagonal $\overline{AD}$, os triângulos EAD e PAD são equivalentes.

Então: $(ABCDE) = (ABCP)$ pois

$$\begin{cases}(ABCDE) = (ABCD) + (EAD) \\ (ABCP) = (ABCD) + (PAD) \text{ e } (EAD) = (PAD).\end{cases}$$

Desta forma, vemos que é possível obter um triângulo que seja equivalente a qualquer polígono dado.

I – Razões entre áreas

I1 – Triângulos de mesma base

A razão entre as áreas de dois triângulos que têm bases congruentes é igual a razão entre as alturas.

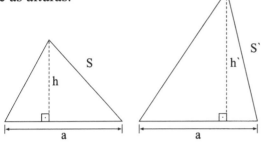

I2 – Triângulos de mesma altura

A razão entre as áreas de dois triângulos de mesma altura é igual a razão entre as bases.

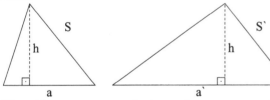

Obs.: Essas mesmas relações valem para paralelogramos.

Exercícios

644 Em cada caso um "quadradinho" representa uma unidade de área (1 u.a). Determinar a área da região limitada pela linha poligonal, contando os quadradinhos.

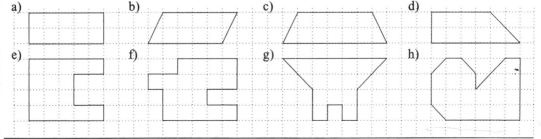

645 Determinar a área do polígono nos casos: (Considere o metro (m) como a unidade das medidas indicadas nas figuras).

a) Quadrado   b) Retângulo   c) Paralelogramo
d) Paralelogramo   e) Paralelogramo   f) Paralelogramo

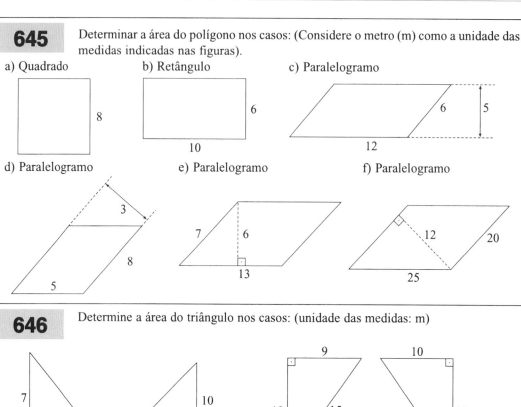

646 Determine a área do triângulo nos casos: (unidade das medidas: m)

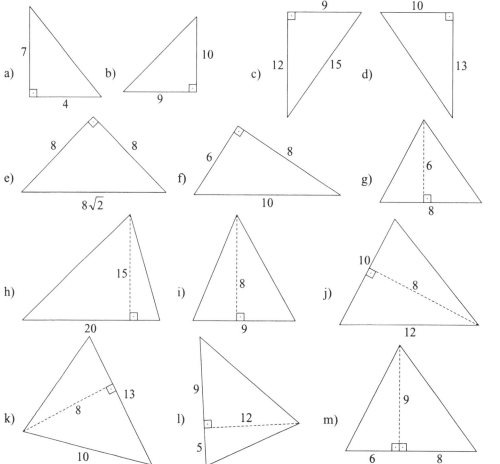

647 Em cada caso temos um trapézio. Determine a sua área:

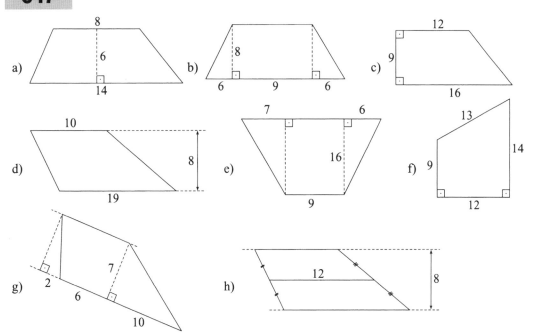

648 Determine a área dos quadriláteros de diagonais perpendiculares nos casos:

a) Quadrado   b) Losango   c) Losango

d) Qualquer   e)

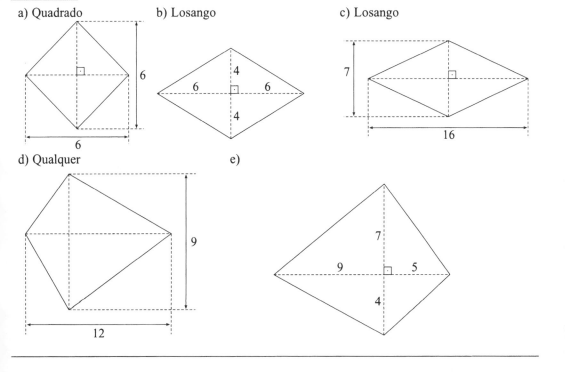

649 Determinar a área do polígono nos casos (unidade das medidas: m):

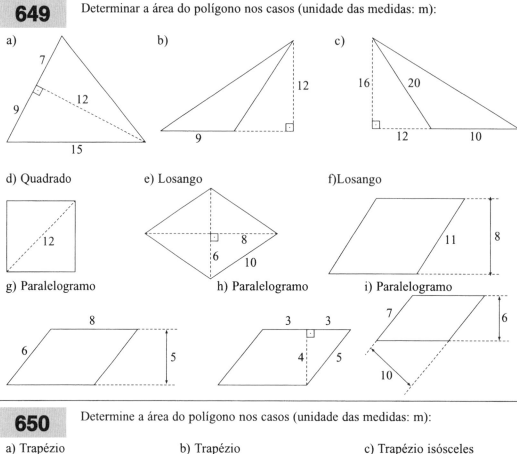

d) Quadrado   e) Losango   f) Losango

g) Paralelogramo   h) Paralelogramo   i) Paralelogramo

650 Determine a área do polígono nos casos (unidade das medidas: m):

a) Trapézio   b) Trapézio   c) Trapézio isósceles

d)   e)   f)

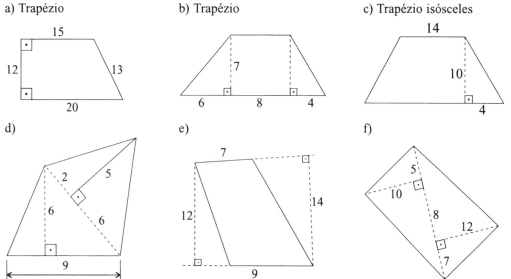

651 Em cada caso é dada a área de um triângulo, determine as áreas pedidas. (Área do triângulo ABC = (ABC)). As retas r e s são paralelas.

a) (ABC) = 25m², (PBC) e (QBC)

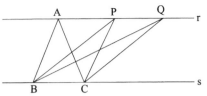

b) (ABC) = 41m², (PBC) e (QBD)

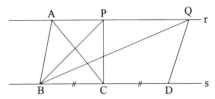

c) (ABC) = 50m², (PBC), (QBC), (PBD) e (RBD)

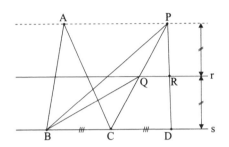

d) (ABC) = 120m², (ABQ), (ARC) e (ABR)

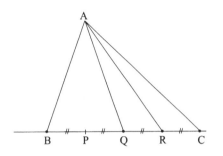

652 Determine a área do polígono nos casos:

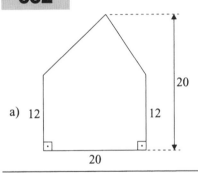

653 Todos os ângulos das figuras são retos. Determine a área nos casos:

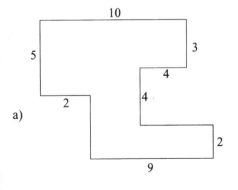

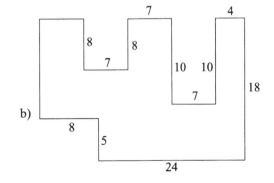

654 Em cada caso é dada a área do polígono. Determine o valor de x (Unidade das medidas: m):

a) Quadrado ($121m^2$) b) Quadrado ($128m^2$) c) Retângulo ($36m^2$)

d) Retângulo ($60m^2$) e) Paralelogramo ($88m^2$) f) Trapézio ($120m^2$)

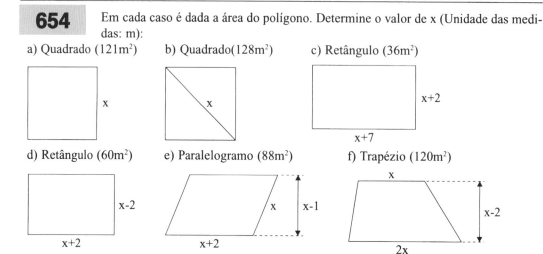

655 Determine o valor de x nos casos:

a) b) Paralelogramo

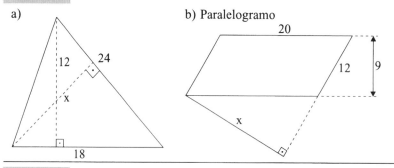

656 Em cada caso é dada a área do polígono. Determine as incógnitas:

a) Triângulo ($216m^2$) b) Paralelogramo ($72m^2$)

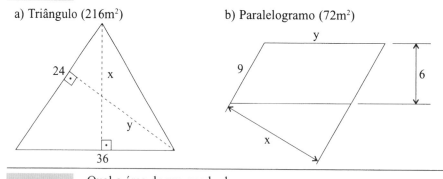

657 Qual a área de um quadrado:
a) cujo lado mede 13m? b) cuja diagonal mede 16m? c) cujo perímetro é de 56m?

658 Qual a área de um retângulo:

a) cujos lados medem 9m e 12m b) cujo perímetro é de 44m e um lado mede 5m?
c) cujo perímetro é de 36m e um lado é o dobro do outro?
d) cujo perímetro é de 42m e um lado excede o outro em 3m?

659 Resolver:

a) Quanto mede o lado de um quadrado que tem $81m^2$?
b) Quanto mede a diagonal de um quadrado que tem $50m^2$?
c) Quanto mede a altura de um quadrado que tem $64m^2$?
d) A área de um retângulo é de $72m^2$ e um lado excede o outro em 6m. Determine os lados.
e) A área de um retângulo é de $144m^2$ e a razão entre os lados é 1:9. Determine as alturas desse retângulo.

660 Resolver:

a) Um retângulo de 26m de perímetro tem $40m^2$. Quanto mede os seus lados?
b) Um lado e a altura relativa a ele, de um triângulo medem, respectivamente 12m e 9m. Se um outro lado mede 10m, quanto mede a altura relativa a ele?
c) A base média de um trapézio mede 15m e a sua altura 8m. Determine a sua área.
d) Um lado e a altura relativa a ele, de um paralelogramo medem, respectivamente 10m e 12m. Se a outra altura mede 8m, qual é o seu perímetro?
e) Os lados de um paralelogramo de $288m^2$ medem 24m e 18m. Quanto medem as suas alturas?
f) As alturas de um paralelogramo de $432m^2$ medem 12m e 18m. Qual é o seu perímetro?

661
Sendo k a área do triângulo ABC, determine a área da região sombreada sabendo que os pontos assinalados sobre os lados os dividem em partes iguais.

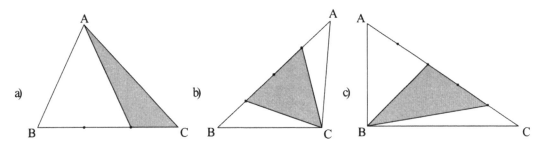

662 Mostre que:

a) Uma mediana de um triângulo determina nele dois triângulos de áreas iguais.
b) As diagonais de um paralelogramo (então também do retângulo, losango e quadrado) determina nele quatro triângulos de áreas iguais.
c) As medianas de um triângulo determina nele 6 triângulos de áreas iguais.

663
A área do triângulo ABC é k os pontos sobre os lados os dividem em três partes iguais. Determine a área do triângulo sombreado.

Exercícios de Fixação

664 Determinar as áreas dos polígonos (unidades das medidas: m):

a) Quadrado   b) Retângulo   c) Paralelogramo   d) Paralelogramo

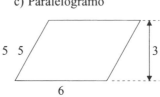
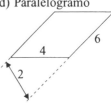

e) Losango   f) Losango   g) Qualquer

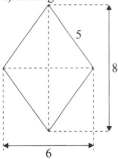
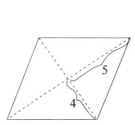
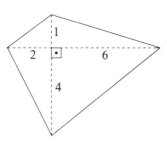

h) Quadrado   i) Trapézio   j) Trapézio

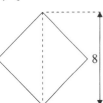
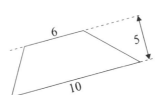
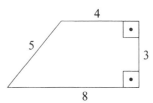

665 Determine a área do triângulo nos casos:

a) 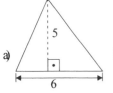 b) 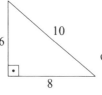 c) 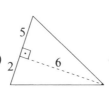 d)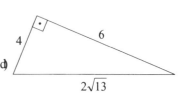

666 A área do polígono é dada em cada caso, determinar x.

a) Quadrado ($36m^2$)   b) Retângulo ($24m^2$)

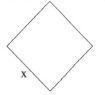

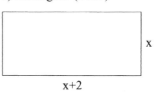

c) Trapézio (10m²)   (18m²)   d) Paralelogramo (32m²)

e) Qualquer (21m²)   f) Trapézio (15m²)   g) Losango (40m²)

h) Retângulo (18m²)   i) Quadrado e Triângulo (Triângulo maior: 75m²)

j) Paralelogramo (24m²)   k) Quadrado e Trapézio (Trapézio: 30m²)

l) Trapézio (grande: 27m²)   m) Paralelogramo

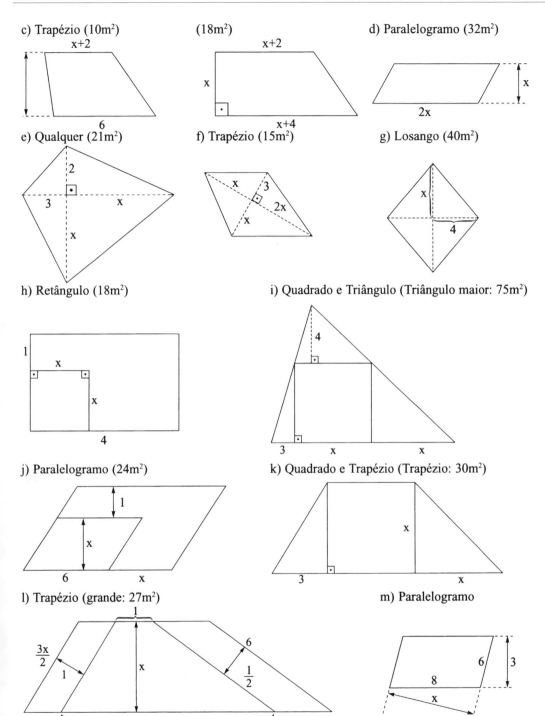

667 Resolver os problemas:

a) Determinar a área de um retângulo de 24m de perímetro se a sua base é o dobro da altura.
b) Determinar a área de um retângulo de perímetro 40m se uma dimensão excede a outra em 4m.
c) A área de um retângulo é de 54m² e uma dimensão é igual a $\frac{3}{2}$ da outra. Determinar as dimensões.
d) A área de um retângulo é 30m² e o seu perímetro 22m. Determinar as dimensões.
e) Uma diagonal de um losango é o dobro da outra. Determíne-as se a área do losango é de 72m².

668 Determine a área do quadrado.

a) Circunscrito a um círculo de 8m de raio.
b) Inscrito em um círculo de 12m de raio?
c) Circunscrito a uma circunferência de 18πm.
d) Inscrito em uma circunferência de 12πm.

669 Resolver:

a) Determine a diagonal de um quadrado cuja área é de 200m².
b) Determine a diagonal de um quadrado cujo lado mede 5m.
c) Determine o lado de um quadrado cuja diagonal mede 30m.

670 Resolver:

a) O perímetro de um trapézio é de 56m e os lados oblíquos às bases medem 10m e 17m. Determinar a área deste trapézio se sua altura mede 8m.
b) Um retângulo e um quadrado são equivalentes. Se a base do retângulo excede o lado do quadrado em 4m e este excede a altura do retângulo em 3m. Determinar as áreas destes polígonos.
c) Determinar o lado de um quadrado sabendo que aumentando o seu lado em 3m, a sua área aumenta 39m².
d) Determinar a área do Δ ABC, dados A(5,2), B(8,5) e C(2,7).
e) Determinar a área do quadrilátero ABCD dados A(2,3), B(4,7), C(8,5) e D(6,2).

671 Resolver:

a) Um retângulo tem 28m de perímetro e a razão entre os lados é 2:5. Determine a sua área.
b) Um retângulo tem 120m². Um lado excede o outro em 7m. Determine o seu perímetro.
c) Um retângulo tem 60m de perímetro e 221m². Determine seus lados.
d) A razão entre as diagonais de um losango de 108m² é 2:3. Determine as diagonais.
e) Os lados oblíquos de um trapézio circunscritível medem 7m e 11m e o raio da circunferência inscrita mede 2m. Qual a área desse trapézio?

672

A área de cada quadrilátero é k e os pontos assinalados sobre os lados os dividem em partes iguais. Determine a área da região sombreada.

a) Trapézio

b) Trapézio

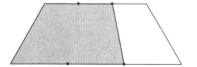

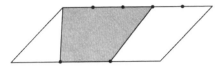 

Exercícios Suplementares

673 Se os raios dos círculos medem 4m. Determine a área do retângulo nos casos:

a) 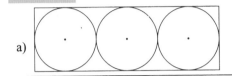   b)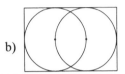

674 Determine o comprimento da circunferência nos casos:
a) Inscrita em um quadrado de 256m². b) Circunscrita a um quadrado de 72m².

675 Seja P um ponto interno de um triângulo equilátero. Mostre que a soma das distâncias entre P e os lados do triângulo é igual a altura do triângulo.

676 Determine a área do triângulo sombreado em função da área k do triângulo ABC nos casos a seguir, sabendo que os pontos assinalados em cada lado o dividem em partes iguais (congruentes).

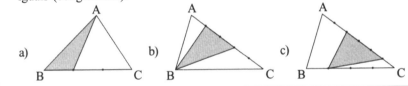

a)   b)   c)   d)

677 Determine a área da região sombreada em função da área k do paralelogramo ABCD nos casos a seguir, sabendo que os pontos assinalados sobre cada lado o dividem em partes de medidas iguais.

a) 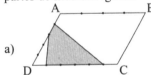   b)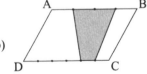

678 Em cada caso é dada a área do polígono. Determine x.

a) 90 m²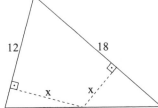

b) 132 m²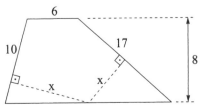

679 Na figura, ABCD é um paralelogramo de área S e M é o ponto médio de $\overline{CD}$. Determine a área da região sombreada em função de S.

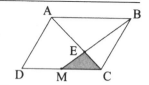

680 Se a área do triângulo ABC é k e os pontos assinalados em cada lado o dividem em partes iguais, determine a área do triângulo sombreado em função de k.

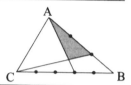

681 Se os pontos R, S, T, U, V e X dividem $\overline{AB}$, $\overline{BC}$ e $\overline{AC}$, respectivamente, em três partes iguais, determine a área do triângulo sombreado em função da área k do triângulo ABC.

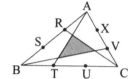

682 Como mostra o desenho, o triângulo ABC está dividido em seis triângulos. O número indicado no interior de quatro deles expressa a sua área. Determine a área do triângulo ABC.

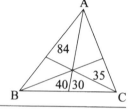

CAPÍTULO 13

Teorema de Pitágoras

A – O Teorema

Em todo o triângulo retângulo a área do quadrado construido sobre a hipotenusa é igual a soma das áreas dos quadrados construídos sobre os catetos.

Na figura ao lado construímos o triângulo retângulo mais famoso, o 3, 4, 5. Note que de fato se somarmos os 9 "quadradinhos" obtidos sobre um cateto com os 16 obtidos sobre o outro, obtemos 25 "quadradinhos" que é o número de quadradinhos obtidos sobre a hipotenusa.

Recordemos:

Outros enunciados: "Em todo triângulo retângulo o quadrado da medida da hipotenusa é igual a soma dos quadrados das medidas dos catetos".

"O quadrado da hipotenusa é igual a soma dos quadrados dos catetos."

$$a^2 = b^2 + c^2 \quad \text{ou} \quad b^2 + c^2 = a^2$$

Em 1940 saiu a segunda edição do livro "The Pythogorean Proposition" de Elisha Scott Loomis, professor de matemática de Cleveland, Ohio (USA), no qual são apresentadas 370 demonstrações do Teorema de Pitágoras (o mais famoso teorema da matemática).

Antes de darmos algumas demonstrações por equivalência de áreas, olhe os exemplos:

1º) Note que quando ele for triângulo retângulo isósceles é fácil verificar que o quadrado construído sobre a hipotenusa é equivalente a união dos outros dois.

Note então que: $a^2 = b^2 + c^2$

2º) Vamos construir um quadrado cujo lado mede (b + c) e traçar as hipotenusas dos triângulos retângulos com catetos **b** e **c**, como mostra a figura.

Note que o quadrilátero obtido é um losango (os lados são hipotenusas de triângulos retângulos congruentes).
Como α e β são complementares (são ângulos agudos de um triângulo retângulo), obtemos que x é reto. Então o quadrilátero obtido é retângulo.
O quadrilátero obtido é losango e retângulo, então ele é quadrado.
Considere um triângulo retângulo de catetos **b** e **c** e hipotenusa

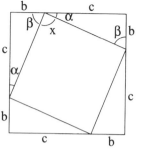

a. Note, nas figuras abaixo, que o quadrado com lado (b + c) é a soma de um quadrado de lado **a** com 4 triângulos retângulos e que o mesmo quadrado é a soma de um quadrado de lado **b**, com outro de lado **c** e com 4 triângulos retângulos.

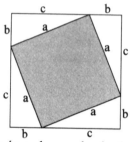 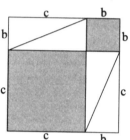

Note então que a área do quadrado de lado **a** é igual a soma das áreas dos quadrados de lado **b** e **c**.
Isto é: $a^2 = b^2 + c^2$

3º) Nas figuras abaixo também é fácil justificar que a área sombreada na primeira figura (soma dos quadrados dos catetos) é igual a área sombreada na segunda figura (o quadrado da hipotenusa).

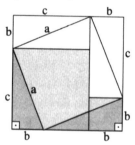 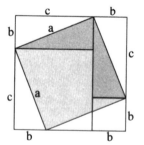

B – Demonstrações

"Em todo triângulo retângulo, o quadrado da medida da hipotenusa é igual a soma dos quadrados das medidas dos catetos".

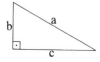

$$a^2 = b^2 + c^2$$

Apresentaremos a seguir duas demonstrações:

1ª Demonstração: Vamos construir um quadrado cujo lado mede (b + c), a soma dos catetos. Lembrando que a área de um triângulo retângulo é metade do produto dos catetos e que a área de um quadrado é o quadrado da medida do lado temos:

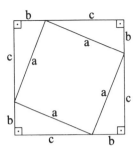

$$a^2 + 4\left[\frac{bc}{2}\right] = (b+c)^2 \Rightarrow$$

$$a^2 + 2bc = b^2 + 2bc + c^2 \Rightarrow \boxed{a^2 = b^2 + c^2}$$

2ª Demonstração: Vamos construir os quadrados em questão e depois basta mostrar que as regiões "igualmente" sombreadas são equivalentes (Têm a mesma área).

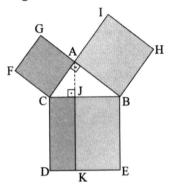 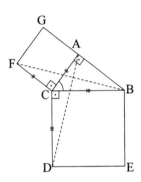

Note que os triângulos ACD e FCB são congruentes (LAL)
E como o triângulo ACD é equivalente a JCD (mesma base e mesma altura), obtemos que ACD equivale a metade do retângulo CJKD. Do mesmo modo, o triângulo FCB é equivalente a FCA (mesma base e mesma altura), obtemos que FCB equivale a metade do quadrado ACFG. (Veja as figuras seguintes).

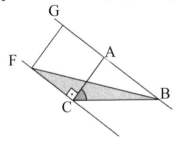 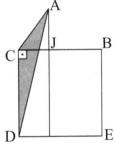

Desta forma obtemos que a metade do retângulo é equivalente a metade do quadrado. Então o quadrado ACFG é equivalente ao retângulo JKDC.
  Analogamente provamos que o quadrado ABHI é equivalente ao retângulo JBEK. Isto é: O quadrado construído sobre a hipotenusa, que é a soma dos dois retângulos, é equivalente a soma dos dois quadrados construido sobre os catetos. Então:

$$\boxed{a^2 = b^2 + c^2}$$

C – Recíproco do Teorema de Pitágoras

Teorema: Se num triângulo o quadrado da medida de um lado for igual a soma dos quadrados das medidas dos outros dois, então ele é um triângulo retângulo.

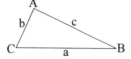

$$\boxed{a^2 = b^2 + c^2} \Rightarrow \boxed{\hat{A} \text{ é reto}}$$

Demonstração: Vamos considerar um triângulo retângulo A'B'C' com catetos A'C' = b e A'B' = c e seja **x** a medida da hipotenusa B'C'.

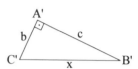

De acordo com o teorema de Pitágoras, temos:
$x^2 = b^2 + c^2$. E como $a^2 = b^2 + c^2$ (hipótese) obtemos que:
$$x^2 = a^2 \Rightarrow \boxed{x = a}$$

Se x = a, os triângulos ABC e A'B'C' são congruentes pelo caso LLL. Como esses triângulos são congruentes, obtemos que A = A', isto é: Â é reto.
Então: ABC é triângulo retângulo.

D – Aplicações do Pitágoras

D1 – Diagonal de um quadrado

A diagonal **d** de um quadrado de lado **a** é dada por:

$$\boxed{d = a\sqrt{2}}$$

Basta aplicarmos o teorema de Pitágoras no triângulo retângulo determinado:

$$d^2 = a^2 + a^2 \Rightarrow d^2 = 2a^2 \Rightarrow \boxed{d = a\sqrt{2}}$$

D2 – Altura de um triângulo equilátero

A altura **h** de um triângulo equilátero de lado **a** é dada por:

$$\boxed{h = \frac{a\sqrt{3}}{2}}$$

Lembrando que a altura de um triângulo equilátero é também mediana e aplicando o teorema de Pitágoras no triângulo retângulo determinado:

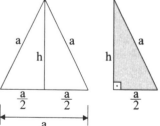

$$h^2 + \left(\frac{a}{2}\right)^2 = a^2 \Rightarrow h^2 + \frac{a^2}{4} = a^2 \Rightarrow 4h^2 + a^2 = 4a^2 \Rightarrow 4h^2 = 3a^2 + \Rightarrow$$

$$\Rightarrow h^2 = \frac{3a^2}{4} \Rightarrow \boxed{h = \frac{a\sqrt{3}}{2}}$$

D3 – Hipotenusa de um triângulo retângulo isósceles

Aplicando Pitágoras temos:

$$a^2 = b^2 + b^2 \Rightarrow 2b^2 \Rightarrow \boxed{a = b\sqrt{2}}$$

(É igual a diagonal do quadrado)

D4 – Área de triângulo equilátero

A área de um triângulo equilátero de lado é dada por:

$$\boxed{S = \frac{a^2\sqrt{3}}{4}}$$

De fato: $S = \dfrac{a \cdot h}{2} = \dfrac{a \cdot \dfrac{a\sqrt{3}}{2}}{2} \Rightarrow \boxed{S = \dfrac{a^2\sqrt{3}}{4}}$

D5 – Área de hexágono regular

Lembrando que a área do hexágono regular é igual a área de 6 triângulos equiláteros temos:

$$A_H = 6\left[\frac{a^2\sqrt{3}}{4}\right] \Rightarrow \boxed{A_H = \frac{3\sqrt{3}\,a^2}{2}}$$

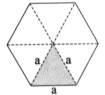

Não é para memorizar esta relação. Basta saber que o hexágono é formado por 6 triângulos equiláteros.

E – Triângulos Pitagóricos

Triângulos Pitagóricos são triângulos retângulos cujas medidas dos lados são expressas por números inteiros.

De acordo com o recíproco do teorema de Pitágoras, podemos afirmar que são triângulos retângulos os da tabela:

Cateto	Cateto	Hipotenusa	Teorema
3	4	5	$5^2 = 3^2 + 4^2 \Leftrightarrow 25 = 9 + 16$
6	8	10	$10^2 = 6^2 + 8^2 \Leftrightarrow 100 = 36 + 64$
3k	4k	5k	$(5k)^2 = (3k)^2 + (4k)^2 \Leftrightarrow 25k^2 = 9k^2 + 16k^2$
5	12	13	$13^2 = 5^2 + 12^2 \Leftrightarrow 169 = 25 + 144$
.	.	.	
.	.	.	
.	.	.	

A tabela nos sugere como a partir de um triângulo retângulo, podemos obter outro (basta multiplicar os lados por uma constante).

Para "descobrirmos" triângulos pitagóricos, vejamos a identidade:
$x^4 + 2x^2y^2 + y^4 = x^4 - 2x^2y^2 + y^4 + 4x^2y^2 \Rightarrow$
$(x^2 + y^2) = (x^2 - y^2)^2 + (2xy)^2$
Fazendo: $x^2 + y^2 = a$, $x^2 - y^2 = b$ e $2xy = c$, obtemos: $a^2 = b^2 + c^2$, que é a expressão do teorema de Pitágoras.

Então, substituindo x e y, por números inteiros positivos, com x maior que y, obtemos valores para a, b e c, que satisfazem o teorema de Pitágoras, logo são medidas dos lados de um triângulo retângulo.

Vejamos alguns exemplos:

		Cateto	Cateto	Hipotenusa	
x	y	$x^2 - y^2$	$2xy$	$x^2 + y^2$	
2	1	3	4	5	(1)
3	1	8	6	10	2.(1)
3	2	5	12	13	(2)
4	1	15	8	17	(3)
4	2	12	16	20	4.(1)
4	3	7	24	25	(4)
5	1	24	10	26	2.(2)
5	2	21	20	29	(5)
5	3	16	30	34	2(3)
5	4	9	40	41	(6)
.	.	.	.	.	.
.	.	.	.	.	.
.	.	.	.	.	.

Cada linha sombreada apresenta um triângulo novo (que não é semelhante aos anteriores).

Exercícios

683 Escrever a expressão do teorema de Pitágoras nos casos:

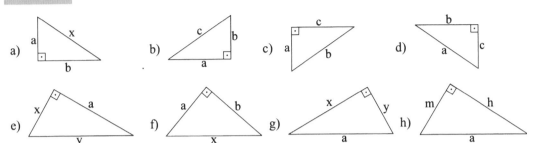

684 Escrever as expressões do teorema de Pitágoras nos casos:

a)   b) Retângulo   c)

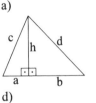
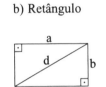
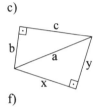

d)   e) Trapézio   f)

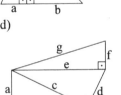
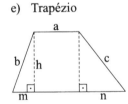
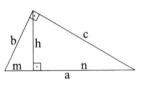

685 Determine o valor de x nos casos:

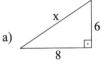
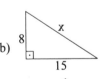

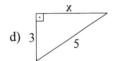

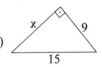

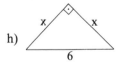

686 Determine x nos casos:

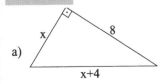
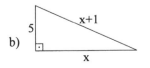
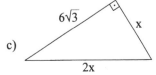

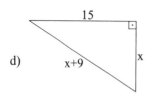
d)

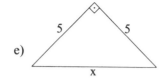
e)

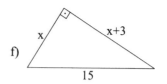
f)

687 Determine x:

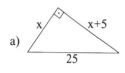
a)

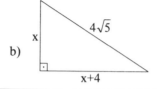
b)

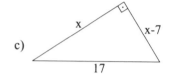
c)

688 Determine as incógnitas, nos casos:

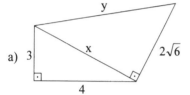
a)

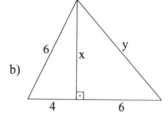
b)

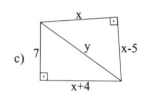
c)

689 Determine x nos casos:

a) Quadrado

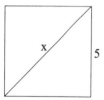

b) Quadrado

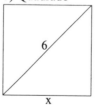

c) Retângulo

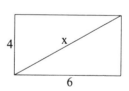

d) Retângulo

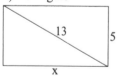

e)

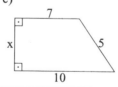

f)

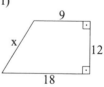

690 Determine x

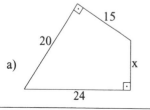
a)

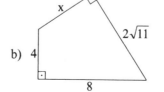
b)

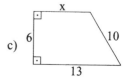
c)

691 Determine a incógnita:

a) Trapézio isósceles
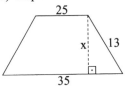

b) Trapézio
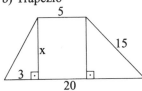

c) Paralelogramo
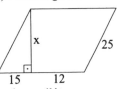

d) Losango
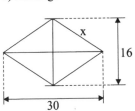

e) Triângulo isósceles
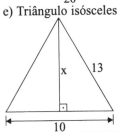

f) Triângulo equilátero

692 Determine x:

a) Trapézio

b) Paralelogramo

c) Losango

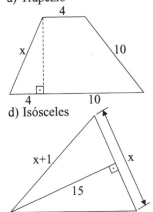
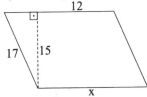
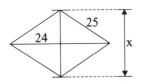

d) Isósceles

e) Equilátero

f) Retângulo

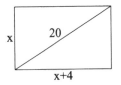

693 Determine x nos casos:

a)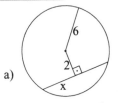

b)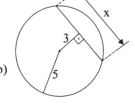

c)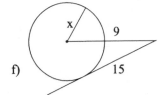

d)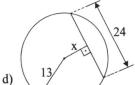

e)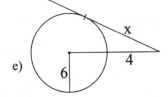

f)

694 Determine x nos casos:

a)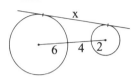

b)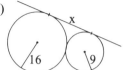

c) AB = 18

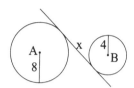

d)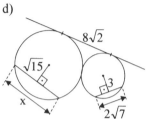

695 Determine x e y nos casos:

a)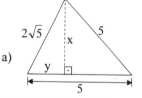

b) (figure with $2\sqrt{37}$, 8, x, 6, y)

c)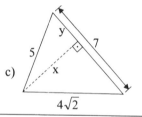

696 Determine a altura h indicada em cada triângulo, nos casos:

a)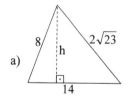

b)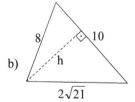

c)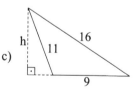

697 Determine a altura dos trapézios

a)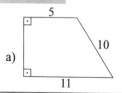

b)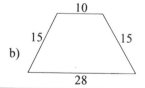

c)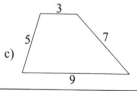

698 Determine a área do quadrilátero nos casos (unidade das medidas: m):

a) Retângulo

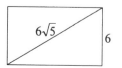

b) Paralelogramo

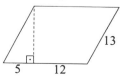

c) Trapézio retângulo

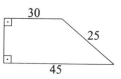

d) Trapézio isósceles   e) Losango   f) Trapézio retângulo

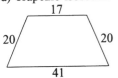 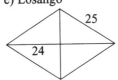 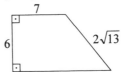

699 Determine a área do triângulo nos casos:

a) 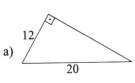   b) 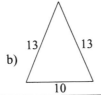   c)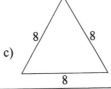

700 Determine a área do triângulo dado o seu perímetro 2p nos casos:

a) 2p = 40m   b) Isósceles (2p = 54m)   c) Equilátero (2p = 36m)

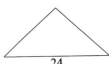

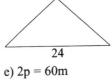

d) Isósceles (2p = 64m)   e) 2p = 60m   f) Isósceles (2p = 28m)

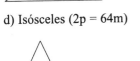 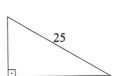 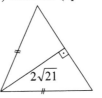

701 Determine a área do trapézio nos casos:

a) Isósceles (2p = 64m)   b) Retângulo (2p = 78m)

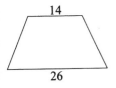 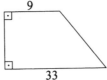

702 Determine a área do polígono nos casos:

a) Triângulo   b) Trapézio

 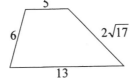

703 Determine o raio do círculo nos casos:

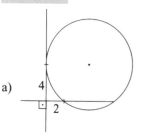 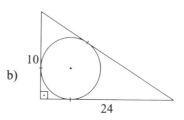

a)   b)

704 Resolver:

a) Determinar a diagonal de um retângulo cuja base mede 16m e o perímetro é de 72m.
b) Determinar o lado de um losango cujas diagonais medem 30m e 40m.
c) Determinar a altura relativa à base de um triângulo isósceles cuja base mede 24m e o perímetro é de 60m.
d) Determinar a altura de um trapézio isósceles cujas bases medem 11m e 19m e o perímetro é de 42m.
e) Determinar a altura de um trapézio retângulo cujas bases medem 4m e 25m e o perímetro é de 78m.

705 Determinar a diagonal de um quadrado:

a) cujo lado mede 5m. b) cujo perímetro é de 40m. c) cuja diferença entre ela e o lado é 2m.

706 Determinar a altura de um triângulo equilátero:

a) cujo lado mede 6m. b) cujo perímetro é de 36m. c) cujo lado a excede em 2m.

707 Resolver:

a) Determinar o lado de um quadrado cuja diagonal mede 8m.
b) Determinar o perímetro de um quadrado cuja diagonal mede 16.
c) Quanto mede o lado de um triângulo equilátero cuja altura mede $4\sqrt{3}$ m.
d) Determinar o perímetro de um triângulo equilátero cuja altura mede 12m.

708 Determinar a diagonal de um quadrado dado o lado, nos casos:
(Lembre-se: A diagonal **d** de um quadrado de lado **a** é dada por $d = a\sqrt{2}$).

a) 6m   b) 8m   c) $\sqrt{2}$ m   d) $5\sqrt{2}$ m   e) $3\sqrt{3}$ m   f) $a\sqrt{2}$

709 Determine a altura de um triângulo equilátero dado o lado, nos casos:
(Lembre-se: A altura **h** de um triângulo equilátero de lado **a** é dada por $h = \dfrac{a\sqrt{3}}{2}$).

a) 10m   b) 7m   c) 18m   d) $6\sqrt{3}$ m   e) $6\sqrt{2}$ m   f) $2\sqrt{3}$ a

710 Lembrando que a área de um triângulo equilátero de lado **a** é dada por $S = \dfrac{a^2\sqrt{3}}{4}$ determine a área do triângulo equilátero dado o lado nos casos:

a) 4m   b) 12m   c) 18m   d) $8\sqrt{3}$ m   e) 2a

711	Determine a área do hexágono regular dado o lado nos casos: a) 4m b) 6m c) 8m d) $\sqrt{2}$ m

712	Determine o lado do quadrado dada a diagonal nos casos: a) $7\sqrt{2}$ b) $9\sqrt{2}$ c) 18 d) 24 e) 30

713	Determine o lado do triângulo equilátero dada a altura, nos casos: a) $5\sqrt{3}$ b) $7\sqrt{3}$ c) 8 d) 12

714	Determine o lado dada a área do triângulo equilátero, nos casos: a) $25\sqrt{3}$ m² b) $64\sqrt{3}$ m² c) $\sqrt{3}$ m² d) $3\sqrt{3}$ m²

715 Resolver:

a) Qual a área de um triângulo equilátero cuja altura mede $9\sqrt{3}$ m?
b) Qual a altura de um triângulo equilátero de $48\sqrt{3}$ m²?
c) Qual a área de um triângulo equilátero cuja altura mede 12m?
d) Qual a altura de um triângulo equilátero cuja área é de $3\sqrt{3}$ m²?

716 Resolver:

a) Se aumentarmos a diagonal de um quadrado em 6m, a sua área aumenta 66m². Quanto mede o lado desse quadrado?
b) Se aumentarmos a altura de um triângulo equilátero em 6m, a sua área aumenta $68\sqrt{3}$ m². Quanto mede a sua altura?

717 Determinar a área do polígono nos casos:

a) Triângulo isósceles cujo perímetro é de 48m e a altura relativa à base mede 12m.
b) Trapézio isósceles cujas bases medem 2m e 20m e cujo perímetro é de 104m.
c) Trapézio retângulo cujas bases medem 5m e 35m e cujo perímetro é de 90m.

718	Determine a área de um triângulo cujos lados medem a) 17m, 15m e 8m b) 9m, 40 e 41m c) 10m, 12m e 14m

719	As bases de um trapézio, cujos ângulos da base maior são agudos, medem 4m e 20m e os lados oblíquos 9m e 15m. Determine a área desse trapézio.

720 Resolver:

a) Determine a área de um triângulo retângulo sabendo que dois lados medem 6m e 8m.
b) Determine a área de um trapézio retângulo cujos lados medem 3m, 5m, 5m e 9m.
c) Determine a área de um trapézio retângulo cujos lados medem 2m, 4m, 5m e 5m.
d) Um calculista mediu três lados (o lado perpendicular as bases não foi medido) de um trapézio retângulo e obteve as medidas: 2m, 5m e 6m. E em seguida calculou a área desse trapézio. Qual a área encontrada?

Exercícios de Fixação

721 Determine o valor de x nos casos:

a) 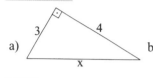 b) 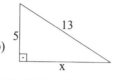 c) 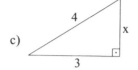 d)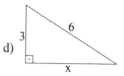

722 Determine x em função de a nos casos:

a) 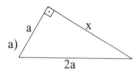 b)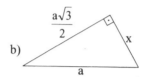

723 Determine x nos casos:

a) 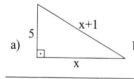 b) 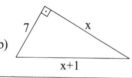 c) 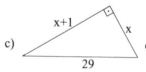 d)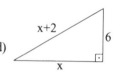

724 Determine x nos casos:

a) 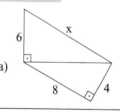 b)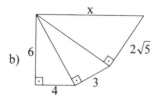

725 Determine x nos casos:

a) Triângulo isósceles

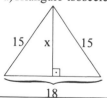

b) Triângulo equilátero

726 Determine o valor de x nos casos:

a) Retângulo

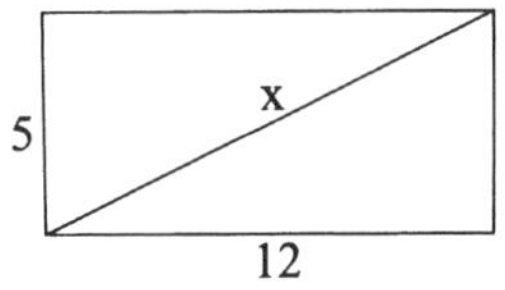

b) Quadrado

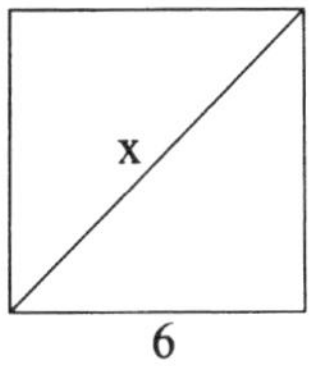

727 Determine o valor de x nos trapézios isósceles:

a)

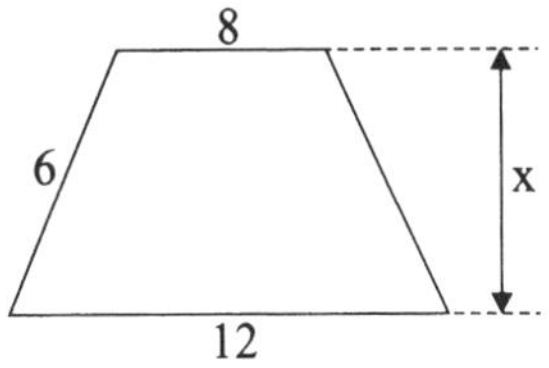

b)

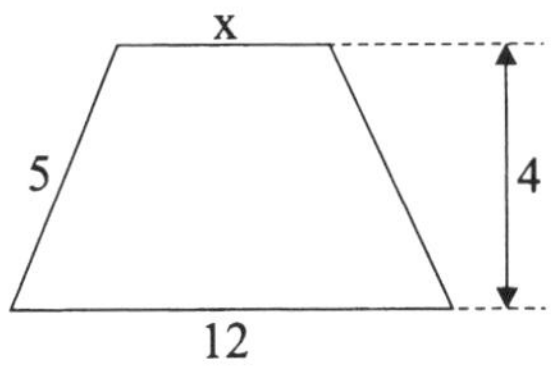

728 Determine o valor de x nos trapézios retângulos:

a)

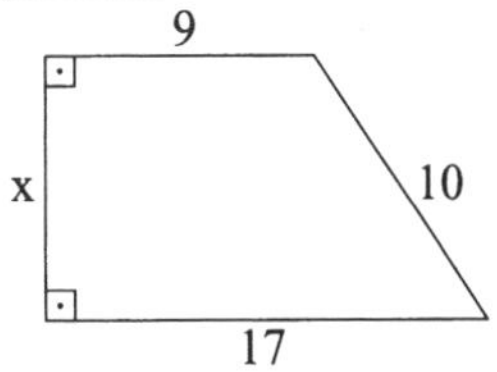

b)

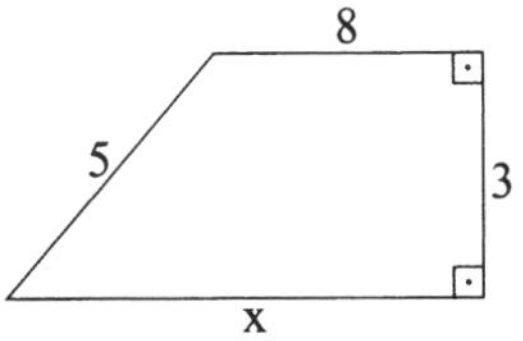

c)

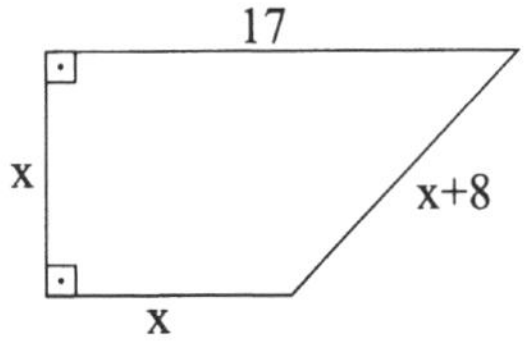

d)

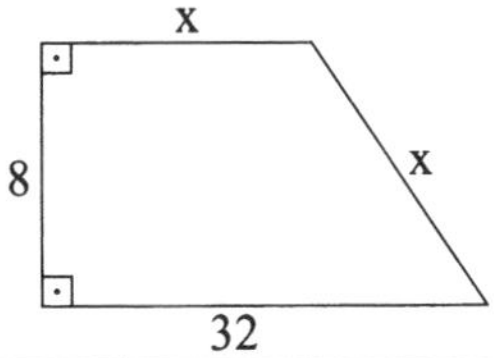

729 Determine o valor de x nos losangos:

a)

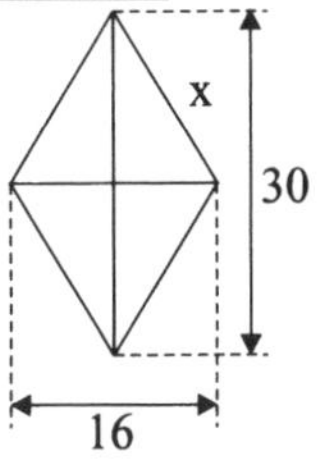

b)

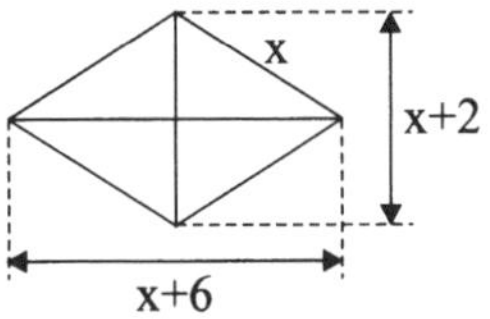

730 Determine o valor de x nos paralelogramos:

a)

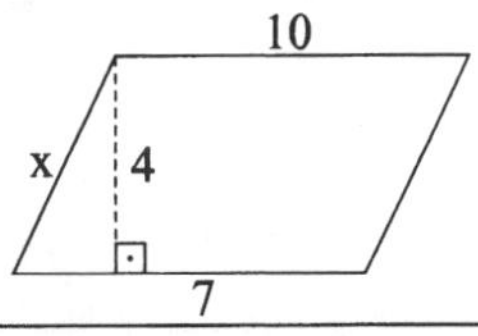

b)

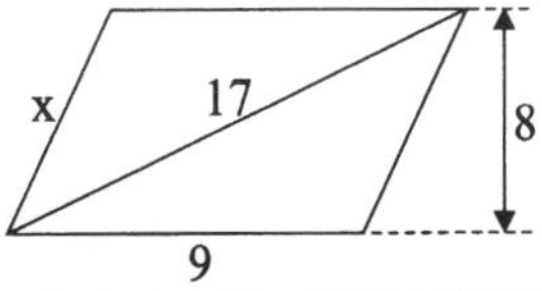

731 Determine a altura do trapézio de bases 10 e 20 da figura: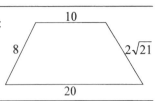

732 Determine o valor de x nos casos:

a) 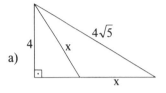   b)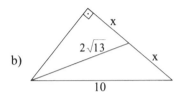

c) 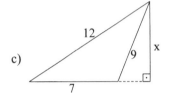   d)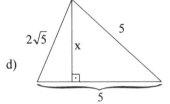

733 Determine o valor de x nos casos:

a) 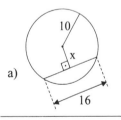   b) 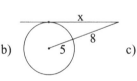   c) 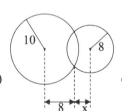   d)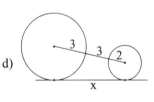

734 Determine o raio do círculo nos casos:

a) 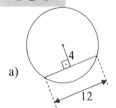   b)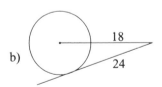

735 Determine o valor de x nos casos:

a) 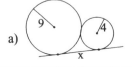   b) AB = 15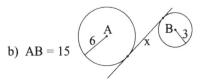

736
Determine o raio do círculo nas figuras:

a) Trapézio retângulo de bases 10m e 15m
b) AH = 25m e BC = 30m e AB = AC

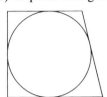

737
Determine o valor de x nos casos:

a)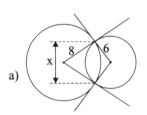
b)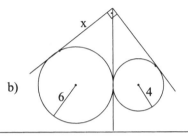

738
Determine o raio do círculo, nos casos, se o triângulo retângulo possui:

a) Catetos de 6m e 8m
b) um cateto de 8m e hipotenusa de $4\sqrt{13}$

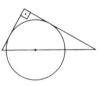

739
Resolver os problemas:
a) Determinar a diagonal de um quadrado de perímetro 20m.
b) Determinar a diagonal de um retângulo de perímetro 20m e base 6m.
c) O perímetro de um losango é 52m e uma diagonal mede 10m. Determinar a outra diagonal.
d) As bases de um trapézio isósceles medem 2m e 18m e o perímetro 40m. Determinar a altura.
e) As bases de um trapézio retângulo medem 3m e 8m e o lado oblíquo 13m. Determinar a altura do trapézio.

740
Resolver os problemas.
a) Determinar a altura de um triângulo equilátero de perímetro 24m.
b) Determinar a altura relativa a base de um triângulo isósceles de base 12m e perímetro 32m..
c) Determinar o perímetro de um triângulo equilátero de altura 6m.
d) Determinar o perímetro de um triângulo isósceles de base 14m e altura relativa a ela 24m.
e) O perímetro de um triângulo isósceles é de 18m e a altura relativa à base mede 3m. Determinar a base.
f) Determinar a menor altura de um triângulo cujos lados medem 4m, 5m e 6m.
g) Determinar a altura não relativa a base de um triângulo isósceles de lados 10m, 10m e 12m.

741 Determine a área do triângulo nos casos:

a) Isósceles (2p = 28m)   b) Isósceles (2p = 100m)   c)

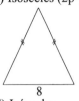

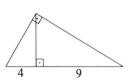

d) Isósceles   e)   f)

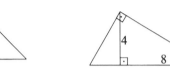

742 Determine a área dos quadriláteros

a) Trap.Isósceles (2p = 34m)   b) 2p = 70m

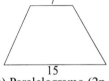
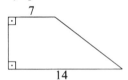

c) Paralelogramo (2p = 64m)   d) Trapézio

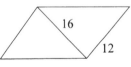
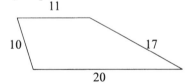

743 Determine a área dos quadriláteros:

a) 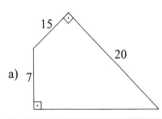   b)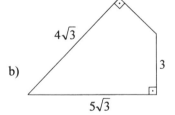

744 Determine o raio do círculo sabendo que AB = 16 e PM = 4, sendo M o ponto médio de $\overline{AB}$.

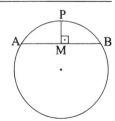

745 As bases de um trapézio retângulo circunscritível medem 10m e 15m. Determine a área desse trapézio.

746 Determine a altura relativa a hipotenusa do triângulo retângulo, nos casos:

a) 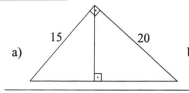 b) 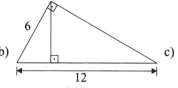 c)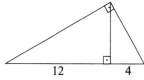

747 Determine a mediana relativa ao lado $\overline{BC}$ do triângulo ABC nos casos:

a) 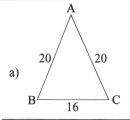 b) 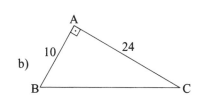 c)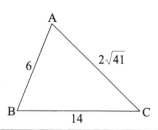

748 Um hexágono convexo é equiângulo e os seus lados medem 4m, 6m e 8m, sendo que lados opostos são congruentes. Determine a área desse hexágono.

749 A base menor e o lado oblíquo às bases de um trapézio retângulo medem, respectivamente, 6m e 5m. Sendo de 24m o seu perímetro, qual é a sua área?

Exercícios Suplementares

750 Determine o valor de x nos casos:

a) 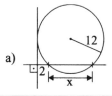 b) 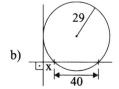 c)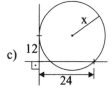

751 Determine o raio da circunferência menor em função do raio R da circunferência maior:

a) 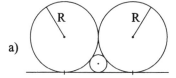 b)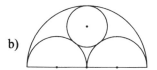

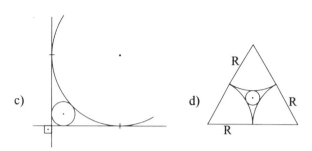

752 Os cinco círculos da figura têm raios iguais e o quadrilátero é um quadrado de lado **a**. Determine o raio em função de a.

753 Na figura temos um setor de 90° de raio R. Determine o raio do círculo menor em função de R.

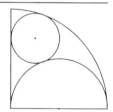

754 Os segmentos PA e PB formam ângulos de 45° com o diâmetro. Se AB = 12m determine o raio do círculo.

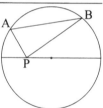

755 Determinar a área do polígono nos casos (unidade das medidas: metro):

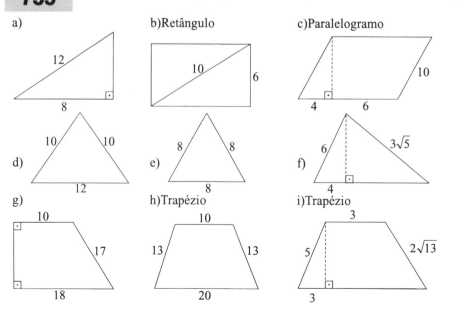

Exercícios de Matemática - Vol. 6   317

756
Determinar a área de um triângulo equilátero de:

a) lado **a**   b) altura **h**   c) perímetro 2p

757
Resolver os problemas:

a) A altura de um retângulo mede 8m, a diagonal excede a base em 2m. Determinar a diagonal.
b) O perímetro de um retângulo é de 30m e a diagonal mede $5\sqrt{5}$ m. Determinar os lados deste retângulo.
c) A altura relativa à base de um triângulo isósceles excede a base em 2m. Determinar a base se o perímetro é de 36m.

758
Resolver:

a) Cada um dos lados congruentes de um triângulo isósceles excede a base em 3m. Determinar a base se a altura relativa a ela é de 12m.
b) A diferença entre as medidas das diagonais de um losango de 68m de perímetro é 14m. Determinar as diagonais deste losango.
c) As bases de um trapézio retângulo medem 3m e 9m e o seu perímetro é de 30m. Determinar a altura.

759
Resolver:

a) Determinar a área de um triângulo isósceles de perímetro 36m se a altura relativa a base mede 12m.
b) Determinar a área de um retângulo de diagonal 15m e perímetro 42m.
c) As bases de um trapézio retângulo medem 3m e 18m e o perímetro 46m. Determinar a área.

760
Resolver:

a) A altura de um trapézio isósceles mede $3\sqrt{3}$ m, a base maior 14m e o perímetro 34m. Determinar a área desse trapézio.
b) As bases de um trapézio medem 4m e 25m e os lados oblíquos medem 10m e 17m. Determinar a área desse trapézio.
c) De um losango sabemos que uma diagonal excede a outra em 4m que por sua vez excede o lado em 2m. Determinar a área desse losango.

761
Resolver:

a) A diagonal de um trapézio isósceles é bissetriz do ângulo da base maior. Se a altura desse trapézio mede $3\sqrt{5}$ m e o perímetro 48m, determinar a área desse trapézio.
b) Um lado de um quadrado é corda de uma circunferência e o lado oposto é tangente a ela. Determinar a área do quadrado sendo 10m o raio do círculo.
c) A diagonal maior de um trapézio retângulo é bissetriz do ângulo agudo. Se a altura e a base maior medem 5m e 25m, determinar a área desse trapézio.

762 Resolver:

a) A base de um triângulo isósceles excede a altura em 10m. Se a área desse triângulo é 300m², quanto mede a altura não relativa à base desse triângulo.
b) Uma diagonal de um losango mede 40m e a sua altura 24m. Determinar a área desse losango.
c) As medianas relativas aos catetos de um triângulo retângulo medem $2\sqrt{73}$ m e $4\sqrt{13}$ m. Determinar a área desse triângulo.

763 Resolver:

a) Determinar a menor altura e a área de um triângulo de lados 5m, $3\sqrt{5}$ m e 10m.
b) Considere um triângulo retângulo e a circunferência inscrita nele. Se o ponto de contacto entre a hipotenusa e a circunferência determina na hipotenusa segmentos de 4m e 6m, determinar a área do triângulo.

764 Resolver:

a) A altura relativa à base de um triângulo isósceles mede 9m e uma mediana $\dfrac{15}{2}$ m. Determinar a área desse triângulo.
b) Dois lados de um triângulo medem 6m e 8m e as medianas relativas a esses lados são perpendiculares. Determinar a área desse triângulo.
c) As medianas relativas aos lados congruentes de um triângulo isósceles medem 15m cada uma. Determinar a mediana relativa à base se a área do triângulo é de 144m².
d) A hipotenusa de um triângulo retângulo mede 24m e uma mediana relativa a um cateto é perpendicular à mediana relativa à hipotenusa. Determinar a área desse triângulo.

765 Resolver:

a) Determinar as diagonais de um trapézio retângulo de bases 2m e 8m e lado oblíquo $6\sqrt{2}$ m.
b) Determinar as diagonais de um trapézio isósceles de bases 5m e 11m e lado oblíquo $3\sqrt{5}$ m.
c) Determinar as diagonais de um trapézio de bases 3m e 12m e lados oblíquos 6m e $3\sqrt{5}$ m.

766
As medianas de um triângulo medem 9m, 12m e 15m. Determinar a área desse triângulo.

767
Os lados de um triângulo medem 5m, 9m e $2\sqrt{13}$ m. Determine as projeções ortogonais dos lados menores sobre o maior.

768
Os lados oblíquos às bases de um trapézio medem 10m e 17m e as bases medem 2m e 23m. Determine as projeções ortogonais dos outros lados sobre a base maior.

CAPÍTULO 14

Teorema de Tales

A – Introdução

Considere um feixe de retas paralelas (as retas são paralelas entre si) que cortam duas transversais.

Os segmentos de transversais com extremidades nas mesmas paralelas são chamados correspondentes.

São correspondentes:

$(\overline{AB} \text{ e } \overline{DE}), (\overline{AC} \text{ e } \overline{DF})$

e $(\overline{BC} \text{ e } \overline{EF})$

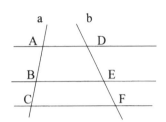

B – Teorema de Tales

Se um feixe de retas paralelas interceptam duas transversais, então a razão entre dois segmentos determinados em uma delas é igual a razão entre os segmentos correspondentes determinados na outra.

$$\frac{AB}{BC} = \frac{A'B'}{B'C'}$$

Podemos também escrever a razão entre correspondentes;

$$\frac{AB}{A'B'} = \frac{BC}{B'C'} = \frac{AC}{A'C'}$$

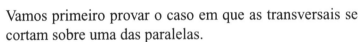

Vamos primeiro provar o caso em que as transversais se cortam sobre uma das paralelas.

Sendo $\overline{BB'}$ paralela a $\overline{CC'}$, queremos provar que

$$\frac{AB}{BC} = \frac{AB'}{B'C'}$$

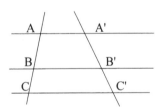

Usaremos na demonstração que (ABC) é a área do triângulo ABC. Vamos também usar que triângulos com a mesma base e altura são equivalentes e que a razão entre as áreas de triângulos com mesma altura é igual a razão entre as bases.

Note que (BB'C) = (BB'C'), têm mesma base e mesma altura.

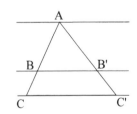

Como os triângulos AB'B e BB'C têm a mesma altura, podemos escrever:

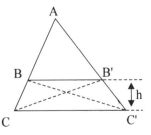

$$\frac{(AB'B)}{(BB'C)} = \frac{AB}{BC}$$

E como os triângulos AB'B e B'C'B têm a mesma altura, podemos escrever:

$$\frac{(AB'B)}{(B'C'B)} = \frac{AB'}{B'C'}$$

Agora, como (BB'C) = (B'C'B), obtemos:

$$\frac{(AB'B)}{(BB'C)} = \frac{AB}{BC} = \frac{AB'}{B'C'} \Rightarrow \boxed{\frac{AB}{BC} = \frac{AB'}{B'C'}}$$

Provemos agora o caso geral.

Queremos provar que $\dfrac{AB}{BC} = \dfrac{A'B'}{B'C'}$

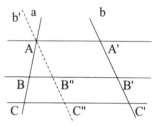

Tracemos por **A** a reta **b'** paralela a **b**. Caímos no caso anterior e podemos escrever: $\dfrac{AB}{BC} = \dfrac{AB''}{B''C''}$ (I)

E como lados opostos de um paralelogramo (A A'B'B" e B"B'C'C") são congruentes, obtemos:
AB" = A'B' e B"C" = B'C'
Substituindo essas últimas igualdades em I obtemos:

$\boxed{\dfrac{AB}{BC} = \dfrac{A'B'}{B'C'}}$ podemos escrever: $\boxed{\dfrac{AB}{A'B'} = \dfrac{BC}{B'C'}}$

Sendo a, b, c e d paralelas, olhe as igualdades que podemos escrever:

$$\frac{AB}{BC} = \frac{A'B'}{B'C'}, \quad \frac{BC}{CD} = \frac{B'C'}{C'D'}, \quad \frac{CD}{AB} = \frac{C'D'}{A'B'}, \text{ etc.}$$

Ou de uma vez só:

$$\frac{AB}{A'B'} = \frac{BC}{B'C'} = \frac{CD}{C'D'} = \frac{AC}{A'C'} = \ldots$$

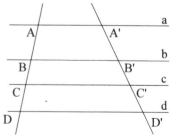

C – Consequência de Tales

C1 – Teorema da bissetriz interna

"A razão entre dois lados de um triângulo é igual a razão entre os segmentos que a bissetriz do ângulo formado por eles determina no terceiro lado".

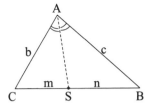

Demonstração: Tracemos por **C** a reta paralela à bissetriz $\overline{AS}$. Seja **P** o ponto onde essa reta encontra a reta AB.

Como $\overline{AS}$ é paralelo a $\overline{PC}$, obtemos $\beta = \alpha$ (correspondentes) e $\gamma = \alpha$ (alternos internos). Então $\beta = \gamma$. Logo o triângulo PAC é isósceles de base PC. Então: $AP = AC = b$.
Aplicando o teorema de Tales no triângulo PBC obtemos:

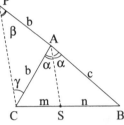

É evidente que podemos também escrever: $\boxed{\dfrac{b}{m} = \dfrac{c}{n}}$ ou as razões inversas.

C2 – Teorema da bissetriz externa

"A razão entre dois lados desiguais de um triângulo é igual a razão entre os segmentos que a bissetriz do ângulo externo adjacente ao ângulo formado por eles determina na reta do terceiro lado".

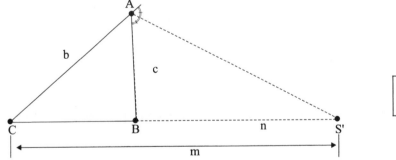

Demonstração: Tracemos por **B** a reta paralela a bissetriz $\overline{AS'}$. Seja **P** o ponto onde essa reta encontra o lado AC. Como $\overline{AS'}$ é paralelo a $\overline{PB}$ obtemos $\beta = \alpha$ (correspondentes) e $\gamma = \alpha$ (alternos internos). Então $\beta = \gamma$.
Logo o triângulo ABP é isósceles de base BP. Então $AP = AB = c$.

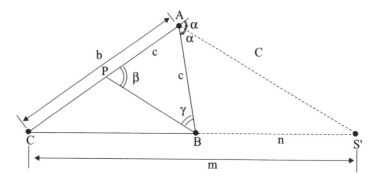

Aplicando o teorema de Tales no triângulo CAS' obtemos:

$$\boxed{\frac{b}{c} = \frac{m}{n}}$$

É evidente que podemos também escrever: $\boxed{\dfrac{b}{m} = \dfrac{c}{n}}$ ou as razões inversas.

Exercícios

769 Na figura temos um feixe de paralelas cortadas por transversais. Dizer se é verdadeira (V) ou falsa (F) cada uma das igualdades.

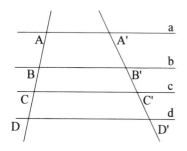

a) $\dfrac{AB}{BC} = \dfrac{A'B'}{B'C'}$

b) $\dfrac{CD}{CA} = \dfrac{C'D'}{C'A'}$

c) $\dfrac{B'C'}{A'D'} = \dfrac{BC}{AD}$

d) $\dfrac{A'B'}{C'D'} = \dfrac{AB}{CD}$

e) $\dfrac{AB}{A'B'} = \dfrac{AC}{A'C'} = \dfrac{CD}{C'D'} = \dfrac{BC}{B'C'} = \dfrac{AD}{A'D'}$

770 Em cada caso temos um feixe de retas paralelas cortadas por transversais. Determine x.

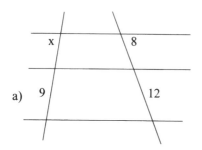

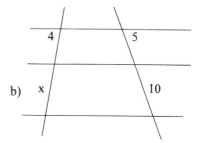

Exercícios de Matemática - Vol. 6   323

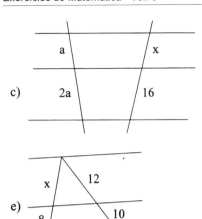

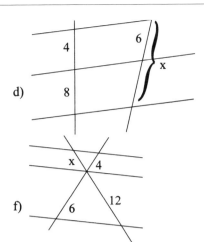

771 Dado um feixe de paralelas, determine x nos casos:

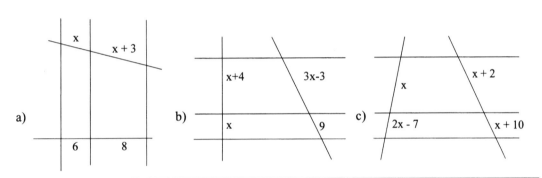

772 As retas r, s e t são paralelas. Determine x.

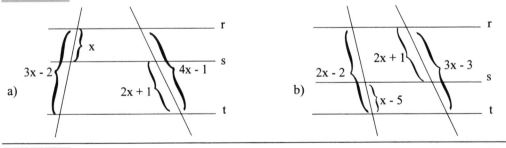

773 O segmento interno ao triângulo, em cada caso, é paralelo a um lado. Determine x.

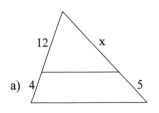
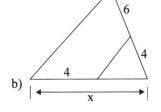
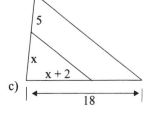

774 As retas r, s e t são paralelas. Determine as incógnitas nos casos:

a)    b)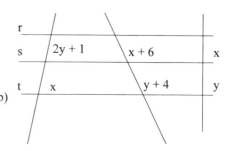

775 Em cada caso temos um trapézio e os segmentos internos ao trapézio são paralelos às bases. Determine as incógnitas.

a) 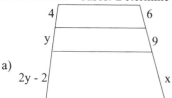   b)

776 Em cada caso temos um trapézio. Determine x.

a) 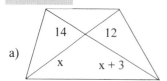   b)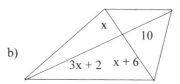

777 Em cada caso as retas r, s e t são paralelas. Determine as incógnitas.

a) 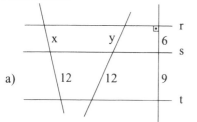   b)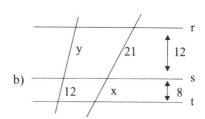

778 Determine as incógnitas.

a) 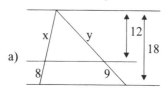   b)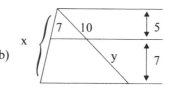

779 Determine a altura relativa ao lado BC do triângulo ABC nos casos:

a)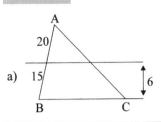
b)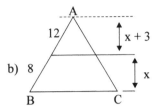

780 Determine a altura do trapézio em questão nos casos:

a)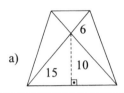
b)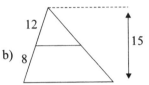

781 Em cada caso AS é bissetriz do triângulo. Determine x.

a)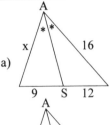
b)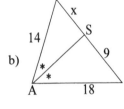
c)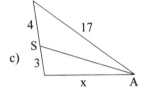
d)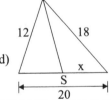
e)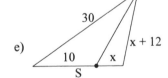
f)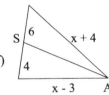

782 Em cada caso AS' é bissetriz externa do triângulo. Determine x.

a)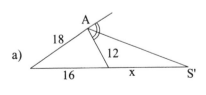
b)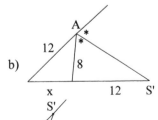
c)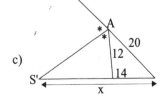
d)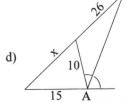

783 Na figura AS é bissetriz interna e AS' é bissetriz externa. Determine x.

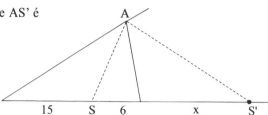

784 Determine o valor de x nos casos:

a)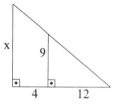

b) $\overline{AS}$ é bissetriz

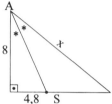

785 Determine a área do triângulo ABC nos casos:

a) $\overline{MN} // \overline{BC}$

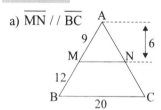

b)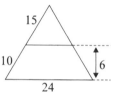

786 Determine a área do trapézio nos casos:

a)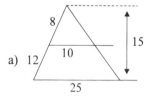

b)

787 Resolver:

a) Três retas paralelas determinam sobre uma transversal os pontos A, B e C e sobre outra, respectivamente, os pontos P, Q e R. Se AB = 20m, BC = 12m e PR = 48 m, determine PQ.
b) Quatro retas paralelas determinam sobre uma transversal os pontos A, B, C e D e sobre outra os pontos correspondentes P, Q, R e S. Se AB = 8m, BC = 14m, CD = 16m e PS = 95 m. Determine PQ e RS.

788 Resolver:

a) De um triângulo ABC sabemos que AB = 21m, AC = 24m e BC = 30m. Determine os segmentos que a bissetriz relativa a $\overline{BC}$ determina sobre $\overline{BC}$.
b) O perímetro de um triângulo ABC tem 57m e a bissetriz do ângulo A determina sobre $\overline{BC}$ os segmentos BP = 9m e PC = 10m. Determine AB e AC.
c) A bissetriz externa relativa ao vértice A de um triângulo ABC determina sobre a reta BC o ponto P. Se AB = 12m, AC = 8m e BC = 8m, determine PC.

789 Resolver:

a) Um reta paralela ao lado BC de um triângulo ABC determina sobre $\overline{AB}$ segmentos de 12m e 8m. Determine os segmentos que ela determina sobre $\overline{AC}$ que mede 25m.
b) Uma reta paralela às bases de um trapézio determina sobre um dos lados oblíquos segmentos de 16m e 20m. Quanto medem os segmentos que ela determina sobre o outro lado que mede 54m?

Exercícios de Fixação

790 Determinar o valor de x nos casos, sendo **r**, **s** e **t** retas paralelas entre si:

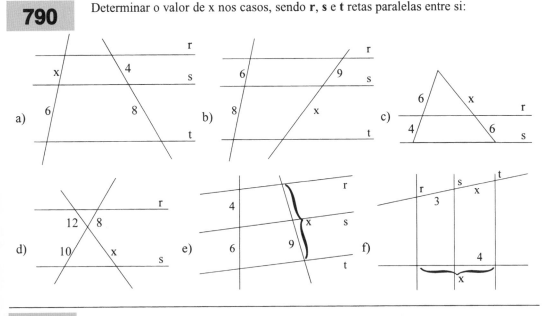

791 Sendo **r**, **s**, **t** e **u** retas paralelas entre si, determinas as incógnitas nos casos:

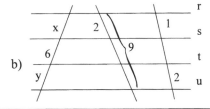

792 Se os ângulos com "marcas iguais" são congruentes, determinar o valor de x:

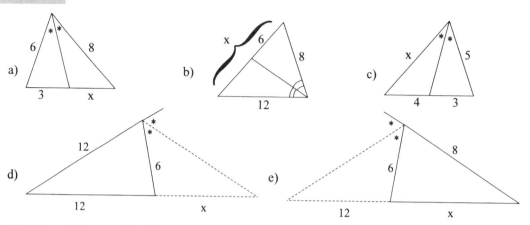

793 Determinar a medida do lado $\overline{AB}$ do triângulo ABC:

a) $\overline{AS}$ é bissetriz e o perímetro do $\triangle ABC$ é 75m

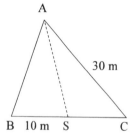

b) $\overline{AP}$ é bissetriz do ângulo externo em A e o perímetro do $\triangle ABC$ é 23m

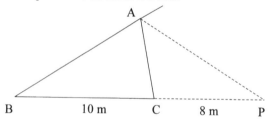

794 Se $\overline{AS}$ e $\overline{AP}$ são bissetrizes dos ângulos interno e externo em A, determinar o valor de $\overline{CP}$ dado BS = 8m e SC = 6m:

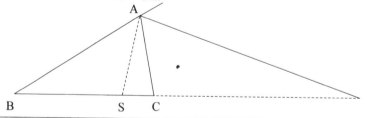

795 Determine o valor de x nas figuras:

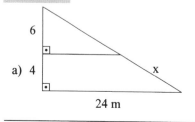
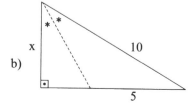

796 Resolver:

a) O perímetro de um triângulo ABC é de 100m e a bissetriz de $\hat{B}$ intercepta o lado $\overline{AC}$ em P. Se AP = 16m e BC = 36m, determine AB e AC.

b) A bissetriz externa relativa ao vértice A de um triângulo ABC encontra a semireta $\overrightarrow{BC}$ em P. Se AB = PC = 36m e o perímetro do triângulo é de 78m, determine AC e BC.

797 Determine x e y, sendo r, s e t retas paralelas.

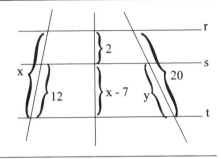

798 Dado um triângulo ABC e um segmento $\overline{DE}$ com D em $\overline{AB}$ e E em $\overline{AC}$, prove que, se AD : DB = AE : EC, então $\overline{DE}$ é paralelo a $\overline{BC}$.

799 De um triângulo ABC sabemos que AB = 15m, AC = 9m e BC = 12m. Determine a bissetriz externa relativa ao lado BC.

800 Determine a medida da hipotenusa $\overline{BC}$ de um triângulo ABC sabendo que P está em $\overline{BC}$, Q sobre a reta BC, de modo que $\overline{AC}$ seja bissetriz de PAQ, QC = 12m e CP = 6m.

CAPÍTULO 15

Semelhança

A – Semelhança de triângulos

A1 – Definição

Se for possível estabelecer uma correspondência entre vértices e lados de dois triângulos, de modo que ângulos de vértices correspondentes são congruentes e lados correspondentes são proporcionais, dizemos que esses triângulos são semelhantes.

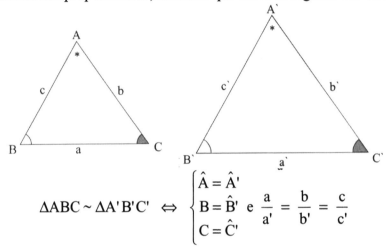

$$\triangle ABC \sim \triangle A'B'C' \iff \begin{cases} \hat{A} = \hat{A}' \\ \hat{B} = \hat{B}' \\ \hat{C} = \hat{C}' \end{cases} \text{ e } \frac{a}{a'} = \frac{b}{b'} = \frac{c}{c'}$$

Obs.:

*1ª) O símbolo ~ significa **é semelhante ao**.*

2ª) A razão $\frac{a}{a'} = \frac{b}{b'} = \frac{c}{c'} = k$ é chamada razão de semelhança.

*3ª) **Lados correspondentes** são chamados também **lados homólogos**.*

*4ª) Se dois triângulos são semelhantes e a razão de semelhança é **k**, a razão entre os seus perímetros também é **k**.*

De fato:

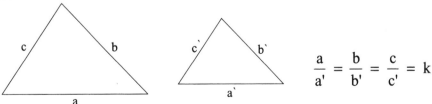

$$\frac{a}{a'} = \frac{b}{b'} = \frac{c}{c'} = k$$

$$\frac{a}{a'} = \frac{b}{b'} = \frac{c}{c'} = k \implies \begin{cases} a = a'k \\ b = b'k \\ c = c'k \end{cases} \implies$$

$$a + b + c = a'k + b'k + c'k \Rightarrow a + b + c = (a' + b' + c')k \Rightarrow \boxed{\frac{a+b+c}{a'+b'+c'} = k}$$

5ª) A semelhança entre triângulos satisfaz as propriedades reflexiva, simétrica e transitiva.
Reflexiva : $\triangle ABC \sim \triangle ABC$
Simétrica : $\triangle ABC \sim \triangle A'B'C' \Rightarrow \triangle A'B'C' \sim \triangle ABC$
Transitiva : $\triangle ABC \sim \triangle A'B'C'$, $\triangle A'B'C' \sim \triangle XYZ \Rightarrow \triangle ABC \sim \triangle XYZ$

A2 – Teorema Fundamental

Uma reta paralela a um lado de um triângulo determina com os outros lados (ou seus prolongamentos) um triângulo que é semelhante a ele.

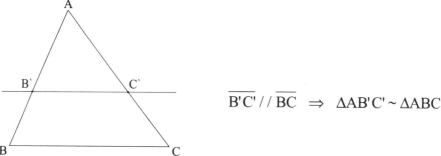

$\overline{B'C'} // \overline{BC} \Rightarrow \triangle AB'C' \sim \triangle ABC$

Provar que os triângulos são semelhantes significa provar que os ângulos correspondentes são congruentes e os lados correspondentes são proporcionais.

Demonstração:

1º) Note que $\hat{A} = \hat{A}$ (são coincidentes) e como $\overline{B'C'}$ é paralela a $\overline{BC}$, obtemos que $\hat{B}' = \hat{B}$ e $\hat{C}' = \hat{C}$ (são correspondentes). Então os ângulos de ABC são congruentes aos ângulos de AB'C'.

2º) Aplicando o teorema de Tales, pois $\overline{B'C'}$ é paralela a $\overline{BC}$, obtemos que:

$$\frac{AB'}{AB} = \frac{AC'}{AC} \quad (I)$$

3º) Tracemos por C' a reta paralela a $\overline{AB}$ e aplicando o teorema de Tales, pois $\overline{C'P}$ é paralela a $\overline{AB}$, obtemos:

$\frac{AC'}{AC} = \frac{BP}{BC}$. E como BP = B'C', pois B'C'PB é paralelogramo e lados opostos de paralelogramo são congruentes, obtemos:

$$\frac{AC'}{AC} = \frac{B'C'}{BC} \quad (II)$$

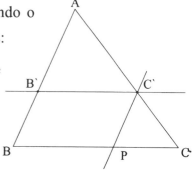

Finalmente, I e II implica em: $\dfrac{AB'}{AB} = \dfrac{AC'}{AC} = \dfrac{B'C'}{BC}$

Então, como os ângulos de um triângulo são congruentes aos ângulos do outro e os lados de um são proporcionais aos lados do outro, podemos dizer que, por definição, eles são semelhantes.

B – Casos de Semelhança

B1 – AA

"Se dois ângulos de um triângulo são congruentes a dois ângulos de outro, então esses triângulos são semelhantes".

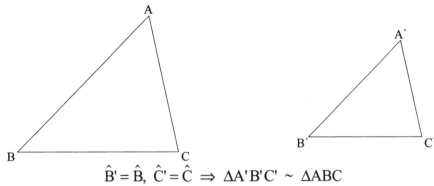

$\hat{B}' = \hat{B}$, $\hat{C}' = \hat{C}$ $\Rightarrow$ $\triangle A'B'C' \sim \triangle ABC$

Demonstração:

1º) Como as somas dos ângulos de todos os triângulos são iguais (igual a 180º), note que se $\hat{B}' = \hat{B}$ e $\hat{C}' = \hat{C}$, obtemos que $\hat{A}' = \hat{A}$.

Então já obtemos que os ângulos de um são congruentes aos ângulos do outro. Basta agora provar que os lados são proporcionais.

2º) Vamos admitir que AB > A'B' (Se AB < A'B' a demonstração seria análoga). Tomemos sobre $\overline{AB}$ o ponto B" de modo que AB" = A'B'.

Agora, por B" tracemos a reta paralela a $\overline{BC}$.
Seja C" o ponto que ela determina em $\overline{AC}$.
Pelo teorema fundamental podemos escrever:

$\dfrac{AB"}{AB} = \dfrac{AC"}{AC} = \dfrac{B"C"}{BC}$ (I)

3º) Como $\overline{B"C"}$ é paralelo a $\overline{BC}$, obtemos que $\hat{B}" = \hat{B}$ e $\hat{C}" = \hat{C}$.
E como, por hipótese, $\hat{B}' = \hat{B}$ e $\hat{C}' = \hat{C}$, obtemos $\hat{B}" = \hat{B}'$ e $\hat{C}" = \hat{C}'$.
Então pelo caso LAAo de congruência de triângulos podemos afirmar que os triângulos AB"C" e A'B'C' são congruentes. Donde tiramos que AB" = A'B' (já sabíamos), AC" = A'C' e B"C" = B'C'.

Substituindo essas últimas igualdades em (I) obtemos: $\dfrac{A'B'}{AB} = \dfrac{A'C'}{AC} = \dfrac{B'C'}{BC}$

Então: $\triangle A'B'C' \sim \triangle ABC$

B2 – LAL (Semelhança)

"Se dois lados de um triângulo são proporcionais a dois lados de outro e os ângulos compreendidos são congruentes, então esses triângulos são semelhantes.

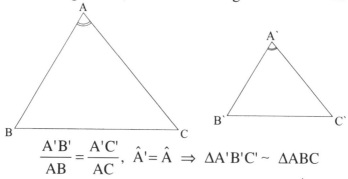

$$\frac{A'B'}{AB} = \frac{A'C'}{AC}, \quad \hat{A}' = \hat{A} \Rightarrow \Delta A'B'C' \sim \Delta ABC$$

Demonstração:

1º) Vamos admitir que AB > A'B' (Se AB < A'B' a demonstração é análoga). Tomemos o ponto B" sobre AB de modo que AB" = A'B' e tracemos por B" a reta paralela a $\overline{BC}$.

Seja C" o ponto onde essa reta encontra $\overline{AC}$.

Pelo teorema fundamental obtemos que os triângulos AB"C" e ABC são semelhantes.

2º) Como $\overline{B"C"}$ é paralelo a $\overline{BC}$ obtemos que:

$\dfrac{AB"}{AB} = \dfrac{AC"}{AC}$. E como AB" = A'B', temos: $\dfrac{A'B'}{AB} = \dfrac{AC"}{AC}$.

Da hipótese sabemos que $\dfrac{A'B'}{AB} = \dfrac{A'C'}{AC}$.

Então: $\dfrac{AC"}{AC} = \dfrac{A'C'}{AC}$ isto é: AC" = A'C'.

3º) Note então que pelo caso LAL da congruência de triângulos obtemos que os triângulos A'B'C' e AB"C" são congruentes.

E como AB"C" e ABC são semelhantes (item 1), obtemos que A'B'C' e ABC são semelhantes.

B3 – LLL (Semelhança)

"Se os três lados de um triângulo são proporcionais aos três lados de outro, então esses triângulos são semelhantes".

Exercícios de Matemática - Vol. 6   335

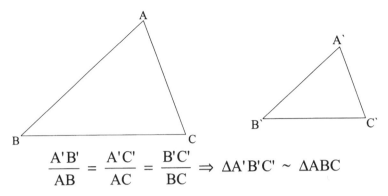

$$\frac{A'B'}{AB} = \frac{A'C'}{AC} = \frac{B'C'}{BC} \Rightarrow \Delta A'B'C' \sim \Delta ABC$$

Demonstração:
Sem perda de generalidade vamos supor que AB > A'B'.

1º) Tomemos sobre $\overline{AB}$ o ponto B" de modo que AB" = A'B' e tracemos por B" a reta paralela a $\overline{BC}$ e seja C" o ponto onde ela corta $\overline{AC}$. Pelo teorema fundamental note que os triângulos AB"C" e ABC são semelhantes.
Se provarmos que A'B'C' é congruente ao AB"C", fica provado o teorema. Vejamos:

2º) Pela semelhança de AB"C" e ABC obtemos $\dfrac{AB"}{AB} = \dfrac{AC"}{AC} = \dfrac{B"C"}{BC}$ e como AB" = A'B' obtemos

$$\frac{A'B'}{AB} = \frac{AC"}{AC} = \frac{B"C"}{BC} \text{ . (I)}$$

3º) Comparando a hipótese com a igualdade (I) obtemos $\dfrac{AC"}{AC} = \dfrac{A'C'}{AC}$ e $\dfrac{B"C"}{BC} = \dfrac{B'C'}{BC}$, donde obtemos: AC" = A'C' e B"C" = B'C'. E como AB" = A'B' por construção, podemos afirmar que os triângulos A'B'C' e AB"C" são congruentes pelo caso LLL.

Finalmente, como A'B'C' é semelhante a AB"C" e este é semelhante ao ABC, obtemos que A'B'C' é semelhante ao triângulo ABC.

Obs.: Observe os dois triângulos abaixo:

Como $\dfrac{8}{12} = \dfrac{12}{18} = \dfrac{18}{27}$, concluímos que os triângulos são semelhantes (pois os lados são proporcionais). Mas se eles são semelhantes, os ângulos de um são congruentes aos ângulos do outro. Então, note que: Dois lados de um triângulo são congruentes a dois lados do outro (12 e 18) e os três ângulos de

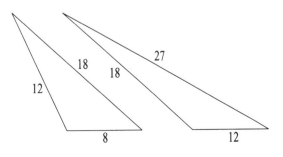

um são congruentes aos três do outro. Logo, 5 elementos de um são congruentes a 5 elementos do outro e eles não são congruentes.

C – Segmentos Homólogos

Teorema: Se dois triângulos são semelhantes então a razão entre duas alturas homólogas é igual a razão de semelhança.

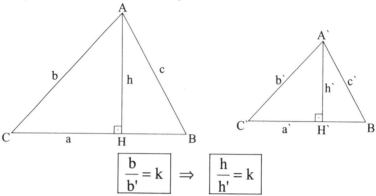

$$\boxed{\frac{b}{b'} = k} \Rightarrow \boxed{\frac{h}{h'} = k}$$

Demonstração: Como $\hat{C} = \hat{C}'$ (definição de triângulos semelhantes) e $\hat{H} = \hat{H}'$ (ambos são retos), pelo caso AA de semelhança podemos afirmar que os triângulos AHC e A'H'C' são semelhantes. Da semelhança obtemos:

$\dfrac{b}{b'} = \dfrac{h}{h'}$ e como $\dfrac{a}{a'} = \dfrac{b}{b'} = \dfrac{c}{c'}$ podemos escrever:

$\dfrac{a}{a'} = \dfrac{b}{b'} = \dfrac{c}{c'} = \dfrac{h}{h'} = k$ (onde k é a razão de semelhança)

Da mesma forma provamos que se dois triângulos são semelhantes, então a razão entre quaisquer segmentos homólogos (alturas homólogas, bissetrizes homólogas, medianas homólogas, etc) é igual a razão de semelhança.

Nota: Se dois triângulos são semelhantes, então ângulos homólogos são congruentes e segmentos homólogos são proporcionais.

D – Áreas de Triângulos Semelhantes

Teorema: Se dois triângulos são semelhantes, então a razão entre suas áreas é igual ao quadrado da razão de semelhança.

Sendo k a razão de semelhança, temos:

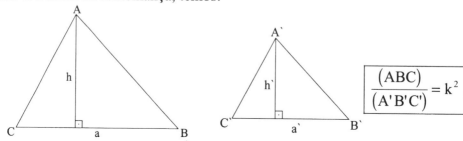

Demonstração: Sendo k a razão de semelhança temos: $\frac{a}{a'} = \frac{h}{h'} = k$. Então:

$$\frac{(ABC)}{(A'B'C')} = \frac{\frac{ah}{2}}{\frac{a'h'}{2}} = \frac{ah}{a'h'} = \frac{a}{a'} \cdot \frac{h}{h'} = k \cdot k = k^2 \Rightarrow \boxed{\frac{(ABC)}{(A'B'C')} = k^2}$$

Com o símbolo (ABC) estamos indicando a área do triângulo ABC.

E – Semelhança de Polígonos

Definição: Dois polígonos são semelhantes se for possível estabelecer uma correspondência entre vértices e lados de modo que ângulos de vértices correspondentes sejam congruentes e lados correspondentes sejam proporcionais.

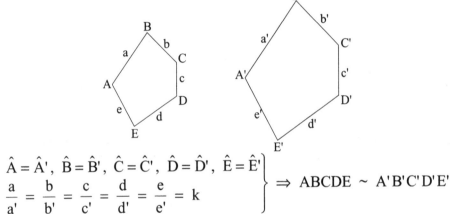

$$\left. \begin{array}{l} \hat{A} = \hat{A}', \ \hat{B} = \hat{B}', \ \hat{C} = \hat{C}', \ \hat{D} = \hat{D}', \ \hat{E} = \hat{E}' \\ \dfrac{a}{a'} = \dfrac{b}{b'} = \dfrac{c}{c'} = \dfrac{d}{d'} = \dfrac{e}{e'} = k \end{array} \right\} \Rightarrow ABCDE \sim A'B'C'D'E'$$

Obs.:

1ª) k é chamado razão de semelhança.

*2ª) É fácil provar que se os polígonos são semelhantes com razão de semelhança **k**, a razão entre as áreas é **k²**.*

3ª) Sabemos que se os ângulos de um triângulo são congruentes aos ângulos de outro então os triângulos são semelhantes. Para polígonos, não triângulos, esta propriedade não é válida. Olhe as figuras.

4ª) Se os lados de um triângulo são proporcionais aos lados de outro, esses triângulos são semelhantes. Para polígonos, não triângulos, esta propriedade não é válida. Olhe as figuras.

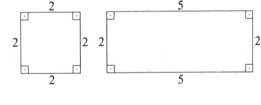

Os lados são proporcionais

$\left(\text{razão } \dfrac{5}{5} = \dfrac{3}{3} = 1 \right)$

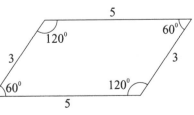
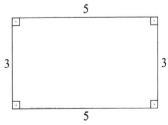

mas os ângulos não são congruentes.

*5ª) Quando dois polígonos são semelhantes e os lados homólogos são paralelos, dizemos que os polígonos são **homotéticos** e que essa semelhança é uma homotetia.*
Em todas as figuras que fizemos até agora os lados homólogos estão paralelos. (É mais fácil para perceber que eles tem a mesma forma (são semelhantes)). Nos exercícios lados homólogos não estão sempre paralelos.

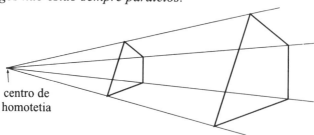

Exercícios

801 Em cada caso são dados dois triângulos semelhantes. Dizer quais são os ângulos congruentes e escrever a expressão da proporção entre os lados:
a) $\triangle ABC \sim \triangle KLM$ b) $\triangle MNK \sim \triangle DEF$

802 Com "marcas" iguais, nas figuras, estamos indicando que os ângulos são congruentes. Escrever com o símbolo (~) que os triângulos são semelhantes.

a) 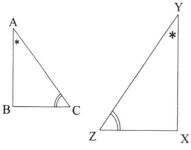   b)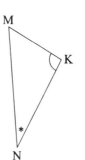

803 Em cada caso ângulos congruentes estão assinalados com "marcas" iguais. Escrever a proporção entre as medidas indicadas de modo que a razão obtida seja a razão de semelhança.

a) 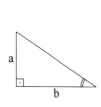   b)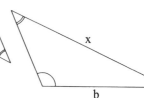

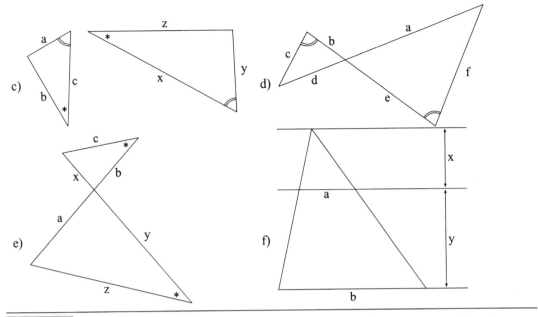

804 Determine o valor de x e diga qual a razão de semelhança entre os triângulos, nos casos.
(Neste e em outros exercícios, ângulos congruentes estão assinalados com "marcas" iguais)

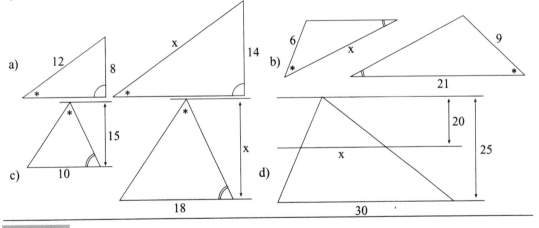

805 Determine as incógnitas nos casos:

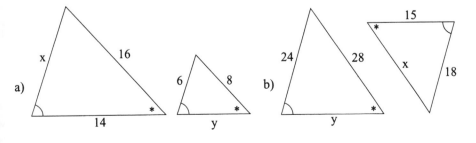

c) r//s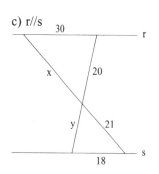

d)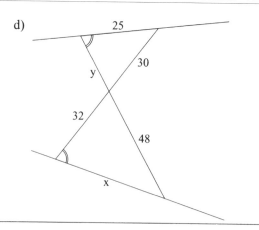

806 Determine x nos casos:

a)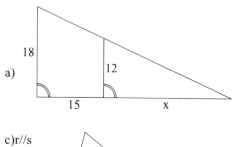

b)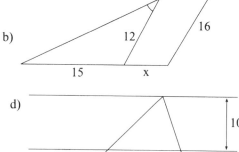

c) r//s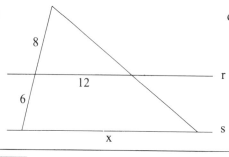

d)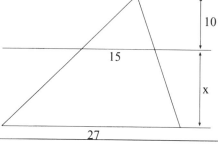

807 Determine as incógnitas nos casos:

a)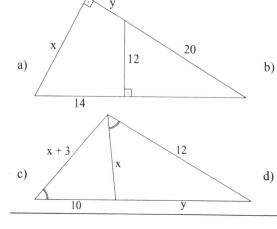

b)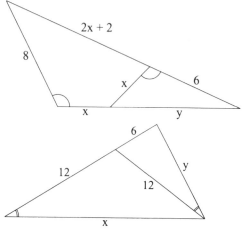

808 Determine x nos casos:

a)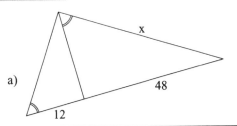
b)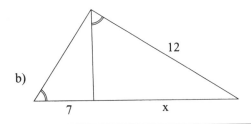

809 O segmento interno ao triângulo é paralelo a um lado. Determine as incógnitas.

a)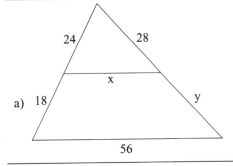
b)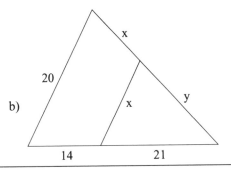

810 Em cada caso temos um trapézio. Determine x:

a)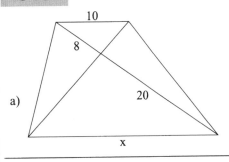
b)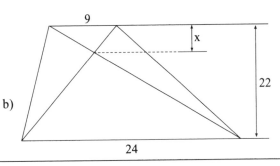

811 Determine x nos casos:

a)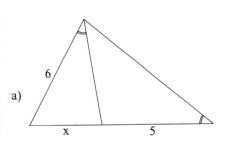
b)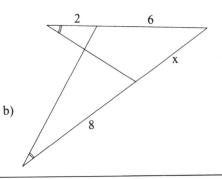

812 Determine x nos casos:

a)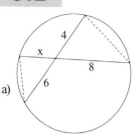
b)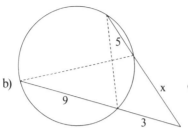
c)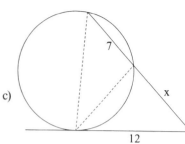

813 Determine x nos casos:

a) Quadrado inscrito no triângulo

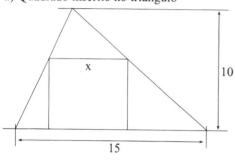

b) Retângulo de 2p = 32 inscrito no triângulo

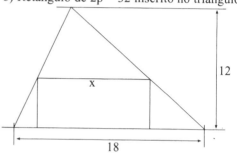

814 Determine a área do triângulo ABC nos casos:

a)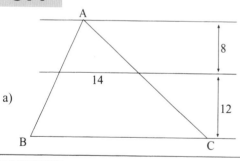
b)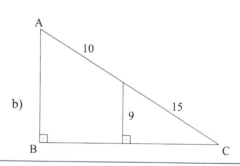

815 Determine a área do trapézio nos casos:

a)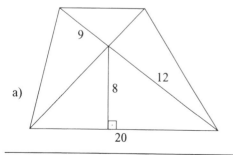
b)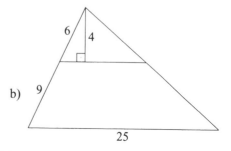

816 Resolver:

a) A razão de semelhança entre dois triângulos é 4 : 5. Se um lado do primeiro mede 20m, quanto mede o lado homólogo (correspondente) do segundo?
b) A razão de semelhança de dois triângulos é 2 : 3. Se um lado de um mede 12m, quanto mede o lado homólogo do outro? (Considere os dois casos)
c) A razão de semelhança de dois triângulos é 5 : 7. Se o perímetro do primeiro é 40m, qual é o perímetro do segundo?
d) A razão de semelhança de dois triângulos é 3 : 5 e o perímetro de um é 75m. Qual é o perímetro do outro?

817 Resolver:

a) A razão de semelhança entre dois triângulos é 5 : 8 e os lados do primeiro medem 15m, 20m e 30m. Determine os lados do outro.
b) Os lados de um triângulo medem 14m, 21m e 28m. Se o perímetro de um triângulo semelhante a ele é de 81m, quanto medem os seus lados?
c) Dois triângulos têm 22m e 55m de perímetros. Se um lado de um mede 8m e um lado de outro mede 25m, determine os outros lados incógnitos desses triângulos.

818 Resolver:

a) Dois quadriláteros são semelhantes e os seus perímetros têm 208m e 130m. Se três lados do primeiro medem 32m, 56m e 72m, determine os lados do segundo?
b) Dois pentágonos com 91m e 117m de perímetros são semelhantes se um lado do 1° mede 14m quanto mede o lado homólogo a ele do 2°?
c) Dois heptágonos são semelhantes. Um lado do 1° mede 56m e o homólogo do 2° mede 24m. Se uma diagonal do 1° mede 63m, quanto mede a diagonal homóloga a ela do 2°?

819 Resolver:

a) Dois retângulos são semelhantes se dois lados do primeiro medem 10m e 35m e o perímetro do segundo é de 234m, quanto medem os lados do segundo?
b) Dois trapézios são semelhantes e as bases de um medem 45m e 65m. Se uma base do outro mede 39m, quanto mede a outra base?

820
Dois lados de um retângulo medem 12m e 18m. Como devemos cortá-lo por uma reta paralela a um lado para que

a) Um dos retângulos obtidos seja semelhante ao original?
b) Os retângulos obtidos sejam semelhantes?

821 Resolver:

a) A razão de semelhança entre dois triângulos é 4 : 7. Se a área do primeiro é de 192m², qual a área do segundo?
b) A altura relativa a base de um triângulo é h. A que distância desta base devemos conduzir uma reta paralela à base para que a área do trapézio obtido seja igual a 8 vezes a área do triângulo destacado?
c) Os lados de dois pentágonos regulares medem 7m e 24m. Quanto deve medir o lado de um terceiro pentágono, também regular, para que a sua área seja igual a soma das áreas dos dois primeiros?

822 Resolver:

a) As bases de um trapézio medem 6m e 10m e os lados oblíquos 6m e 8m. Prolongam-se os lados oblíquos até se encontrarem. Determine os lados incógnitos do menor triângulo obtido.
b) As bases de um trapézio medem 16m e 56m, um lado oblíquo 30m e o perímetro do maior triângulo obtido quando prolongamos dois lados do trapézio é de 147m. Determine o outro lado do trapézio.
c) A base BC e a altura AH de um triângulo medem, respectivamente, 18m e 12m. Qual a área do retângulo de maior área que pode-se inscrever neste triângulo de modo que um lado do retângulo esteja sobre BC.

Exercícios de Fixação

823 Os triângulos ABC e A'B'C' da figura são semelhantes (△ABC ~ △A'B'C'). Se a razão de semelhança do 1º para o 2º é $\frac{3}{2}$, determine:

a) a, b e c
b) a razão entre os seus perímetros

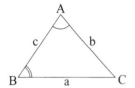
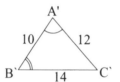

824 Os triângulos ABC e PQR são semelhantes. Determine x e y.

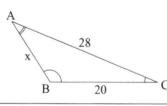
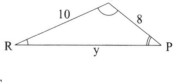

825 Se o △KLM é semelhante ao △FGH, determine x.

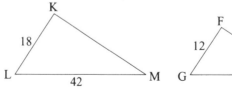

826 Se $\overline{DE}$ é paralelo a $\overline{BC}$, determine x nos casos:

a)   b) x = AD

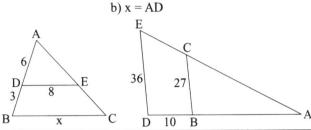

827 De um $\triangle ABC$ sabemos que AB = 20m, BC = 30m e AC = 25m. Se D está em $\overline{AB}$, E em $\overline{AC}$, $\overline{DE}$ é paralelo a $\overline{BC}$ e DE = 18m, determine x = DB e y = EC.

828 Se ângulos com "marcas iguais" são congruentes, determinar a incógnita nos casos:

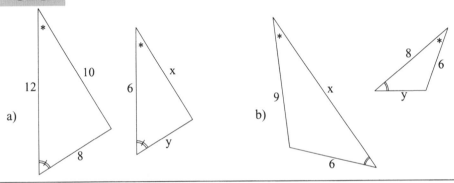

829 Determine as incógnitas:

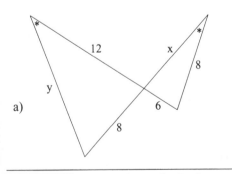
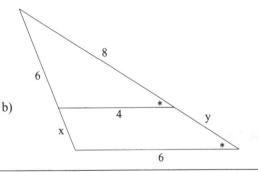

830 Determine as incógnitas nos casos:

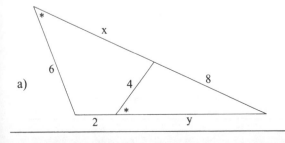
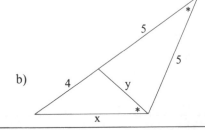

831 Sendo **r** e **s** retas paralelas, determinar o valor de **x**:

a)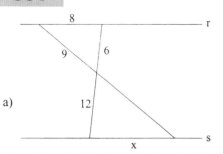
b)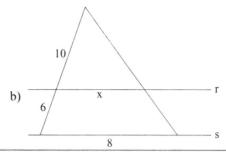

832 Determinar as distâncias pedidas (x) nos casos:

a)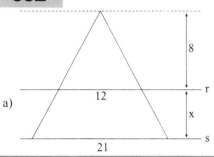
b)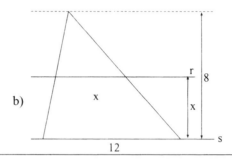

833 Resolver:

a) Sendo AC = 12m, BC = 10m e AR = 6m, determinar BS

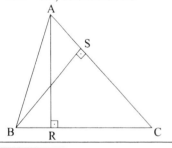

b) ABCD é um paralelogramo com AB = 16m, BC = 12m e AH = 9m, determinar AP

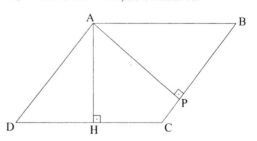

834 Resolver:

a) Na figura temos um quadrado inscrito em um trapézio de bases 5m e 15m e altura 30m. Determine o lado do quadrado

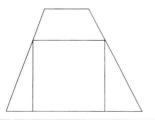

b) Determine x e y

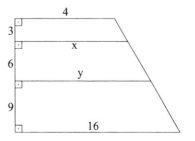

835 Determine x nos casos:

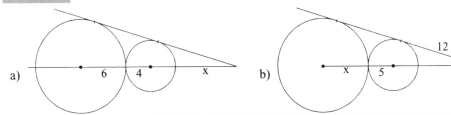

836 Nas figuras temos quadrados. Determine a área do maior deles.

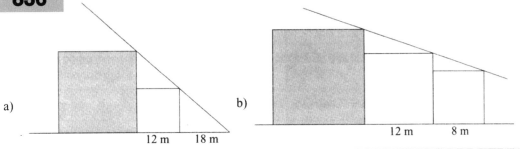

837 Resolver:

a) Dois triângulos são semelhantes. Se os lados do primeiro medem 21m, 18m e 27m e o perímetro do segundo é de 176m, quanto medem os lados do segundo?
b) A razão de semelhança de dois triângulos é 9 : 5. Se os lados do primeiro medem 54m, 63m e 90m, qual é o perímetro do segundo?

838 Resolver:

a) As bases de um trapézio medem 18m e 45m e os lados oblíquos 15m e 18m. Qual o perímetro do menor triângulo obtido quando prolongamos os lados oblíquos?
b) As bases de um trapézio medem 18m e 42m e a altura 16m. Determine a área do maior triângulo obtido quando prolongamos os lados não paralelos.

839 Resolver:

a) A razão de semelhança de dois triângulos é 3 : 5. Qual é a razão entre as suas áreas?
b) A razão de semelhança entre dois polígonos é 5 : 7. Qual a razão entre os seus perímetros?

840 A razão de semelhança de dois triângulos é 3 : 7. Qual é a razão entre:

a) Dois lados homólogos?   b) Duas alturas homólogas?   c) Duas mediana homólogas?
d) Os seus perímetros?   e) As suas áreas?   f) Dois ângulos homólogos?

841 Resolver:

a) Dois polígonos são semelhantes e tem 69m e 115m de perímetro. Se a área do 1º é de 99m², qual é a área do 2º?
b) Dois polígonos semelhantes têm 588m² e 192m². Se o primeiro tem 105m de perímetro, qual é o perímetro do segundo?

842 Resolver:

a) Dois undecágonos regulares têm lados de 30m e 18m. Quanto deve medir o lado de um outro undecágono, também regular, para que a sua área seja igual a diferença das áreas dos dois primeiros?

b) As bases de um trapézio medem 10m e 25m e os lados oblíquos 9m e 12m. Determinar a área do maior triângulo que se obtém quando são prolongados dois dos lados do trapézio.

843
Determine o raio do círculo sabendo que AB = 24m, AC = 30m e AH = 20m, onde AH é altura relativa ao lado BC

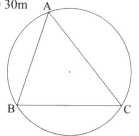

Exercícios Suplementares

844 Na figura, determine x

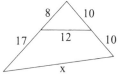

845
Sendo AB = 4m, BC = 6m e AE = 2m, determinar a medida da corda $\overline{FH}$, que é paralela a corda $\overline{BD}$.

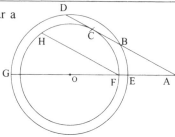

846 Determinar x sendo 24m e 6m os raios do círculo.

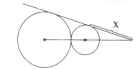

847
O ponto O é a intersecção das diagonais $\overline{AC}$ e $\overline{BD}$ de um losango ABCD. Prolonga-se o lado $\overline{AD}$ até um ponto F de modo que DF = 4m. Se $\overline{OF}$ encontra $\overline{CD}$ em E e ED = 2m, determine o lado do losango.

848
De um triângulo ABC sabemos que o ângulo Â é o dobro do ângulo Ĉ, AB = 6m e que AC = 10m. Determine $\overline{BC}$.

849
A que distância do vértice A de um triângulo ABC, de altura, relativa a $\overline{BC}$, igual a h, devemos conduzir uma reta paralela a $\overline{BC}$, para que a área do trapézio obtido seja igual a 3 vezes a área do triângulo obtido?

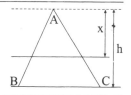

850 A que distância da base, de um triângulo de altura, relativa a essa base, igual a h, devemos conduzir uma reta paralela a essa base para que o triângulo fique dividido em partes de áreas iguais?

851 As bases de um trapézio medem 8m e 18m e a sua altura 15m. A que distância da base maior devemos conduzir uma reta paralela às bases para que os dois trapézios obtidos sejam semelhantes?

852 Os lados de dois heptágonos regulares medem 8m e 15m. Quanto deve medir o lado de um terceiro heptágono, também regular, para que sua área seja igual à soma das áreas dos dois primeiros?

853 Os perímetros de dois polígonos semelhantes P_1 e P_2 são de 60m e 90m, respectivamente. Se a área de P_1 é de 144m², determine a área de P_2.

854 As bases do trapézio isósceles ao lado medem **a** e **b**. Se a altura do trapézio mede h, determine a área do triângulo sombreado.

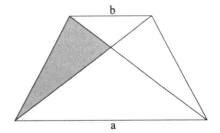

855 As bases de um trapézio medem **a** e **b** (a < b) e a altura mede **h**. A que distância da base menor devemos conduzir uma reta paralela as bases para obtermos trapézios semelhantes.

856 Os catetos de um triângulo retângulo medem **a** e **b**. Determine a bissetriz relativa à hipotenusa desse triângulo.

857 As retas t e ℓ são tangentes às circunferências em A. Determine AB em função de a = BC e b = BD.

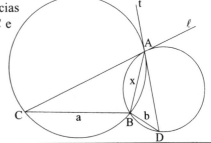

858 Por um ponto P, interno de um triângulo, conduzimos retas paralelas aos lados. Se as áreas dos triângulos com um vértice em P, determinados por essas retas e os lados do triângulo, são A, B e C, determine a área do triângulo original.

859 Na figura, as semi-retas $\vec{PA}$ e $\vec{PB}$ são tangentes à circunferência. Se as distâncias entre Q e as tangentes são 4 e 9, ache a distância entre Q e a corda $\overline{AB}$.

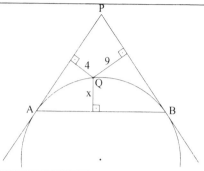

860 As diagonais de um losango medem a e b. Determine o lado do quadrado inscrito nesse losango.

861 Na figura ao lado AD é bissetriz do triângulo ABC. Mostre que $BE^2 = AE \cdot DE$

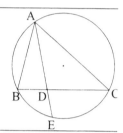

862 Determine o raio x em função dos raios **a** e **b** dos outros dois círculos.

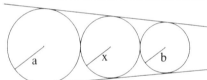

863 Na figura temos um triângulo isósceles ABC de base BC. AE é uma corda que intercepta a base BC em D. Mostre que $AB^2 = AE \cdot AD$.

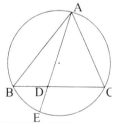

864 As retas que contêm os lados oblíquos de um trapézio cortam-se em P e a reta paralela às bases, por P, corta as retas das diagonais em A e B. Mostre que P é o ponto médio de $\overline{AB}$.

865 Por um ponto P, externo a uma circunferência conduzimos os dois segmentos tangentes, $\overline{PA}$ e $\overline{PB}$, e uma secante que corta a circunferência em C e D, com C entre P e D. Mostre que: $AC \cdot BD = AD \cdot BC$

866 Duas cordas AB e MD de uma circunferência interceptam-se em P. Se M é ponto médio do arco AB, mostre que: $MA^2 = MP \cdot MD$

867 Sobre os catetos AB e AC de um triângulo retângulo ABC constroem-se, externamente ao triângulo, os quadrados ADEB e ACFG. A reta CE intercepta $\overline{AB}$ em M e a reta BF intercepta $\overline{AC}$ em N. Demonstrar que
a) AM = AN
b) $AM^2 = BM \cdot CN$

CAPÍTULO 16

Relações Métricas

A – No Triângulo Retângulo

Considere num triângulo retângulo ABC de hipotenusa $\overline{BC}$ a altura AH relativa a hipotenusa. Sejam **m** e **n** as projeções dos catetos $\overline{AC}$ e $\overline{AB}$ sobre a hipotenusa. Levando em conta as medidas indicadas na figura, são válidas as seguintes relações:

1°) O quadrado da altura relativa a hipotenusa é igual ao produto das projeções dos catetos sobre a hipotenusa.

$$\boxed{h^2 = mn}$$

(A altura relativa a hipotenusa é média geométrica das projeções dos catetos sobre a hipotenusa).

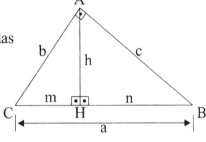

2° O quadrado de cada cateto é igual ao produto da hipotenusa pela projeção dele sobre ela.
(Um cateto é média geométrica (ou proporcional) da hipotenusa e a projeção dele sobre ela).

$$\boxed{b^2 = am} \quad e \quad \boxed{c^2 = an}$$

3°) O produto da hipotenusa pela altura relativa a ela é igual ao produto dos catetos.

$$\boxed{ah = b.c}$$

Demonstrações:
Traçando a altura relativa a hipotenusa de um triângulo retângulo obtemos dois novos triângulos que são semelhantes ao triângulo original. Vejamos:

$\left.\begin{array}{l} \beta + \gamma = 90° \\ x + \gamma = 90° \end{array}\right\} \Rightarrow \boxed{x = \beta}$

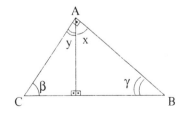

$\left.\begin{array}{l} \beta + y = 90° \\ \beta + \gamma = 90° \end{array}\right\} \Rightarrow \boxed{y = \gamma}$

Os ângulos de um são congruentes aos ângulos do outro. Pelo caso AA de semelhança os triângulos são semelhantes. Então:

$\triangle\,AHC \sim \triangle\,BHA \Rightarrow$

$\dfrac{h}{n} = \dfrac{m}{h} = \dfrac{b}{c} \Rightarrow \begin{cases} \boxed{h^2 = mn} \\ cm = bh \\ bn = ch \end{cases}$ Essas relações são menos usadas

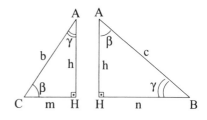

$\triangle\,AHC \sim \triangle\,BAC \Rightarrow$

$\dfrac{m}{b} = \dfrac{b}{a} = \dfrac{h}{c} \Rightarrow \begin{cases} \boxed{h^2 = am} \\ \boxed{ah = bc} \\ cm = bh \end{cases}$

$\triangle\,BHA \sim \triangle\,BAC \Rightarrow \dfrac{h}{b} = \dfrac{c}{a} = \dfrac{n}{c} \Rightarrow \begin{cases} \boxed{c^2 = an} \\ ah = bc \\ bn = ch \end{cases}$

Obs.:

1º) Olhe um outro modo de provar a relação: ah = bc. Note que a área do triângulo ABC é dada por:

$\dfrac{bc}{2}$ e por $\dfrac{ah}{2}$. Então: $\dfrac{ah}{2} = \dfrac{bc}{2} \Rightarrow \boxed{ah = bc}$

2º) Como todo triângulo inscrito em uma circunferência de modo que um lado seja diâmetro é um triângulo retângulo, em todo problema que envolver um diâmetro $\overline{BC}$ de uma circunferência e um ponto A da circunferência, distinto de B e C, e a projeção de A sobre $\overline{BC}$, nós podemos usar as relações demonstradas nesse item.

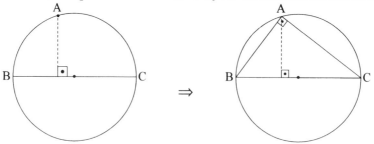

Outra Demonstração do Teorema de Pitágoras:

$\boxed{a^2 = b^2 + c^2}$

Demonstração: Tracemos a altura relativa à hipotenusa.

Seja **m** e **n** as projeções dos catetos **b** e **c** sobre a hipotenusa. Note que m + n = a.

Como cada cateto ao quadrado é igual ao produto da hipotenusa
pela projeção dele sobre ela temos:

$\begin{cases} b^2 = am \\ c^2 = an \end{cases}$ (somando membro a membro)

$b^2 + c^2 = am + an \Rightarrow b^2 + c^2 = a(m+n)$ e como

$m + n = a$, temos: $b^2 + c^2 = a \cdot a = a^2$. Então:

$$\boxed{a^2 = b^2 + c^2}$$

Resumindo:

$\boxed{h^2 = m \cdot n}$ $\boxed{ah = bc}$

$\boxed{b^2 = am,\ c^2 = an}$

$\boxed{a^2 = b^2 + c^2\ ,\ b^2 = h^2 + m^2\ ,\ c^2 = h^2 + n^2}$

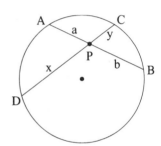

B – No Círculo

B1 – Cordas

Teorema: Se duas cordas se cortam num ponto entre as extremidades, então o produto dos segmentos obtidos em uma é igual ao produto dos segmentos obtidos na outra.

$\boxed{PA \cdot PB = PC \cdot PD}$ ou $\boxed{ab = xy}$

Demonstração: Considere os triângulos PAD e PCB.
Como o ângulo inscrito mede a metade do arco compreendido entre os lados, obtemos: $\hat{A} = \hat{C}$ e $\hat{D} = \hat{B}$. Logo esses triângulos são semelhantes.

Então: $\dfrac{PA}{PC} = \dfrac{PD}{PB}$ ou seja: $\boxed{PA \cdot PB = PC \cdot PD}$

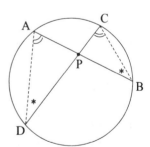

B2 – Secantes

Teorema: Se de um ponto externo conduzirmos dois segmentos secantes a uma circunferência, o produto de um deles pela sua parte externa é igual ao produto do outro pela sua parte externa.

$\boxed{PA \cdot PB = PC \cdot PD}$

Demonstração: Considere os triângulo PAD e PCB.
Como $\hat{D} = \hat{B}$, ambos medem a metade de $\stackrel{\frown}{AC}$ e
$\hat{P}$ é comum aos dois triângulos, podemos afirmar que esses dois triângulos são seme-

lhantes (caso AA). Então: $\dfrac{PD}{PB} = \dfrac{PA}{PC}$ ou seja:

$$\boxed{PA \cdot PB = PC \cdot PD}$$

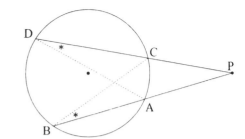

B3 – Tangente e Secante

Teorema: Se de um ponto externo conduzirmos um segmento secante e um tangente, o quadrado do segmento tangente é igual o produto do segmento secante pela sua parte externa.
(O segmento de tangente é média geométrica do segmento de secante e sua parte externa)

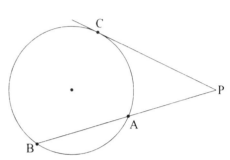

Demonstração: Considere os triângulos PAC e PCB. Como $A\hat{C}P = P\hat{B}C$, ambos medem a metade de $\overarc{AC}$ e $\hat{P}$ é comum aos dois triângulos, podemos afirmar (pelo caso AA) que esses triângulos são semelhantes.

Então: $\dfrac{PA}{PC} = \dfrac{PC}{PB}$ ou seja:

$$\boxed{PC^2 = PA \cdot PB}$$

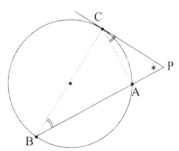

C – Potência de um Ponto

C1 – Ponto Interno

Considere cordas $\overline{AB}, \overline{CD}, \overline{EF}, \ldots$ concorrentes todas num mesmo ponto P interno a uma circunferência dada.
De acordo com o teorema do item B1, temos:
PA . PB = PC . PD = PE . PF = ...
Esse produto não depende da corda escolhida e sim do ponto P e da circunferência f dada.
A qualquer um desses produtos damos o nome de potência do ponto P em relação a essa circunferência.

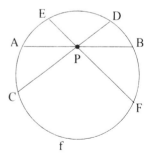

$$\boxed{\text{Pot.}(P, f) = PA \cdot PB = PC \cdot PD = \ldots}$$

C2 – Ponto Externo

Considere segmentos secantes, partindo de um ponto P externo a uma circunferência dada, que contêm as cordas AB, CD, EF, ... (e também os segmentos tangentes por P). De acordo com os itens B2 e B3, temos:

$PQ^2 = PA \cdot PB = PC \cdot PD = PE \cdot PF = \ldots$

Esse produto não depende da secante escolhida, mas apenas do ponto P e da circunferência f dada.

A qualquer um desses produtos damos o nome de potência de P em relação a f.

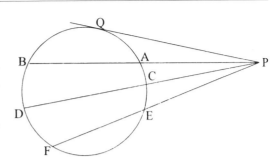

$$\text{Pot.}(P,f) = PQ^2 = PA \cdot PB = PC \cdot PD = \ldots$$

Exercícios

868 Complete de modo que a relação obtida seja verdadeira, nos casos:

a) $h^2 =$
   $ah =$
   $b^2 =$
   $c^2 =$
   $h^2 + m^2 =$
   $h^2 + n^2 =$
   $b^2 + c^2 =$

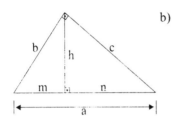

b) $x^2 =$ $c^2 =$
   $n^2 =$ $n^2 =$
   $m^2 =$ $m^2 =$
   $mn =$

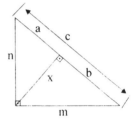

869 Determine o valor de x nos casos:

a)

b)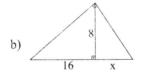

c)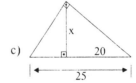

d)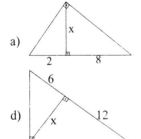

e)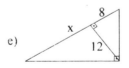

f)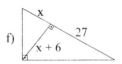

870 Determine o valor de x nos casos:

a)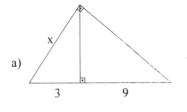

b)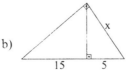

c)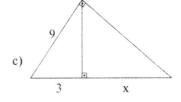

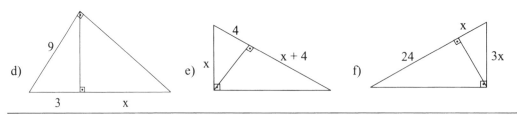

871 Determine a altura de h relativa à hipotenusa nos casos:

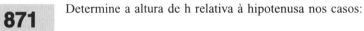
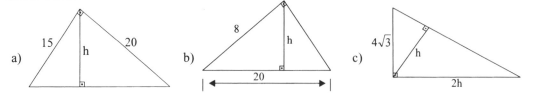

872 Determine as incógnitas nos casos:

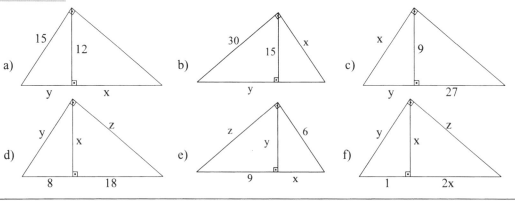

873 Determine as incógnitas:

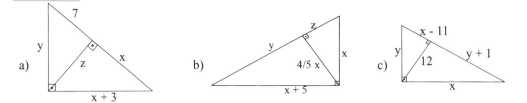

874 Determine x nos casos:

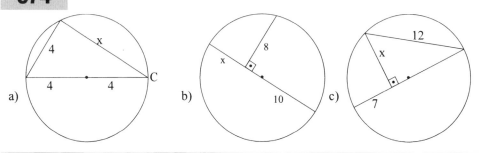

875 Determine o raio do círculo nos casos:

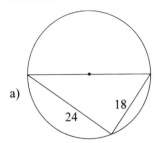 a)
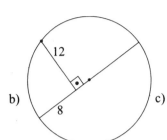 b)
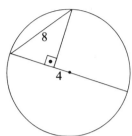 c)

876 Complete de modo que a relação obtida seja verdadeira, nos casos:

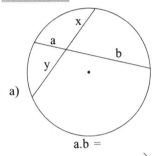
a) $a \cdot b =$

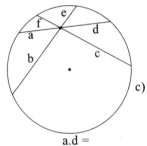
b) $a \cdot d =$

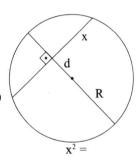
c) $x^2 =$

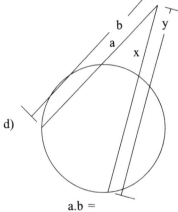
d) $a \cdot b =$

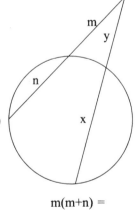
e) $m(m+n) =$

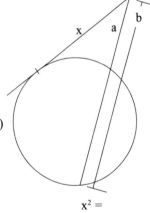
f) $x^2 =$

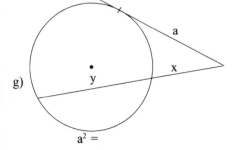
g) $a^2 =$

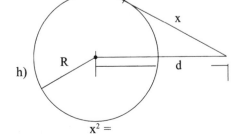
h) $x^2 =$

877 Determine o valor de x nos casos:

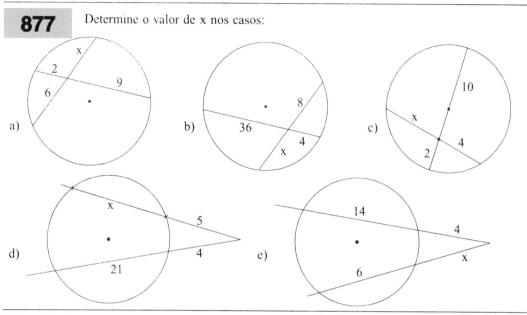

878 Determine x nos casos:

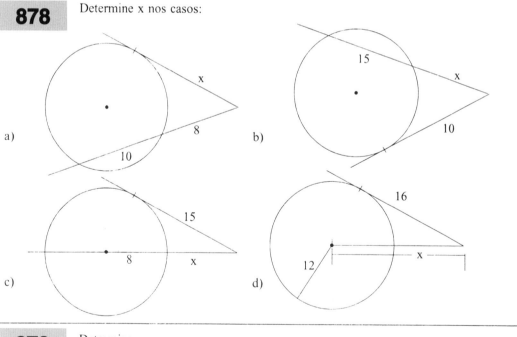

879 Determine x nos casos:

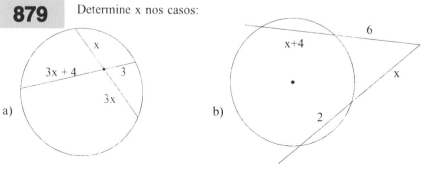

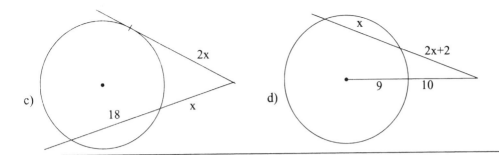

880 Determine o raio do círculo nos casos:

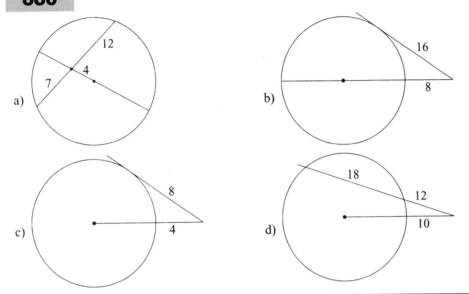

881 Resolver:

a) Os catetos de um triângulo retângulo medem $2\sqrt{3}$m e $2\sqrt{6}$m. Determine a altura relativa à hipotenusa.
b) As projeções (ortogonais) dos catetos de um triângulo retângulo sobre a hipotenusa medem 6m e 8m. Determine a altura relativa à hipotenusa.
c) Os catetos de um triângulo retângulo medem $2\sqrt{5}$ e $6\sqrt{5}$. Determine as projeções dos catetos sobre a hipotenusa.
d) As projeções dos catetos de um triângulo retângulo, sobre a hipotenusa, medem 6m e 12m. Determine os catetos.

882 Resolver:

a) As duas maiores alturas de um triângulo retângulo medem 5m e 15m. Determine a menor altura.
b) Um cateto e a projeção do outro cateto sobre a hipotenusa de um triângulo retângulo medem, respectivamente, $6\sqrt{3}$m e 3m. Determine a altura relativa a hipotenusa.
c) Um cateto e a menor altura de um triângulo retângulo medem 10m e 6m. Determinar o outro cateto.

d) Um cateto e a altura relativa à hipotenusa de um triângulo retângulo medem 12m e 6m. Determinar a projeção do outro cateto sobre a hipotenusa.

883 Determine a área do triângulo retângulo em questão, nos casos:

a) Um cateto e a hipotenusa medem 4m e 12m.
b) Um cateto e a menor altura medem 15m e 12m.
c) As projeções dos catetos sobre a hipotenusa medem 8m e 18m.
d) Um cateto e a sua projeção sobre a hipotenusa medem 8m e 4m.
e) Um cateto e a projeção do outro sobre a hipotenusa medem, respectivamente 9m e 24m.
f) A menor altura e a projeção de um dos catetos sobre a hipotenusa medem, respectivamente, 6m e 18m.

884 Determine a área do triângulo retângulo, nos casos:

a) A soma e a diferença das projeções dos catetos sobre a hipotenusa valem 15m e 9m.
b) A soma dos catetos é 10m e a hipotenusa mede $2\sqrt{13}$m.
c) A diferença dos catetos é 5m e a menor altura do triângulo mede 12m.

885 Uma diagonal de um trapézio retângulo determina nele dois triângulos retângulos. Determine a área desse trapézio nos casos.

a) As bases medem 8m e 26m.
b) Os lados que não são bases medem 6m e 12m.
c) A base menor e a altura medem respectivamente 5m e 10m.
d) A base menor mede 15m e o lado oblíquo às bases 18m.

Exercícios de Fixação

886 Determine x nos casos:

a)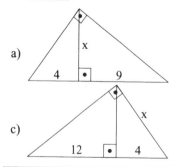

b)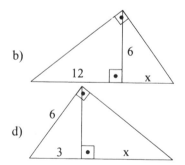

c)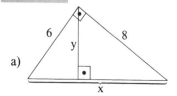

d)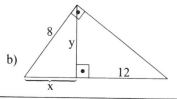

887 Determine x e y nos casos:

a)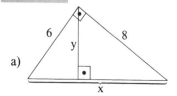

b)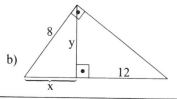

888 Determine o valor de x:

a) [figura com x, 12, 6√5]

b) [figura com x, 4, 4√5]

889 Determinar o raio do círculo nos casos:

a) [figura com 6, 2]

b) [figura com 4√5, 2]

c) [figura com 4, 6]

890 Determinar a incógnita:

a) [figura com 3, 2, x, 4]

b) [figura com 5, 4, 3, x]

c) [figura com x, 2, 6]

d) [figura com 8, x, 4, 6]

e) [figura com 5, x, 2, 10]

f) [figura com 9, x, 6]

891 Determinar o raio do círculo nos casos:

a) [figura com 14, 6, 10]

b) [figura com 10, 8, 4]

c) [figura com 11, 5, 4, 12, 2]

892
Resolver:

a) Um cateto e a projeção dele sobre a hipotenusa medem 6m e 4m. Determine o outro cateto.
b) A menor altura de um triângulo retângulo mede 9m e a projeção de um cateto sobre a hipotenusa mede 27m. Determine o outro cateto.
c) As duas maiores alturas de um triângulo retângulo medem 10m e 10m. Determine a menor altura.

893
Resolver:

a) As projeções dos catetos sobre a hipotenusa de um triângulo retângulo medem 8m e 10m. Determine os catetos.
b) Os catetos de um triângulo retângulo medem 6m e 8m. Determine as projeções deles sobre a hipotenusa.
c) Os catetos de um triângulo retângulo medem 11m e 17m. Determine as projeções da hipotenusa sobre os catetos.

894
Resolver:

a) Os catetos de um triângulo medem 15m e 20m. Determine as projeções da menor altura sobre os catetos.
b) A soma dos catetos de um triângulo retângulo é de 6m e a menor altura dele mede $\dfrac{4\sqrt{5}}{5}$. Determine a hipotenusa.
c) As projeções da menor altura de um triângulo retângulo sobre as outras alturas medem 8m e 15m. Determine a altura relativa a hipotenusa.

895
Resolver:

a) A projeção de uma corda AP, sobre o diâmetro AB de um círculo de 16m de raio, mede 2m. Determinar AP.
b) Um ponto P dista 4m de um diâmetro AB de um círculo de raio 5m. Quanto mede a projeção de $\overline{AP}$ sobre $\overline{AB}$?
c) Uma corda AB dista 5m do centro de um círculo de 26m de diâmetro. Determine AB.

896
Resolver:

a) A base de um triângulo isósceles mede 14m e a altura relativa à ela 49m. Determine o raio da circunferência circunscrita ao triângulo.
b) A altura de um triângulo isósceles, relativa à base, é diâmetro de uma circunferência. Se essa altura mede 24m e o perímetro do triângulo é de 96m, determine a medida da corda que o lado do triângulo determina na circunferência.

897
Determine a área do triângulo retângulo nos casos:

a) A hipotenusa e a projeção de um cateto sobre ela medem 20m e 16m.
b) As projeções dos catetos sobre a hipotenusa medem 12m e 75m.
c) As duas menores alturas dele medem $5\sqrt{5}$m e 10m.
d) Duas de suas alturas medem 6m e 12m.
e) As projeções da menor altura sobre as outras duas medem 8m e 8m.
f) As projeções da altura relativa à hipotenusa sobre os catetos medem 6m e 8m.

Exercícios Suplementares

898 Resolver:

a) Prolonga-se um diâmetro $\overline{AB}$, de um círculo de 16m de raio, até um ponto P, de modo que PB = 4m. Determine o segmento de tangente conduzido por P.
b) Um ponto P dista 18m de uma circunferência. Se o segmento de tangente conduzido por P mede 24m, determine o raio.

899 Resolver:

a) Os catetos de um triângulo retângulo medem 3m e 4m. Determine a hipotenusa, a altura relativa a hipotenusa e as projeções dos catetos sobre a hipotenusa.
b) Determine o menor k inteiro positivo, de modo que a menor altura, e as projeções dos catetos sobre a hipotenusa, de um triângulo retângulo de catetos 3k e 4k, sejam números inteiros.

900 Uma diagonal de um trapézio isósceles determina, com a base maior e um lado, um triângulo retângulo. Determine a área desse trapézio nos casos:

a) O lado oblíquo às bases e a altura do trapézio medem $2\sqrt{13}$m e 6m.
b) As bases do trapézio medem 30m e 34m.
c) A base menor mede 32m e o lado oblíquo $4\sqrt{10}$m.
d) A base menor e o lado oblíquo medem 6m e 6m.

901 A altura relativa à base de um triângulo isósceles mede a metade da base. Uma circunferência de 20m de raio, com centro sobre a altura relativa à base corta a base em dois pontos que juntamente com o pé da altura a dividem em 4 partes iguais. Determine a área do triângulo sabendo que a circunferência passa pelo vértice oposto à base.

902 Da figura ao lado sabemos que BC = 10m, FE = 11,25m e ED = 0,75m. Determine os catetos do triângulo ABC.

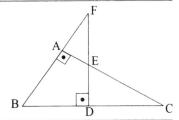

903 Resolver:

a) Quanto medem os catetos de um triângulo retângulo cujas projeções sobre a hipotenusa medem 9m e 16m?
b) A medida da altura relativa a hipotenusa de um triângulo retângulo é 24m e a diferença entre as medidas dos catetos é 10m. Quanto mede a hipotenusa?

904 Lembrando que cada cateto de um triângulo retângulo é a média proporcional entre a sua projeção sobre a hipotenusa e a hipotenusa, demonstre o teorema de Pitágoras.

905 Sendo **h** a altura relativa a hipotenusa de um triângulo retângulo de catetos **b** e **c**, mostre que $\dfrac{1}{h^2} = \dfrac{1}{b^2} + \dfrac{1}{c^2}$

906 A diagonal menor de um paralelogramo determina nele dois triângulos retângulos. Se a projeção de um vértice sobre um lado determina nesse lado segmenos de 9m e 16m, determinar a área e as diagonais desse paralelogramo.

907 Mostre que o segmento de tangente comum a duas circunferências tangentes externamente é a média geométrica dos diâmetros dessas circunferências.

908 A reta por A, paralela a hipotenusa $\overline{BC}$ de um triângulo retângulo ABC, intercepta as retas BN e CM, onde N é o ponto médio de $\overline{AC}$ e M é o ponto médio de $\overline{AB}$, nos pontos D e E. Mostre que $BD^2 + CE^2 = 5 \cdot BC^2$.

909 Mostre que se as diagonais de um quadrilátero convexo são perpendiculares, então a soma dos quadrados de dois lados opostos é igual a soma dos quadrados dos outros dois.

910 Um hexágono equilátero cujo lado mede **a** está inscrito num semicírculo como mostra a figura ao lado. Determine o raio desse semicírculo.

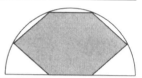

911 Os catetos de um triângulo retângulo medem **b** e **c**, a hipotenusa **a** e a altura relativa a ela **h**. Mostre que o triângulo cujos lados medem (b + c), h e (a + h) é também triângulo retângulo.

912 Levando em conta as medidas indicadas na figura ao lado, mostre que:

a) $p^2 + q^2 + 3h^2 = a^2$ b) $apq = h^3$

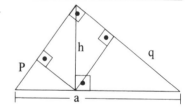

CAPÍTULO 17
Razões Trigonométricas

A – Introdução

Considere vários triângulos retângulos com um mesmo ângulo agudo β. Como eles têm um ângulo β e um ângulo reto, pelo caso AA de semelhança podemos afirmar que esses triângulos são semelhantes entre si.
E note que os segundos ângulos agudos têm a mesma medida.

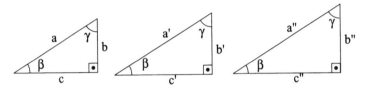

Como eles são semelhantes, obtemos:

$$\frac{a}{a'} = \frac{b}{b'} = \frac{c}{c'} \Rightarrow \begin{cases} \dfrac{b}{a} = \dfrac{b'}{a'} \\ \dfrac{c}{a} = \dfrac{c'}{a'} \\ \dfrac{b}{c} = \dfrac{b'}{c'} \end{cases} \qquad \frac{a}{a''} = \frac{b}{b''} = \frac{c}{c''} \Rightarrow \begin{cases} \dfrac{b}{a} = \dfrac{b''}{a''} \\ \dfrac{c}{a} = \dfrac{c''}{a''} \\ \dfrac{b}{c} = \dfrac{b''}{c''} \end{cases}$$

Note que: $\begin{cases} \dfrac{b}{a} = \dfrac{b'}{a'} = \dfrac{b''}{a''} = ... \quad (I) \\ \dfrac{c}{a} = \dfrac{c'}{a'} = \dfrac{c''}{a''} = ... \quad (II) \\ \dfrac{b}{c} = \dfrac{b'}{c'} = \dfrac{b''}{c''} = ... \quad (III) \end{cases}$

Como todos os triângulos retângulos que têm um ângulo agudo β são semelhantes obtemos que: A razão entre o cateto oposto a β e a hipotenusa, em todos esses triângulos é a mesma (I). A razão entre o cateto adjacente a β e a hipotenusa, em todos esses triângulos é a mesma (II). E a razão entre o cateto oposto a β e o cateto adjacente, em todos eles é a mesma (III). Para cada uma dessas razões daremos um nome.

B – Seno, cosseno e tangente

Voltando a nossa atenção para um dos triângulos retângulos, definimos:
1º) Seno de um ângulo agudo é a razão: cateto oposto sobre a hipotenusa.
2º) Cosseno de um ângulo agudo é a razão: cateto adjacente sobre a hipotenusa.

3º) Tangente de um ângulo agudo é a razão: cateto oposto sobre o adjacente.

$\text{sen } \beta = \dfrac{\text{cat. oposto}}{\text{hipotenusa}} \Rightarrow \boxed{\text{sen } \beta = \dfrac{b}{a}}$

$\cos \beta = \dfrac{\text{cat. adjacente}}{\text{hipotenusa}} \Rightarrow \boxed{\cos \beta = \dfrac{c}{a}}$

$\text{tg } \beta = \dfrac{\text{cat. oposto}}{\text{cat. adjacente}} \Rightarrow \boxed{\text{tg } \beta = \dfrac{b}{c}}$

Note que: $\dfrac{\text{sen } \beta}{\cos \beta} = \dfrac{\frac{b}{a}}{\frac{c}{a}} = \dfrac{b}{c} = \text{tg } \beta \Rightarrow \boxed{\text{tg } \beta = \dfrac{\text{sen } \beta}{\cos \beta}}$

Podemos também escrever:

$\text{sen } \gamma = \dfrac{c}{a}$

$\cos \gamma = \dfrac{b}{a}$

$\text{tg } \gamma = \dfrac{c}{b}$

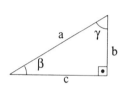

Obs.:

1º) $\dfrac{\text{sen } \gamma}{\cos \gamma} = \dfrac{\frac{c}{a}}{\frac{b}{a}} = \dfrac{c}{b} = \text{tg } \gamma \Rightarrow \boxed{\text{tg } \gamma = \dfrac{\text{sen } \gamma}{\cos \gamma}}$

2º) $\text{sen } \beta = \cos \gamma = \dfrac{b}{a}$, $\cos \beta = \text{sen } \gamma = \dfrac{c}{a}$ e $\text{tg } \beta \cdot \text{tg } \gamma = \dfrac{b}{c} \cdot \dfrac{c}{b} = 1$ ou $\text{tg } \beta = \dfrac{1}{\text{tg } \gamma}$

3º) $\beta + \gamma = 90° \Rightarrow \text{sen } \beta = \cos \gamma$, $\cos \beta = \text{sen } \gamma$, $\text{tg } \beta = \dfrac{1}{\text{tg } \gamma}$

4º) Note o seguinte: $\begin{cases} \text{sen } \beta = \dfrac{b}{a} \Rightarrow b = a \cdot \text{sen } \beta \\ \cos \beta = \dfrac{c}{a} \Rightarrow c = a \cdot \cos \beta \end{cases}$

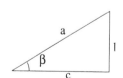

Então:
• Um cateto é igual ao produto da hipotenusa pelo seno do ângulo oposto.
• Um cateto é igual ao produto da hipotenusa pelo cosseno do ângulo adjacente.

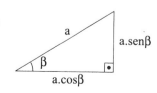

C – Alguns valores
C1 – sen 45º, cos 45º e tg 45º

Lembrando que a diagonal de um quadrado é bissetriz (forma ângulo de 45° com os lados) e que se o lado mede a diagonal **d** é dada por $a\sqrt{2}$ $\left(d = a\sqrt{2}\right)$ temos:

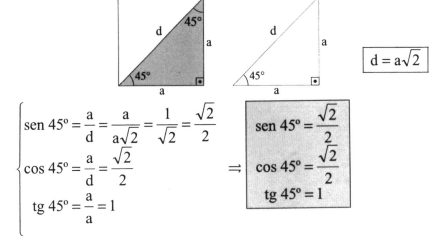

$$\begin{cases} \text{sen } 45° = \dfrac{a}{d} = \dfrac{a}{a\sqrt{2}} = \dfrac{1}{\sqrt{2}} = \dfrac{\sqrt{2}}{2} \\ \cos 45° = \dfrac{a}{d} = \dfrac{\sqrt{2}}{2} \\ \text{tg } 45° = \dfrac{a}{a} = 1 \end{cases} \Rightarrow \boxed{\begin{array}{c} \text{sen } 45° = \dfrac{\sqrt{2}}{2} \\ \cos 45° = \dfrac{\sqrt{2}}{2} \\ \text{tg } 45° = 1 \end{array}}$$

C2 – sen 30º, cos 30º, tg 30º, sen 60º, cos 60º, tg 60º

Lembrando que uma altura de um triângulo equilátero é mediana e bissetriz e que se o lado for **a** a altura **h** é dada por $h = \dfrac{a\sqrt{3}}{2}$, temos:

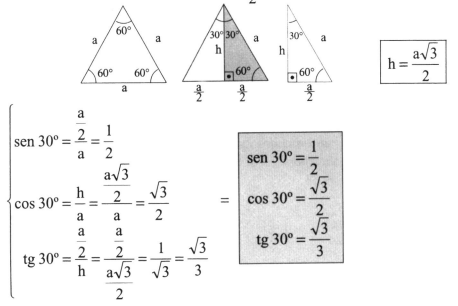

$$\begin{cases} \text{sen } 30° = \dfrac{\frac{a}{2}}{a} = \dfrac{1}{2} \\ \cos 30° = \dfrac{h}{a} = \dfrac{\frac{a\sqrt{3}}{2}}{a} = \dfrac{\sqrt{3}}{2} \\ \text{tg } 30° = \dfrac{\frac{a}{2}}{h} = \dfrac{\frac{a}{2}}{\frac{a\sqrt{3}}{2}} = \dfrac{1}{\sqrt{3}} = \dfrac{\sqrt{3}}{3} \end{cases} = \boxed{\begin{array}{c} \text{sen } 30° = \dfrac{1}{2} \\ \cos 30° = \dfrac{\sqrt{3}}{2} \\ \text{tg } 30° = \dfrac{\sqrt{3}}{3} \end{array}}$$

$$\begin{cases} \sin 60° = \dfrac{h}{a} = \dfrac{\frac{a\sqrt{3}}{2}}{a} = \dfrac{\sqrt{3}}{2} \\[4pt] \cos 60° = \dfrac{\frac{a}{2}}{a} = \dfrac{1}{2} \\[4pt] \text{tg } 60° = \dfrac{h}{\frac{a}{2}} = \dfrac{\frac{a\sqrt{3}}{2}}{\frac{a}{2}} = \sqrt{3} \end{cases} \Rightarrow \boxed{\begin{array}{l} \sin 60° = \dfrac{\sqrt{3}}{2} \\[4pt] \cos 60° = \dfrac{1}{2} \\[4pt] \text{tg } 60° = \sqrt{3} \end{array}}$$

Resumindo:

$$\boxed{\begin{array}{l} \sin 30° = \cos 60° = \dfrac{1}{2} \\[4pt] \sin 45° = \cos 45° = \dfrac{\sqrt{2}}{2} \\[4pt] \sin 60° = \cos 30° = \dfrac{\sqrt{3}}{2} \end{array}} \quad \boxed{\begin{array}{l} \text{tg } 30° = \dfrac{\sqrt{3}}{3} \\[4pt] \text{tg } 45° = 1 \\[4pt] \text{tg } 60° = \sqrt{3} \end{array}}$$

Obs.: O triângulo retângulo isósceles e o triângulo retângulo com 30° e 60° são tão usados que vale a pena destacar o seguinte:

1º) No triângulo retângulo isósceles, a hipotenusa é igual o cateto multiplicado por $\sqrt{2}$ e o cateto é a hipotenusa dividido por $\sqrt{2}$:

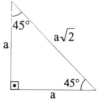 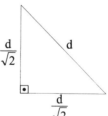

2º) No triângulo retângulo cujos ângulos agudos são de 30° e 60°, a hipotenusa é o dobro do cateto menor, o cateto maior é igual o menor multiplicado por $\sqrt{3}$ e o menor é igual ao maior dividido por $\sqrt{3}$:

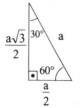 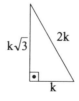 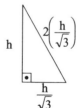

D – Areas
D1 – Área do triângulo
Área do triângulo em função de dois lados e do ângulo formado por eles.

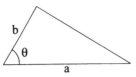

$$S = \frac{1}{2} ab \operatorname{sen} \theta$$

De fato:

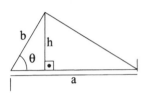

$$S = \frac{ah}{2}$$

Achemos h em função de b: $\operatorname{sen} \theta = \frac{h}{b} \Rightarrow \boxed{h = b \operatorname{sen} \theta}$

Então: $S = \frac{a \cdot h}{2} = \frac{a \cdot b \operatorname{sen} \theta}{2} \Rightarrow \boxed{S = \frac{1}{2} ab \operatorname{sen} \theta}$

D2 – Área do paralelogramo
Área do paralelogramo em função de dois lados e um ângulo.

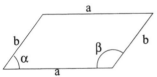

$\boxed{S = ab \operatorname{sen} \alpha}$ ou $\boxed{S = ab \operatorname{sen} \beta}$

Em trigonometria veremos que: $\alpha + \beta = 180° \Rightarrow \operatorname{sen} \alpha = \operatorname{sen} \beta$

De fato: O paralelogramo é a união de dois triângulos congruentes:

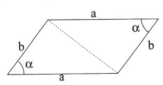

$$S = 2[S(\Delta)] = 2\left[\frac{1}{2} ab \operatorname{sen} \alpha\right]$$

$$\boxed{S = ab \operatorname{sen} \alpha}$$

D3 – Quadrilátero
Área de um quadrilátero dadas as diagonais e o ângulo formado por elas.

a e b são as medidas das diagonais: $\boxed{S = \frac{1}{2} ab \operatorname{sen} \theta}$

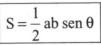

De fato: Tracemos pelos vértices retas paralelas as diagonais. Obtemos dessa forma um paralelogramo que é o dobro do quadrilátero em questão:

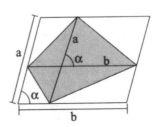

$$S = \frac{1}{2}[S(\square)]$$

$$S = \frac{1}{2}[ab \operatorname{sen} \alpha]$$

$$\boxed{S = \frac{1}{2} ab \operatorname{sen} \alpha}$$

Exercícios

913 Escreva outras duas razões iguais a primeira, de modo que o antecedente e o conseqüente sejam medidas de lados dos triângulos, nos casos:

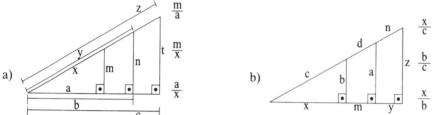

914 Levando em conta as medidas indicadas nas figuras, responda as perguntas:

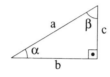
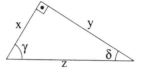

a) Qual o cateto oposto a α?
b) Qual o cateto adjacente a α?
c) Qual o cateto oposto a β?
d) Qual o cateto adjacente a β?
e) Qual o cateto oposto a γ?
f) Qual o cateto adjacente a δ?
g) Qual o ângulo oposto a x?
h) Qual o ângulo agudo adjacente a x?

915 Determine, em função das medidas indicadas na figura, as seguintes razões:

a) $\text{tg } \alpha = \dfrac{\text{cateto oposto a } \alpha}{\text{cateto adjacente a } \alpha}$
b) $\text{sen } \alpha = \dfrac{\text{cat. op.}}{\text{hipotenusa}}$
c) $\cos \alpha = \dfrac{\text{cat. adj.}}{\text{hipotenusa}}$
d) $\text{sen } \beta = \dfrac{\text{cat. op.}}{\text{hip.}}$
e) $\cos \beta = \dfrac{\text{cat. adj.}}{\text{hip.}}$
f) $\text{tg } \beta = \dfrac{\text{cat. op.}}{\text{cat. adj.}}$

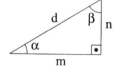

916 De acordo com as medidas indicadas nas figuras, determine as razões, nos casos:

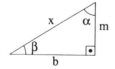
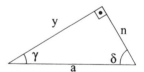

a) $\text{sen } \alpha$ b) $\text{sen } \beta$ c) $\cos \alpha$ d) $\cos \beta$ e) $\text{tg } \alpha$ f) $\text{tg } \beta$
g) $\text{sen } \gamma$ h) $\text{sen } \delta$ i) $\cos \gamma$ j) $\cos \delta$ k) $\text{tg } \delta$ l) $\text{tg } \gamma$

917 Determine $\text{sen } \alpha$ e $\cos \beta$ nos casos:

a)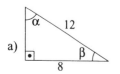
b)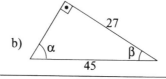
c)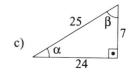

918 Determine tg α e tg β nos casos:

a)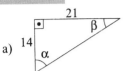
b)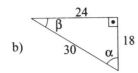
c)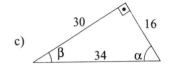

919 Determine sen α nos casos:

a)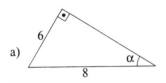
b)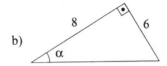
c)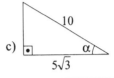

920 Determine cos α nos casos:

a)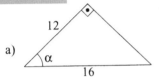
b)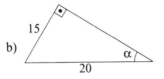
c)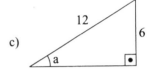

921 Determine tg α nos casos:

a)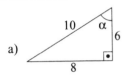
b)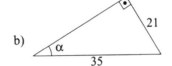
c)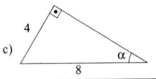

922 Utilizando uma régua milimetrada determine o valor aproximado da razão pedida em cada caso:

a) sen α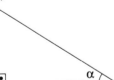
b) cos α
c) tg α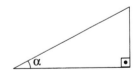

923 Em cada caso é dada uma razão trigonométrica. Determine x.

a) $\text{sen } \alpha = \dfrac{3}{4}$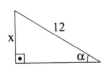
b) $\cos \alpha = \dfrac{2}{3}$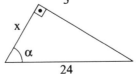
c) $\text{tg } \alpha = \dfrac{2}{5}$

d) $\cos \alpha = \dfrac{5}{6}$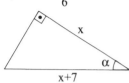

e) $\operatorname{tg} \alpha = \dfrac{2}{3}$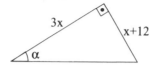

f) $\operatorname{sen} \alpha = \dfrac{3}{5}$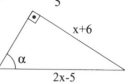

924 Dada uma razão trigonométrica, determine x nos casos:

a) $\operatorname{sen} \alpha = \dfrac{5}{9}$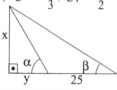

b) $\operatorname{tg} \beta = \dfrac{4}{3}$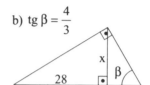

925 Dadas duas razões, determine as incógnitas nos casos:

a) $\operatorname{tg} \alpha = \dfrac{4}{3}$, $\operatorname{tg} \beta = \dfrac{1}{2}$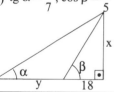

b) $\operatorname{sen} \alpha = \dfrac{8}{9}$, $\operatorname{tg} \beta = \dfrac{4}{3}$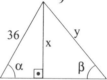

926 Determine as incógnitas nos casos:

a) $\operatorname{tg} \alpha = \dfrac{4}{7}$, $\cos \beta = \dfrac{3}{5}$

b) $\operatorname{tg} \alpha = \dfrac{7}{24}$, $\cos \beta = \dfrac{3}{5}$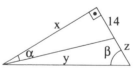

927 Determine x nos casos:

a) $\operatorname{tg} \alpha = \dfrac{1}{3}$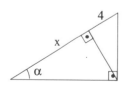

b) $\cos \beta = \dfrac{3}{5}$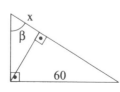

c) $\operatorname{tg} \alpha = \dfrac{5}{2}$, $\cos \beta = \dfrac{3}{5}$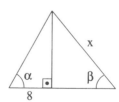

d) $\operatorname{tg} \alpha = \dfrac{3}{2}$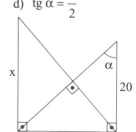

928 Determine x nos casos:

a) $\sen \alpha = \dfrac{2}{3}$; $\sen \beta = \dfrac{4}{7}$

b) $\cos \alpha = \dfrac{3}{4}$

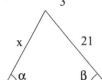
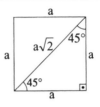

929

Lembrando que a diagonal de um quadrado de lado **a** mede $a\sqrt{2}$ e que a altura de um triângulo equilátero de lado **a** mede $\dfrac{a\sqrt{3}}{2}$, como mostra as figuras seguintes, determine os valores, nos casos:

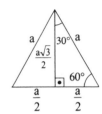

a) $\sen 45°$ b) $\cos 45°$ c) $\tg 45°$ d) $\sen 60°$
e) $\cos 60°$ f) $\tg 60°$ g) $\sen 30°$ h) $\cos 30°$
i) $\tg 30°$

930 Determine o valor de x nos casos:

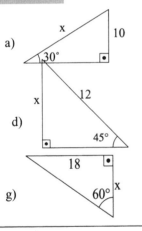
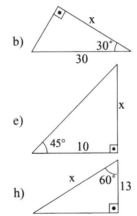
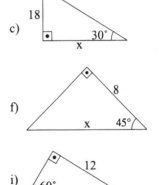

931 Determine x nos casos:

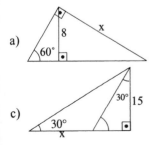
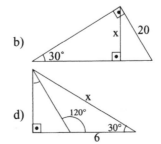

932 Determinar as incógnitas:

a) 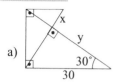   b)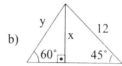

933 Determine as incógnitas sabendo que o quadrilátero é um retângulo.

a) 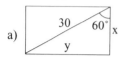   b)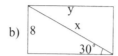

934 Em cada caso é dado um paralelogramo. Determine as incógnitas.

a) 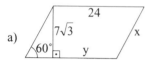   b)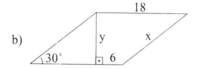

935 Em cada caso temos um triângulo isósceles. Determine x.

a) 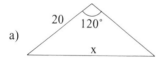   b)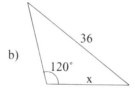

936 Em cada caso temos um trapézio isósceles. Determine as incógnitas.

a) 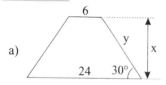   b)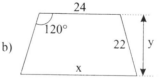

937 Em cada caso temos um trapézio retângulo. Determine as incógnitas.

a) 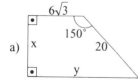   b)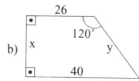

938 Em cada caso é dado um trapézio. Determine as incógnitas.

a)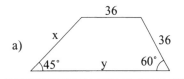

b)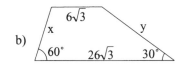

939 Determine α nos casos:

a)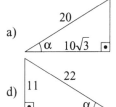

b)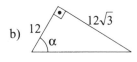

c)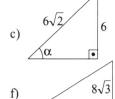

d)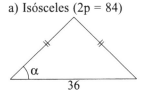

e)

f)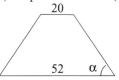

940 Determine cos α nos casos:

a) Isósceles (2p = 84)

b) Trapézio isósceles (2p = 120)

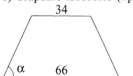

941 Determine sen α nos casos:

a) Isósceles (2p = 64)

b) Trapézio isósceles (2p = 168)

942 Determine tg α nos casos:

a) Isósceles (2p = 96)

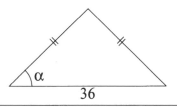

b) Trapézio isósceles (2p = 128)

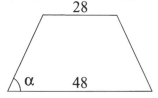

943 Determine a área do triângulo nos casos:
(Unidade das medidas: m)

a) 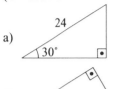   b) 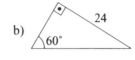   c)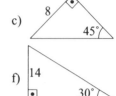

d)   e) 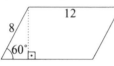   f)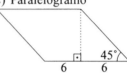

944 Determine a área do quadrilátero nos casos: (A unidade das medidas é o metro)

a) Retângulo   b) Paralelogramo   c) Paralelogramo

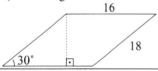

d) Paralelogramo   e) Trapézio isósceles

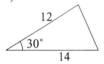   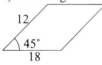

945 Determine a área do polígono nos casos:

a)   b) Paralelogramo   c) Trapézio isósceles

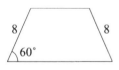   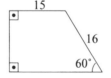   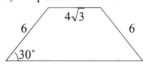

d) Trapézio isósceles (2p = 44m)   e) Trapézio retângulo   f) Trapézio

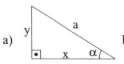   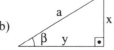   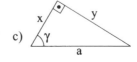

946 Lembrando que um cateto de um triângulo retângulo é igual ao produto da hipotenusa pelo seno do ângulo oposto ou pelo cosseno do ângulo adjacente, determine x e y nos casos:

a)   b)   c)   d)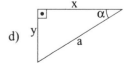

947 Determine x e y nos casos:

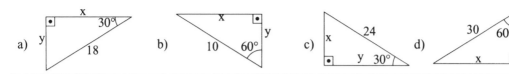

948 Lembrando que a diagonal de um quadrado de lado a vale $a\sqrt{2}$, determine, sem usar seno, cosseno, tangente e o teorema de Pitágoras, as incógnitas:
(Em cada caso temos a metade de um quadrado)

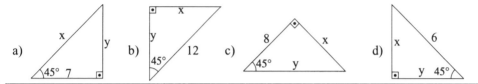

949 Lembrando que a altura de um triângulo equilátero de lado **a** é dada por $\dfrac{a\sqrt{3}}{2}$, determine, sem usar seno, cosseno, tangente e teorema de Pitágoras, as incógnitas. Em cada caso temos a metade de um triângulo equilátero.

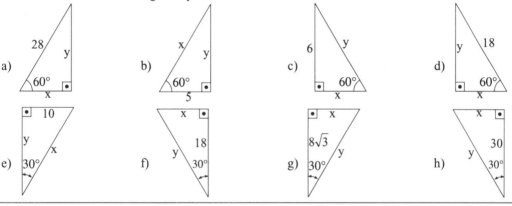

950 Se dois lados de um triângulo medem **a** e **b** e formam ângulo α, mostre que a área **S** do triângulo é dada por: $S = \dfrac{1}{2} a\, b\, \text{sen}\, \alpha$.

951 Determine a área do triângulo nos casos:

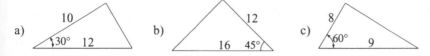

952 Determine a razão entre as áreas dos triângulos nos casos:

953 Os pontos assinalados sobre os lados do triângulo os dividem em partes iguais. Determine a razão entre as áreas dos triângulos.

954 Mostre que sendo α obtuso, como mostra a figura ao lado, a área do triângulo será dada por: $S = \dfrac{1}{2} a\, b\, sen\,(180° - \alpha)$.

955 Determine a área dos triângulos:

a)  b)  c)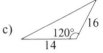

956 Se dois lados consecutivos **a** e **b** de um paralelogramo formam um ângulo obtuso α então a sua área S é dada por: S = a b sen (180° - α)

957 Determine a área do paralelogramo, nos casos:

a)   b) 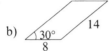 c)   d) 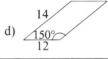 e)

958 Determine a área do quadrilátero nos casos:

a) As diagonais medem 20m e 30m   b) As diagonais medem 12m e 15m

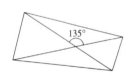   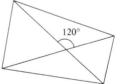

959 Resolver:

a) Um ponto de um lado de um ângulo de 30° dista 15m do outro lado, quanto ele dista do vértice?
b) Um ponto de um lado de um ângulo de 45° dista 20m do vértice, quanto ele dista do outro lado?
c) Um ponto de um lado de um ângulo de 60° dista 18m do outro lado, quanto ele dista do vértice?

960 Resolver:

a) Um ponto de um lado de um ângulo de 60° dista 28m do vértice. Quanto ele dista da bissetriz desse ângulo?
b) Um ponto de um lado de um ângulo de 60° dista 24m do outro lado. Quanto ele dista da bissetriz do ângulo?
c) Um ponto de um lado de um ângulo de 60° dista 10m da bissetriz. Quanto ele dista do outro lado?

961 Resolver:

a) Um ponto interno de um ângulo reto dista 8m e 15m dos lados do ângulo. Quanto ele dista do vértice do ângulo?
b) Um ponto interno de um ângulo reto dista 6m e 16m dos lados de um ângulo reto. Quanto ele dista da bissetriz do ângulo?
c) Um ponto de um ângulo reto dista $5\sqrt{2}$m de um lado e 4m da bissetriz do ângulo. Quanto ele dista do outro lado do ângulo?

962 Resolver:

a) Um ponto interno de um ângulo de 60° dista 6m e 12m dos lados do ângulo. Quanto ele dista da bissetriz desse ângulo?
b) Um ponto externo de um ângulo de 60° dista 6m e 24m dos lados desse ângulo. Quanto ele dista da bissetriz desse ângulo?

963 Resolver:

a) A diagonal de um retângulo mede 12m e forma um ângulo de 30° com um lado. Determine os lados.
b) As diagonais de um retângulo medem 20m cada uma e formam um ângulo de 30°. Qual é a distância entre um vértice e a diagonal a qual ele não pertence?
c) O lado de um losango mede 10m e um de seus ângulos mede 135°. Quanto mede a altura desse losango?

964 Resolver:

a) Um losango tem 48m de perímetro e um de seus ângulos mede 120°. Determine suas diagonais.
b) As bases de um trapézio retângulo medem 10m e 19m e ele tem um ângulo de 150°. Determine a altura desse trapézio.
c) A base menor de um trapézio isósceles mede 10m e o lado oblíquo, que mede 32m, forma um ângulo de 60° com uma base. Determine sua altura e a outra base do trapézio.

965 Determine a área do triângulo em questão, nos casos:

a) Triângulo retângulo com um ângulo de 30° e hipotenusa de 12m.
b) Triângulo retângulo com um ângulo de 60° e o cateto oposto de 12m.
c) Triângulo isósceles com base de 30m e ângulo oposto de 120°.
d) Triângulo isósceles cuja altura relativa à base mede 15m e o ângulo da base 45°.

966 Determine a área do trapézio retângulo em questão, nos casos:

a) A base menor mede 10m, a altura 6m e um ângulo 45°
b) A base menor mede 12m, o lado oblíquo $12\sqrt{3}$m e um ângulo 150°
c) A base maior mede 30m, a altura $20\sqrt{3}$m e um ângulo 120°
d) A base maior mede 43m, o lado oblíquo $24\sqrt{3}$m e um ângulo 150°

967 Determine a área do paralelogramo em questão, nos casos:

a) Um ângulo mede 60° e a projeção de um vértice sobre um lado o divide em partes de 12 m e 10 m.
b) Um ângulo mede 30° e as projeções de cada lado sobre a reta do lado adjacente medem 18m e $10\sqrt{3}$m.

968 Determine a área do trapézio escaleno cujos ângulos da base menor são obtusos nos casos:

a) A base menor mede 14m, um lado oblíquo, que forma um ângulo de 30° com a base, $12\sqrt{3}$m e o outro lado oblíquo 12m.
b) A base menor mede $(7-\sqrt{3})$m, a altura 6m e os ângulos obtusos 120° e 135°.

969 Determine a área de um triângulo dados dois lados e o ângulo formado por eles, nos casos:

a) Os lados medem 8m e 20m e o ângulo 45°
b) Os lados medem 12m e 16m e o ângulo 30°
c) Os lados medem 30m e 50m e o ângulo 120°
d) Os lados medem 12m e 21m e o ângulo 150°

970 Determine a área de um paralelogramo dados os lados e um ângulo nos casos:

a) 6m, 8m e 60°   b) 20m, 30m e 45°   c) 12m, 8m e 150°   d) 20m, 20m e 120°

971 Em cada caso é dado o ângulo formado pelas diagonais e as diagonais de um quadrilátero, determine a sua área:
a) 12m, 20m e 30°   b) 20m, 30m e 45°   c) 12m, 16m e 120°

972 Um trapézio têm ângulos de 60° e 30°, a base menor de 12 m e o lado oblíquo adjacente ao ângulo de 60° de 18 m. Determine a sua área.

Exercícios de Fixação

973 Determine sen α nos casos:

a) 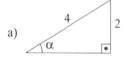   b) 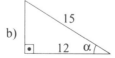   c)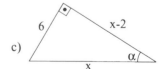

974 Determine cos α nos casos:

a) 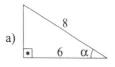   b) 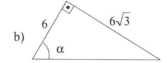   c)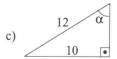

975 Obtenha tg α nos casos:

a) 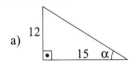 b) 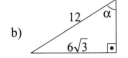 c)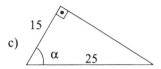

976 Em cada caso é dada uma razão trigonométrica. Determine x.

a) $\operatorname{sen} \alpha = \dfrac{5}{7}$

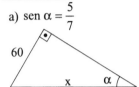

b) $\cos \alpha = \dfrac{3}{4}$

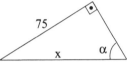

c) $\operatorname{tg} \alpha = \dfrac{8}{5}$

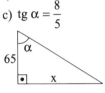

d) $\cos \alpha = \dfrac{3}{5}$

e) $\operatorname{tg} \alpha = \dfrac{15}{8}$

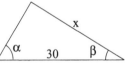

f) $\operatorname{sen} \alpha = \dfrac{3}{5}$

977 Em cada caso são dadas duas razões, determine x.

a) $\operatorname{tg} \alpha = \dfrac{4}{3}$, $\operatorname{tg} \beta = \dfrac{4}{5}$

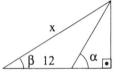

b) $\operatorname{tg} \alpha = 2$, $\operatorname{tg} \beta = \dfrac{4}{3}$

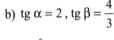

978 Determine o valor de x nos casos:

a) 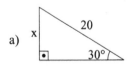 b) 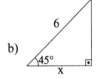 c)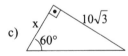

979 Determine o valor de x nos casos:

a) 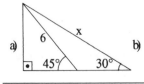 b) 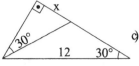 c)   d)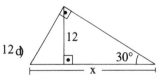

980 Determine o valor de x nos casos:

a) 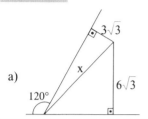 b)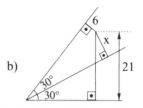

981 Determine os valores de x e y nos casos:

a) Retângulo b) Paralelogramo c) Paralelogramo

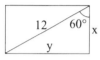 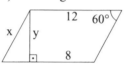 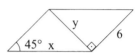

d) Trapézio retângulo e) Trapézio isósceles

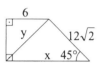 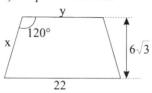

982 Determine o valor de **x** nos casos:

a) 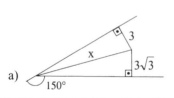 b)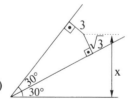

983 Resolver:

a) Um ponto de um lado de um ângulo de 60° dista 16m do vértice do ângulo. Quanto ele dista do outro lado do ângulo?

b) Um ponto de um lado de um ângulo de 30° dista 6m do outro lado. Determine a distância da projeção ortogonal desse ponto sobre este outro lado até o vértice do ângulo.

984 Resolver:

a) Um ponto P interno de um ângulo reto dista 4m e 8m dos lados do ângulo. Qual a distância entre P e o vértice desse ângulo?

b) Um ponto interno de um ângulo reto dista 4m e 10m dos lados do ângulo. Qual a distância desse ponto à bissetriz desse ângulo?

c) Um ponto P, interno de um ângulo reto, dista, respectivamente, $\sqrt{2}$m e 2m de um lado e da bissetriz do ângulo. Determine a distância entre P e o vértice desse ângulo.

d) Um ponto P, interno de um ângulo de 60°, dista 6m e 9m dos lados desse ângulo. Qual a distância entre P e a bissetriz do ângulo?

Exercícios de Matemática - Vol. 6 383

985 Determinar a área nos casos (unidade das medidas: metro)

a)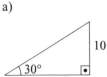
b)
c) Retângulo

d) Retângulo e) Retângulo f) Paralelogramo g) Paralelogramo
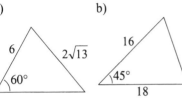 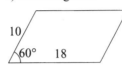 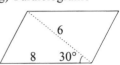

986 Determine a área do polígono nos casos (unidade das medidas: m)

a) b) c) Losango d) Losango

987 Determine a área nos casos:

a) b) Paralelogramo c)
 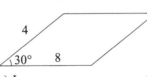 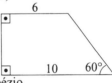

d) Trapézio e) Losango f) Trapézio
 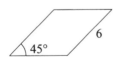 

988 Sendo α e β as medidas dos ângulos agudos de um triângulo retângulo, mostre que.

a) $\sen \alpha = \cos \beta$ b) $\tg \alpha = \dfrac{\sen \alpha}{\cos \alpha}$ c) $\sen^2 \alpha + \cos^2 \alpha = 1$

989 Determine a área do paralelogramo nos casos, sendo o metro a unidade das medidas indicadas.

a)  b)

c) 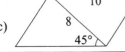 d) AC = 16, BD = 24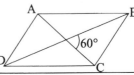

990 Determine a área do quadrilátero nos casos:

a) Trapézio com AB = 8m
   AC = 20m e CD = 30m

b) AB = 12m, BC = 18m e CD = $12\sqrt{2}$m

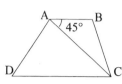
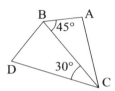

991 Determine a área do quadrilátero nos casos a seguir, sendo o metro a unidade das medidas indicadas.

a)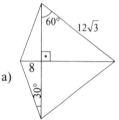
b)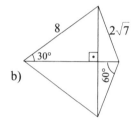

992 Um paralelogramo tem lados respectivamente iguais a 10cm e 8cm. Sabendo que um de seus ângulos internos vale 120°, calcule o perímetro do quadrilátero convexo formado pelas bissetrizes de seus ângulos internos.

993 Na figura temos um quadrado e um triângulo equilátero. Determine as incógnitas.

a)
b)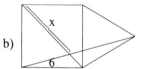

994 Determine a área dos quadriláteros nos casos:

a)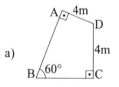
b)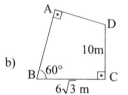

995 Resolver:

a) Uma diagonal de um paralelogramo mede 20m e forma ângulos de 30° e 60° com os lados. Determine sua área.
b) Uma base de um trapézio retângulo mede 16m e o lado oblíquo às base mede 24m. Se um dos ângulos desse trapézio mede 120°, qual é a sua área?
c) Um lado de um triângulo isósceles mede 30m e um ângulo dele mede 120°. Qual a área desse triângulo?

996 Resolver:

a) Uma diagonal de um trapézio retângulo determina nele dois triângulos retângulos. Se uma base do trapézio mede 24m e um dos ângulos dele mede 30°, qual é a sua área?
b) De um triângulo ABC, com $\hat{B}$ e $\hat{C}$ agudos e $\hat{B} = 2\hat{C}$, sabemos que as projeções de $\overline{AB}$ e $\overline{AC}$ sobre $\overline{BC}$ medem 2m e 8m. Determine a área desse triângulo.

Exercícios Suplementares

997 Determine a área (unidade das medidas: metro)

a)

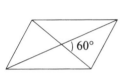

b) Paralelogramo

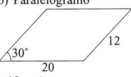

c) Retângulo de diag. 16

d) Paralelogramo de diagonais 8 e 12

e)

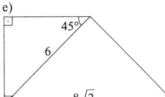

f) Trapézio

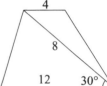

998 Resolver:

a) Um ponto P, interno de um ângulo de 60°, dista 3m e 6m dos lados do ângulo. Determine a distância entre P e o vértice desse ângulo.
b) Um ponto P, interno de um ângulo de 30°, dista 3m de um lado e $3\sqrt{13}$m do vértice do ângulo. Quanto esse ponto dista do outro lado do ângulo?
c) Um ponto P, externo de um ângulo de 60°, dista $9\sqrt{3}$m e $3\sqrt{3}$m dos lados do ângulo, sendo que nenhuma destas distâncias é até o vértice do ângulo. Qual é a distância entre P e a bissetriz do ângulo?

999 Determine a área do triângulo nos casos abaixo, sendo o metro a unidade das medidas indicadas.

a) 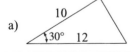   b) 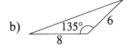   c)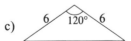

1000 Resolver:

a) Dois lados de um triângulo retângulo medem 3m e 4m. Determinar o terceiro lado deste triângulo.
b) Duas retas concorrentes **r** e **s** formam um ângulo de 60°. Dois pontos A e B são tais que A∈r, B∈s e AP = BP = 6m, onde {P} = r∩s. Determinar AB.
c) As bases de um trapézio retângulo medem 4m e 12m e um outro lado 10m. Determinar a área deste trapézio.
d) As bases de um trapézio isósceles medem 8m e 16m e a diagonal é bissetriz do ângulo da base.

Determinar a área deste trapézio.
e) A altura de um trapézio retângulo mede 15m e uma base 10m. Se o lado oblíquo às bases mede 17m, determinar a área do trapézio.

1001 Resolver:

a) Dois lados de um quadrilátero medem 6m cada um e formam um ângulo de 120°. Se estes lados são perpendiculares aos outros dois, determinar a área deste quadrilátero.
b) De um paralelogramo ABCD, A' é a projeção ortogonal de A sobre $\overline{CD}$. Se $\overline{BA'}$ é bissetriz de $\hat{B}$, A'D = 6m e A'C = 10m, determinar a área do paralelogramo.
c) Um círculo está inscrito em um setor de 60° de raio 12m. Determinar o raio deste círculo.

1002 Dada uma razão trigonométrica determine a área do triângulo nos casos:

a) sen α = $\frac{4}{5}$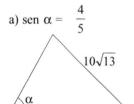

b) cos α = $\frac{4}{5}$

c) tg α = $\frac{4}{3}$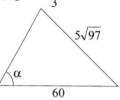

1003 Determine a área do trapézio em questão nos casos:

a) sen α = $\frac{4}{5}$; cos β = $\frac{5\sqrt{41}}{41}$

b) cos α = $\frac{4}{5}$; tg β = $\frac{3}{2}$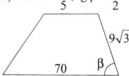

1004
O ponto de intersecção das diagonais de um paralelogramo dista **a** e **b** dos lados. Sendo α o ângulo agudo, determine a área.

Capítulo 18

Relações Métricas no Triângulo Qualquer

A – Lados e uma projeção

A1 – Teorema

O quadrado do lado oposto a um ângulo agudo de um triângulo é igual a soma dos quadrados dos outros dois, menos o dobro do produto de um lado pela projeção do outro sobre ele.

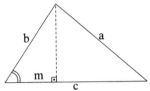

$$a^2 = b^2 + c^2 - 2cm$$

Demonstração:
Aplicando o Pitágoras nos dois triângulos obtemos:

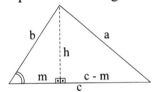

$$\begin{cases} b^2 = h^2 + m^2 \Rightarrow h^2 = b^2 - m^2 \\ a^2 = h^2 + (c-m)^2 \end{cases}$$

$$a^2 = b^2 - m^2 + c^2 - 2cm + m^2 \Rightarrow$$

$$a^2 = b^2 + c^2 - 2cm$$

A2 – Teorema

O quadrado do lado oposto a um ângulo obtuso é igual a soma dos quadrados dos outros dois, mais o dobro do produto de um deles pela projeção do outro sobre a reta que o contém:

$$a^2 = b^2 + c^2 + 2cm$$

Demonstração: Aplicando o Pitágoras nos dois triângulos obtemos:

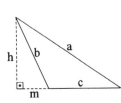

$$\begin{cases} b^2 = h^2 + m^2 \Rightarrow h^2 = b^2 - m^2 \\ a^2 = h^2 + (c+m)^2 \end{cases}$$

$$a^2 = b^2 - m^2 + c^2 + 2cm + m^2 \Rightarrow \boxed{a^2 = b^2 + c^2 + 2cm}$$

B – Lei dos cossenos

Teorema dos cossenos: "O quadrado de um lado de um triângulo é igual a soma dos quadrados dos outros dois, menos o dobro do produto dos outros dois, vezes o cosseno do ângulo formado por eles.
Vale nos dois casos:

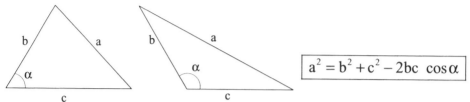

$$a^2 = b^2 + c^2 - 2bc \cos\alpha$$

Demonstração:
1º caso: O ângulo formado pelos outros dois lados é agudo.

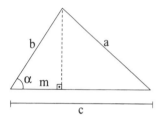

1º) $\cos\alpha = \dfrac{m}{b}$ ⇒ $\boxed{m = b\cos\alpha}$

2º) Aplicando o teorema do item A1 e substituindo o valor acima:

$a^2 = b^2 + c^2 - 2cm \Rightarrow a^2 = b^2 + c^2 - 2c(b\cos\alpha) \Rightarrow$ $\boxed{a^2 = b^2 + c^2 - 2bc\cos\alpha}$

2º Caso: O ângulo formado pelos outros dois lados é obtuso.
Neste caso vamos usar a seguinte informação conceituada em trigonometria: "Se dois ângulos são suplementares, então os seus cossenos são opostos".

Isto é: $\boxed{\alpha + \beta = 180°}$ ⇒ $\boxed{\cos\beta = -\cos\alpha}$

Por exemplo:
$\cos 150° = -\cos 30°$, $\cos 100° = -\cos 80°$,
$\cos 10° = -\cos 170°$, $\cos(180° - \alpha) = -\cos\alpha$
Lembre-se: $\cos\beta = -\cos\alpha$

1º) $\cos\beta = \dfrac{m}{b}$ ⇒ $m = b\cos\beta$ ⇒

$m = b(-\cos\alpha)$ ⇒ $\boxed{m = -b\cos\alpha}$

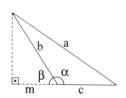

2º) Aplicando o teorema do item A2 e substituindo o valor de **m** obtido acima:

$a^2 = b^2 + c^2 + 2cm \Rightarrow a^2 = b^2 + c^2 + 2c(-b\cos\alpha) \Rightarrow$ $\boxed{a^2 = b^2 + c^2 - 2bc\cos\alpha}$

C – Natureza de um triângulo

Dados as medidas dos lados de um triângulo, é possível descobrir se ele é retângulo, acutângulo ou obtusângulo. Basta compararmos o quadrado do lado maior com a soma dos quadrados dos outros dois.

Vamos usar da trigonometria que se $0 < a < 180°$, então:

$$\alpha \text{ é agudo} \Leftrightarrow \cos \alpha > 0$$
$$\alpha \text{ é obtuso} \Leftrightarrow \cos \alpha < 0$$

Considere um triângulo ABC com $\hat{A} = \alpha$ onde **a** é a medida do maior lado.

1°) Se $a^2 = b^2 + c^2$ já sabemos que o triângulo ABC é retângulo (recíproco de Pitágoras).

2°) Se $a^2 < b^2 + c^2$, usando a lei dos cossenos:
$a^2 = b^2 + c^2 - 2bc \cos \alpha \Rightarrow b^2 + c^2 = a^2 + 2bc \cos \alpha$ e $a^2 < b^2 + c^2$
$a^2 < a^2 + 2bc \cos \alpha \Rightarrow \cos \alpha > 0 \Rightarrow$ $\boxed{\alpha \text{ é agudo}}$

Se o maior ângulo do triângulo, no caso α, é agudo, os outros dois também serão. Então o triângulo é **acutângulo**.

- $\boxed{a^2 < b^2 + c^2 \Rightarrow \Delta \text{ acutângulo}}$

3°) Se $a^2 > b^2 + c^2$, usando a lei dos cossenos temos:
$a^2 = b^2 + c^2 - 2bc \cos \alpha \Rightarrow b^2 + c^2 = a^2 + 2bc \cos \alpha$.
$a^2 > b^2 + c^2 \Rightarrow a^2 > a^2 + 2bc \cos \alpha \Rightarrow$
$\cos \alpha < 0 \Rightarrow \boxed{\alpha \text{ é obtuso}} \Rightarrow \boxed{\Delta \text{ obtusângulo}}$

$\boxed{a^2 > b^2 + c^2 \Rightarrow \Delta \text{ obtusângulo}}$

Resumindo:
Sendo **a** a medida do maior lado de um triângulo onde os outros dois medem b e c, temos:

$$a^2 = b^2 + c^2 \Leftrightarrow \text{triângulo retângulo}$$
$$a^2 < b^2 + c^2 \Leftrightarrow \text{triângulo acutângulo}$$
$$a^2 > b^2 + c^2 \Leftrightarrow \text{triângulo obtusângulo}$$

D – Relação de Stewart

D1 – Ceviana

Ceviana é um segmento com uma extremidade num vértice e a outra no lado oposto. Se a extremidade no lado oposto for ponto médio, como já sabemos, ela é chamada mediana.

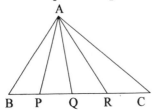

$\overline{AP}, \overline{AQ}, \overline{AR}$ são cevianas.

D2 – Teorema

Considere uma ceviana qualquer $\overline{AP}$ de um triângulo ABC. Levando em conta as medidas indicadas, chamamos relação de Stewart a seguinte igualdade.

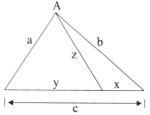

$$\boxed{a^2x + b^2y - z^2c = xyc}$$

Demonstração:
Aplicando a lei dos cossenos nos dois triângulos e lembrando que $\cos\beta = -\cos\alpha$, obtemos:

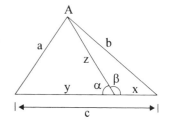

$$\begin{cases} a^2 = y^2 + z^2 - 2yz\cos\alpha \\ b^2 = x^2 + z^2 - 2xz\cos\beta \end{cases} \Rightarrow \begin{cases} a^2 = y^2 + z^2 - 2yz\cos\alpha \\ b^2 = x^2 + z^2 - 2xz(-\cos\alpha) \end{cases}$$

$$\begin{cases} a^2 = y^2 + z^2 - 2yz\cos\alpha \quad (x) \\ b^2 = x^2 + z^2 + 2xz\cos\alpha \quad (y) \end{cases} \Rightarrow$$

$$\begin{cases} a^2x = y^2x + z^2x - 2xyz\cos\alpha \\ b^2y = x^2y + z^2y + 2xyz\cos\alpha \end{cases} \text{(somando as equações)}$$

$a^2x + b^2y = y^2x + x^2y + z^2x + z^2y$
$a^2x + b^2y = xy(y + x) + z^2(x + y)$ como $x + y = c$:
$a^2x + b^2y = xyc + z^2c$

Então: $\boxed{a^2x + b^2y - z^2c = xyc}$

E – Mediana

A mediana relativa ao lado **a** (m_a) de um triângulo ABC é dada por:

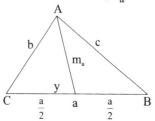

$$\boxed{m_a = \frac{1}{2}\sqrt{2(b^2 + c^2) - a^2}}$$

Demonstração: Aplicando a relação de Stewart obtemos:
façamos $m_a = m$ para simplificar:

$$b^2 \cdot \frac{a}{2} + c^2 \cdot \frac{a}{2} - m^2 \cdot a = a \cdot \frac{a}{2} \cdot \frac{a}{2}$$

$$2b^2 + 2c^2 - 4m^2 = a^2$$

$$4m^2 = 2(b^2 + c^2) - a^2 \Rightarrow$$

$$2m = \sqrt{2(b^2 + c^2) - a^2} \Rightarrow \boxed{m_a = \frac{1}{2}\sqrt{2(b^2 + c^2) - a^2}}$$

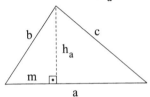

Da mesma forma obtemos:

$$m_b = \frac{1}{2}\sqrt{2(a^2 + c^2) - b^2} \quad \text{e} \quad m_c = \frac{1}{2}\sqrt{2(a^2 + b^2) - c^2}$$

F – Altura

A altura relativa ao lado a (h_a) de um triângulo ABC é dada por:

$$\boxed{h_a = \frac{2}{a}\sqrt{p(p-a)(p-b)(p-c)}}$$

onde $p = \dfrac{a+b+c}{2}$ (p é o semiperímetro)

Demonstração:

1º) Sendo $2p = a + b + c$, $p = \dfrac{a+b+c}{2}$ é o semiperímetro.

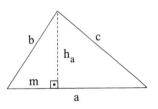

Podemos então escrever:
$$\begin{cases} a + b - c = a + b + c - 2c = 2p - 2c = 2(p - c) \\ a + c - b = a + b + c - 2b = 2p - 2b = 2(p - b) \\ b + c - a = a + b + c - 2a = 2p - 2a = 2(p - a) \end{cases}$$

Sabemos que: $\begin{cases} m^2 + h^2 = b^2 & (I) \\ c^2 = a^2 + b^2 \pm 2am & (II) \end{cases}$

($\pm$) significa que o ângulo oposto a **c** pode ser agudo ou obtuso.

(II) $m = \pm \dfrac{c^2 - a^2 - b^2}{2a}$. Substituindo este valor em I obtemos:

$$\frac{(c^2 - a^2 - b^2)^2}{4a^2} + h^2 = b^2 \Rightarrow 4a^2h^2 = 4a^2b^2 - (c^2 - a^2 - b^2)^2 \Rightarrow$$

$$\Rightarrow 4a^2h^2 = [2ab + (c^2 - a^2 - b^2)][2ab - (c^2 - a^2 - b^2)] \Rightarrow$$

$\Rightarrow 4a^2h^2 = [c^2 - (a^2 - 2ab + b^2)] \ [(a^2 + 2ab + b^2) - c^2] \Rightarrow$

$\Rightarrow 4a^2h^2 = [c^2 - (a-b)^2] \ [(a+b)^2 - c^2] \Rightarrow$

$4a^2h^2 = [c+a-b] \ [c-a+b] \ [a+b+c] \ [a+b-c]$

$4a^2h^2 = [a+b+c] \ [b+c-a] \ [a+c-b] \ [a+b-c]$

De acordo com o item 1 temos:

$4a^2h^2 = 2p \cdot 2(p-a) \cdot 2(p-b) \cdot 2(p-c)$

$a^2h^2 = 4p(p-a)(p-b)(p-c) \Rightarrow \boxed{h = \dfrac{2}{a}\sqrt{p(p-a)(p-b)(p-c)}}$

Da mesma forma obtemos:

$h_b = \dfrac{2}{b} \cdot \sqrt{p(p-a)(p-b)(p-c)} \quad e \quad h_c = \dfrac{2}{c} \cdot \sqrt{p(p-a)(p-b)(p-c)}$

G – Fórmula de Herão

Para calcular a área de um triângulo em função dos lados a, b e c pode-se usar a fórmula.

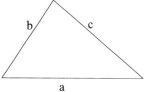

$$\boxed{S = \sqrt{p(p-a)(p-b)(p-c)}}$$

onde $p = \dfrac{a+b+c}{2}$

Demonstração:

Lembrando que $S = \dfrac{a \cdot h_a}{2} = \dfrac{a}{2} \cdot h_a$ e que

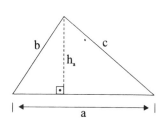

$h_a = \dfrac{2}{a}\sqrt{p(p-a)(p-b)(p-c)}$ obtemos:

$S = \dfrac{a}{2} \cdot \dfrac{2}{a} \cdot \sqrt{p(p-a)(p-b)(p-c)}$. Então: $\boxed{S = \sqrt{p(p-a)(p-b)(p-c)}}$

H – Bissetriz interna

A bissetriz interna relativa ao lado a (s_a) de um triângulo ABC é dada por

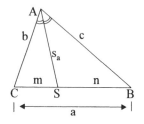

$$\boxed{s_a = \dfrac{2}{b+c}\sqrt{bcp \cdot (p-a)}}$$

Demonstração:

1º) De acordo com o teorema da bissetriz interna temos:

$$\frac{b}{c} = \frac{m}{n} \Rightarrow \begin{cases} \frac{b}{c} = \frac{a-n}{n} \\ \frac{b}{c} = \frac{m}{a-m} \end{cases} \Rightarrow \begin{cases} bn = ac - cn \\ cm = ab - bm \end{cases} \Rightarrow \begin{cases} n = \frac{ac}{b+c} \\ m = \frac{ab}{b+c} \end{cases}$$

2º) Aplicando agora a relação de Stewart:
$b^2 n + c^2 m - s^2 \cdot a = am \cdot n \Rightarrow$

$$b^2 \cdot \frac{ac}{b+c} + c^2 \cdot \frac{ab}{b+c} - s^2 a = a \cdot \frac{ab}{b+c} \cdot \frac{ac}{b+c} \Rightarrow s^2 = \frac{b^2 c}{b+c} + \frac{c^2 b}{b+c} - \frac{a^2 bc}{(b+c)^2} \Rightarrow$$

$$s^2 = \frac{bc[b(b+c) + c(b+c) - a^2]}{(b+c)^2} = \frac{bc}{(b+c)^2} \cdot [(b+c)^2 - a^2]$$

$$s^2 = \frac{bc}{(b+c)^2} \cdot (b+c+a)(b+c-a) = \frac{bc}{(b+c)^2} \cdot 2p \cdot 2(p-a)$$

$$s^2 = \frac{4bcp(p-a)}{(b+c)^2} \Rightarrow \boxed{s = \frac{2}{b+c} \sqrt{bcp(p-a)}}$$

Da mesma forma obtemos:

$$s_b = \frac{2}{a+c} \sqrt{acp(p-b)} \quad \text{e} \quad s_c = \frac{2}{a+b} \sqrt{abp(p-c)}$$

I – Bissetriz externa

A bissetriz externa relativa ao lado a (s'$_a$), se b for maior c, de um triângulo ABC é dada por:

$$\boxed{s'_a = \frac{2}{b-c} \sqrt{bc(p-b)(p-c)}}$$

Se c for maior que b substitua (b – c) por (c – b) na fórmula.

Demonstração:

1º) De acordo com o teorema da bissetriz externa temos:

$$\frac{b}{c} = \frac{a+m}{m} \Rightarrow bm = ac + cm \Rightarrow m = \frac{ac}{b-c}$$

2º) Aplicando agora a relação de Stewart no triângulo ACS':
$b^2 \cdot m + s'^2 a - c^2(a+m) = a.m \cdot (a \cdot m) \Rightarrow$

$$b^2 \cdot \frac{ac}{b-c} + s'^2 a - c^2\left(a + \frac{ac}{b-c}\right) = a \cdot \frac{ac}{b-c} \cdot \left(a + \frac{ac}{b-c}\right) \Rightarrow$$

$$\frac{ab^2c}{b-c} + s'^2 a - c^2\left(\frac{ab}{b-c}\right) = \frac{a^2c}{b-c} \cdot \frac{ab}{b-c} \Rightarrow$$

$$\frac{b^2c}{b-c} + s'^2 - \frac{bc^2}{b-c} = \frac{a^2bc}{(b-c)^2} \Rightarrow s'^2 = \frac{a^2bc + bc^2(b-c) - b^2c(b-c)}{(b-c)^2}$$

$$s'^2 = \frac{bc}{(b-c)^2} \cdot [a^2 + c(b-c) - b(b-c)]$$

$$s'^2 = \frac{bc}{(b-c)^2}[a^2 - (b-c)^2] \Rightarrow s'^2 = \frac{bc}{(b-c)^2} \cdot (a+b-c)(a- \qquad \Rightarrow$$

$$s'^2 = \frac{bc}{(b-c)^2} \cdot 2(p-c) \cdot 2(p-b) \Rightarrow \boxed{s' = \frac{2}{b-c}\sqrt{bc(p-b)(p-c)}}$$

Da mesma forma, sendo por exemplo **a** maior que **b** e **c**, obtemos:

$$s'_b = \frac{2}{a-c}\sqrt{ac(p-a)(p-c)} \quad \text{e} \quad s'_c = \frac{2}{a-b} \cdot \sqrt{ab(p-a)(p-b)}$$

Se a for menor que b e c substitua (a – c) por (c – a) e (a – b) por (b – a).

Obs.: Não é necessário memorizar essas fórmulas das bissetrizes interna e externa e a da mediana de um triângulo. É bom saber as suas deduções.

J – Lei dos senos

Teorema: Os lados de um triângulo são proporcionais aos senos dos ângulos opostos e essa razão entre o lado e seno do ângulo oposto é igual ao diâmetro da circunferência circunscrita.

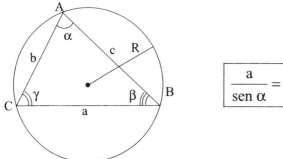

$$\boxed{\frac{a}{\operatorname{sen}\alpha} = \frac{b}{\operatorname{sen}\beta} = \frac{c}{\operatorname{sen}\gamma} = 2R}$$

Demonstração:

1º) Tracemos o diâmetro $\overline{BP}$ que contém $\overline{BO}$ e unamos P com C. Note que o triângulo PCB é retângulo em C (está inscrito em uma semicircunferência).

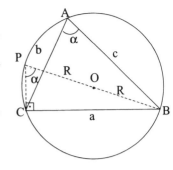

2º) Como $\hat{A} = \alpha = \dfrac{\widehat{BC}}{2}$ e $\hat{P} = \dfrac{\widehat{BC}}{2}$, obtemos que $\hat{P} = \alpha$.

Então: $\operatorname{sen} \alpha = \dfrac{a}{2R} \Rightarrow \boxed{\dfrac{a}{\operatorname{sen} \alpha} = 2R}$

Da mesma forma obtemos: $\dfrac{b}{\operatorname{sen} \beta} = 2R$ e $\dfrac{c}{\operatorname{sen} \gamma} = 2R$. Então:

$$\boxed{\dfrac{a}{\operatorname{sen} \alpha} = \dfrac{b}{\operatorname{sen} \beta} = \dfrac{c}{\operatorname{sen} \gamma} = 2R}$$

K – Circunferências do triângulo
K1 – Raio da inscrita

A área do triângulo circunscrito a uma circunferência de raio **r** é dada por

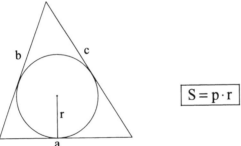

$$\boxed{S = p \cdot r}$$

onde $p = \dfrac{a + b + c}{2}$ (semiperímetro)

Demonstração: Unindo o centro aos vértices do triângulo determinamos três triângulos de altura **r**, cuja soma das áreas dá a área do triângulo original.

$S = \dfrac{ar}{2} + \dfrac{br}{2} + \dfrac{cr}{2} \Rightarrow$

$S = \dfrac{(a+b+c)r}{2} \Rightarrow \boxed{S = p \cdot r}$

Note que esta fórmula é útil para achar o raio **r**.
Dados os lados acha-se a área **S** (pode ser por Herão, se os lados forem racionais) e calculamos o raio r usando a fórmula acima.

K2 – Raio da circunscrita
A área do triângulo inscrito em uma circunferência de raio R é dada por.

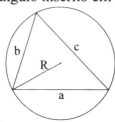

$$S = \frac{abc}{4R}$$

Demonstração:
Da lei dos senos obtemos:

$$\frac{a}{\operatorname{sen}\alpha} = 2R \Rightarrow \boxed{\operatorname{sen}\alpha = \frac{a}{2R}} \quad (I)$$

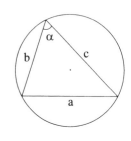

Por outro lado a área do triângulo é dada por:

$$\boxed{S = \frac{1}{2} b \cdot c \cdot \operatorname{sen}\alpha} \quad (II)$$

Substituindo I em II obtemos: $S = \frac{1}{2} bc \cdot \frac{a}{2R} \Rightarrow \boxed{S = \frac{abc}{4R}}$

Então, dados os lados, achamos a área **S** (pode ser por Herão) e calculamos o raio R usando a fórmula acima.

K3 – Raio da ex-inscrita

A circunferência que tangencia um lado de um triângulo e os prolongamentos dos outros dois chama-se ex-inscrita do triângulo.
Para cada triângulo há três circunferências ex-inscritas.
O centro de uma das ex-inscritas está sobre a bissetriz de um ângulo interno e sobre duas bissetrizes de ângulos externos.
A área de um triângulo em função dos lados e do raio R_a da circunferência ex-inscrita ao lado **a** é dada por:

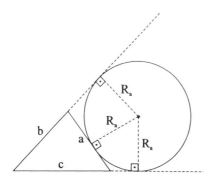

$$\boxed{S = (p-a) R_a}$$

Demonstração:
Indicando por (ABC) a área do triângulo ABC temos:

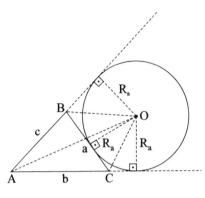

$$(ABC) = (OAB) + (OAC) - (OBC)$$

$$S = \frac{1}{2} c \cdot R_a + \frac{1}{2} b R_a - \frac{1}{2} a R_a$$

$$S = \frac{(c+b-a)}{2} R_a$$

$$S = \frac{(a+b+c-2a)}{2} R_a$$

$$S = \frac{(2p-2a)}{2} R_a \quad \Rightarrow \quad \boxed{S = (p-a) R_a}$$

Do mesmo modo obtemos: $S = (p-b) R_b$ e $S = (p-c) R_c$
Da mesma forma que as duas fórmulas anteriores essa também é usada para o cálculo dos raios.

Exercícios

1005 Escreva uma relação entre as medidas indicadas na figura, nos casos:

a)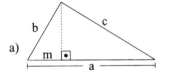

b)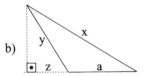

c)

d)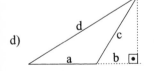

e)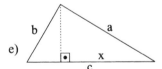

f)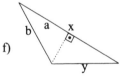

1006 Determine x nos casos

a)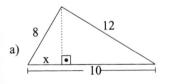

b)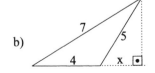

c)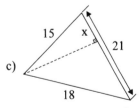

d)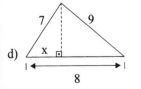

e)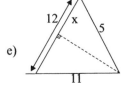

f)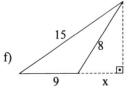

1007 Em trigonometria extendemos o conceito de seno, cosseno e tangente de ângulo obtuso. Se α é agudo e β é obtuso e α + β = 180° (a e b são suplementares) são válidas as relações:
sen β = sen α; cos β = – cos α e tg β = – tg α
De o valor V ou F para cada sentença nos casos:

a) sen 140° = sen 40°   b) cos 160° = – cos 20°   c) tg 135° = – tg 45°   d) sen 110° = sen 70°

e) cos 100° = – cos 80°   f) tg 160° = – tg 20°   g) sen 120° = $\frac{\sqrt{3}}{2}$ h) sen 150° = $\frac{1}{2}$

i) sen 135° = $\frac{\sqrt{2}}{2}$ j) tg 120° = – $\sqrt{3}$ k) tg 135° = – 1   l) tg 150° = – $\frac{\sqrt{3}}{3}$

m) cos 120° = – $\frac{1}{2}$ n) cos 135° = – $\frac{\sqrt{2}}{2}$ o) cos 150° = – $\frac{\sqrt{3}}{2}$

1008 Levando em conta as medidas indicadas na figura, escreva a lei dos cossenos nos casos:

a) 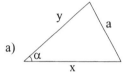   b) 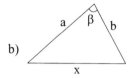   c)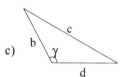

1009 Dado cos α determine x nos casos:

a) $\cos \alpha = \frac{7}{10}$ b) $\cos \alpha = \frac{4}{9}$ c) $\cos \alpha = -\frac{3}{7}$

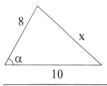   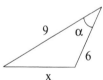

1010 Determine cos α nos casos:

a) 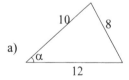   b) 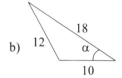   c)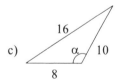

1011 Determine α nos casos:

a) 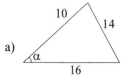   b) 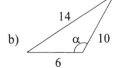   c)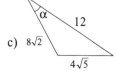

1012 Determine x nos casos:

a)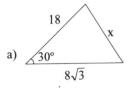
b)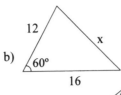
c)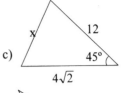
d)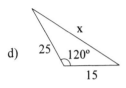
e)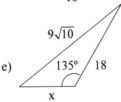
f)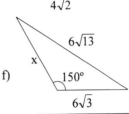

1013 Determine x nos casos:

a)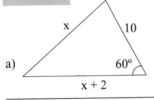
b)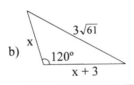

1014 Aplicando a relação de Stewart determine x nos casos:

a)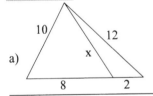
b)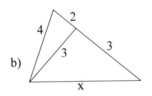
c)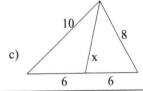

1015 Aplicando a relação de Stewart determine a mediana relativa ao lado BC, nos casos:

a)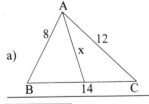
b)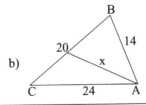

1016 Aplicando a fórmula para o cálculo das medianas, determine a relativa ao lado BC, nos casos:

a)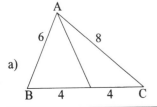
b)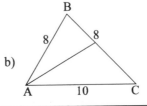

1017 Dizer a natureza (dizer se é retângulo, obtusângulo ou acutângulo) do triângulo dados os lados a, b e c, nos casos:
a) 13; 10 e 18
b) 14; 48 e 50
c) 8; 12 e 15
d) 6; 7 e 9
e) 13a; 12a e 15a
f) 18k; 24k e 30k
g) 13k, 7k e 7k

1018 Aplicando a fórmula de Herão, determine a área do triângulo nos casos:

a)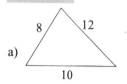
b)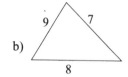
c)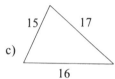

d)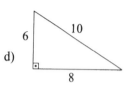
e)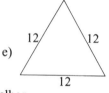
f)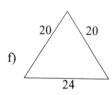

Obs.: Nos itens d, e, f há modo melhor.

1019 Achando primeiro a área (por Herão), determine a altura relativa ao lado BC do triângulo nos casos:

a)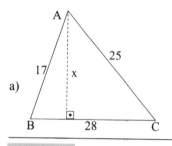
b)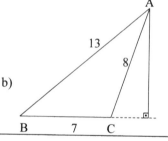
c)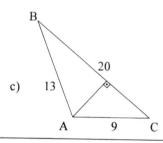

1020 Determinar a altura que se pede nos casos: (Ache a área primeiro)

a) A menor altura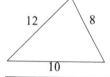
b) A maior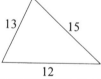
c) A maior

1021 Olhando a fórmula (não é preciso decorar) determine a bissetriz pedida nos casos:

a) A bissetriz interna AS
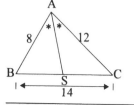

b) A bissetriz externa AS'
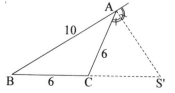

1022 Dados sen α e sen β determine x nos casos:

a) $\operatorname{sen}\alpha = \dfrac{3}{4}$; $\operatorname{sen}\beta = \dfrac{5}{8}$

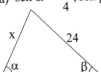

b) $\operatorname{sen}\alpha = \dfrac{6}{7}$; $\operatorname{sen}\beta = \dfrac{2}{3}$

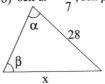

1023 Determine sen α nos casos:

a) $\operatorname{sen}\beta = \dfrac{8}{9}$

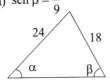

b) $\operatorname{sen}\beta = \dfrac{3}{5}$

1024 Determine x nos casos:

a) b) c)

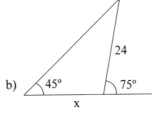

1025 Determine a medida do ângulo agudo α, nos casos:

a) b)

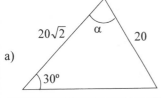
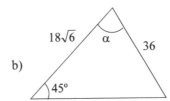

1026 Determine o raio da circunferência circunscrita ao triângulo nos casos:

a) $\operatorname{sen}\alpha = \dfrac{6}{7}$ b) c) d)

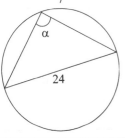
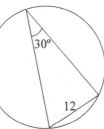
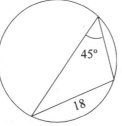
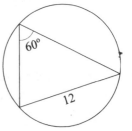

1027 Determine o raio da circunferência inscrita no triângulo nos casos:

a)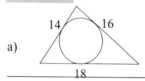

b)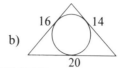

1028 Determine o raio da circunferência circunscrita ao triângulo nos casos

a)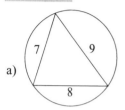

b)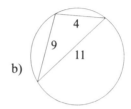

1029 Determine os raios das duas circunferências ex-inscritas indicadas na figura abaixo, sabendo que AB = 18m, AC = 14m e BC = 10m

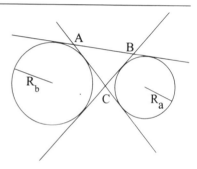

1030 Resolver

a) Os lados de um triângulo medem 6m, 7m e 8m. Determine a natureza (quanto aos ângulos) do triângulo e a projeção do menor lado sobre o maior.

b) Os lados de um triângulo medem 5m, 6m e 9m. Determine a natureza do triângulo e a projeção do lado de 5m sobre a reta do de 6m.

c) Os lados de um triângulo medem 6m, 10m e 14m. Determine a natureza do triângulo e as projeções do menor sobre as retas dos outros dois.

1031 Resolver

a) Dois lados de um triângulo, que medem 4m e 6m, formam um ângulo de 60°. Determine o outro lado.

b) Os lados de um triângulo medem 13m, 15m e 16m. Determine o cosseno do ângulo oposto ao maior lado.

1032 Resolver:

a) Determine a mediana relativa ao menor lado de um triângulo cujos lados medem 8m, 10m e 12m.

b) Dois lados de um triângulo medem 6m e 8m e a mediana relativa ao outro lado mede $\sqrt{14}$m. Determine este terceiro lado.

1033 Determine a área do triângulo dados os lados nos casos:

a) 18m, 16m, 20m   b) 20m, 24m, 28m   c) 7m, 6m, 3m

1034 Determine a altura relativa ao menor lado do triângulo, dados os lados, nos casos:

a) 16m, 26m, 30m   b) 12m, 17m, 19m

1035 Resolver:

a) Determine a menor altura de um triângulo cujos lados medem 13m, 17m e 20m.
b) Determine a maior altura de um triângulo cujos lados medem 10m, 12m e 18m.

1036 Resolver:

a) O lado oposto a um ângulo de 45° de um triângulo mede 20m. Determine o raio da circunferência circunscrita ao triângulo.
b) Um triângulo com um ângulo de 150° está inscrito em um círculo cujo raio mede 12m. Determine o maior lado desse triângulo.

1037 Determine o raio da circunferência inscrita no triângulo dado os seus lados nos casos:

a) 8m, 10m, 14m   b) 12m, 12m e 16m   c) 14m, 48m, 50m   d) 18m, 18m, 18m

1038 Determine o raio da circunferência circunscrita ao triângulo dados os seus lados nos casos:

a) 20m, 22m, 30m   b) 20m, 20m, 10m   c) 18m, 24m, 30m   d) 12m, 12m, 12m

1039 Determine o raio da circunferência ex-inscrita do triângulo nos casos:

a) Os lados medem 12m, 16m e 20m e ela tangencia o lado menor.
b) Os lados medem 4m, 9m e 11m e ela tangencia o lado maior.

Exercícios de Fixação

1040 Determine o valor de x nos casos:

a)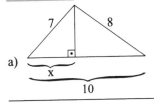

b)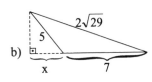

1041
Determine x e y nos casos:

a)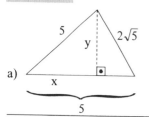

b)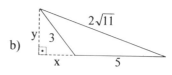

1042
Calcule a altura h, relativa ao lado $\overline{BC}$, nos casos:

a)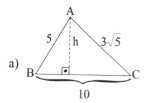

b)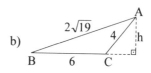

1043
Determine o valor de x nos casos:

a)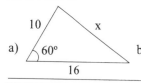
b)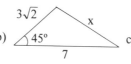
c)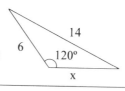
d)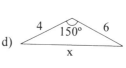

1044
Determine a medida x do ângulo nos casos:

a)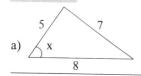
b)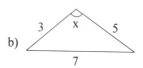

1045
Dizer a natureza (quanto aos ângulos) dados as medidas dos lados do triângulo nos casos:

a) 9m, 10m e 13m
b) 21m, 20m, 29m
c) 18m, 19m, 27m
d) 20k, 21k, 28k
e) 33k, 56k, 66k
f) 9m, 40m, 41m

1046
Resolver:

a) Determine a medida da mediana $\overline{AM}$ do triângulo ABC, aplicando a fórmula da mediana e depois calcule usando a relação de Stewart

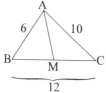

b) Determine a medida da bissetriz $\overline{AS}$, aplicando a fórmula da bissetriz interna e depois calcule usando o teorema da bissetriz e a relação de Stewart

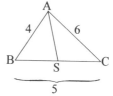

1047 Determine a medida da bissetriz externa $\overline{AP}$ do ΔABC, aplicando a fórmula da bissetriz e depois calcule usando o teorema da bissetriz e a relação de Stewart.

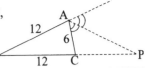

1048 Determine o valor de x nos casos:

a) 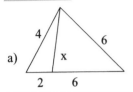   b)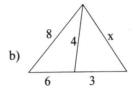

1049 Determine a razão entre a soma dos quadrados das medianas de um triângulo e a soma dos quadrados dos lados desse triângulo.

1050 Resolver:

a) Se $\overline{AS}$ é bissetriz interna do triângulo ABC, determine x e y.

b) Se $\overline{AP}$ é bissetriz externa do triângulo ABC, determine x e y.

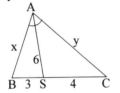   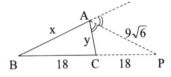

1051 Determine a área do triângulo nos casos abaixo. Use: $S = \sqrt{p(p-a)(p-b)(p-c)}$. O metro é a unidade das medidas indicadas.

a) 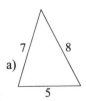   b) 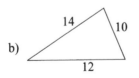   c)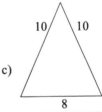

1052 Determine o valor de x nos casos:

a) 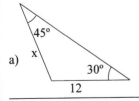   b)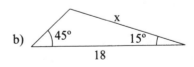

1053 Determine o raio da circunferência circunscrita ao triângulo nos casos:

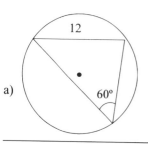
a)

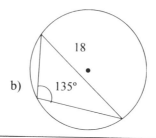
b)

1054 Obtenha o valor de x nos casos:

a) ABCD é paralelogramo
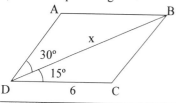

b) ABCD é trapézio isósceles
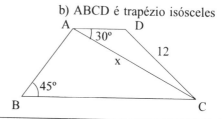

1055 Determine o ângulo x nos casos:

a)

b)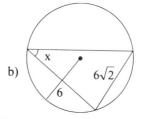

1056 Resolver:

a) Os lados de um triângulo medem 5m, 7m e 11m. Determine a projeção do maior sobre a reta do menor.
b) Dois lados de um triângulo formam um ângulo agudo e medem 10m e 21m. Se a projeção do menor sobre o outro mede 6m, quanto mede o terceiro lado?
c) Dois lados de um triângulo medem 5m e 7m e formam um ângulo obtuso. Se a projeção do menor sobre a reta do outro mede 3m, quanto mede o terceiro lado?

1057 Resolver por Stewart

a) De um triângulo ABC sabemos que AB = 6m, AC = 8m e BC = 12m. Um ponto P divide $\overline{BC}$ de modo que BP : PC = 1 : 2. Determine AP.
b) Determine a mediana relativa ao lado maior de um triângulo cujos lados medem 10m, 18m e 20m.
c) Determine a bissetriz relativa ao lado de 9m de um triângulo cujos lados medem 8m e 9m e 10m.
d) Os lados de um triângulo medem 6m, 8m e 10m. Determine a bissetriz externa relativa ao lado de 6m.

1058 Resolver:

a) Dois lados de um triângulo que formam um ângulo de 60° medem 18m e 24m. Determine o terceiro lado.
b) Os lados de um triângulo medem 3m, 5m e 7m. Determine o maior ângulo.

1059 Determine:

a) A menor altura de um triângulo cujos lados medem 18m, 22m e 24m.
b) A maior altura de um triângulo cujos lados medem 16m, 28m e 36m.
c) A altura relativa ao lado de 35m de um triângulo sabendo que os outros lados medem 12m e 37m.

1060 Determine o raio da circunferência inscrita no triângulo dados os lados, nos casos:

a) 14m, 18m, 20m   b) 20m, 20m, 24m   c) 24m, 24m, 24m   d) 12m, 35m, 37m

1061 Determine o raio da circunferência circunscrita ao triângulo dados os seus lados nos casos:

a) 8m, 12m, 16m   b) $6\sqrt{13}$m, $6\sqrt{13}$m, 24m   c) 54m, 54m, 54m   d) 40m, 42m, 58m

1062 Resolver:

a) As medidas dos lados do quadrilátero ABCD são AB = BC = 10m, CD = 16m e AD = 6m. Determine BD.

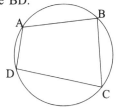

b) Um ponto interno de um triângulo equilátero dista 5cm, 7cm e 8cm dos vértices do triângulo. Determine os lados desse triângulo.

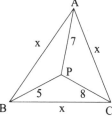

Exercícios Suplementares

1063 Prove que: "O quadrado do lado oposto a um ângulo agudo (obtuso) de um triângulo é igual a soma dos quadrados dos outros dois menos (mais) duas vezes o produto de um deles pela projeção do outro sobre a reta desse".

1064 Demonstre

a) A relação de Stewart no triângulo
b) A fórmula da mediana de um triângulo
c) A fórmula da altura de um triângulo
d) A fórmula da bissetriz interna
e) A fórmula da bissetriz externa

1065 Mostre que a área de um triângulo é dada por:

a) $S = \sqrt{p(p-a)(p-b)(p-c)}$; $p = \dfrac{a+b+c}{2}$

b) $S = p \cdot r$; Onde r é o raio da inscrita

c) $S = \dfrac{abc}{4R}$ Onde R é o raio da circunscrita

d) $S = (p-a) R_a$; Onde R_a é o raio da ex-inscrita tangente ao lado a

1066 Mostre que se os lados de um triângulo medem 5k, 7k e 8k, então o ângulo oposto ao lado de 7k é de 60°

1067 Mostre que se os lados de um triângulo medem 3k, 5k e 7k, então o ângulo oposto ao lado de 7k é de 120°

1068 Um triângulo tem 36m de perímetro e as alturas são proporcionais a 3, 4 e 6. Determine os lados.

1069 Determine o raio do círculo nos casos:

a)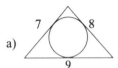
b)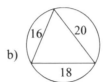

1070 Os lados de um triângulo medem 6m, 10m e 12m. Determine:

a) a sua área; b) a sua menor altura; c) a sua maior altura;
d) o raio da circunferência inscrita; e) o raio da circunferência circunscrita.

1071 Determine o raio da circunferência, dados: AB = 14m, BC = 10m e AC = 16m.

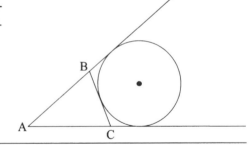

1072 Se P é um ponto qualquer da base BC de um triângulo isósceles ABC, mostre que: $AB^2 - AP^2 = PB \cdot PC$

1073 Se os pontos X e Y dividem em três partes iguais o lado BC de um triângulo ABC, mostre que: $AX^2 + AY^2 + 4XY^2 = AB^2 + AC^2$

1074 Sendo m_a, m_b e m_c as medianas relativas aos lados a, b e c de um triângulo, mostre que:

$$m_a^4 + m_b^4 + m_c^4 = \frac{9}{16}(a^4 + b^4 + c^4)$$

1075 Considere a altura AH, a bissetriz interna AS e a mediana AM de um triângulo ABC. Mostre que $(AB - AC)^2 = 4 \cdot MS \cdot MH$.

Capítulo 19
Polígonos Regulares

A – Introdução

Já definimos em outro capítulo que um polígono é regular se tiver os lados congruentes entre si e tiver os ângulos congruentes entre si.
Exemplos:

triangulo equilátero   quadrado   pentágono regular   hexágono regular

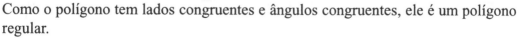

$Si = 180°$ $Si = 360°$ $Si = 540°$ $Si = 720°$
$Ai = 60°$ $Ai = 90°$ $Ai = 108°$ $Ai = 120°$

B – Polígono Inscrito e Circunscrito

B1 – Teorema

Se **n** pontos de uma circunferência a dividem em **n** arcos de medidas iguais, então eles são vértices de um polígono regular.

Demonstração:

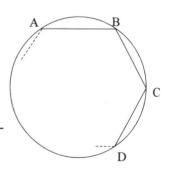

De acordo com o teorema: "Extremidades de arcos congruentes determinam cordas congruentes", como os arcos $\overset{\frown}{AB}$, $\overset{\frown}{BC}$, $\overset{\frown}{CD}$, ... são congruentes, obtemos que os segmentos $\overline{AB}$, $\overline{BC}$, $\overline{CD}$, ... são congruentes.
E como cada ângulo inscrito mede a metade do arco compreendido entre seus lados, podemos afirmar que $\hat{A}, \hat{B}, \hat{C}, ...$ são congruentes, pois cada um deles mede a metade de um arco que mede $\dfrac{360°(n-2)}{n}$
Como o polígono tem lados congruentes e ângulos congruentes, ele é um polígono regular.

B2) Teorema: Se **n** pontos de uma circunferência a dividem em **n** arcos de medidas iguais, então as retas tangentes a essa circunferência por esses pontos determinam um polígono regular.

Demonstração:
Considere os triângulos AMN, BNP, ... Eles são isósceles congruentes entre si pelo ALA, pois $\hat{M} = \hat{N} = \dfrac{\widehat{MN}}{2}$, $\hat{N} = \hat{P} = \dfrac{\widehat{NP}}{2}$, e as bases $\overline{MN}, \overline{NP}$, etc. são congruentes (Teorema anterior). Como os triângulos são congruentes podemos afirmar que $\hat{A} = \hat{B} = \hat{C} = \ldots$ e AB = BC = CD = ..., isto é: O polígono ABCDE... é regular.

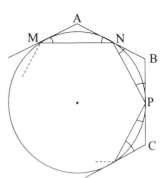

Teorema: Em todo polígono regular há uma circunferência inscrita e uma circunscrita que tem o mesmo centro.

Demonstração: Seja ABCDEF... um polígono regular
1°) Tracemos as mediatrizes dos lados $\overline{AB}$ e $\overline{BC}$. Seja **O** o encontro das mediatrizes. Note que OA = OB e OB = OC e como AB = BC, os triângulos OAB e OBC são triângulos isósceles congruentes, donde obtemos que $\overline{OB}$ é bissetriz de $\hat{B}$. Mas como ângulos da base são congruentes, obtemos que $\overline{OA}$ e $\overline{OC}$ também são bissetrizes de $\hat{A}$ e $\hat{C}$.

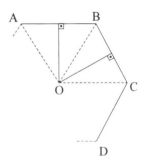

2°) Tracemos agora $\overline{OD}$. Pelo caso LAL, podemos afirmar que os triângulos OBC e OCD são congruentes, ou seja OCD é também isósceles de base $\overline{CD}$, donde obtemos OD = OC.
Da mesma forma provamos que OE = OD, OF = OE, ... Logo: OA = OB = OC = OD = ... Então O é o centro de uma circunferência que passa por A,B,C,D,..., isto é, há uma circunferência que circunscreve o polígono regular ABCDE...
3°) Como os triângulos OAB, OBC, OCD,... são isósceles congruentes entre si, obtemos que as alturas OM_1, OM_2, OM_3,... , relativas as bases, são congruentes. Então $OM_1 = OM_2 = OM_3 = \ldots$
Logo há uma circunferência com centro **O** que passa pelos pontos $M_1, M_2, M_3, \ldots$. E como os raios $\overline{OM_1}, \overline{OM_2}, \overline{OM_3}, \ldots$ são perpendiculares aos lados $\overline{AB}, \overline{BC}, \overline{CD}$, concluímos que $\overline{AB}, \overline{BC}, \overline{CD}$, tangenciam a circunferência em questão. Logo, a circunferência está inscrita no polígono ABCDE...

Obs.:
1°) OA = OB = OC = ... = R é o raio da circunferência circunscrita e OM_1 = OM_2 = ... = r é o raio da circunferência inscrita.
2°) O raio da circunferência inscrita é chamado apótema do polígono,
3°) O raio da circunferência circunscrita é chamado raio do polígono.
4°) O ponto de tangência é o ponto médio de cada lado do polígono circunscrito.

C – Quadrado

O ponto de concorrência das diagonais de um quadrado é o centro das circunferências inscrita e circunscrita.

$d = 2r$
$d = a\sqrt{2}$

Relação entre o raio **R** da circunscrita e o lado **a**

$$2R = d \Rightarrow 2R = a\sqrt{2} \Rightarrow \begin{cases} R = \dfrac{a\sqrt{2}}{2} \\ a = R\sqrt{2} \end{cases}$$

Relação entre o raio **r** da inscrita e o lado **a**

$$2r = a \Rightarrow \begin{cases} r = \dfrac{a}{2} \\ a = 2r \end{cases}$$

Lembre-se: o raio **r** da inscrita é chamado apótema do quadrado.

D – Hexágono Regular

Uma corda congruente ao raio de uma circunferência determina com o centro um triângulo equilátero.
Se considerarmos seis cordas consecutivas, duas a duas, congruentes ao raio, obtemos seis triângulos equiláteros cuja união dá um hexágono regular.

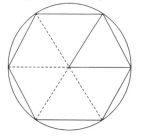
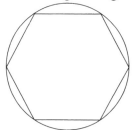

Note que quando um polígono regular inscrito tem um número par de lados, vértices opostos dividem a circunferência em duas semicircunferências. Portanto eles são extremidades de um diâmetro.
O raio **R** da circunscrita é igual ao lado **a** do hexágono.
A diagonal maior é igual ao diâmetro 2R (AD, BE, CF)
A diagonal menor (BF) é igual a duas alturas h dos triângulos equiláteros.

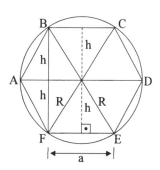

$$BF = 2h = 2\left(\frac{a\sqrt{3}}{2}\right) \Rightarrow \boxed{BF = a\sqrt{3}}$$

Note que o raio da circunferência inscrita é igual a altura h do triângulo equilátero, também chamado apótema do hexágono.

$$r = h \Rightarrow \boxed{r = \frac{a\sqrt{3}}{2}}$$

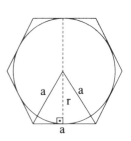

E – Triângulo Equilátero

Considere um triângulo ABC equilátero. Como as alturas são medianas, elas se cruzam em um ponto O que as divide em duas partes tais que $AO = \frac{2}{3}h$, $BO = \frac{2}{3}h$ e $CO = \frac{2}{3}h$. Então O é o centro da circunferência circunscrita.

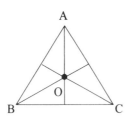
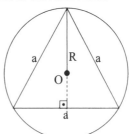

Relação entre o raio **R** da circunscrita e o lado **a** do triângulo:

$$R = \frac{2}{3}h = \frac{2}{3}\frac{a\sqrt{3}}{2} \Rightarrow \boxed{R = \frac{a\sqrt{3}}{3}} \text{ ou } \boxed{a = R\sqrt{3}}$$

Como a distância entre **O** e cada lado é $\frac{1}{3}h$, a relação entre o raio **r** da inscrita e o lado é a seguinte:

$$r = \frac{1}{3}h \Rightarrow r = \frac{1}{3}\frac{a\sqrt{3}}{2} \Rightarrow \boxed{r = \frac{a\sqrt{3}}{6}}$$

É importante memorizar apenas que:

$$\boxed{h = \frac{a\sqrt{3}}{2}, R = \frac{2}{3}h \text{ e } r = \frac{1}{3}h}$$

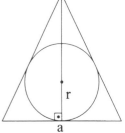

Obs.: *É usual indicar o **lado** e o **apótema** de um polígono regular de **n** lados por ℓ_n e a_n. Então, em função do raio R da circunferência circunscrita ao triângulo equilátero, ao quadrado e ao hexágono regular, podemos escrever:*

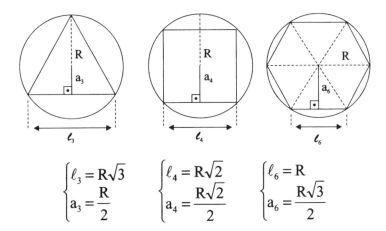

$$\begin{cases} \ell_3 = R\sqrt{3} \\ a_3 = \dfrac{R}{2} \end{cases} \quad \begin{cases} \ell_4 = R\sqrt{2} \\ a_4 = \dfrac{R\sqrt{2}}{2} \end{cases} \quad \begin{cases} \ell_6 = R \\ a_6 = \dfrac{R\sqrt{3}}{2} \end{cases}$$

F – Decágono Regular

Note que o ângulo central de um decágono regular mede 36°. Considerando o triângulo determinado por um lado e pelo centro, note que ele é isósceles com ângulos de 36°, 72° e 72°. Traçando a bissetriz de um dos ângulos da base e aplicando o teorema da bissetriz interna, de acordo com as medidas indicadas onde x é o lado do decágono e R é o raio da circunferência circunscrita, obtemos:

$$\dfrac{x}{R} = \dfrac{R-x}{x} \Rightarrow x^2 = R^2 - Rx \Rightarrow x^2 + Rx - R^2 = 0$$

$$\Delta = R^2 + 4R^2 = 5R^2$$

$$\Rightarrow x = \dfrac{-R \pm R\sqrt{5}}{2} \Rightarrow x = \dfrac{R\sqrt{5} - R}{2} \Rightarrow \boxed{\ell_{10} = \dfrac{(\sqrt{5}-1)R}{2}}$$

Sendo $\overline{OM}$ o apótema do decágono, aplicando o Pitágoras no triângulo OMA, onde **a** é o apótema obtemos:

$$a^2 + \left[\dfrac{(\sqrt{5}-1)R}{4}\right]^2 = R^2 \Rightarrow 16a^2 + (5 - 2\sqrt{5} + 1)R^2 = 16R^2 \Rightarrow$$

$$\Rightarrow 16a^2 = 10R^2 + 2\sqrt{5}\,R^2 \Rightarrow$$

$$a^2 = \dfrac{(10 + 2\sqrt{5})R^2}{16} \Rightarrow \boxed{a_{10} = \dfrac{\sqrt{10 + 2\sqrt{5}}\,R}{4}}$$

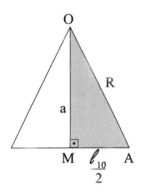

G – Pentágono Regular

Note que os pontos médios dos arcos da circunferência circunscrita a um pentágono regular, juntamente com os vértices do pentágono, são vértices de um decágono regular.

Calculemos o ℓ_5 em função de R.

1º) Seja ABCDE... um decágono regular inscrito em um círculo de raio R.

2º) Note que $\overline{AC} = \ell_5$ e que $\overline{AC}$ é perpendicular ao diâmetro $\overline{BG}$

3º) Cálculo de AG:

$$AG^2 + \ell_{10}^2 = (2R)^2 \Rightarrow AG^2 + \left[\frac{R}{2}(\sqrt{5}-1)\right]^2 = (2R)^2$$

$$AG^2 + \frac{R^2}{4}(6 - 2\sqrt{5}) = 4R^2 \Rightarrow AG^2 = \frac{R^2}{4}(10 + 2\sqrt{5}) \Rightarrow \boxed{AG = \frac{R}{2}\sqrt{10 + 2\sqrt{5}}}$$

4º) Cálculo do ℓ_5:

Do $\triangle ABG$ obtemos: $2R \cdot \frac{1}{2}\ell_5 = AG \cdot \ell_{10}$

Então: $2R \cdot \frac{1}{2}\ell_5 = \frac{R}{2}\sqrt{(10 + 2\sqrt{5})} \cdot \frac{R}{2}(\sqrt{5} - 1) \Rightarrow$

$\ell_5 = \frac{R}{4}\sqrt{(10 + 2\sqrt{5})(6 - 2\sqrt{5})} \Rightarrow \ell_5 = \frac{R}{4}\sqrt{(5 + \sqrt{5})(3 - \sqrt{5})}$

$$\boxed{\ell_5 = \frac{R}{2}\sqrt{(10 + 2\sqrt{5})}}$$

Obs.: No item (I) vamos determinar o valor de cos 72°. Aplicando a lei dos cossenos no triângulo OPQ onde O é o centro e $\overline{PQ}$ é o lado do pentágono chegamos a fórmula mais facilmente.

Sendo OM o apótema do pentágono, aplicando o Pitágoras no triângulo OMA, onde **a** é o apótema, obtemos:

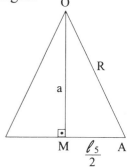

$a^2 + \left[\frac{R}{4}\sqrt{10 - 2\sqrt{5}}\right]^2 = R^2 \Rightarrow 16a^2 + (10 - 2\sqrt{5})R^2 = 16R^2 \Rightarrow$

$16a^2 = 6R^2 + 2\sqrt{5}\, R^2$

$a^2 = \frac{(6 + 2\sqrt{5})R^2}{16} = \Rightarrow \boxed{a_5 = \frac{\sqrt{6 + 2\sqrt{5}}\, R}{4}}$

H – Fórmula de Duplicação

Vamos estabelecer uma fórmula que, em função de R e ℓ_n, nos fornece o lado ℓ_{2n} do polígono regular de 2n lados inscrito na circunferência de raio R.

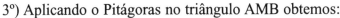

1º) Cálculo de OM:

$$OM^2 + \left(\frac{1}{2}\ell_n\right)^2 = R^2 \Rightarrow OM = \sqrt{R^2 - \frac{1}{4}\ell_n^2}$$

2º) Cálculo de BM:

$$BM = R - OM = R - \sqrt{R^2 - \frac{1}{4}\ell_n^2}$$

3º) Aplicando o Pitágoras no triângulo AMB obtemos:

$$\ell_{2n}^2 = \left[R - \sqrt{R^2 - \frac{1}{4}\ell_n^2}\right]^2 + \frac{1}{4}\ell_n^2 = R^2 - 2R\sqrt{R^2 - \frac{1}{4}\ell_n^2} + R^2 - \frac{1}{4}\ell_n^2 + \frac{1}{4}\ell_n^2$$

$$\ell_{2n}^2 = 2R^2 - 2R\sqrt{\frac{4R^2 - \ell_n^2}{4}} = 2R^2 - R\sqrt{4R^2 - \ell_n^2}$$

$$\boxed{\ell_{2n} = \sqrt{2R^2 - R\sqrt{4R^2 - \ell_n^2}}}$$

I – Razões Trigonométricas

Pensando no lado e apótema do decágono e do pentágono regulares, obtemos senos e cossenos de 18º, 36, 54º e 72º. Vejamos:

Decágono

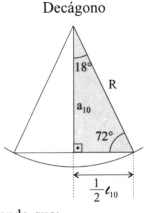

Pentágono

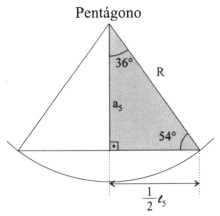

Lembrando que:

$\ell_{10} = \dfrac{R}{2}(\sqrt{5} - 1)$, $a_{10} = \dfrac{R}{4}\sqrt{10 + 2\sqrt{5}}$, $\ell_5 = \dfrac{R}{2}\sqrt{10 - 2\sqrt{5}}$, $a_5 = \dfrac{R}{4}\sqrt{6 + 2\sqrt{5}}$

Obtemos:

1º) $\text{sen } 18º = \cos 72º = \dfrac{\frac{1}{2}\ell_{10}}{R} \Rightarrow \boxed{\text{sen } 18º = \cos 72º = \dfrac{\sqrt{5} - 1}{4}}$

2°) $\cos 18° = \text{sen } 72° = \dfrac{a_{10}}{R} \Rightarrow \boxed{\cos 18° = \text{sen } 72° = \dfrac{\sqrt{10+2\sqrt{5}}}{4}}$

3°) $\text{sen } 36° = \cos 54° = \dfrac{\frac{1}{2}\ell_5}{R} \Rightarrow \boxed{\text{sen } 36° = \cos 54° = \dfrac{\sqrt{10-2\sqrt{5}}}{4}}$

4°) $\cos 36° = \text{sen } 54° = \dfrac{a_5}{R} \Rightarrow \boxed{\cos 36° = \text{sen } 54° = \dfrac{\sqrt{6+2\sqrt{5}}}{4}}$

Generalizando temos:

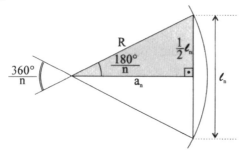

$$\boxed{\begin{array}{c}\text{sen}\dfrac{180°}{n} = \dfrac{\frac{1}{2}\ell_n}{R}\\[6pt] \cos\dfrac{180°}{n} = \dfrac{a_n}{R}\end{array}}$$

J – Área do polígono regular

A área de um polígono regular é dada pelo produto do semi-perímetro pelo apótema.
Se o polígono tem **n** lados o seu perímetro 2p é dado por:
$2p = n \cdot \ell_n$. E a área **S** é a soma de **n** triângulos de base ℓ_n e altura a_n. Então:

$S = \left[\dfrac{\ell_n a_n}{2}\right] = \dfrac{n \cdot \ell_n}{2} \cdot a_n \Rightarrow S = \dfrac{2p}{2} \cdot a_n \Rightarrow \boxed{S = p \cdot a_n}$

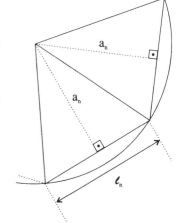

Exercícios

1076 Resolver:

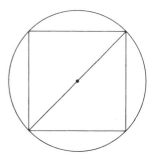

a) Lembrando que a diagonal **d** de um quadrado de lado ℓ é: $d = \ell\sqrt{2}$, mostre que $\ell = R\sqrt{2}$.
b) Se o raio do círculo mede 10m, determine o lado e o apótema do quadrado inscrito.
c) Se o lado do quadrado mede 18m, determine o raio da circunscrita e o apótema.

1077 Mostre que o lado ℓ do triângulo equilátero inscrito em um círculo de raio R é dado por $\ell = R\sqrt{3}$ nos casos:

a) Aplicando a lei dos cossenos no triângulo OAB.

b) Lembrando que o ortocentro de um triângulo equilátero é também baricentro $\left(\dfrac{1}{3}h \ e \ \dfrac{2}{3}h\right)$.

c) Lembrando que a área do triângulo é: $S = \dfrac{abc}{4R}$.

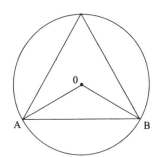
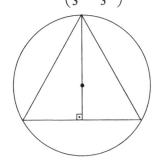
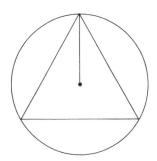

d) Aplicando Pitágoras no triângulo OMB.

e) Achando a razão cos 30° no triângulo OMB.

f) Usando potência do ponto M.

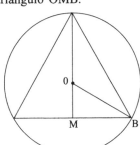
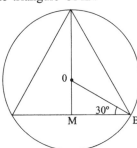
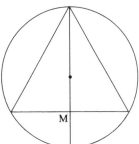

1078 Mostre que o apótema **a** do triângulo equilátero inscrito num círculo de raio R é dada por $a = \dfrac{R}{2}$.

a) Achando a razão sen 30° no triângulo OMB.

b) Lembrando que o ortocentro coincide com o baricentro, no triângulo equilátero.

c) Usando potência de M e $\ell = R\sqrt{3}$.

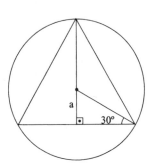
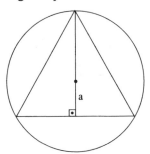
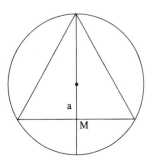

1079 Lembrando que o ângulo central de um hexágono regular mede 60° e que o hexágono regular é a união de 6 triângulos equiláteros, determine o lado, o apótema, a diagonal menor e a diagonal maior de um hexágono inscrito em um círculo de raio R.

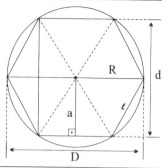

1080 Determinar o raio do círculo e o apótema do polígono regular inscrito no círculo, sendo 6m o lado do polígono, nos casos:
(Neste exercício e nos seguintes não use as fórmulas deduzidas nos anteriores. Use Pitágoras, diagonal de quadrado, altura de triângulo equilátero ou razões trigonométricas para o cálculo do que for pedido)
a) quadrado   b) hexágono   c) triângulo

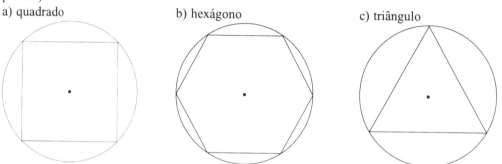

1081 Determinar o raio do círculo e o lado do polígono regular inscrito nesse círculo, sendo 6m o apótema do polígono, nos casos:
a) quadrado   b) hexágono   c) triângulo

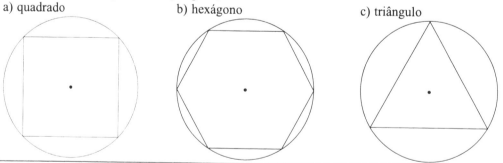

1082 Determinar o lado e o apótema do polígono regular inscrito no círculo de raio 6m nos casos:
a) quadrado   b) hexágono   c) triângulo

Exercícios de Matemática - Vol. 6   419

1083 Determinar o raio do círculo inscrito no polígono regular de lado 6m nos casos:

a) quadrado   b) hexágono   c) triângulo

 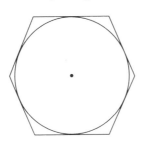 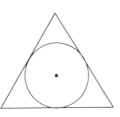

1084 Resolver:

a) Determine o lado do triângulo equilátero, do quadrado e do hexágono regular inscritos em uma circunferência com raio de 18m.
b) Determine o apótema do triângulo equilátero, do quadrado e do hexágono regular inscritos em uma circunferência de 12m de raio.

1085 Determine o raio da circunferência circunscrita a um triângulo equilátero, nos casos:

a) A altura mede 12m.   b) O lado mede 30m.
c) O apótema mede 7m.   d) A sua área é de $81\sqrt{3}$ m^2.

1086 Determine o raio da circunferência circunscrita a um quadrado, nos casos:

a) A diagonal mede 40m.   b) O lado mede 24m.
c) O apótema mede 9m.   d) A sua área é de 100m^2.

1087 Determine o raio da circunferência circunscrita a um hexágono regular, nos casos:

a) O lado mede 13m   b) A diagonal maior mede 28m   c) O apótema mede 15m
d) A diagonal menor mede 12m   e) A sua área é de $216\sqrt{3}$ m^2

1088 Determine o raio da circunferência inscrita em um triângulo equilátero nos casos:

a) A altura mede 21m   b) O raio da circunscrita mede 18m
c) O lado mede 54m   d) A sua área é de $36\sqrt{3}$ m^2

1089 Determine o raio da circunferência inscrita em um quadrado, nos casos:

a) A altura mede 30m   b) O apótema mede 11m
c) A diagonal mede 12m   d) O raio da circunscrita mede 8m

1090 Determine o raio da circunferência inscrita em um hexágono regular, nos casos:

a) O lado mede 18m   b) O apótema mede 17m   c) O raio da circunscrita mede 30m
d) A diagonal maior mede 24m   e) A diagonal menor mede 28m   f) A sua área é de $54\sqrt{3}$ m^2

Exercícios de Fixação

1091 Determine as medidas dos ângulos x, y e z nos casos:

a) hexágono regular

b) pentágono regular

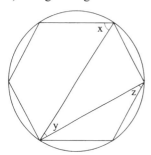
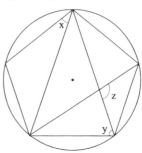

1092 Resolver:

a) Na figura temos um triângulo equilátero e um quadrado inscrito no mesmo círculo. Determine x, sendo $\overline{AB}$ paralelo a $\overline{PQ}$ $(x = A\hat{O}P)$

b) Na figura, $\overline{AB}$ é lado do pentadecágono regular e $\overline{PQ}$ o lado do hexágono regular, inscritos na mesma circunferência. Determine $A\hat{Q}P$, sendo $\overline{AB}$ e $\overline{PQ}$ paralelos.

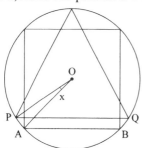
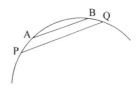

1093 As retas que contêm os lados $\overline{AB}$ e $\overline{EF}$ de um polígono regular ABCDEFG... formam um ângulo que contêm C e D e é o dobro do ângulo externo do polígono. Quantas diagonais tem esse polígono?

1094 A diferença entre o número de lados de dois polígonos regulares é 4 e a diferença entre os seus ângulos externos é 3°. Determine o número de lados desses polígonos.

1095 Lembrando que no triângulo equilátero o ortocentro, o baricentro, o incentro (centro da circunferência inscrita) e o circuncentro (centro da circunferência circunscrita) são coincidentes e que o baricentro divide a mediana em duas partes que medem $\frac{1}{3}$ e $\frac{2}{3}$ desta, sendo 6m o lado do triângulo equilátero, determine:
a) a altura do triângulo;   b) o raio R da circunscrita;
c) o raio r da inscrita;   d) o apótema do triângulo.

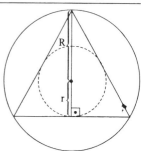

Exercícios de Matemática - Vol. 6   421

1096 Lembrando que no quadrado a diagonal passa pelo centro, sendo 8m o lado do quadrado, determine:
a) a diagonal;
b) o raio R da circunscrita;
c) o raio r da inscrita;
d) o apótema do quadrado.

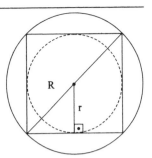

1097 Lembrando que no hexágono regular as diagonais maiores passam pelo centro e determinam nele 6 triângulos equiláteros, sendo 6m o lado do hexágono, determine:
a) a diagonal maior;
b) o raio R da circunscrita;
c) o raio r da inscrita;
d) a diagonal menor;
d) o apótema do hexágono.

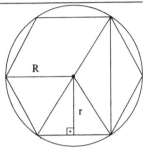

1098 Determine o raio da circunferência circunscrita ao polígono regular de 12m de lado, nos casos:
a) quadrado   b) hexágono   c) triângulo

1099 Determine o lado do polígono regular inscrito em uma circunferência de raio 6m, nos casos:
a) quadrado   b) hexágono   c) triângulo

1100 Determine o apótema (ou raio da circunferência inscrita) do polígono regular de lado 6m, nos casos:
a) quadrado   b) hexágono   c) triângulo

1101 Determine o lado do polígono regular de 6m de apótema, nos casos:
a) quadrado   b) hexágono   c) triângulo

1102 Determine o raio da circunferência inscrita no polígono regular, sabendo que o raio da circunscrita é 12m, nos casos:
a) quadrado   b) hexágono   c) triângulo

1103 Determine o raio da circunferência circunscrita ao polígono regular, sabendo que o raio da circunferência inscrita é 6m, nos casos:
a) quadrado   b) hexágono   c) triângulo

1104 Se o raio de uma circunferência mede 2m, determine o lado ℓ do decágono regular inscrito nela. (Use os triângulos isósceles da figura e o teorema da bissetriz interna ou use semelhança de triângulos).

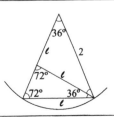

1105 Resolver:

a) Mostre que o lado do decágono regular inscrito em um círculo de raio **R** é dado por: $\ell_{10} = \left(\dfrac{\sqrt{5}-1}{2}\right)R$.
b) Aplicando a lei dos senos determine sen 18°.
c) Determine cos 72°.
d) Aplicando a lei dos cossenos determine cos 36°.
e) Determine sen 54°.
f) Determine o apótema do decágono regular em função do raio R da circunscrita.

1106 Resolver:

a) Mostre que o lado do pentágono regular inscrito numa circunferência de raio R é dado por $\ell_{10} = \dfrac{R}{2}\sqrt{10-2\sqrt{5}}$. (Use lei dos cossenos no triângulo OAB onde O é o centro e AB é o lado).
b) Aplicando a lei dos senos determine sen 36°.
c) Determine cos 54°.
d) Usando o apótema do decágono determine cos 18° e sen 72°.
e) Usando cos 36° determine o apótema do pentágono em função de R da circunscrita.

1107 Resolver:

a) Usando a lei dos cossenos, determine o lado do octógono regular inscrito em um círculo de raio R.
b) Use a resposta do problema anterior e determine o raio do círculo circunscrito a um octógono regular de lado ℓ.
c) Determine as medidas das diagonais de um octógono regular de lado ℓ.

1108

Na figura temos um decágono regular de lado ℓ. Determine:

a) o raio da circunferência circunscrita;
b) a diagonal $\overline{AE}$;
c) a diagonal $\overline{AC}$;
d) a diagonal $\overline{AD}$;

1109 Resolver:

a) No triângulo da figura, determine x em função de a.

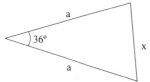

b) No triângulo da figura, determine x em função de a.

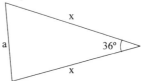

1110 Resolver:

a) Determine a diagonal de um pentágono regular de lado ℓ.
b) Na figura temos um pentágono regular de lado ℓ.
I) Mostre que o pentágono sombreado é regular.
II) Determine o lado do pentágono sombreado.

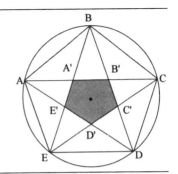

1111 Determinar a área do:

a) quadrado inscrito em um círculo de 5m de raio.
b) hexágono regular inscrito em um círculo de raio 4m.
c) triângulo equilátero inscrito em um círculo de raio 6m.
d) quadrado circunscrito a um círculo de raio 4m.
e) hexágono regular circunscrito a um círculo de raio 6m.
f) triângulo equilátero circunscrito a um círculo de raio 5m.

1112 Determinar o raio do círculo circunscrito a um:

a) quadrado de 16m²   b) hexágono regular de $54\sqrt{3}$ m²   c) triângulo equilátero de $36\sqrt{3}$ m²

1113 Determinar o raio do círculo inscrito em um:

a) quadrado de 24m²   b) hexágono regular de $6\sqrt{3}$ m²   c) triângulo equilátero de $9\sqrt{3}$ m²

1114 Determinar o lado e o apótema do polígono regular inscrito em um círculo de raio R, nos casos:

a) quadrado   b) hexágono regular   c) triângulo equilátero

1115 Sabendo que o lado do pentágono regular inscrito em um círculo é a hipotenusa de um triângulo retângulo cujos catetos são os lados do hexágono regular e do decágono regular inscritos no mesmo círculo, determine o lado do pentágono regular inscrito em um círculo de raio R.

1116 Resolver:

a) Determine a área de um octógono regular de lado ℓ.
b) Determine a área de um decágono de lado ℓ.
c) Determine a área de um pentágono regular de lado ℓ.

Exercícios Suplementares

1117 Quantas medidas, duas a duas diferentes, obtemos quando medimos as diagonais de um:

a) hexágono regular;
b) octógono regular;
c) decágono regular;
d) dodecágono regular;
e) heptágono regular;
f) eneágono regular;
g) polígono de n lados, para n sendo par;
h) polígono de n lados, para n sendo ímpar.

1118 Resolver:

a) Ao medir as diagonais de um polígono regular foram encontradas 6 medidas, duas a duas diferentes. Determine a soma dos ângulos internos desse polígono.
b) De um polígono regular ABCDE... sabemos que o ângulo $A\hat{C}B$ mede 10°. Quantas diagonais desse polígono não passam pelo centro?
c) O ângulo $A\hat{D}C$ de um polígono regular ABCDEF... mede 30°. Determine a soma dos ângulos internos desse polígono.

1119 Resolver:

a) As mediatrizes dos lados $\overline{AB}$ e $\overline{CD}$ de um polígono regular ABCDEF... formam um ângulo que contêm B e C de 20°. Quantas diagonais desse polígono passam pelo centro?
b) As bissetrizes dos ângulos internos de um polígono regular ABCDEFG... são perpendiculares. Qual a soma dos ângulos internos desse polígono?
c) As mediatrizes dos lados $\overline{AB}$ e $\overline{DE}$ de um polígono regular ABCDE ... formam um ângulo que contém B, C e D e excede o ângulo externo desse polígono em 20°. Quantas medidas, duas a duas diferentes, obtemos ao medir as diagonais desse polígono?

1120 Mostre que o ℓ_5 é hipotenusa de um triângulo retângulo cujos catetos são o ℓ_6 e o ℓ_{10}.

Capítulo 20

Área do Círculo

A – Comprimento da Circunferência

Já vimos em outro capítulo que o comprimento de uma circunferência é o limite dos perímetros dos polígonos regulares inscritos. E admitimos, sem demonstração, que a razão entre o comprimento de uma circunferência e o diâmetro é constante para todas as circunferências e é igual a π, onde π é um número irracional que vale:

$$\pi = 3,14159265...$$

Sendo C o comprimento da circunferência, temos:

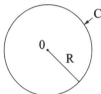

$$\frac{C}{2R} = \pi \Rightarrow \boxed{C = 2\pi R}$$

A1 – Comprimento de um arco

Como os comprimentos de arcos de uma circunferência são proporcionais as suas medidas, em graus, o comprimento ℓ de um arco de medida a será:

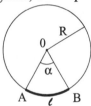

$$\ell = \frac{\alpha}{360°} \cdot C \Rightarrow \boxed{\ell = \frac{\alpha}{360°} \cdot 2\pi R}$$

B – Radiano

O radiano é uma unidade de medida para arco de circunferência ou ângulo. Dizemos que um arco de circunferência mede 1 radiano (1 rad) se o seu comprimento for igual a medida do raio dessa circunferência.

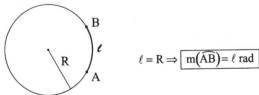

$$\ell = R \Rightarrow \boxed{m(\widehat{AB}) = \ell \text{ rad}}$$

Obs.:

1º) Note que um arco que mede 1 rad é menor que um arco, da mesma circunferência, que mede 60°. Na realidade, um arco que mede 1 rad mede aproximadamente 57° 17' 44"

2º) Dizemos que um ângulo mede 1 radiano quando mede R o arco da circunferência, com centro no vértice e raio R, compreendido entre seus lados.

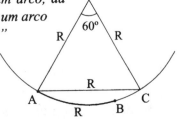

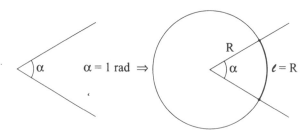

B1 – Medida de um arco

A medida de um arco, em radiano, é a razão entre o comprimento do arco e a medida do raio da circunferência que contém esse arco.

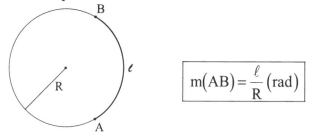

$$\boxed{m(AB) = \frac{\ell}{R} \; (\text{rad})}$$

Obs.:

1º) *Como o comprimento de uma circunferência de raio R é C = 2πR, o arco de uma volta (360º) mede 2π radianos. De fato:*

$$\alpha = \frac{\ell}{R} = \frac{C}{R} = \frac{2\pi R}{R} \Rightarrow \boxed{\alpha = 2\pi \text{ rad}}$$

2º) *Como uma semicircunferência tem* $\frac{2\pi R}{2} = \pi R$ *de comprimento, um arco que mede 180º mede π radianos. De fato:*

$$\alpha = \frac{\ell}{R} = \frac{\pi R}{R} \Rightarrow \boxed{\alpha = \pi \text{ rad}}$$

3º) *Dizemos que um ângulo mede α radianos quando mede α rad o arco, com centro no vértice, compreendido entre seus lados.*

C – Área do Círculo

A área de um círculo é o limite das áreas dos polígonos regulares inscritos.

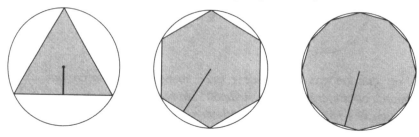

Note que conforme vamos aumentado (neste caso: dobrando) o número de lados do polígono regular inscrito, a diferença entre a área do círculo e a do polígono, vai ficando cada vez menor. Isto é: A área dos polígonos vão tendendo a área do círculo.

Lembre-se que os perímetros dos polígonos vão tendendo ao comprimento da circunferência e que os apótemas dos polígonos vão tendendo ao raio.

Sendo A_C a área do círculo, A_n a área do polígono regular de **n** lados e a_n o seu apótema e C o comprimento da circunferência, quando vamos tomando um **n** cada vez maior, temos:

$$a_n \Rightarrow R; \quad 2p \Rightarrow C; \quad A_n \Rightarrow A_c$$

Sabemos ainda que a área do polígono regular de **n** lados é dada por:

$$A_n = p \cdot a_n \quad \text{ou seja:} \quad A_n = \frac{2p \cdot a_n}{2}$$

Quando **n** for muito grande, obtemos então:

$$A_c = \frac{C \cdot R}{2} \Rightarrow A_C = \frac{2\pi R \cdot R}{2} \Rightarrow \boxed{A_C = \pi R^2}$$

Então, a área **A** de um círculo de raio R e o comprimento C da circunferência são dadas por:

$$A = \pi R^2 \;;\quad C = 2\pi R$$

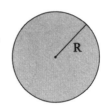

D – Área da Coroa

Note que a área da coroa é dada pela diferença entre as áreas dos dois círculos concêntricos.

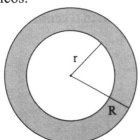

$$A_{coroa} = \pi R^2 - \pi r^2 \Rightarrow \boxed{A_{coroa} = \pi \left(R^2 - r^2 \right)}$$

E – Área do Setor

Como os setores de um círculo são proporcionais às medidas dos arcos correspondentes a área de um setor é a fração correspondente da área do círculo em questão.

E1 – O arco em graus

Sendo α a medida do setor em graus, lembrando que o arco de uma volta tem 360°, temos:

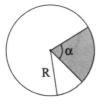

$$A_{setor} = \frac{\alpha}{360} A_C \Rightarrow \boxed{A_{setor} = \frac{\alpha}{360} \cdot \pi R^2}$$

E2 – O arco em radiano

Sendo θ a medida do ângulo do setor em radianos, lembrando que o arco de uma volta mede 2 π radianos, temos:

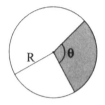

$$A_{setor} = \frac{\theta}{2\pi} \cdot A_c = \frac{\theta}{2\pi} \pi R^2 \Rightarrow \boxed{A_{setor} = \frac{\theta R^2}{2}}$$

E3 – O arco em metros

Sendo ℓ o comprimento do arco do setor de raio R e lembrando que o comprimento do arco de uma volta é 2 π R, temos:

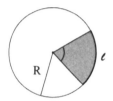

$$A_{setor} = \frac{\ell}{2\pi R} \cdot A_c = \frac{\ell}{2\pi R} \pi R^2 \Rightarrow \boxed{A_{setor} = \frac{\ell R}{2}}$$

F – Área do Segmento Circular

Cada corda de um círculo, que não passa pelo centro determina no círculo dois segmentos circulares. A área do menor deles, aquele que não contém o centro, é igual à diferença entre as áreas do setor e triângulo correspondente.

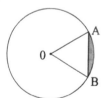

$$\boxed{A_{seg} = A_{setor(AOB)} - A_{\triangle AOB}}$$

Quando o ângulo central for α, em graus, como a área do triângulo é dada por $\frac{1}{2} R \cdot R \operatorname{sen}\alpha$, obtemos: $\boxed{A_{seg} = \frac{\alpha}{360} \pi R^2 - \frac{1}{2} R^2 \operatorname{sen}\alpha}$

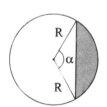

Quando o ângulo for θ em radianos, obtemos:

$$A_{seg} = \frac{\theta}{2\pi} \pi R^2 - \frac{1}{2} R^2 \operatorname{sen}\theta$$

$$\boxed{A_{seg} = \frac{R^2}{2}(\theta - \operatorname{sen}\theta)}$$

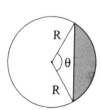

Exercícios

1121 Determine a área do círculo e o comprimento da circunferência nos casos: (A unidade das medidas é o metro)

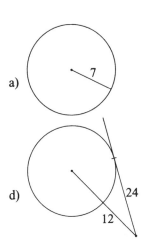
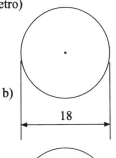
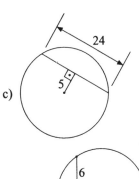
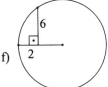

1122 Determine a área do círculo nos casos

a) Trapézio retângulo (2p = 50m)
b) Trapézio isósceles (2p = 136m)

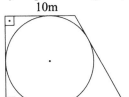
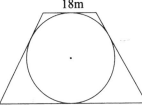

1123 Determine a área da coroa circular nos casos:

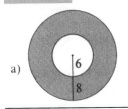
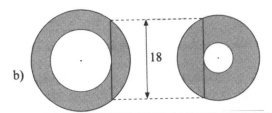

1124 Se o raio do círculo mede 12m, determine a área do setor sombreado nos casos:

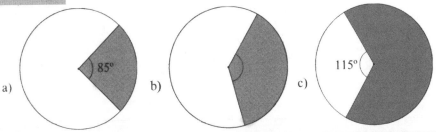

1125 Se o raio do círculo mede 20m, determine a área do setor circular sombreado nos casos:

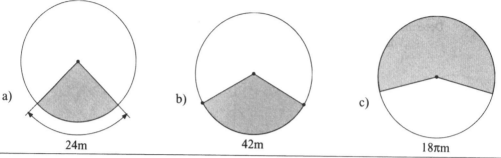

a) 24m   b) 42m   c) 18πm

1126 Se o raio do círculo mede 12m, determine a área do segmento circular sombreado nos casos:

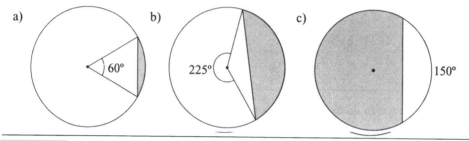

a) 60°   b) 225°   c) 150°

1127 Em cada caso temos um quadrado. Determine a área da região sombreada.

a) O lado mede 16m   b) A diagonal mede 24m   c) A diagonal mede 24m   d) O quadrado tem 64m²

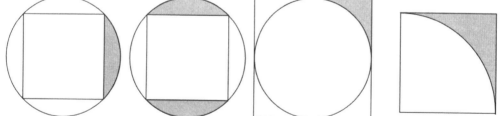

1128 Em cada caso temos um triângulo equilátero. Determine a área da região sombreada.

a) O raio mede 12m   b) O lado mede 12m   c) O triângulo tem $27\sqrt{3}$ m²   d) A altura do triângulo mede 18m

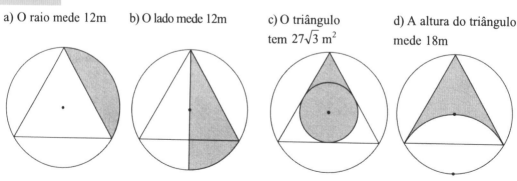

1129 Em cada caso temos um hexágono regular. Determine a área da região sombreada.

a) A circunferência tem 48π m

b) O hexágono tem $216\sqrt{3}$ m²

c) O círculo tem 36π m²

d) O triângulo equilátero circunscrito ao círculo tem $108\sqrt{3}$ m²

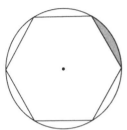
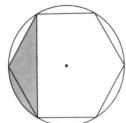
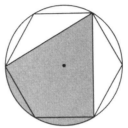

1130 Determine a área da região sombreada nos casos:

a) O raio da circunferência mede R

b) Quadrado cujo lado mede **a**

c) Os arcos $\widehat{AB}$, $\widehat{AC}$ e $\widehat{BC}$ têm centros em C, B e A e raio R

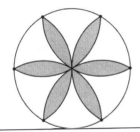
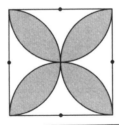

1131 Na figura $\overline{AC}$ e $\overline{DB}$ são congruentes e são diâmetros de dois arcos. $\overline{AB}$ e $\overline{CD}$ são diâmetros de outros dois arcos. Mostre que a área sombreada é igual à área do círculo de diâmetro AD.

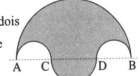

1132 Na figura $\overline{AC}$, $\overline{CB}$ e $\overline{AB}$ são diâmetros com BC = 2AC. Mostre que a área não sombreada é o dobro da sombreada.

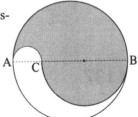

1133 Na figura temos um triângulo retângulo cujos lados são diâmetros das semicircunferências. Sendo A, B e T as áreas das regiões sombreadas, mostre que T = A + B. (A soma das áreas das lúnulas é igual a área do triângulo).
"Lúnulas de Hippocrates"

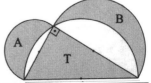

1134 Na figura temos um círculo com os diâmetros $\overline{AB}$ e $\overline{CD}$ perpendiculares. O arco $\widehat{AB}$ tem centro em D. Mostre que a área do triângulo ABD é igual a área da região sombreada.

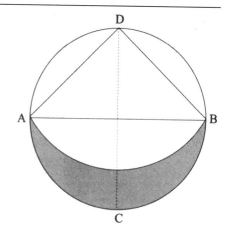

1135 Na figura temos um triângulo equilátero inscrito em um círculo de raio **r**. Os lados do triângulo são diâmetros dos arcos $\widehat{AB}$, $\widehat{AC}$, $\widehat{BC}$. Mostre que a soma das áreas das lúnulas é igual a área do triângulo somada com $\dfrac{1}{8}\pi r^2$

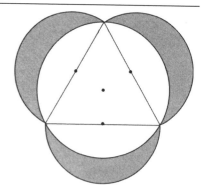

1136 Na figura OA = OB e $\overline{OA}$ e $\overline{OB}$ são diâmetros das semicircunferências. Se o arco tem centro em O, mostre que a área sombreada X é igual a área sombreada Y.

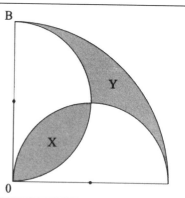

1137 Na figura temos duas circunferências congruentes com centros O e O' e OBB'O' é um paralelogramo. Se BB' é diâmetro da semicircunferência construída, mostre que a área sombreada é igual a área do paralelogramo OBB'O'.

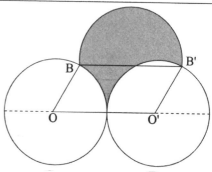

1138 Na figura temos um quadrado ABCD de lado **a**. Os arcos construídos têm centros nos vértices do quadrado. Determine a área da região sombreada.

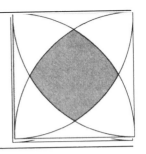

Exercícios de Fixação

1139 Determine a área do círculo e o comprimento da circunferência nos casos:

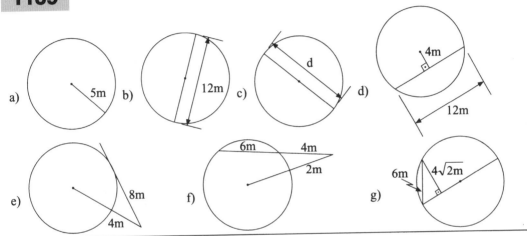

1140 Determinar a área da coroa circular nos casos:

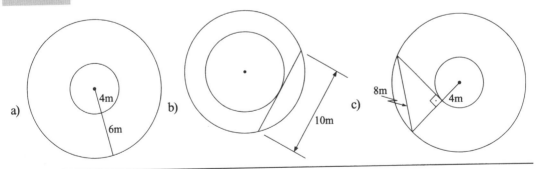

1141 Determinar a área do setor circular, de 6m de raio, sombreado nos casos:

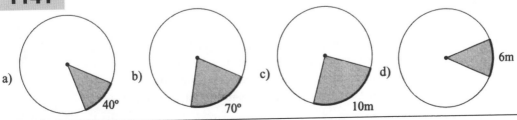

1142 Determinar a área do segmento circular sombreado, sendo 6m o raio do círculo, nos casos:

a) 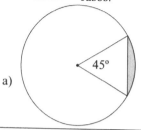 b) 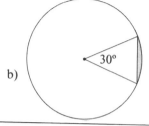 c)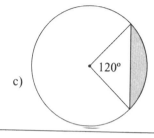

1143 Determinar a área da região sombreada nos casos:

a) quadrado de lado 8m   b) hexágono regular de lado 6m   c) triângulo equilátero de lado 12m

1144 Determine a área da região sombreada nos casos:

a) quadrado de lado 8m   b) quadrado de lado 8m   c) triângulo equilátero de 6m de lado

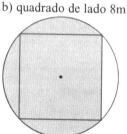 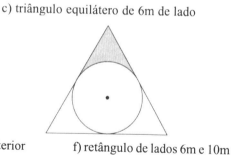

d) quadrado de lado 4m e o arco tem centro no vértice do quadrado   e) idem ao anterior   f) retângulo de lados 6m e 10m

 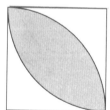 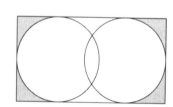

1145 Resolver:

a) Qual a área de um círculo cuja circunferência tem 18 πm?
b) Qual o comprimento de uma circunferência cujo círculo tem 64 πm^2?
c) Determinar a área do círculo circunscrito a um quadrado de 16m².
d) Determinar a área do círculo circunscrito a um hexágono regular de 150 $\sqrt{3}$ m².
e) Determinar a área do círculo circunscrito a um triângulo equilátero de 9 $\sqrt{3}$ m².

1146 Resolver:

a) Determinar a área do círculo inscrito em um quadrado de 20m²
b) Determinar o comprimento da circunferência inscrita em um hexágono regular de $72\sqrt{3}$ m².
c) Determinar o comprimento da circunferência inscrita em um triângulo equilátero de $27\sqrt{3}$ m².
d) Determinar a área do círculo circunscrito a um hexágono regular de diagonal menor 6m.

1147 Resolver:

a) Determinar a área do círculo circunscrito a um triângulo isósceles de base 30m e outro lado $5\sqrt{34}$ m.
b) Determinar a área do círculo inscrito em um triângulo isósceles de base 15m e outro lado 19,5m.

1148
Determinar as áreas dos setores de medidas abaixo, sendo 60cm o raio do círculo.
a) 90°   b) 60°   c) 45°   d) 120°   e) 17°   f) 5° 15'

1149
Determinar a área da coroa circular determinada pelas circunferências inscrita e circunscrita a um:
a) quadrado de 8m de diagonal   b) hexágono regular de diagonal menor $6\sqrt{3}$ m.
c) triângulo equilátero de $16\sqrt{3}$ m².

1150
Determinar os comprimentos dos arcos de medidas abaixo, sendo 60m o raio do círculo
a) 90°   b) 60°   c) 40°   d) 72°   e) 75°   f) 120°

1151
Determinar as áreas dos segmentos circulares cujas medidas dos arcos são dadas abaixo, sendo 12m o raio do círculo.
a) 60°   b) 90°   c) 135°   d) 150°

1152 Determine a área do círculo nos casos:

a) PA = 4m, PQ = 8m, s ⊥ t   b) BC = 30m, AM = 25m

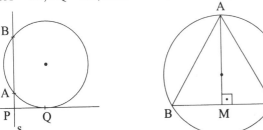

1153
O traçado de uma pista representada na figura ao lado é composto dos arcos de circunferências AB, BC, CD e DA, centrados respectivamente em O_1, O_2, O_3 e O_4. Se os triângulos $O_1O_2O_3$ e $O_1O_3O_4$ são equiláteros de 60m de lado e AB=$120\sqrt{3}$ m, determine o comprimento da pista.

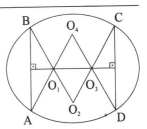

1154 Se o lado do triângulo equilátero mede 4m e os raios dos arcos centrados nos vértices do triângulo medem 2m cada um, determinar a área da parte sombreada.

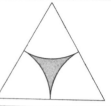

1155 Na figura temos um triângulo equilátero de 8m de lado e circunferência de raios iguais a 2m centradas em vértices e em pontos médios de lados do triângulo equilátero. Determinar a área da região sombreada.

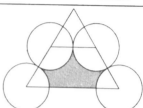

1156 Se o lado do quadrado mede 6m e os arcos de circunferências são centrados em vértices consecutivos do quadrado, determinar a área da parte sombreada.

1157 Da figura sabemos que AB = 15m, AD = 9m e **t** é tangente à circunferência. Determinar CD.

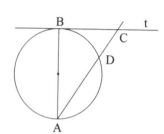

1158 Determinar a área da parte sombreada se o raio do círculo é **r** e $A\hat{B}C = 30°$

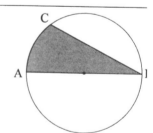

1159 ABC é um triângulo retângulo de hipotenusa AC = 12m e ângulo $\hat{A} = 60°$. Determinar a área da parte sombreada se o arco BD é centrado em A.

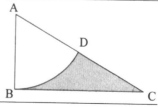

1160 Se o arco CD tem centro em **A**, AB = 6m e $\hat{A} = 60°$, determinar a área da região sombreada.

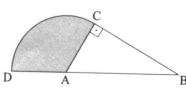

1161 As circunferências da figura têm 9 e 3 m de raios, são tangentes entre si e tangenciam a reta t. Determine a área da região sombreada.

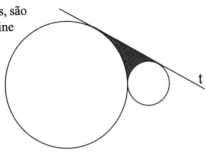

1162 Na figura temos um setor circular de 60° e raio 18m e uma circunferência inscrita nele. Determine a área da região sombreada.

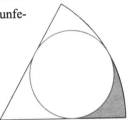

1163 Na figura temos um círculo de raio $12\sqrt{6}$ m. Determine a área da região sombreada.
Dados $AB = 24\sqrt{3}$ m e $AC = 36\sqrt{2}$ m

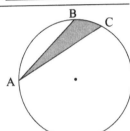

1164 Na figura temos um círculo de raio $12\sqrt{3}$ m.
Se $AB = 12\sqrt{3}$ m e $CD = 36$ m, determine a área sombreada.

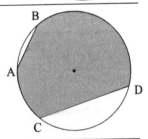

Exercícios Suplementares

1165 Resolver:

a) Os raios de duas circunferências medem 6m cada um e cada circunferência passa pelo centro da outra, determinar a área da parte comum aos dois círculos

b) Duas cordas $\overline{AB}$ e $\overline{CD}$ de um círculo de centro O se cortam em P. Se OP = 5cm, PC = 4cm e PD = 6cm, determinar a área do círculo

c) De um ponto P, externo de um círculo, traçamos duas semi-retas: $\vec{PC}$ que encontra a circunferência nos pontos **C** e **D** respectivamente e $\vec{PA}$ que passa pelo centro e encontra a circunferência em A e B respectivamente. Se PA = 4m e PC = 6m, determinar a área do círculo, sendo CD igual ao raio do círculo.

1166 Se ABD é um triângulo equilátero BCDP é um quadrado e $\overline{AP}$ mede $3(\sqrt{6}-\sqrt{2})$, qual é a área da parte hachurada da figura?

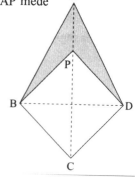

1167 Se a área do retângulo determinado por dois lados opostos de um hexágono regular é de $36\sqrt{2}m^2$, quanto mede o lado do triângulo equilátero equivalente a este hexágono?

1168 Na figura nós temos um quadrado e um triângulo equilátero. Se a área da parte hachurada é de $2(5\pi + 12\sqrt{3} - 18)m^2$, qual é o comprimento da circunferência maior?

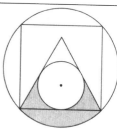

1169 A diferença entre as áreas das partes hachurada e não hachurada ao lado é de $(4\pi - 3\sqrt{3})m^2$. Determine a área do triângulo.

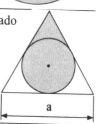

1170 Resolver:

a) O perímetro de um triângulo ABC é 26m. A bissetriz do ângulo externo Â determina na reta $\overline{BC}$ um ponto D que dista 12m de C e 18m de B. Determinar AB e AC.

b) O perímetro de um triângulo ABC é 33m. A bissetriz do ângulo interno Â determina em $\overline{BC}$ um ponto **P** tal que BP = 5m e PC = 6m. Determinar AB e AC.

c) Uma diagonal de um trapézio retângulo determina nele dois triângulos retângulos. A base menor mede 4m e a altura $2\sqrt{5}$, determinar a área deste trapézio.

1171 Resolver:

a) Uma diagonal de um trapézio retângulo, de base menor 5m e lado oblíquo 6m, determina nele dois triângulos retângulos. Determinar a área deste trapézio.

b) Os raios dos círculos inscrito e circunscrito a um triângulo retângulo medem 2m e 5m. Determinar a área deste triângulo.

c) Um cateto e a altura relativa a hipotenusa de um triângulo retângulo medem $2\sqrt{13}$ m e 6m. Determinar a hipotenusa deste triângulo.

d) Determinar a medida do lado $\overline{AB}$ de um triângulo ABC, sabendo que um ponto P sobre $\overline{BC}$ é tal que BP = 4m, PC = 5m e BÂP e AĈP são congruentes.

Exercícios de Matemática - Vol. 6

1172 Resolver:

a) Determinar a área de uma coroa circular cujas circunferências têm 16πm e 12πm.
b) Determinar a área do círculo circunscrito a um triângulo isósceles de base $2\sqrt{35}$ e altura relativa a ela de 7m.
c) Um ponto **P** está no lado $\overline{CD}$ de um retângulo ABCD tal que DP = 2m, PC = 8m e o triângulo APB é retângulo. Determinar a área do retângulo.
d) As bases de um trapézio escaleno, não retângulo medem 15m e 20m. Prolongando-se os lados não paralelos, obtemos dois triângulos. Se a altura do maior dos triângulos determinados, relativa ao lado que é base do trapézio, mede 12m, determinar a área do trapézio.

1173 Resolver:

a) Os pontos D, E e F estão respectivamente sobre os lados $\overline{AB}$, $\overline{BC}$, $\overline{CD}$ de um triângulo ABC e ADEF é paralelogramo. Determinar o perímetro deste paralelogramo sabendo-se que AB = 8m, BC = 16m, AC = 20m e EC = 4m.
b) Os catetos de um triângulo retângulo medem 3m e 6m. Determinar a medida da bissetriz relativa a hipotenusa deste triângulo.
c) Determinar a área do círculo inscrito em um setor circular de 60° e raio 6m.
d) Determinar a diagonal de um retângulo ABCD se os catetos $\overline{DP}$ e $\overline{PC}$ do triângulo retângulo DPC, com **P** em medem 15m e 20m.

Exercícios Gerais

1174
Levando em conta as medidas indicadas na figura e sabendo que o círculo está inscrito no triângulo, determinar x.

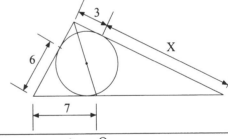

1175
Se o raio do círculo mede 4m e AB = 12m, determinar PD.

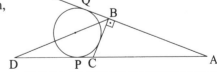

1176
Mostre que a soma dos quadrados das diagonais de um paralelogramo é igual a soma dos quadrados dos lados

1177
Demonstrar que o raio da circunferência inscrita num triângulo retângulo de catetos b e c e hipotenusa a é dado por $r = \dfrac{b+c-a}{2}$ ou $r = p - a$ onde p é o semiperímetro.

1178
Dois lados de um triângulo, que medem **b** e **c**, formam um ângulo **α**. Mostre que a bissetriz ℓ do triângulo, do ângulo de medida **α**, é dada por $\ell = \dfrac{2bc \cos \dfrac{\alpha}{2}}{c+b}$

1179 Uma circunferência inscrita num triângulo ABC tangencia o lado $\overline{AB}$ no ponto P. Mostre que AP = p – a onde p é o semiperímetro e BC = a.

1180 Seja P o ortocentro e O o circuncentro de um triângulo ABC. Mostre que AP é igual a duas vezes a distância entre O e $\overline{BC}$.

1181 A hipotenusa de um triângulo retângulo mede c e um ângulo agudo mede 30°. Determinar o raio da circunferência que tem centro no vértice do ângulo de 30° e divide o triângulo em duas regiões equivalentes.

1182 Considere um triângulo isósceles ABC de base AC e um ponto P sobre a base AC com AP = a e CP = b, a < b. Sejam R e Q os pontos onde $\overline{BP}$ tangencia as circunferências inscritas nos triângulos BPA e BPC. Determine RQ.

1183 A altura de um losango é h e o seu ângulo agudo é α. Determine o raio da maior circunferência que tangencia dois lados e a circunferência inscrita nesse losango.

1184 As diagonais de um losango (ou rombo) medem a e b e o lado é a média proporcional (ou geométrica) das diagonais. Determine o ângulo agudo desse losango.

1185 As diagonais de um quadrilátero medem a e b e os segmentos determinados pelos pontos médios de lados opostos são congruentes. Determine a área desse quadrilátero.

1186 Os pontos M e N dividem o lado AD de um retângulo ABCD em três partes iguais e AD é o triplo de AB. Determine a soma dos ângulos $A\hat{M}B$, $A\hat{N}B$ e $A\hat{D}B$.

1187 Duas circunferências secantes interceptam-se em A e B e as retas tangentes a elas por A as interceptam em A e C e em A e D. Mostre que $AC^2 \cdot BD = AD^2 \cdot BC$

1188 Mostre que a bissetriz relativa à hipotenusa de um triângulo retângulo é bissetriz do ângulo formado pela altura e mediana relativa à hipotenusa.

1189 Um círculo de raio r, inscrito em um triângulo PQR, tangencia os lados nos pontos A, B e C e sabe-se que AB : BC : AC = 3 : 4 : 5. Determine a área do triângulo PQR.

1190 Considere um trapézio isósceles circunscritível com base maior a e lados oblíquos l. Ache a área desse trapézio.

1191 Duas retas paralelas às bases de um trapézio dividem os lados oblíquos em 3 partes iguais. Se as áreas dos trapézios adjacentes às bases são S_1 e S_2, determine a área do trapézio entre esses dois.

1192 De um trapézio ABCD de bases $\overline{BC}$ e $\overline{AD}$ sabemos que AB = a e BC = b com a ≠ b. Dizer se a bissetriz encontra a base $\overline{BC}$ ou o lado $\overline{AD}$

1193 As bases de um trapézio medem a e b e seja P a intersecção das diagonais. Determine a medida do segmento que os lados oblíquos determina sobre a reta, por P, paralela às bases.

Exercícios de Matemática - Vol. 6

1194 Considere um trapézio isósceles circunscritível cuja razão entre as bases (menor sobre maior) é k. Achar o ângulo da base maior.

1195 A base maior de um trapézio mede **b** e a base menor **a** e as diagonais são bissetrizes dos ângulos da base menor. Determine a área desse trapézio.

1196 A base média de um trapézio isósceles de diagonais perpendiculares mede **a**. Qual a área desse trapézio?

1197 A área de um trapézio isósceles circunscritível cujo lado oblíquo é o dobro da altura é S. Determine o raio do círculo inscrito neste trapézio.

1198 As diagonais de um trapézio o decompõe em 4 triângulos. Se as áreas dos dois triângulos nos quais um dos lados é base do trapézio, são S_1 e S_2, determine a área do trapézio.

1199 Sendo α a medida do ângulo $\hat{A}$ de um triângulo ABC, ache a medida do ângulo $B\hat{O}C$, onde O é o incentro do triângulo.

1200 Os catetos de um triângulo retângulo medem b e c com b maior que c. A bissetriz do ângulo reto determina dois triângulos. Determine a distância entre os ortocentros desses triângulos obtidos.

1201 Os lados de um paralelogramo medem a e b, com a < b. Uma reta perpendicular a dois lados decompõe este paralelogramo em dois trapézios circunscritíveis. Determine o ângulo agudo desse paralelogramo.

1202 Considere um semicírculo de diâmetro $\overline{AB}$ onde P é o ponto médio do arco AB. Dois segmentos $\overline{PF}$ e $\overline{PG}$, com F e G sobre $\overline{AB}$, dividem o semicírculo em 3 partes equivalentes. Determine AF : FG : GB, sabendo-se que F está entre A e G.

1203 De um ponto P externo de um circunferência de raio R traça-se duas secantes: uma que passa pelo centro e outra que dista $\dfrac{R}{2}$ do centro. Ache a área da região do círculo entre as duas secantes.

1204 Considere num losango ABCD com BD = d os segmentos $\overline{CM}$ e $\overline{CN}$, com M em $\overline{AB}$ e N em $\overline{AD}$, que dividem o losango em 3 partes equivalentes. Determine MN.

1205 A área de um triângulo ABC é S e P e Q são pontos sobre $\overline{AB}$, com AP : PQ : QB = 1 : 2 : 3. Traça-se por P e Q as retas r e s paralelas ao lado $\overline{AC}$. Ache a área da região do triângulo situada entre as paralelas r e s.

1206 Por um ponto A externo a um circunferência traçam-se as tangentes $\overline{AB}$ e $\overline{AC}$ onde B e C são os pontos de contacto. Mostre que o incentro do triângulo ABC está sobre essa circunferência.

1207 Um triângulo equilátero ABC está inscrito em um círculo e P é um ponto qualquer do arco menor BC. Mostre que AP = BP + CP.

1208 A soma das diagonais de um losango de área S é k. Ache o lado desse losango.

1209 Um quadrado de lado **a** está inscrito em uma circunferência. Ache o lado do quadrado inscrito no menor segmento de círculo que o lado do quadrado determina nesse círculo.

1210 Um retângulo ABCD com $\overline{BC}$ em uma corda $\overline{PQ}$ está inscrito no segmento de círculo determinado por $\overline{PQ}$, cujo arco PQ mede 120°. Sabendo que a altura do segmento circular é **h** e que AB : BC = 1 : 4, ache a área do retângulo.

1211 O lado de um quadrado ABCD mede **a**. Ache o raio da circunferência que passa pelo ponto médio de $\overline{AB}$, pelo centro do quadrado e pelo vértice C.

1212 O lado de um losango (ou rombo) mede a e o ângulo agudo mede α. Ache o raio da circunferência que passa por dois vértices consecutivos e tangencia a reta do lado oposto.

1213 Três circunferências de raio r são tangentes entre si. Determinar a área do triângulo determinado pelas retas que tangenciam, cada uma delas, duas das circunferências e não são secantes a outra circunferência.

1214 Uma circunferência de raio r tangencia um segmento $\overline{AB}$ de medida 2a no seu ponto médio. Determine o raio da circunferência que passa por A e B e tangencia a circunferência dada.

1215 Seja M um ponto sobre o lado $\overline{BC}$ e N um ponto sobre o lado $\overline{CD}$ de um quadrado ABCD de lado **a** de modo que BM = 3MC e DN = 2CN. Determine o raio da circunferência inscrita no triângulo AMN.

1216 Considere o ponto médio M do lado $\overline{BC}$ e um ponto N sobre o lado $\overline{CD}$ de um quadrado ABCD, com CN : ND = 3 : 1. Ache a distância entre N e o ponto médio de AM.

1217 Seja M o ponto médio da mediana $\overline{BD}$ de um triângulo ABC. Seja P o ponto onde a reta que passa por A e M intercepta o lado $\overline{BC}$. Determine a razão BP : PC.

1218 O cateto $\overline{AC}$ de um triângulo retângulo mede b e o cateto $\overline{BC}$ mede a. Ache a área do triângulo HMB sabendo que M é o ponto médio de $\overline{BC}$ e H é a projeção ortogonal de C sobre a hipotenusa $\overline{AB}$.

1219 A bissetriz do ângulo $\hat{A}$ de um triângulo ABC intercepta a circunferência circunscrita ao triângulo em A e P. Determine AP sabendo que BC = a, $\hat{B} = \alpha$ e $\hat{C} = \beta$

1220 Dada uma circunferência de centro O e raio R e um ponto A sobre um diâmetro de modo que OA = a. Ache o raio da circunferência que tangencia este diâmetro em A e tangencia também a circunferência dada.

1221 Considere três cordas, de uma circunferência, que se cortam duas a duas, de modo que os pontos de intersecção dividem cada uma delas em três partes iguais. Se uma das cordas mede a, qual o raio dessa circunferência?

1222 A diferença entre os perímetros dos hexágonos regulares circunscritos e inscrito em uma mesma circunferência é a. Ache o raio dessa circunferência.

1223 Seja $\overline{AH}$ a altura de um triângulo equilátero ABC de lado a e seja s a reta, paralela a $\overline{BC}$, que tangencia as circunferências inscritas nos triângulos AHB e AHC. Determine a área do triângulo que s destaca no triângulo ABC.

1224 As diagonais de um quadrilátero inscritível ABCD interceptam-se num ponto P. Sabendo-se que $\hat{A} = \alpha, \hat{B} = \beta$ e $\hat{BPC} = \gamma$ determine $\hat{ACD}$.

1225 As diagonais de um quadrilátero ABCD interceptam-se em P. Sabendo-se que AB = a, AP = c, BP = b e CD = d, determine AC.

1226 De um trapézio ABCD está inscrito em uma circunferência. A base maior forma um ângulo α com o lado e β com a diagonal do trapézio. Determine a razão entre a área do círculo e a do trapézio.

1227 De um trapézio isósceles ABCD sabemos que a base maior $\overline{AD}$ = a, a base menor $\overline{BC}$ = b e AB = d. A reta que passa por B e pelo ponto médio de $\overline{AC}$ intercepta a base $\overline{AD}$ em P. Achar a área do triângulo BPD.

1228 Sobre um diâmetro $\overline{AB}$ de uma circunferência de raio R considere um ponto P que dista **a** do centro. Seja $\overline{CD}$ uma corda qualquer dessa circunferência, paralela ao diâmetro AB. Ache a soma dos quadrados das distâncias entre P e as extremidades de CD.

Testes e Questões de Vestibulares

V.1 (UFMG 92) Os pontos A, B, C, D são colineares e tais que AB = 6 cm, BC = 2 cm, AC = 8 cm e BD = 1 cm. Nessas condições, uma possível disposição desses pontos é:
a) ADBC   b) ABCD   c) ACBD   d) BACD   e) BCDA

V.2 (CESGRANRIO 85) Numa carpintaria, empilham-se 50 tábuas, umas de 2 cm e outras de 5 cm de espessura. A altura da pilha é de 154 cm. A diferença entre o número de tábuas de cada espessura é:
a) 12   b) 14   c) 16   d) 18   e) 25

V.3 (UECE 81) O ângulo igual a $\frac{5}{4}$ do seu suplemento mede:
a) 100°   b) 144°   c) 36°   d) 80°

V.4 (UF.UBERLÂNDIA 82) Dois ângulos consecutivos são complementares. Então, o ângulo formado pelas bissetrizes destes ângulos é:
a) 20°   b) 30°   c) 35°   d) 40°   e) 45°

V.5 (UFES 82) O triplo do complemento de um ângulo é igual a terça parte do suplemento deste ângulo. Este ângulo mede:
a) $\frac{7\pi}{8}$ rd   b) $\frac{5\pi}{16}$ rd   c) $\frac{7\pi}{4}$ rd   d) $\frac{7\pi}{16}$ rd   e) $\frac{5\pi}{8}$ rd

V.6 (FUVEST 82 - 1ª FASE) Considere as afirmações abaixo, relativas aos triângulos ABC e A'B'C'.
1) BC = B'C', AB = A'B' e $\hat{C} = \hat{C}'$
2) BC = B'C', AB = A'B' e $\hat{B} = \hat{B}'$
3) BC = B'C', AB = A'B' AB ≥ BC e $\hat{C} = \hat{C}'$
Quais das afirmações implicam a igualdade dos triângulos?
a) somente 2   b) somente 1 e 2   c) somente 1 e 3   d) somente 2 e 3   e) todas

V.7 (UFGO 84) Se dois lados de um triângulo medem respectivamente 3 dm e 4 dm, podemos afirmar que a medida do terceiro lado é:
a) igual a 5 dm   b) igual a 1 dm   c) igual a $\sqrt{7}$ dm   d) menor que 7 dm   e) maior que 7 dm

V.8 (UFMG 89) Sobre geometria plana, a única afirmativa correta é:
a) Dois triângulos ABC e A'B'C' tais que $\hat{C} = \hat{C}'$, $\overline{AB} = \overline{A'B'}$ e $\overline{BC} = \overline{B'C'}$ são sempre congruentes.
b) Se dois ângulos de um Δ ABC são agudos, então ABC é um triângulo retângulo.
c) Três pontos distintos sempre determinam um plano.
d) Se dois triângulos têm os três ângulos congruentes, eles são congruentes.
e) Se a reta m é paralela às retas r e s, então r e s são paralelas ou coincidentes.

V.9
(UFMG 81) O recíproco do teorema "Num triângulo isósceles os ângulos da base são iguais" é:
a) Os ângulos da base de um triângulo isósceles são iguais.
b) Se os ângulos da base de um triângulo são iguais, então o triângulo é isósceles.
c) Num triângulo isósceles, os ângulos da base não são iguais.
d) Se os ângulos da base de um triângulo não são iguais, o triângulo não é isósceles.
e) n.d.a.

V.10
(MACK 92 - EXATAS) No triângulo da figura, a soma das medidas x, y e z pode ser:
a) 25   b) 27   c) 29
d) 31   e) 33

V.11
(FEI 93) Na figura ao lado, as retas r e s são paralelas. A medida do ângulo indicado com x é:
a) 70°   b) 50°   c) 60°   d) 85°
e) 65°

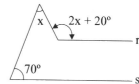

V.12
(GV 74) Considere as retas r, s, t, u, todas num mesmo plano, com r//u. O valor em graus de (2x + 3y) é:
a) 64°   b) 500°   c) 520°
d) 660°   e) 580°

V.13
(UFGO 80) Na figura ao lado, as retas r e s são paralelas. A medida do ângulo b é:
a) 100°   b) 120°   c) 110°   d) 140°   e) 130°

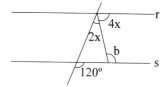

V.14
(CESGRANRIO 89) Na figura as retas r e r' são paralelas e a reta t é perpendicular a s. Se o menor ângulo entre s e r mede 72°, então o ângulo α da figura mede:
a) 36°   b) 32°   c) 24°
d) 20°   e) 18°

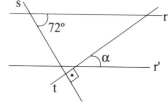

V.15
(CESGRANRIO 90) Duas retas paralelas são cortadas por uma transversal, de modo que a soma de dois dos ângulos agudos formados vale 72°. Então, qualquer dos ângulos obtusos formados mede:
a) 142°   b) 144°   c) 148°   d) 150°   e) 152°

V.16 (CESGRANRIO 91) As retas r e s da figura são paralelas cortadas pela transversal t. Se o ângulo B é o triplo de A, então B - A vale:
a) 90°   b) 85°   c) 80°   d) 75°
e) 60°

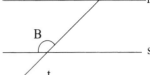

V.17 (PUCAMP 85) Na figura ao lado, r e s são paralelas. O ângulo x mede:

a) 60°   b) 65°   c) 70°   d) 75°   e) 80°

V.18 (PUC 83) Num plano, se duas retas são ...., então toda reta .... a uma delas é ..... à outra. A alternativa que preenche corretamente as lacunas é:
a) paralelas - perpendicular - paralela
b) perpendiculares - paralela - paralela
c) perpendiculares - perpendicular - perpendicular
d) paralelas - paralela - perpendicular
e) perpendiculares - paralela - perpendicular

V.19 (FEI JULHO 93) No quadro ao lado, **a,b,c,d** e **e** são retas coplanares e distintas.
Completando o quadro com os símbolos:
// ... "é paralela a"
⊥ ... "é perpendicular a"
o número total de vezes em que o símbolo // aparece (incluindo o já escrito) é:
a) 1   b) 2   c) 3   d) 4   e) 5

	a	b	c
d	//		⊥
e		⊥	
b	⊥		

V.20 (FUVEST 91 - 1ª FASE) Na figura AB = AC, BX = BY e CZ = CY. Se o ângulo A mede 40°, então o ângulo XYZ mede:
a) 40°   b) 50°   c) 60°
d) 70°   e) 90°

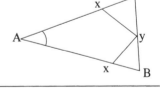

V.21 (FUVEST 88 - 1ª FASE) Um triângulo ABC têm ângulos Â = 40° e B̂ = 50°. Qual o ângulo formado pelas alturas relativas aos vértices A e B desse triângulo?
a) 30°   b) 45°   c) 60°   d) 90°   e) 120°

V.22 (FUVEST 83 - 1ª FASE) Num triângulo ABC, BD e CE são alturas, $\overline{BD} = \overline{CE}$ e o ângulo Â = 40°. O ângulo CB̂D vale :
a) 10°   b) 15°   c) 20°   d) 25°   e) 30°

V.23 (FUVEST 81 - 1ª FASE) Na figura: AB = BD = CD. Então:

a) y = 3x   b) y = 2x   c) x + y = 180°
d) x = y   e) 3x = 2y

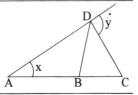

V.24 (FUVEST 79 - 1ª FASE) Na figura abaixo AB = AC, O é o ponto de encontro das bissetrizes do triângulo ABC e o ângulo BÔC é o triplo do ângulo Â. Então a medida de Â é:
a) 18°   b) 12°   c) 24°   d) 36°   e) 15°

V.25 (FUVEST 78 - 1ª FASE) Na figura abaixo os ângulos **a, b, c e d** medem respectivamente, $\frac{x}{2}$, 2x, $\frac{3x}{2}$ e x.
O ângulo **e** é reto. Qual a medida do ângulo f?
a) 16°   b) 18°   c) 20°
d) 22°   e) 24°

V.26 (MACK 92 - EXATAS) Na figura, $\overline{AB} = \overline{AC}$ e $\overline{AD} = \overline{AE}$. A medida do ângulo α é:
a) 5°   b) 10°   c) 15°
d) 20°   e) 25°

V.27 (MACK 79) Num ΔABC a mediana AM relativa a BC, mede 12 cm. Se G é o baricentro do triângulo, a distância de G ao vértice A é:
a) 8cm   b) 4 cm   c) 6 cm   d) 5 cm   e) 9 cm

V.28 (UFMG 91) O ΔABC da figura é retângulo em Â. Se G é o baricentro do triângulo, a medida de $\hat{B}$ é:
a) 55°   b) 65°   c) 70°
d) 75°   e) 80°

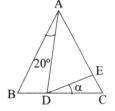

V.29 (FUVEST 92 - 1ª FASE) O retângulo abaixo de dimensões a e b está decomposto em quadrados. Qual o valor da razão a/b?
a) 5/3   b) 2/3   c) 2
d) 3/2   e) 1/2

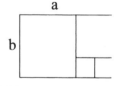

V.30 (UFES 82) Seja ABCD um trapézio retângulo. O ângulo formado pelas bissetrizes do seu ângulo reto e do ângulo consecutivo da base maior mede 92°. Os ângulos agudo e obtuso deste trapézio medem respectivamente:
a) 88°, 92°   b) 86°, 94°   c) 84°, 96°   d) 82°, 98°   e) 79°, 101°

V.31 (VUNESP 85) A afirmação falsa é:

a) Todo quadrado é um losango
b) Existem retângulos que não são losangos
c) Todo paralelogramo é um quadrilátero
d) Todo quadrado é um retângulo
e) Um losango pode não ser um paralelogramo

V.32 (CESGRANRIO 88) Em um trapézio retângulo, o menor ângulo mede 35°. O maior ângulo desse polígono mede:
a) 155°   b) 150°   c) 145°   d) 142°   e) 140°

V.33 (VUNESP 89) Considere as seguintes proposições:
- todo quadrado é um losango;
- todo quadrado é um retângulo;
- todo retângulo é um paralelogramo;
- todo triângulo equilátero é isósceles.

Pode-se afirmar que:
a) só uma é verdadeira
b) todas são verdadeiras
c) só uma é falsa
d) duas são verdadeiras e duas são falsas
e) todas são falsas

V.34 (ITA 89) Considere um quadrilátero ABCD cujas diagonais AC e BD medem, respectivamente, 5 cm e 6 cm. Se R, S, T e U são os pontos médios dos lados do quadrilátero dado, então o perímetro do quadrilátero RSTU vale:
a) 22 cm   b) 5,5 cm   c) 8,5 cm   d) 11 cm   e) 13 cm

V.35 (CESGRANRIO 85) Na figura, ABCD é um quadrado, ADE e ABF são triângulos equiláteros. Se os pontos C, A e M são colineares, então o ângulo FÂM mede:
a) 75°   b) 80°   c) 82°30'
d) 85°   e) 87°30'

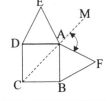

V.36 (CESGRANRIO 86) Assinale a alternativa que contém a propriedade diferenciadora do quadrado em relação aos demais quadriláteros.
a) Todos os ângulos são retos
b) Os lados são todos iguais
c) As diagonais são iguais e perpendiculares entre si
d) As diagonais se cortam ao meio
e) Os lados opostos são paralelos e iguais

V.37 (ITA 89) Dadas as afirmações:

I. Quaisquer dois ângulos opostos de um quadrilátero são suplementares
II. Quaisquer dois ângulos consecutivos de um paralelogramo são suplementares
III. Se as diagonais de um paralelogramo são perpendiculares entre si e se cruzam em seu ponto médio então este paralelogramo é um losango

Podemos garantir que:
a) Todas são verdadeiras
b) Apenas I e II são verdadeiras
c) Apenas II e III são verdadeiras
d)) Apenas II é verdadeira
e) Apenas III é verdadeira

V.38 (CESGRANRIO 88) Seja ABC um triângulo retângulo, onde D é o ponto médio da hipotenusa BC.

Se AD = AB, então o ângulo AB̂C mede:
a) 67°30'   b) 60°   c) 55°   d) 52°30'   e) 45°

V.39 (CESGRANRIO 82) As bases MQ e NP de um trapézio medem 42 cm e 112 cm respectivamente. Se o ângulo MQ̂P é o dobro do ângulo PNM, então o lado PQ mede:
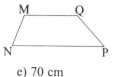
a) 154 cm   b) 133 cm   c) 91 cm   d) 77 cm   e) 70 cm

V.40 (ESPM 94) No trapézio abaixo, M e N são pontos médios de $\overline{AC}$ e $\overline{BD}$ respectivamente. Sendo $\overline{AB}$ = 23 cm e $\overline{CD}$ = 13 cm, então $\overline{PQ}$ é igual a:
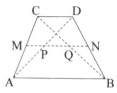
a) 18 cm   b) 10 cm   c) 9 cm
d) 8 cm   e) 5 cm

V.41 (FUVEST 88 - 1ª FASE) Com relação a três circunferências no plano, com centros não colineares, podemos afirmar que:
a) sempre existe um ponto comum às três circunferências
b) existe no máximo um ponto comum às três circunferências
c) podem existir dois pontos comuns às três circunferências
d) nunca existe ponto comum às três circunferências
e) existem exatamente três pontos comuns às três circunferências

V.42 (FUVEST 85 - 1ª FASE) Os pontos A, B e C pertencem a uma circunferência de centro O. Sabe-se que OA é perpendicular a OB e forma com BC um ângulo de 70°. Então, a tangente à circunferência no ponto C forma com a reta OA um ângulo de:
a) 10°   b) 20°   c) 30°   d) 40°   e) 50°

V.43 (FUVEST 80 - 1ª FASE) Numa circunferência está inscrito um triângulo ABC; seu lado BC é igual ao raio da circunferência. O ângulo BÂC mede:
a) 15°   b) 30°   c) 36°   d) 45°   e) 60°

V.44 (FUVEST 93 - 1ª FASE) Os pontos B, P e C pertencem a uma circunferência γ e BC é lado de um polígono regular inscrito em γ. Sabendo-se que o ângulo BP̂C mede 18° podemos concluir que o número de lados do polígono é igual a:

a) 5   b) 6   c) 7   d) 10   e) 12

V.45 (ITA 94) Numa circunferência inscreve-se um quadrilátero convexo ABCD tal que AB̂C = 70°. Se x = AĈB + BD̂C, então:

a) x = 120°   b) x = 110°   c) x = 100°
d) x = 90°   e) x = 80°

V.46 (FEI 96) Na figura ao lado ABCD é um quadrilátero inscrito num círculo, x e y são as medidas, em graus de AĈD e AD̂C, respectivamente. O valor de y - x é:
a) 55°   b) 35°   c) 50°   d) 42° 30'   e) 45°

Exercícios de Matemática - Vol. 6　　　　　　　　　　　　　　　　　　　　　　　　　　　　　　　　　　　　　451

V.47 (EPUSP 66) As bases de um trapézio isósceles circunscrito a uma circunferência medem 9m e 6m. Cada um dos outros dois lados do trapézio mede:
a) 4,5m　　b) 6m　　c) 7,5m　　d) 8m　　e) n.r.a

V.48 (CESGRANRIO 80) Um quadrilátero convexo está inscrito em um círculo. A soma, em radianos, dos ângulos α e β mostrados na figura é:

a) $\dfrac{\pi}{4}$　　b) $\dfrac{\pi}{2}$　　c) π

d) $\dfrac{3\pi}{2}$　　e) 2π

V.49 (MACK 92 - EXATAS) A hipotenusa de um triângulo retângulo é 8 e o raio do círculo inscrito é 2. O perímetro do triângulo é:
a) 28　　b) 26　　c) 24　　d) 22　　e) 20

V.50 (MACK JUL 95) No gráfico em setores da figura a seguir, o círculo do centro **O** tem diâmetro **MP** medindo 10cm e o comprimento do menor dos arcos **NP** é 2π cm. Se num universo **U** o setor **A** está associado a **400** casos, então o número de casos representados pelos setor **B** é:
a) 600　　b) 650　　c) 700
d) 750　　e) 800

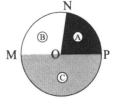

V.51 (MACK JUL 95) Na figura, temos um trapézio inscrito. Se o menor dos arcos **AB** mede 60°, então o menor dos arcos **MN** mede:
a) 90°　　b) 110°　　c) 120°
d) 140°　　e) 150°

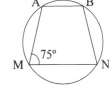

V.52 (CESGRANRIO 82) As semi-retas PM e PN são tangentes ao círculo da figura e o comprimento do arco $\widehat{MGN}$ é 4 vezes o do arco $\widehat{MFN}$.
O ângulo $M\hat{P}N$ vale:
a) 76°　　b) 80°　　c) 90°
d) 108°　　e) 120°

V.53 (CESGRANRIO 84) Em um círculo de centro O, está inscrito o ângulo α (ver figura). Se o arco $\widehat{AMB}$ mede 130°, o ângulo α mede:
a) 25°　　b) 30°　　c) 40°
d) 45°　　e) 50°

V.54 (CESGRANRIO 87) Se, na figura $\widehat{AB} = 20°$, $\widehat{BC} = 124°$, $\widehat{CD} = 36°$ e $\widehat{DE} = 90°$, então o ângulo x mede:
a) 34°　　b) 35° 30'　　c) 37°
d) 38° 30'　　e) 40°

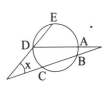

V.55 (ITA 89) Numa circunferência de centro 0 os pontos A, B e C são vértices de um triângulo eqüilátero. Seja D um quarto ponto da circunferência, não coincidente com os demais. Sobre a medida x do ângulo $A\hat{D}C$ podemos afirmar que:
a) $0° < x < 30°$ ou $60° < x < 120°$
b) $x = 60°$ ou $x = 120°$
c) $x = 45°$ ou $x = 150°$
d) $x = 240°$ para qualquer posição de D na circunferência
e) $x = 30°$ para qualquer posição de D na circunferência.

V.56 (ITA 90) Na figura 0 é o centro de uma circunferência. Sabendo-se que a reta que passa por E e F é tangente a esta circunferência e que a medida dos ângulos 1, 2 e 3 é dada, respectivamente, por 49°, 18°, 34°, determinar a medida dos ângulos 4, 5, 6 e 7. Nas alternativas abaixo considere os valores dados iguais às medidas de 4, 5, 6 e 7, respectivamente.
a) 97°, 78°, 61°, 26°
b) 102°, 79°, 58°, 23°
c) 92°, 79°, 61°, 30°
d) 97°, 79°, 61°, 27°
e) 97°, 80°, 62°, 29°

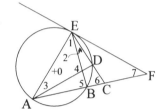

V.57 (CESGRANRIO 90) Em um círculo de raio 5 está inscrito um quadrilátero ABCD. Sobre a soma dos ângulos opostos $B\hat{A}D$ e $B\hat{C}D$, podemos afirmar que:
a) 5 x 180°   b) 3 x 180°   c) 2 x 180°   d) 180°   e) 90°

V.58 (CESGRANRIO 79) O losango ADEF está inscrito no triângulo ABC, como mostra a figura. Se $\overline{AB} = 12m$, $\overline{BC} = 8m$ e $\overline{AC} = 6m$, o lado ℓ do losango mede:
a) 5m   b) 3m   c) 2m
d) 4m   e) 8m

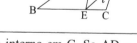

V.59 (CESGRANRIO 80) No $\triangle ABC$, CD é bissetriz do ângulo interno em C. Se AD = 3cm, DB = 2cm e AC = 4cm, então o lado BC mede:
a) 3cm   b) $\frac{5}{2}$cm   c) $\frac{7}{2}$cm   d) $\frac{8}{3}$cm   e) 4cm

V.60 (PUC 84) O segmento AB mede 10. Chama-se segmento áureo de AB o segmento AP, P em AB, de medida x, tal que $\frac{AB}{AP} = \frac{AP}{PB}$. O valor de x é:
a) $5\sqrt{5} - 5$ b) $5\sqrt{3} - 5$ c) $5\sqrt{5} + 5$ d) $5\sqrt{3} + 5$ e) 5

V.61 (CESGRANRIO 84) As retas r_1, r_2 e r_3 são paralelas. Então x é igual a:
a) $4\frac{1}{5}$ b) $\frac{15}{2}$ c) 5   d) $\frac{8}{5}$ e) 6

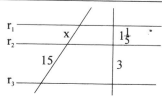

V.62 (ITA 89) Considere o triângulo ABC, onde $\overline{AD}$ é a mediana relativa ao lado $\overline{BC}$. Por um ponto arbitrário M do segmento $\overline{BD}$, tracemos o segmento $\overline{MP}$ paralelo a $\overline{AD}$, onde P é o ponto de interseção desta paralela com o prolongamento do lado $\overline{AC}$ (figura). Se N é o ponto de intersecção de $\overline{AB}$ com $\overline{MP}$, podemos afirmar que:

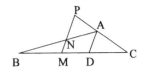

a) $\overline{MN} + \overline{MP} = 2\overline{BM}$ b) $\overline{MN} + \overline{MP} = 2\overline{CM}$ c) $\overline{MN} + \overline{MP} = 2\overline{AB}$
d) $\overline{MN} + \overline{MP} = 2\overline{AD}$ e) $\overline{MN} + \overline{MP} = 2\overline{AC}$

V.63 (UFMG 89) Na figura, BC e DE são paralelas, $\overline{AB} = 15m$, $\overline{AD} = 5m$ e $\overline{AE} = 6m$. A medida de CE é, em metros:

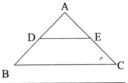

a) 5   b) 6   c) 10   d) 12   e) 18

V.64 (ITA 73) Suponhamos que p e q são catetos de um triângulo retângulo e h a altura relativa à hipotenusa do mesmo. Nestas condições, podemos afirmar que a equação:
$\frac{2}{p}x^2 - \frac{2}{h}x + \frac{1}{q} = 0$ (**R** é o conjunto dos números reais)

a) não admite raízes reais
b) admite uma raiz da forma $m\sqrt{-1}$, onde $m \in \mathbf{R}$, $m > 0$.
c) admite sempre raízes
d) admite uma raiz da forma $-m\sqrt{-1}$, onde $m \in \mathbf{R}$, $m > 0$.
d) n.d.a

V.65 (CESGRANRIO 77) No retângulo ABCD de lados $\overline{AB} = 4$ e $\overline{BC} = 3$, o segmento $\overline{DM}$ é perpendicular à diagonal $\overline{AC}$. O segmento $\overline{AM}$ mede:

a) 3/2   b) 12/5   c) 5/2   d) 9/5   e) 2

V.66 (UFMG 90) No $\triangle ABC$ em que AB, BC e AC medem, respectivamente, 12m, 11m e 10m, traçam-se a bissetriz interna AD e a bissetriz externa AE. A medida de DE, em metros, é:

a) 50   b) 20   c) 30   d) 40   e) 60

V.67 (FUVEST 87 - 1ª FASE) Na figura os ângulos assinalados são retos. Temos necessariamente:

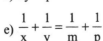

a) $\frac{x}{y} = \frac{p}{m}$ b) $\frac{x}{y} = \frac{m}{p}$ c) $xy = pm$
d) $x^2 + y^2 = p^2 + m^2$ e) $\frac{1}{x} + \frac{1}{y} = \frac{1}{m} + \frac{1}{p}$

V.68 (FUVEST 82 - 1ª FASE) A sombra de um poste vertical, projetada pelo sol sobre um chão plano, mede 12m. Nesse mesmo instante, a sombra de um bastão vertical de 1m de altura mede 0,6m. A altura do poste é:
a) 6m   b) 7,2m   c) 12m   d) 20m   e) 72m

V.69 (FCM STA.CASA 82) Seja um triângulo ABC, retângulo em A, tal que $\overline{AB} = 30cm$ e $\overline{BC} = 50cm$. Se um ponto D é marcado no lado $\overline{AC}$, de modo que BD = DC, então o segmento DC mede:
a) 31,25cm   b) 31,5cm   c) 31,75cm   d) 32cm   e) 32,25cm

V.70 (FUVEST 79 - 1ª FASE) Na figura, o triângulo ABC é retângulo em A, ADEF é um quadrado, AB = 1 e AC = 3. Quanto mede o lado do quadrado?
a) 0,70   b) 0,75   c) 0,80   d) 0,85   e) 0,90

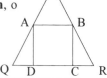

V.71 (FEI 93) Na figura abaixo, ABCD é um quadrado e PQR é um triângulo de altura relativa a $\overline{QR}$ medindo **8 m**, Se $\overline{QR}$ tem também **8m**, o lado do quadrado em m, mede:
a) 2   b) 3   c) 4
d) 5   e) 6

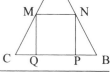

V.72 (CESGRANRIO 87) Se os dois catetos de um triângulo retângulo medem, respectivamente, 3 e 4, então a altura relativa à hipotenusa mede:
a) $\dfrac{3\sqrt{3}}{2}$ b) $\dfrac{3\sqrt{2}}{2}$ c) 2,2   d) 2,3   e) 2,4

V.73 (CESGRANRIO 88) O quadrado MNPQ está inscrito no triângulo equilátero ABC, como se vê na figura. Se o perímetro do quadrado é B, então o perímetro do triângulo ABC é:
a) 12   b) $10 + 2\sqrt{3}$ c) $6 + 4\sqrt{3}$
d) $6 + 5\sqrt{2}$ e) 16

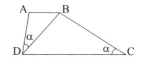

V.74 (FEI JULHO 93) Na figura abaixo, ABCD é um trapézio de bases AB e CD; o triângulo BCD é isósceles de base CD e os ângulos $A\hat{D}B$ e $B\hat{C}D$ têm a mesma medida α. Se BD e CD medem, respectivamente, 8cm e 12cm, a medida de AB, em cm, é:
a) 4   b) 6   c) $\dfrac{16}{3}$ d) 8   e) $\dfrac{11}{2}$

V.75 (CESGRANRIO 88) No quadrado ABCD da figura, tem-se AB = 4, AH = CI = 1 e AG = 2. Então, HI mede:
a) $\sqrt{5}$ b) 5   c) $\dfrac{16}{3}$ d) $3\sqrt{3}$ e) $2\sqrt{5}$

V.76 (CESGRANRIO 90) Os catetos b e c de um triângulo retângulo ABC medem 6 e 8, respectivamente. A menor altura desse triângulo mede:
a) 4,0   b) 4,5   c) 4,6   d) 4,8   e) 5,0

V.77 (CESGRANRIO 91) Uma folha quadrada de papel ABCD é dobrada de modo que o vértice C coincide com o ponto M médio de AB. Se o lado ABCD é 1, o comprimento BP é:
a) 0,300   b) 0,325   c) 0,375
d) 0,450   e) 0,500

V.78 (CESCEM 77) Se um cateto e a hipotenusa de um triângulo retângulo medem a e 3a, respectivamente, então a tangente do ângulo oposto ao menor lado é:

a) $\dfrac{\sqrt{10}}{10}$ b) $\dfrac{\sqrt{2}}{4}$ c) $\dfrac{1}{2}$ d) $\dfrac{\sqrt{2}}{2}$ e) $2\sqrt{2}$

V.79 (FUVEST 86 - 1ª FASE) O valor de x na figura ao lado é:

a) 20/3 b) 3/5 c) 1
d) 4 e) 5

V.80 (MACK 75) O ponto P está no interior de uma circunferência de 13cm de raio e dista 5cm do centro da mesma. Pelo ponto P traça-se a corda $\overline{AB}$ de 25cm. Os comprimentos dos segmentos que P determina sobre a corda $\overline{AB}$ são:

a) 11cm e 14cm b) 7cm e 18cm c) 16cm e 9cm d) 5cm e 20cm e) 8cm e 17cm

V.81 (MACK 81) Na figura ao lado vale sempre:

a) OA . OB = OE . OP
b) OP . OQ = r^2
c) AP . OQ = $(OA)^2$
d) OA . BQ = $(OQ)^2$
e) OP . OE = r^2

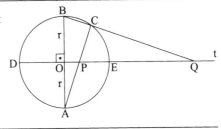

V.82 (UFMG 82) Num círculo, a corda $\overline{CD}$ é perpendicular ao diâmetro $\overline{AB}$ no ponto E. Se $\overline{AE} \cdot \overline{EB} = 3$, a medida de $\overline{CD}$ é:

a) $\sqrt{3}$ b) $2\sqrt{3}$ c) $3\sqrt{3}$ d) 3 e) 6

V.83 (UEBA 84) Na figura ao lado são dados $\dfrac{AE}{EC} = \dfrac{1}{3}$,

BE = 8cm e ED = 6m. O comprimento de $\overline{AC}$, em cm, é:
a) 10 b) 12 c) 16
d) 18 e) 20

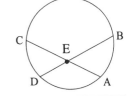

V.84 (FATEC 92) O valor do raio da circunferência da figura é:

a) 7,5 b) 14,1 c) 12,5
d) 9,5 e) 10,0

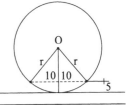

V.85 (FUVEST 88 - 1ª FASE) Em um triângulo retângulo OAB, retângulo em O, com OA = a e OB = b, são dados os pontos P em OA e Q em OB de tal maneira que AP = PQ = QB = x. Nestas condições o valor de x é:

a) $\sqrt{ab} - a - b$ b) $a + b - \sqrt{2ab}$ c) $\sqrt{a^2 + b^2}$
d) $a + b + \sqrt{2ab}$ e) $\sqrt{ab} + a + b$

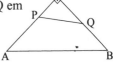

V.86 (FAAP 94 - EXATAS) No triângulo ABC (ver figura), tem-se BD bissetriz interna do ângulo B. Os valores das medidas x e y são, respectivamente:
a) 2/3a, 1/3a   b) 4/15a, 1/3a   c) 4a, 3a
d) 4/15a, 3a   e) 4/5a, 1/3a

V.87 (OSEC 93) Uma escada de 5,50m de comprimento está apoiada em uma parede, sendo que seu pé está distante 1,50m dela. Um pintor quer que a extremidade superior da escada alcance 30cm mais alto. Que distância ele precisa deslocar o pé da escada em direção à parede?
a) 30cm   b) 10cm   c) não é possível   d) 1,50m   e) 1m

V.88 (FEI 93) O raio do círculo circunscrito ao triângulo retângulo de catetos 4 e 8 é:
a) $2\sqrt{5}$ b) $4\sqrt{5}$ c) $6\sqrt{3}$ d) $3\sqrt{3}$ e) 6

V.89 (FEI JULHO 93) Na figura ao lado, o valor de $x^2 + y^2$ é:

a) 18
b) 24
c) 36
d) 44
e) 54

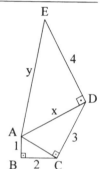

V.90 (FAAP JULHO 93) Um "designer" projetou o logotipo de uma empresa, formado por quatro círculos tangentes inscritos noutro círculo, conforme figura. O raio R mede (medidas em centímetros):
a) 0,8
b) 0,7
c) 0,4
d) 0,3
e) 0,6

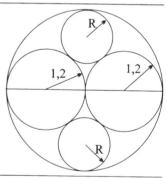

V.91 (GV JULHO 93 - 1ª FASE) Queremos desenhar no interior de um retângulo ABCD, um losango AICJ com vértice I sobre o lado AB do retângulo e vértice J sobre o lado CD. Se as dimensões dos lados do retângulo são AB = 25cm e BC = 15cm, então a medida do lado do losango é:
a) 13cm   b) 15cm   c) 17cm   d) 18cm   e) $15\sqrt{2}$cm

V.92 (FEI 92) As circunferências da figura ao lado são tangentes entre si e tangentes à reta r. Se as duas maiores têm raios iguais a 5,0cm, o raio da menor é:

a) $\frac{5}{4}$cm   b) $\frac{5}{2}$cm   c) 2,0cm   d) $\frac{25}{16}$cm   e) 1,5cm

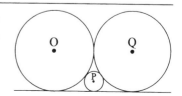

V.93 (VUNESP 92) Sejam AB um diâmetro de uma circunferência e BC um segmento de reta tangente a essa circunferência, $\overline{AB} = 3\sqrt{5}$m e $\overline{BC} = \sqrt{5}$m. Por C traça-se uma reta perpendicular a BC que intercepta a circunferência em D e E. Se $\overline{CD} < \overline{CE}$, então a medida de CD é:

a) $\dfrac{3\sqrt{5}}{2}$m   b) $\dfrac{3\sqrt{5}-5}{2}$m   c) $\dfrac{5-3\sqrt{5}}{2}$m   d) $\dfrac{3-\sqrt{5}}{2}$m   e) $\dfrac{5\sqrt{3}}{2}$m

V.94 (VUNESP 95) A distância entre dois lados paralelos de um hexágono regular é igual a $2\sqrt{3}$cm. A medida do lado desse hexágono, em centímetros é:

a) $\sqrt{3}$ b) 2   c) 2,5   d) 3   e) 4

V.95 (MACK 95) No quadrado da figura, **M** e **Q** são os centros dos arcos de mesmo raio ℓ. Se $\overline{AQ} = \sqrt{2}$, então $\overline{AB}$ mede:

a) 2   b) $\dfrac{3\sqrt{2}}{2}$ c) $\dfrac{4\sqrt{2}}{3}$

d) $2\sqrt{2}$ e) $\dfrac{5}{2}$

V.96 (FAAP JUL 95) Dois reservatórios circulares estão interligados por uma tubulação de "x" metros lineares, conforme figura abaixo. Sabendo-se que o custo por m da tubulação é de R$ 150,00 o custo total (em reais) da tubulação é:

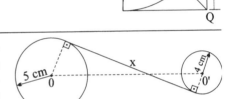

dado: $\overline{OO'} = 41$m
a) 5.000   b) 5.500   c) 4.000   d) 4.500   e) 6.000

V.97 (FAAP JUL 95) Em 1994, Pierre Cardin veio ao Brasil apresentar na FAAP sua coleção "Outono-Inverno". A passarela foi iluminada por dois focos que projetavam dois círculos de raios **"R"** e **"r"**, conforme figura abaixo. O valor de **"AB"** é:

a) $\sqrt{R \cdot r}$ b) $\sqrt{R+r}$ c) $2\sqrt{R \cdot r}$
d) $2\sqrt{R+r}$ e) R/r

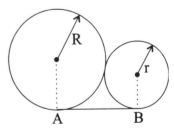

V.98 (EPUSP 66) Os lados de um triângulo estão na razão 6 : 8 : 9. Então:

a) o triângulo é obtusângulo   b) o triângulo é acutângulo
c) os ângulos estão na razão 6 : 8 : 9
d) o ângulo oposto ao lado maior é o dobro do ângulo oposto ao lado menor.   e) n.d.a.

V.99 (CESGRANRIO 80) Um dos ângulos internos de um paralelogramo de lado 3 e 4 mede 120°. A maior diagonal deste paralelogramo mede:

a) 5   b) 6   c) $\sqrt{40}$ d) $\sqrt{37}$ e) 6,5

V.100 (CESGRANRIO 81) O quadrilátero convexo MNPQ é inscritível num círculo de diâmetro MP. Os lados MN e MQ têm o mesmo comprimento ℓ e o ângulo NMQ é de 120°. O comprimento do lado NP é:

a) $\ell\left(1+\dfrac{\sqrt{3}}{2}\right)$ b) $\ell(\sqrt{3}-1)$ c) $\ell(1+\sqrt{3})$

d) $\dfrac{\ell\sqrt{3}}{2}$ e) $\ell\sqrt{3}$

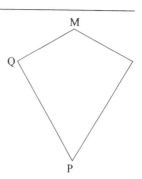

V.101 (ITA 88) Num triângulo ABC, $\overline{BC}$ = 4cm, o ângulo C mede 30° e a projeção do lado AB sobre BC mede 2,5cm. O comprimento da mediana que sai do vértice A mede:

a) 1cm   b) $\sqrt{2}$cm   c) 0,9cm   d) $\sqrt{3}$cm   e) 2cm

V.102 (CESCEA 75) Na figura ao lado $\overline{AT}$ é tangente à circunferência de raio r.

Sabendo-se que $\overline{AT}=2r$, então o valor de $\overline{AC}$ é:

a) $(\sqrt{5}+1)r$ b) $1+2r$ c) r^2
d) $\sqrt{5}r$ e) $(\sqrt{5}-1)r$

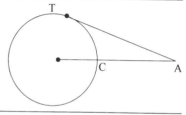

V.103 (FCM STA.CASA 77) Na figura abaixo, o valor de d é:

a) $\sqrt{b+a}$ b) $\sqrt{2ab}$ c) $2\sqrt{ab}$
d) $2a\sqrt{b+a}$ e) $2\sqrt{ab+2a}$

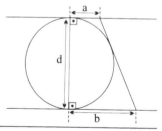

V.104 (FCM STA.CASA 82) Na figura ao lado, tem-se as circunferências λ_1, λ_2 e λ_3, tangentes entre si, tangentes a uma reta t de raios r_1, r_2 e r_3, respectivamente. Se $r_1 = r_2$ e $r_3 = 5$cm, então r_1 mede, em cm:

a) 10   b) 15   c) 20
d) 25   e) 30

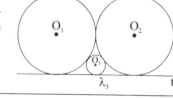

V.105 (CESGRANRIO 84) Em um círculo de centro O e raio 10, traçam-se dois diâmetros perpendiculares AB e EF e a corda AC, como mostra a figura. Se AC = 16, o segmento AD mede:

a) $8\sqrt{2}$ b) 12,0   c) 12,5
d) 13,0   e) $6\sqrt{3}$

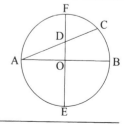

V.106 (ITA 85) Considere um triângulo isósceles inscrito em uma circunferência. Se a base e a altura deste triângulo medem 8cm, então o raio desta circunferência mede:

a) 3cm   b) 4cm   c) 5cm   d) 6cm   e) $3\sqrt{2}$cm

V.107 (ITA 92) Num triângulo ABC, retângulo em Â, temos $\hat{B}=60°$. As bissetrizes destes ângulos se encontram num ponto D. Se o segmento de reta BD mede 1cm, então a hipotenusa mede:

a) $\dfrac{1+\sqrt{3}}{2}$ cm
b) $1+\sqrt{3}$ cm
c) $2+\sqrt{3}$ cm
d) $1+2\sqrt{2}$ cm
e) n.d.a

V.108 (ITA 88) Num losango ABCD, a soma das medidas dos ângulos obtusos é o triplo da soma das medidas dos ângulos agudos. Se a sua diagonal menor mede d cm, então sua aresta medirá:

a) $\dfrac{d}{\sqrt{2+\sqrt{2}}}$
b) $\dfrac{d}{\sqrt{2-\sqrt{2}}}$
c) $\dfrac{d}{\sqrt{2+\sqrt{3}}}$
d) $\dfrac{d}{\sqrt{3-\sqrt{3}}}$
e) $\dfrac{d}{\sqrt{3-\sqrt{2}}}$

V.109 (EESCUSP 68) No $\triangle$ ABC tal que $\overline{AC}=2$, $\overline{BC}=\sqrt{3}$ e $\hat{C}=\dfrac{\pi}{6}$, temos:

a) $\overline{AB}=3$
b) $\overline{AB}=\sqrt{3}$
c) $\overline{AB}=2$
d) $\overline{AB}=\sqrt{2}$
e) nada disso

V.110 (FEI 71) Assinale a alternativa falsa, quanto ao tipo de triângulo de lados a, b e c.

a) Se a = 13, b = 5, c = 12, o triângulo é retângulo
b) Se a = 18, b = 5, c = 12, é um triângulo
c) Se a = 5, b = 5, c = 5, o triângulo é equilátero
d) Se a = 5, b = 7, c = 7, o triângulo é isósceles
e) Se a = 1, b = 2, c = 3, não é triângulo

V.111 (PUC 70) a, b e c são as medidas dos lados de um triângulo ABC. Então, se:

a) $a^2 < b^2 + c^2$, o triângulo ABC é retângulo
b) $a^2 = b^2 + c^2$, o lado a mede a soma das medidas b e c
c) $a^2 > b^2 + c^2$, o ângulo oposto ao lado que mede a é obtuso
d) $b^2 = a^2 + c^2$, a é hipotenusa e b e c são catetos
e) n.d.a

V.112 (CESESP 82) Com 3 segmentos de comprimentos 10cm, 12cm e 23cm...

a) é possível formar apenas um triângulo retângulo
b) é possível formar apenas um triângulo obtusângulo
c) é possível formar apenas um triângulo acutângulo
d) não é possível formar um triângulo
e) é possível formar qualquer um dos triângulos: retângulo, acutângulo ou obtusângulo.

V.113 (CESGRANRIO 89) Se 4cm, 5cm e 6cm são as medidas dos lados de um triângulo, então o cosseno do seu menor ângulo vale:

a) $\dfrac{5}{6}$
b) $\dfrac{4}{5}$
c) $\dfrac{3}{4}$
d) $\dfrac{2}{3}$
e) $\dfrac{1}{2}$

V.114 (U.MACK 78) Na figura AB = 30; BC = 40; CD = 20; O é o centro da circunferência; m (DEA) = 90°. O valor de CE é:

a) 12,5
b) 10
c) 8
d) 5
e) impossível de ser calculado por falta de dados.

V.115 (MACK 88) Num triângulo, as medidas dos lados são 6cm, 8cm e 12cm. A projeção do lado de 12cm sobre o de 8cm mede:
a) 2,75cm   b) 5cm   c) 10,75 cm   d) 3,25   e) 12,5cm

V.116 (ITA 77) O número de diagonais de um polígono regular 2n lados, que não passam pelo centro da circunferência circunscrita a este polígono, é dado por:
a) 2n (n - 2)   b) 2n (n - 1)   c) 2n (n - 3)   d) $\dfrac{n(n-5)}{2}$ e) n.d.a.

V.117 (PUC CAMP 87) A área do hexágono regular inscrito no círculo de raio 4 é:
a) $54\sqrt{3}$ b) $36\sqrt{3}$ c) $12\sqrt{3}$ d) $48\sqrt{3}$ e) $24\sqrt{3}$

V.118 (FATEC 79) Os pontos A, B e C pertencem a uma circunferência α; AB e AC são respectivamente, os lados do quadrado e do triângulo equilátero inscrito em α. Se, ainda, o Δ ABC tem área mínima, então:
a) o ângulo interno Â mede 15°   b) o arco BC divide α em 8 arcos congruentes
c) a razão entre $\overline{AB}$ e $\overline{AC}$ é, nesta ordem, $\dfrac{\sqrt{3}}{2}$
d) a razão entre o raio R de α e $\overline{BC}$, é nesta ordem $\dfrac{\sqrt{5}}{5}$ e) n.d.a

V.119 (ITA 89) Considere uma circunferência de centro em O e diâmetro AB. Tome um segmento BC tangente à circunferência, de modo que o ângulo BĈA meça 30°. Seja D o ponto de encontro da circunferência com o segmento AC e DE o segmento paralelo a AB, com extremidade sobre a circunferência. A medida do segmento DE será igual a:
a) à metade da medida de AB   b) um terço da medida de AB
c) à metade da medida de DC   d) dois terços da medida de AB
e) à metade da medida de AE

V.120 (PUC 80) O matemático K.F.Gauss (1777-1855) demonstrou que um polígono regular com p lados, onde p é primo, só pode ser construído com régua e compasso se p é da forma $2^{2n} - 1$, com n natural. Qual dos polígonos abaixo não pode ser construído com régua e compasso?
a) pentágono   b) hexágono   c) heptágono   d) octógono   e) heptadecágono

V.121 (ITA 75) Os lados de dois octógonos regulares têm, respectivamente, 5cm e 12cm. O comprimento do lado de um terceiro octógono regular, de área igual à soma das áreas dos outros dois, é:
a) 17cm   b) 15cm   c) 14cm   d) 13cm   e) n.d.a

V.122 (FEI JUL 95) A seqüência abaixo representa o n° de diagonais d de um polígono regular de n lados.

n	3	4	5	6	7	...	13
d	0	2	5	9	14	...	x

O valor de x é:
a) 44   b) 60   c) 65   d) 77   e) 91

V.123 (UNICASTELO 92) O número de diagonais de um octógono regular é:
a) 28   b) 8   c) 4   d) 12   e) 20

V.124 (FEI 93) Num polígono regular, o número de diagonais é o triplo do número de lados. A quantidade de lados desse polígono é:
a) 7   b) 8   c) 9   d) 10   e) 11

V.125 (U.MACK 75) Os lados de um triângulo são $a = 13$, $b = 14$ e $c = 15$. Os lados a e b são tangentes a uma circunferência cujo centro está sobre o lado c. O raio dessa circunferência é:

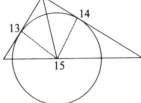

a) $\dfrac{56}{9}$ b) $\dfrac{47}{3}$ c) $\dfrac{28}{11}$
d) 7   e) 19

V.126 (PUC 81) Qual é a medida do lado de um polígono regular de 12 lados, inscrito num círculo de raio unitário?
a) $2+\sqrt{3}$ b) $\sqrt{2+\sqrt{3}}$ c) $\sqrt{3}-1$ d) $\dfrac{1}{2}+\dfrac{\sqrt{3}}{2}$ e) $\dfrac{\sqrt{3}}{2}-\dfrac{1}{2}$

V.127 (PUC 82) A figura mostra um hexágono regular de lado a. A diagonal AB mede:

a) $2a$ b) $a\sqrt{2}$ c) $\dfrac{a\sqrt{3}}{2}$ d) $a\sqrt{3}$ e) $\dfrac{2a\sqrt{2}}{3}$

V.128 (ITA 88) A soma das medidas dos ângulos internos de um polígono regular é $2160°$. Então o número de diagonais desse polígono, que não passam pelo centro da circunferência que o circunscreve, é:
a) 50   b) 60   c) 70   d) 80   e) 90

V.129 (FUVEST 89 - 1ª FASE) Dois pontos materiais A e B deslocam-se com velocidades constantes sobre uma circunferência de raio $r = \sqrt{8}$m partindo de um mesmo ponto O. Se o ponto A se desloca no sentido horário com o triplo da velocidade de B, que se desloca no sentido anti-horário, então o comprimento da corda que liga o ponto de partida ao ponto do primeiro encontro é:
a) 1m   b) 2m   c) 3m   d) 4m   e) 5m

V.130 (FEI JUL 95) Dois corpos partem, no mesmo instante, de um mesmo ponto de uma circunferência, porém em sentidos opostos. Suas velocidades são 30πm/s e 50πm/s, e eles se chocam exatamente após 21 seg. da partida. O raio da circunferência mede:
a) 360m   b) 437m   c) 610m   d) 840m   e) 2180m

V.131 (FAAP JUL 95) A roda traseira de uma motocicleta tem 0,7m de diâmetro e está girando a 500 revoluções por minuto. A que velocidade (aproximada) está trafegando a motocicleta?
a) 55km/h   b) 80km/h   c) 40km/h   d) 33km/h   e) 66km/h

V.132 (FATEC 94) Na figura abaixo, o raio da circunferência mede:

a) 5,0cm   b) 2,5cm   c) 4,0cm
d) 3,0cm   e) 10,0cm

V.133 (GV 81) Sendo x o raio do círculo inscrito num setor circular de 90° e raio r, então:

a) $x = r\sqrt{2}$ b) $x = 2r\sqrt{2}$ c) $x = \dfrac{2r}{5}$ d) $x = \dfrac{r}{3}$ e) $x = r(\sqrt{2} - 1)$

V.134 (FATEC 88) O pneu de um veículo, com 800mm de diâmetro, ao dar uma volta completa percorre, aproximadamente, uma distância de:

a) 25,00m   b) 5,00m   c) 2,50m   d) 0,50m   e) 0,25m

V.135 (FATEC 88) Um hexágono regular, de lado 3cm, está inscrito numa circunferência. Nessa circunferência, um arco de medida 100° tem comprimento:

a) $\dfrac{3}{5}\pi$ cm   b) $\dfrac{5}{6}\pi$ cm   c) π cm   d) $\dfrac{5}{3}\pi$ cm   e) $\dfrac{10}{3}\pi$ cm

V.136 (UCMG 82) Aumentando o comprimento de uma circunferência de 4cm, o seu raio, em centímetros, aumentará:

a) 2π b) $\dfrac{\pi}{4}$ c) $\dfrac{2}{\pi}$ d) $\dfrac{1}{2\pi}$ e) $\dfrac{4}{\pi}$

V.137 (ITA 80) Consideremos um triângulo retângulo que simultaneamente está circunscrito à circunferência C_1 e inscrito à circunferência C_2. Sabendo-se que a soma dos comprimentos dos catetos do triângulo é k cm, qual será a soma dos comprimentos destas duas circunferências?

a) $\dfrac{2\pi k}{3}$ cm   b) $\dfrac{4\pi k}{3}$ cm   c) $4\pi k$ cm   d) $2\pi k$ cm   e) πk cm

V.138 (FAAP 95) Duas polias de raios iguais a 2,2 cm são ligadas por uma correia de comprimento igual a 44cm. A distância entre os centros das polias é, aproximadamente:

a) 15,1cm   b) 7,2cm   c) 9,0cm   d) 5,4cm   e) 12,0cm

V.139 (MACK JUL 95) No trapézio da figura, $\overline{PN} = \overline{PQ}$. Então o ângulo α mede:

a) 64°   b) 68°   c) 72°   d) 76°   e) 80°

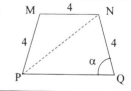

V.140 (ITA 90) O comprimento da diagonal de um pentágono regular de lado medindo 1 unidade é igual à raiz positiva de:

a) $x^2 + x - 2 = 0$ b) $x^2 - x - 2 = 0$ c) $x^2 - 2x + 1 = 0$
d) $x^2 + x - 1 = 0$ e) $x^2 - x - 1 = 0$

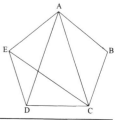

V.141 (FUVEST 91 - 1ª FASE) O retângulo ABCD representa um terreno retangular cuja largura é 3/5 do comprimento. A parte hachurada representa um jardim retangular cuja largura é também 3/5 do comprimento. Qual a razão entre a área do jardim e a área total do terreno?
a) 30%   b) 36%   c) 40%
d) 45%   e) 50%

V.142 (FUVEST 89 - 1ª FASE) Os lados de um retângulo de área 12m² estão na razão 1 : 3. Qual o perímetro do retângulo?
a) 8m   b) 12m   c) 16m   d) 20m   e) 24m

V.143 (FATEC 89) Dado um círculo de raio R, medido em cm, para que a área desse círculo tenha um acréscimo de $8\pi R^2 cm^2$, o raio deve aumentar:
a) R cm   b) 2R cm   c) 3R cm   d) 4R cm   e) 5R cm

V.144 (U.MACK 74) A diagonal $\overline{AD}$ do quadrado ABCD mede $\sqrt{2}$cm. Se o diâmetro de cada uma das semicircunferências na figura ao lado é igual à metade do lado do quadrado, a área da região assinalada é:

a) 1   b) $\dfrac{1}{\pi}$ c) $\dfrac{\pi}{8}$
d) 2   e) π

V.145 (FCM STA.CASA 78) Uma estrada de 8km de comprimento e 8m de largura deve ser asfaltada. O custo total da obra, em milhões de cruzados, sendo Cz$ 200,00 o preço do metro quadrado asfaltado, é:
a) 64   b) 50   c) 25,6   d) 12,8   e) 0,0128

V.146 (FUVEST 89 – 1ª FASE) Os pontos A, B e C são vértices consecutivos de um hexágono regular de área igual a 6. Qual a área do triângulo ABC?
a) 1   b) 2   c) 3
d) $\sqrt{2}$ e) $\sqrt{3}$

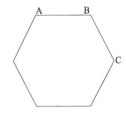

V.147 (FCM STA.CASA 81) Na figura ao lado são dados:
$\sphericalangle(B\hat{A}D) = 30°$, $\sphericalangle(C\hat{A}D) = 45°$ e $AD = \sqrt{3}$cm. A área do triângulo ABC, em cm², é:

a) $3 + \sqrt{3}$
b) $3 - \sqrt{3}$
c) $3\sqrt{3}$
d) $\dfrac{3+\sqrt{3}}{2}$
e) $\dfrac{3-\sqrt{3}}{2}$

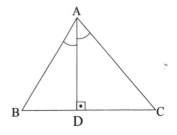

V.148 (FUVEST 89 - 1ª FASE) A área de um triângulo de lados **a**, **b** e **c** é dada pela fórmula $S = \sqrt{p(p-a)(p-b)(p-c)}$ onde p é o semiperímetro (2p = a + b + c). Qual a área de um triângulo de lados 5, 6 e 7?
a) 15
b) 21
c) $7\sqrt{5}$
d) $\sqrt{210}$
e) $6\sqrt{6}$

V.149 (CESGRANRIO 89) Na figura, ABC é um triângulo isósceles e ACED é um quadrado. Se AB mede 4, a área de ACED é de:

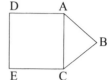

a) $10\sqrt{3}$
b) 16
c) $20\sqrt{2}$
d) 32
e) 36

V.150 (FUVEST 88 - 1ª FASE) Aumentando-se os lados a e b de um retângulo de 15% e 20% respectivamente, a área do retângulo é aumentada de:
a) 35%
b) 30%
c) 3,5%
d) 3,8%
e) 38%

V.151 (ITA 89) Se num quadrilátero convexo de área S, o ângulo agudo entre as diagonais mede $\pi/6$ radianos, então o produto do comprimento destas diagonais é igual a:
a) S
b) 2S
c) 3S
d) 4S
e) 5S

V.152 (FUVEST 84 - 1ª FASE) Num triângulo retângulo T os catetos medem 10m e 20m. A altura relativa à hipotenusa divide T em dois triângulos, cujas áreas, em m², são:
a) 10 e 90
b) 20 e 80
c) 25 e 75
d) 36 e 64
e) 50 e 50

V.153 (CESGRANRIO 91) Seja D o ponto médio do lado AB do triângulo ABC. Sejam E e F os pontos médios dos segmentos DB e BC, respectivamente, conforme se vê na figura. Se a área do triângulo ABC vale 96, então a área do triângulo AEF vale:

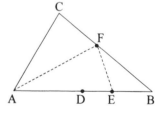

a) 42
b) 36
c) 32
d) 30
e) 28

V.154 (FUVEST 83 - 1ª FASE) No plano cartesiano os pontos (1,0) e (-1,0) são vértices de um quadrado cujo centro é a origem. Qual a área do quadrado?
a) 1
b) 2
c) 3
d) 4
e) 5

V.155 (ITA 92) A razão entre as áreas de um triângulo equilátero inscrito numa circunferência e de um hexágono regular, cujo apótema mede 10cm, circunscrito a esta mesma circunferência é:
a) $\frac{1}{2}$
b) 1
c) $\frac{1}{3}$
d) $\frac{3}{8}$
e) n.d.a

V.156 (FUVEST 77 - 1ª FASE) Na figura, A = (3 ; 4), M = (9 ; 12), AB // MN e AC // MP. A área do triângulo ABC é 8. A área do triângulo MNP é:

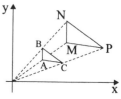

a) $\frac{8}{9}$
b) $\frac{8}{3}$
c) 24
d) $36\sqrt{3}$
e) 72

V.157 (CESCEM 75) Na figura ao lado, temos a representação de um retângulo inscrito em um setor de 90° cujo raio mede 6cm. Medindo o lado OA do retângulo $\frac{2}{3}$ do raio, a área do retângulo é:

a) $4\sqrt{5}m^2$ b) $8\sqrt{5}m^2$ c) $8\sqrt{13}m^2$
d) $16m^2$ e) $24m^2$

V.158 (CESCEM 77) Sendo A a área de um quadrado inscrito em uma circunferência, a área de um quadrado circunscrito à mesma circunferência é:

a) 4A b) 2A c) $\frac{4}{3}A$ d) $\sqrt{2}A$ e) 1,5A

V.159 (FUVEST 94 - 1ª FASE) O triângulo ABC está inscrito numa circunferência de raio 5cm. Sabe-se que A e B são extremidades de um diâmetro e que a corda BC mede 6cm. Então a área do triângulo ABC, em cm², vale:

a) 24 b) 12 c) $\frac{5\sqrt{3}}{2}$ d) $6\sqrt{2}$ e) $2\sqrt{3}$

V.160 (VUNESP 94 - CONH.GERAIS) O menor país do mundo em extensão é o Estado do Vaticano, com uma área de 0,4 km². Se o território do Vaticano tivesse a forma de um quadrado, então a medida de seus lados estaria entre:

a) 200m e 201m b) 220m e 221m c) 401m e 402m d) 632m e 633m e) 802m e 803m

V.161 (FEI 94) Se os triângulos ABC e DEF são construídos de tal maneira que: DE = 2AB, EF = 2BC, DF = 2AC, podemos afirmar que a divisão da área do Δ DEF pela área do triângulo ABC é igual a:

a) 1 b) 2 c) 3 d) 4 e) $\sqrt{3}$

V.162 (VUNESP 93 CONH. GERAIS) Considere o triângulo retângulo isósceles ABC (reto em B) e o trapézio retângulo EFCD cujos ângulos internos retos são os dos vértices F e C, conforme a figura. Sabe-se que $\overline{BF}=8cm$, $\overline{DC}=4cm$ e que a área do trapézio EFCD é 30cm².

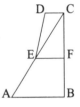

A medida de $\overline{AB}$ é:
a) 12cm b) 14cm c) 16cm d) 18cm
e) 20cm

V.163 (FEI 93) Na figura abaixo, ABC é um triângulo equilátero com área de 16cm². M, N e P são pontos médios dos lados deste triângulo. A área, em cm², do quadrilátero AMPN é:

a) 4 b) 6 c) 8
d) 10 e) 12

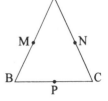

V.164 (MACK 93 EXATAS) A área do triângulo OPQ assinalado na figura é:

a) $\frac{15}{4}$ b) $\frac{15}{8}$ c) 2
d) 3   e) 4

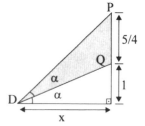

V.165 (METODISTA 93) As dimensões e a área do retângulo cujos lados são iguais às diagonais de um losango de 96m² de área e 10m de lado são:
a) 8m, 18m e 144m²   b) 10m, 16m e 160m²
c) 12m, 16m e 192m²   d) 12m, 14m e 168m²
e) 16m, 18m e 288m²

V.166 (FAAP 93) Na figura acima, τ_1 é uma circunferência de raio **r** que passa pelo centro da circunferência τ_2. ABC é um triângulo inscrito em ζ_2, cujos lados AB e AC são os diâmetros τ_1 e τ_2, respectivamente. A área em cm² desse triângulo, em função de **r**, é:

a) $8r^2$ b) $2r^2$ c) $\frac{9}{4}r^2$

d) $3r^2$ e) $\frac{11}{3}r^2$

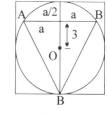

V.167 (OSEC 93) Um triângulo isósceles tem perímetro de 54cm. Cada um dos lados congruentes é 30% maior que a base. Calcular a área do triângulo.
a) 270cm²   b) 170cm²   c) 108cm²   d) 135cm²   e) 85cm²

V.168 (MACK 93 EXATAS) Na figura, a circunferência de centro **O** está inscrita no quadrado.
Então a soma das áreas do quadrado e do triângulo ABC é:
a) 120   b) 132   c) 144
d) 156   e) 168

V.169 (OSEC 93) Houve uma manifestação popular e, dia seguinte, cada jornal noticiou um número diferente de pessoas presentes. Foi ocupado um trecho de 500m de uma avenida com 30m de largura, mais as duas calçadas que têm 2,5, cada uma. Vamos admitir uma ocupação média de 5 pessoas por m² e descontar 20% devido a canteiros, carros estacionados, banca de jornal e outros. Qual foi a melhor estimativa?
a) 200 mil   b) 100 mil   c) 70 mil   d) 50 mil   e) 20 mil

V.170 (FEI JULHO 93) O retângulo ABCD, da figura abaixo, tem lados AB e BC medindo, respectivamente, 8cm e 4cm. Se EFCG é um retângulo tal que E é o ponto médio de BD e H é o ponto médio de FG, a área do retângulo HICJ, em cm², é:
a) 1   b) 2   c) 4
d) 6   e) 8

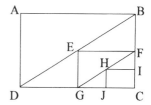

V.171 (MACK JULHO 93) Na figura, a área do triângulo PTQ é 100; então a área do trapézio MNPQ é:
a) 240   b) 256   c) 270
d) 286   e) 300

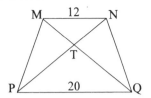

V.172 (MACK 92 HUMANAS) Na figura, a circunferência de centro O tem raio 5 e $\dfrac{\overline{BC}}{\overline{AC}} = \dfrac{4}{5}$. Então a área do triângulo vale:
a) 24   b) 28   c) 32
d) 36   e) 40

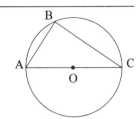

V.173 (FATEC 92) Sabendo-se que o quadrado ABCD tem área 1 e que AF = BG = CH = DE, a área máxima da região hachurada é:
a) $\dfrac{1}{2}$ b) $\dfrac{1}{8}$ c) $\dfrac{3}{4}$
d) $\dfrac{2}{3}$ e) $\dfrac{1}{4}$

V.174 (FUVEST 95 - 1ª FASE) No quadrilátero ABCD ao lado, $A\hat{B}C = 150°$, AD = AB = 4cm, BC = 10cm, MN = 2cm, sendo M e N, respectivamente, os pontos médios de CD e BC.
A medida, em cm², da área do triângulo BCD é:
a) 10   b) 15   c) 20
d) 30   e) 40

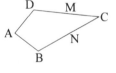

V.175 (VUNESP 95 CONH.GERAIS) A figura mostra a planta baixa da sala de estar de um apartamento. Sabe-se que duas paredes contíguas quaisquer incidem uma na outra perpendicularmente e que AB = 2,5m, BC = 1,2m, EF = 4,0m, FG = 0,8m, HG = 3,5m e AH = 6,0m. Qual a área dessa sala em metros quadrados?
a) 37,2   b) 38,2   c) 40,2
d) 41,2   e) 42,2

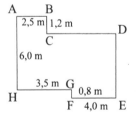

V.176 (FAAP 95) A FAAP está planejando construir mais uma quadra de esportes (retangular). O custo do piso é diretamente proporcional à área da quadra e foi orçado em R$ 5,000,00. Decidiu-se, posteriormente, aumentar o comprimento em 20% e diminuir a largura em 20%. O novo custo do piso é:
a) R$ 4.800,00   b) R$ 5.200,00   c) R$ 5.400,00   d) R$ 4.600,00   e) R$ 5.000,00

V.177 (FAAP 95) Considere um quadrado e um retângulo cujas diagonais são iguais. Sejam suas áreas respectivamente iguais a Sq e Sr. Então:
a) Sq = Sr   b) Sq < Sr   c) Sq > Sr   d) Sq = 2Sr
e) impossível determinar a relação entre as áreas

V.178 (FAAP 95) Uma comporta na forma de trapézio isósceles gira em torno de um eixo paralelo às bases. Esse eixo divide a comporta em duas secções de áreas iguais. As bases da comporta medem 5,2m e 10,8m; sua altura mede 12,0m. A distância entre a base menor e o eixo é, aproximadamente (em metros):
a) 6   b) 5   c) 4
d) 8   e) 7

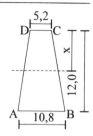

V.179 (PUC 95) Seja o octógono EFGHIJKL inscrito num quadrado de 12cm de lado, conforme mostra a figura abaixo.
Se cada lado do quadrado está dividido pelos pontos assinalados em segmentos congruentes entre si, então a área do octógono, em centímetros quadrados, é:
a) 98   b) 102   c) 108
d) 112   e) 120

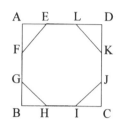

V.180 (UNIMEP 95) Uma folha de papel é dobrada conforme a figura.
Se a folha mede 18cm por 12cm, a área do $\triangle$ ADE é:

a) $36 cm^2$ b) $72 cm^2$ c) $80 cm^2$
d) $144 cm^2$ e) n.d.a

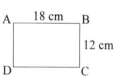

V.181 (GV JUN 95) Na figura ao lado, são dados $DA = \sqrt{3}$cm e $AB = 3$cm. A área do $\triangle$ CDB, em cm^2, é:
a) $8\sqrt{3}$ b) $6\sqrt{3}$ c) $4\sqrt{3}$
d) $3\sqrt{3}$ e) $\sqrt{3}$

V.182 (FATEC JUL 95) Três pedaços de arame de mesmo comprimento foram moldados: um na forma de um quadrado, outro na forma de um triângulo equilátero e outro na forma de um círculo. Se Q, T e C são, respectivamente, as áreas das regiões limitadas por esses arames, então é verdade que
a) Q < T < C   b) C < T < Q   c) C < Q < T   d) T < C < Q   e) T < Q < C

V.183 (FAAP JUL 95) Um "out-door" retangular tem área A = base x altura. Se a base aumentar 50% e a altura diminuir 50%, então:
a) a área não se altera
b) a área diminuirá 25%
c) a área aumentará 25%
d) a área aumentará 50%
e) a área diminuirá 50%

V.184 (FEI JUL 95) A figura representa um quadrado de lado 3cm e centrado no ponto C. Se $\overline{AN} = \overline{AM} = 1$cm, a área do quadrilátero ANCM, em cm² mede:

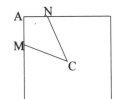

a) $2\sqrt{2}$ b) $\frac{3}{2}$ c) $3\sqrt{2}$
d) 2 e) 1

V.185 (FUVEST 87 - 1ª FASE) Um comício político lotou uma praça semicircular de 130m de raio. Admitindo uma ocupação média de 4 pessoas por m², qual é a melhor estimativa do número de pessoas presentes?
a) dez mil b) cem mil c) meio milhão d) um milhão
e) muito mais do que um milhão

V.186 (FUVEST 86 - 1ª FASE) Numa circunferência de raio 1 está inscrito um quadrado. A área da região interna à circunferência e externa ao quadrado é:
a) maior que 2 b) igual à área do quadrado
c) igual a $\pi^2 - 2$ d) igual a $\pi - 2$
e) igual a $\pi/4$

V.187 (FUVEST 78 - 1ª FASE) Na figura abaixo ABC é um triângulo equilátero de lado igual a 2. $\widehat{MN}$, $\widehat{NP}$ e $\widehat{PM}$ são arcos de circunferência com centros nos vértices A, B e C, respectivamente, e de raios todos iguais a 1. A área da região hachadura é:

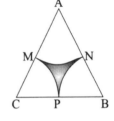

a) $\sqrt{3} - \frac{3\pi}{4}$ b) $\sqrt{3} - \frac{\pi}{2}$ c) $2\sqrt{3} - \frac{\pi}{2}$
d) $4\sqrt{3} - 2\pi$ e) $8\sqrt{3} - 3\pi$

V.188 (MACK JULHO 93) A área de um losango é 96 e a área do círculo inscrito nesse losango é 23,04π; então o lado do losango mede:
a) 6 b) 8 c) 10 d) 12 e) 14

V.189 (CESCEM 78) A figura ao lado representa um hexágono regular, inscrito num círculo de centro O e raio $8\sqrt{2}$. A área da região assinalada na figura é:

a) $48\pi - 32\sqrt{3}$ b) $64\pi - 192\sqrt{3}$
c) $96\pi - 32\sqrt{3}$ d) $128\pi - 192\sqrt{3}$
e) $136\pi - 32\sqrt{3}$

V.190 (FCM STA.CASA 81) Na figura ao lado temos o triângulo retângulo cujos lados medem 5cm, 12cm e 13cm e a circunferência inscrita nesse triângulo. A área da região sombreada é, em cm²:

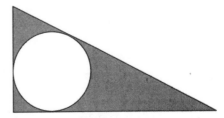

a) $30(1 - \pi)$ b) $5(6 - 1,25\pi)$
c) $3(10 - 3\pi)$ d) $2(15 - 8\pi)$
e) $2(15 - 2\pi)$

V.191 (FATEC JULHO 93) A figura abaixo representa uma circunferência cujo diâmetro AB, de medida 6cm, foi dividido em 6 partes iguais, Os arcos $\widehat{AC}$, $\widehat{CG}$ e $\widehat{GB}$ são semicircunferências. A área da região destacada, em centímetros quadrados, é igual a:
a) $11\pi/4$ b) 3π c) 6π
d) $21\pi/2$ e) 21π

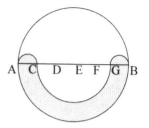

V.192 (GV JULHO 93 - 1ª FASE) No círculo de centro O, a relação que permite afirmar que as áreas das duas regiões hachuradas são iguais a:
a) tg $\theta = 2\theta$ b) tg $\theta = \sqrt{3}$ c) $\theta = \pi/4$
d) cos $\theta = 2\theta$ e) cotg $\theta = 2\theta$

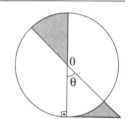

V.193 (FCM STA.CASA 82) Na figura ao lado, tem-se uma circunferência de centro C, cujo raio mede 8cm. O triângulo ABC é equilátero e os pontos A e B estão na circunferência. A área da região sombreada, em cm², é:
a) $\dfrac{16\left(2\pi - 3\sqrt{3}\right)}{3}$ b) 64π c) $32(\pi - 1)$
d) $96\sqrt{3}$ e) $16\left(4\pi - \sqrt{3}\right)$

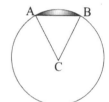

V.194 (MACK 92 - HUMANAS) O círculo da figura tem centro no ponto O e raio igual a 1. Então a área assinalada vale:
a) $\pi - 1$
b) $2\pi - 1$
c) $4 - \pi$
d) $3\pi - 2$
e) $\pi - 2$

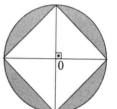

V.195 (CESGRANRIO 87) De uma placa circular de raio 3, recorta-se um triângulo retângulo de maior área possível. A área do restante da placa vale:
a) $9\pi - 9$ b) $6\pi - 9$ c) $9\pi - 10$ d) $9\pi - 12$ e) $6\pi - 6$

V.196 (FAAP 95) Dois círculos são tangentes externamente. A soma de suas áreas é 130π cm². A distância entre os centros é 14cm. Os raios dos círculos são (em cm):
a) 6 e 8   b) 4 e 10   c) 5 e 9   d) 6,5 e 7,5   e) 3 e 11

V.197 (MACK 95) Na figura, a área do retângulo é 30 e o triângulo ABC tem perímetro 15. Então, supondo $\pi = 3$, a área da região assinalada vale:

a) π b) $\dfrac{\pi}{3}$ c) $\dfrac{4\pi}{3}$
d) $\dfrac{5\pi}{3}$ e) 2π

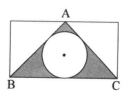

V.198 (ITA 88) Considere as circunferências inscrita e circunscrita a um triângulo equilátero de lado ℓ. A área da coroa circular formada por estas circunferências é dada por:

a) $\dfrac{\pi}{4}\ell^2$ b) $\dfrac{\sqrt{6}}{2}\pi\ell^2$ c) $\dfrac{\sqrt{3}}{3}\pi\ell^2$ d) $\sqrt{3}\pi\ell^2$ e) $\dfrac{\pi}{2}\ell^2$

V.199 (ITA 89) Se o perímetro de um triângulo inscrito num círculo medir 20x cm e a soma dos senos de seus ângulos internos for igual a x, então a área do círculo, em cm², será igual a:
a) 50π b) 75π c) 100π d) 125π e) 150π

V.200 (MACK JUL 95) Na figura, a área assinalada é igual a $4 - \pi$. Então a soma das áreas dos círculos iguais é:
a) π b) 2π c) 4π
d) 8π e) 10π

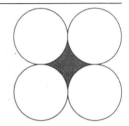

Questões Dissertativas

V.201 (UNICAMP 91 - 1ª FASE) É comum encontrarmos mesas com 4 pernas que, mesmo apoiadas em um piso plano, balançam e nos obrigam a colocar um calço em uma das pernas se a quisermos firme. Explique, usando argumentos de geometria, por que isso não acontece com uma mesa de 3 pernas.

V.202 (UNICAMP 92 - 2ª FASE) Dados três pontos **a**, **b** e **c** em uma reta, como indica a figura abaixo, determine o ponto **x** na reta, tal que a soma das distâncias de **x** até **a**, de **x** até **b** e de **x** até **c** seja a menor possível. Explique seu raciocínio.

V.203 (FUVEST 90 - 2º FASE) Um avião levanta vôo para ir da cidade A à cidade B, situada a 500km de distância. Depois de voar 250km em linha reta, o piloto descobre que a rota está errada e, para corrigi-la, ele altera a direção de vôo de um ângulo de 90°. Se a rota não tivesse sido corrigida, a que distância ele estaria de B após ter voado os 500km previstos?

V.204 (FUVEST 78 - 2ª FASE) Prove que toda reta que passa pelo ponto médio de um segmento eqüidista dos extremos do segmento.

V.205 (UNICAMP 90 - 2ª FASE) Mostre que em qualquer quadrilátero convexo o quociente do perímetro pela soma das diagonais é maior que 1 e menor que 2.

V.206 (FUVEST 81 - 2ª FASE) a) Demonstre que a soma dos ângulos internos de um triângulo vale 180°.
b) Num triângulo isósceles, um dos ângulos mede 100°. Quanto mede cada um dos outros ângulos?

V.207 (VUNESP 94 - EXATAS) Considere o triângulo ABC da figura.
Se a bissetriz interna do ângulo **B** forma com a bissetriz externa do ângulo **C** um ângulo de 50°, determine a medida do ângulo interno **A**.

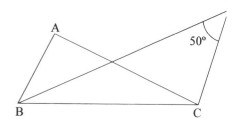

V.208 (MAUÁ 95) Na figura ao lado, BF e CE são respectivamente bissetrizes dos ângulos $\hat{B}$ e $\hat{C}$ do $\triangle ABC$. Achar a medida do ângulo $\hat{A}$, sabendo-se que a medida do ângulo externo $C\hat{D}F$ do $\triangle BDC$ é 60°

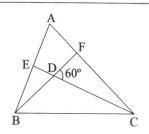

V.209 (GV JULHO 95) São dados os valores de três ângulos, $D\hat{A}E$, $A\hat{D}E$ e $D\hat{B}C$, respectivamente 85°, 40° e 70°, na figura representada adiante.
Pergunta-se: com esses dados, é possível determinar o valor dos ângulos $E\hat{D}C$, $D\hat{C}E$, $B\hat{C}D$ e $B\hat{D}C$? Ou é necessário fornecer informação adicional para poder calcular esses valores?

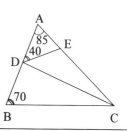

V.210 (FUVEST 89 - 2º FASE) Na figura ao lado AB = AC, CB = CD e $\hat{A}$ = 36°.
a) Calcule os ângulos $D\hat{C}B$ e $A\hat{D}C$.
b) Prove que AD = BC

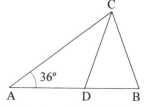

V.211 (FUVEST 80 - 2ª FASE) A hipotenusa de um triângulo retângulo mede 20cm e um dos ângulos mede 20°.
a) Qual a medida da mediana relativa à hipotenusa?
b) Qual a medida do ângulo formado por essa mediana e pela bissetriz do ângulo reto?

V.212 (FUVEST 79 - 2ª FASE) Num triângulo isósceles um ângulo $\hat{A}$ mede 100°. Qual o ângulo formado pelas alturas que não passam pelo vértice A?

V.213 (MAUÁ 93) Calcular os ângulos do triângulo isósceles ABC $(\hat{B} = \hat{C})$, sabendo que a bissetriz interna do ângulo $\hat{B}$ intercepta o lado oposto no ponto D tal que o triângulo BCD também é isósceles.

Exercícios de Matemática - Vol. 6 473

V.214 (MAPOFEI 74) Descrever a construção geométrica de um triângulo ABC, conhecendo-se os pontos médios M_1, M_2, M_3 dos seus lados.

V.215 (FUVEST 80 - 2º FASE) Demonstrar: Em um triângulo retângulo a mediana relativa à hipotenusa é igual à metade da hipotenusa.

V.216 (FUVEST 89 - 2º FASE) a) Em uma circunferência são dados um diâmetro AB e um ponto C diferente de A e de B. Prove que o ângulo $A\hat{C}B$ é reto.
b) Dados num plano uma circunferência de centro O e um ponto externo P, descreva um processo que permita construir, com régua e compasso, as retas que passam por P e são tangentes à circunferência.

V.217 (FUVEST 82 - 2ª FASE) Um triângulo ABC está inscrito numa circunferência de centro O. A bissetriz do ângulo encontra a circunferência num ponto D distinto de A. Provar que a reta OD é mediatriz do lado BC.

V.218 (FUVEST 82 - 2º FASE) Seja T a operação "traçar uma circunferência de centro e raio dados". Dados dois pontos distintos A e M, mostrar que é possível, por sucessivas aplicações da operação T, determinar o ponto B tal que M seja ponto médio do segmento AB.

V.219 (FUVEST 82 - 2ª FASE) Em pontos distintos da margem de um lago existem um farol F e um porto P. Um barco que parta de qualquer ponto do lago, e se dirija em linha reta ao porto, afasta-se constantemente do farol. Qual a distância máxima entre dois pontos do lago? Demonstre.

V.220 (UNICAMP 87 - 2ª FASE) Na figura ao lado, temos uma circunferência de centro O e raio r. Sabendo que o segmento BC mede r, prove que a medida do ângulo ABP é 1/3 da medida do ângulo AOP.

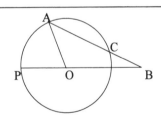

V.221 (MAPOFEI 76) Três terrenos têm frente para a rua "A" e para a rua "B", como na figura. As divisas laterais são perpendiculares à rua "A". Qual a medida de frente para a rua "B" de cada lote, sabendo-se que a frente total para essa rua é 120m?

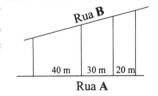

V.222 (MAPOFEI 76) O perímetro de um triângulo ABC é 100m. A bissetriz do ângulo interno divide o lado oposto BC em dois segmentos de 16m e 24m. Determinar os lados desse triângulo.

V.223 (UNICAMP 93 - 2ª FASE) A figura mostra um segmento AD dividido em três partes: AB = 2cm, BC = 3cm e CD = 5cm. O segmento AD' mede 13cm e as retas BB' e CC' são paralelas a DD'. Determine os comprimentos dos segmentos AB', B'C' e C'D'.

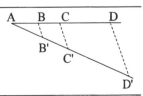

V.224 (FUVEST 86 - 2ª FASE) Na figura, AC ⊥ CB e CD ⊥ AB.

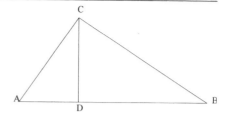

a) Prove que os triângulos ABC, ACD e CBD são semelhantes.
b) Usando essa semelhança, demonstre o Teorema de Pitágoras.

V.225 (FUVEST 81 - 2ª FASE) Considere em um triângulo acutângulo ABC as alturas AD e BE.
a) Demonstre que os triângulos ADC e BEC são semelhantes e escreva a relação de proporcionalidade entre os lados desses triângulos.
b) Demonstre, a seguir, que os triângulos ABC e DEC são semelhantes.

V.226 (FUVEST 80 - 2ª FASE) Em um triângulo ABC, M é ponto médio de $\overline{AB}$ e N é ponto médio de $\overline{AC}$. A área do quadrilátero BMNC é 75.
a) Qual a posição relativa das retas MN e BC?
b) Qual a área do triângulo ABC?

V.227 (UNICAMP 90 - 1ª FASE) Num eclipse total do sol, o disco lunar cobre exatamente o disco solar, o que comprova que o ângulo sob o qual vemos o sol é o mesmo sob o qual vemos a lua. Considerando que o raio da lua é 1.738km e que a distância da lua ao sol é 400 vezes a da terra à lua, calcule o raio do sol.

V.228 (UNICAMP 88 - 2ª FASE) Sejam L e ℓ o comprimento e a largura, respectivamente, de um retângulo que possui a seguinte propriedade: eliminando-se desse retângulo um quadrado de lado igual à largura ℓ, resulta um novo retângulo semelhante ao primeiro. Demonstre que a razão $\dfrac{\ell}{L}$ é o número $\sigma = \left(\sqrt{5} - 1\right)/2$, chamado "razão áurea".

V.229 (UNICAMP 88 - 2ª FASE) Dados uma reta r, um ponto P não pertence a r, e uma constante positiva K, seja C o conjunto dos pontos Q tais que PQ . PQ' = K, onde Q' é a intersecção das retas r e PQ. Prove que, à exceção do ponto P, o conjunto C é uma circunferência cujo diâmetro tem extremidade em P e é perpendicular à reta r.

V.230 (FUVEST 92 - 2ª FASE) Num terreno, na forma de um triângulo retângulo com catetos de medidas 20 e 30 metros, deseja-se construir uma casa retangular de dimensões x e y, como indicado na figura.

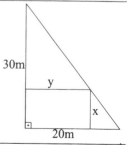

a) Exprima y em função de x
b) Para que valores de x e de y a área ocupada pela casa será máxima?

V.231 (MAPOFEI 75) O triângulo ABC da figura ao lado é retângulo, e tem catetos cujas medidas são $\overline{AB} = 3m$ e $\overline{AC} = 4m$. Pelo ponto M traçam-se paralelas aos catetos determinando-se o paralelogramo PMQA. Calcular $x = \overline{BM}$ de modo que o perímetro do paralelogramo seja 7/12 do perímetro do triângulo.

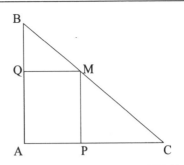

V.232 (MAPOFEI 75) Demonstrar que os triângulos ABM e CDM da figura ao lado são semelhantes.

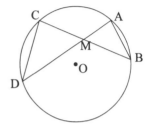

V.233 (MAPOFEI 76) As bases de um trapézio ABCD medem 50cm e 30cm, e a altura 10cm. Prolongando-se os lados não paralelos, eles se interceptam num ponto E. Determinar a altura EF do triângulo ABE e a altura EG do triângulo CDE (vide figura).

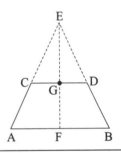

V.234 (UNICAMP 94 - 2ª FASE) Uma rampa de inclinação constante, como a que dá acesso ao Palácio do Planalto em Brasília, tem 4 metros de altura na sua parte mais alta. Uma pessoa, tendo começado a subi-la, nota que após caminhas 12,3 metros sobre a rampa está a 1,5 metros da altura em relação ao solo.
a) Faça uma figura ilustrativa da situação descrita.
b) Calcule quantos metros a pessoa ainda deve caminhar para atingir o ponto mais alto da rampa.

V.235 (GV JULHO 93 - 2ª FASE) Considere um retângulo ABCD e um ponto E no lado AD. Determine o comprimento do segmento AE sabendo que BE e AC são perpendiculares e que AB = 3 e AD = 5.

V.236 (PUC 92) Na figura seguinte, demonstre que $OP = \dfrac{a \cdot b}{a+b}$.

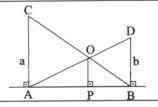

V.237 (VUNESP 95 - EXATAS) Um obelisco de 12m de altura projeta, num certo momento, uma sombra de 4,8m de extensão. Calcule a distância máxima que uma pessoa de 1,80m de altura poderá se afastar do centro da base do obelisco, ao longo da sombra, para, em pé, continuar totalmente na sombra.

V.238 (FUVEST 91 - 2ª FASE) Na figura AC = a e BC = b, O é o centro da circunferência, CD é perpendicular a AB e CE é perpendicular a OD.

a) Calculando $\dfrac{1}{ED}$ em função de a e b, prove que ED é média harmônica de a e b.

b) Comprove na figura que: $\dfrac{a+b}{2} > \sqrt{ab} > ED$

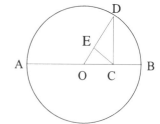

V.239 (FUVEST 87 - 2ª FASE) Uma folha de papel de dimensões 6 x 8 é dobrada de modo que dois vértices diagonalmente opostos coincidam. Determine o comprimento do vinco (dobra).

V.240 (FUVEST 83 - 2ª FASE) Um triângulo retângulo tem catetos $\overline{AB} = 3$ e $\overline{AC} = 4$. No cateto AB toma-se um ponto P eqüidistante do ponto A e da reta BC. Qual a distância $\overline{AP}$?

V.241 (FUVEST 81 - 2ª FASE) Em um triângulo ABC o lado AB mede $4\sqrt{2}$ e o ângulo C, oposto ao lado AB, mede 45°. Determinar o raio da circunferência que circunscreve o triângulo.

V.242 (FUVEST 79 - 2ª FASE) Uma escada de 25dm de comprimento se apoia num muro do qual seu pé dista 7dm. Se o pé da escada se afastar mais 8dm do muro, qual o deslocamento verificado pela extremidade superior da escada?

V.243 (FUVEST 79 - 2ª FASE) Os segmentos $\overline{AB}$ e $\overline{CD}$ se interceptam num ponto P e são cordas perpendiculares de um mesmo círculo. Se AP = CP = 2 e PB = 6, ache o raio do círculo.

V.244 (FUVEST 79 - 2ª FASE) Qual é a hipotenusa de um triângulo retângulo isósceles cujo perímetro é igual a 2?

V.245 (FUVEST 78 - 2ª FASE) Num plano são dados duas circunferências de raios R e r cujos centros distam de um comprimento a > R + r. Uma reta tangente as circunferências nos pontos P e Q encontra o segmento que une seus centros. Determine a distância PQ em função de a, R e r.

V.246 (FUVEST 92 - 2ª FASE) Na figura, o lado de cada quadrado da malha quadriculada mede 1 unidade de comprimento.

Calcule a razão $\dfrac{DE}{BC}$.

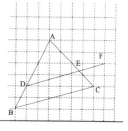

V.247 (FUVEST 97 - 2ª FASE) Considere um triângulo ABC tal que a altura BH seja interna ao triângulo e os ângulos BÂH e HBĈ sejam congurentes.
a) Determine a medida do ângulo AB̂C.
b) Calcule a medida de $\overline{AC}$, sabendo que AB = 4cm e a razão entre as áreas dos triângulos ABH e BCH é igual a 2.

V.248 (MAPOFEI 72) São dados num plano: uma circunferência C_1 de raio R_1, a reta x tangente a C_1 num ponto M_1 e um ponto M_2 pertencente a x cuja distância a M_1 é **d**. Seja C_2 a circunferência de raio R_2, tangente a x em M_2 e tangente a circunferência C_1.
a) Descrever um processo de construção da circunferência C_1.
b) Calcular R_2 em função de R_1 e **d**.

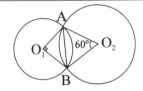

V.249 (FUVEST 93 - 2ª FASE) A corda comum de dois círculos que se interceptam é vista de seus centros sob ângulos de 90° e 60°, respectivamente.

Sabendo-se que a distância entre seus centros é igual a $\sqrt{3}+1$, determine os raios dos círculos.

V.250 (UNICAMP 94 - 1ª FASE) a) Dois círculos concêntricos têm raios 3 e 5 centímetros. Faça um desenho desses círculos de maneira a representar adequadamente seus tamanhos relativos.
b) Desenhe, na figura obtida, e inteiramente contido na região anular interna ao círculo maior e externa do círculo menor: um segmento de reta de maior comprimento possível.
c) Calcule o comprimento desse segmento.

V.251 (FEI 94) Se em um triângulo os lados medem 9,12 e 15cm, então a altura relativa ao maior lado mede:
a) 8,0cm   b) 7,2cm   c) 6,0cm   d) 5,6cm   e) 4,3cm

V.252 (MAUÁ 93) Determinar os catetos de um triângulo retângulo, sabendo-se que um deles é 75% do outro e que a hipotenusa vale 20cm.

V.253 (MAUÁ 93) Determinar as alturas de um triângulo ABC que é retângulo em A, dados: $\overline{AB}=c$ e $\overline{AC}=b$.

V.254 (VUNESP 95 - EXATAS) Sabe-se que o arco mostrado na figura é o arco de uma circunferência de centro e raio desconhecidos. Sobre a circunferência marca-se uma corda $\overline{AB}$ de 4cm de comprimento. Sendo N o ponto médio do arco AB e M o pé da perpendicular baixada de N sobre $\overline{AB}$, verifica-se que o segmento de reta $\overline{MN}$ mede 1,2cm. Considerando esses dados, calcule a medida do raio da circunferência.

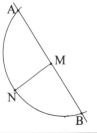

V.255 (PUC 89) No triângulo de lados 4cm, 5cm e 6cm, calcule a projeção do lado menor, sobre o maior.

V.256 (UNICAMP 92 - 2ª FASE) Na figura, $\overline{AB} = \overline{AC} = \ell$ é o lado do decágono regular inscrito em uma circunferência de raio 1 e centro O.

a) calcule o valor de ℓ

b) mostre que $\cos 36° = \dfrac{1+\sqrt{5}}{4}$

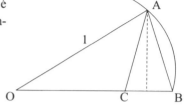

V.257 (FUVEST 82 - 2ª FASE) As rodas de um veículo têm 60cm de diâmetro e giram a 600 rotações por minuto. Calcular a velocidade do veículo em km/h.

V.258 (UNICAMP 88 - 2ª FASE) Para calcular a circunferência terrestre o sábio Eratóstenes valeu-se da distância conhecida de 800km entre as localidades de Alexandria e Siena no Egito (A e S respectivamente), situadas no mesmo meridiano terrestre. Ele sabia que quando em Siena os raios solares caiam verticalmente, em Alexandria eles faziam um ângulo de 7,2° com a vertical. Calcule, com esses dados, a circunferência terrestre, isto é, o comprimento de uma volta completa em torno da terra.

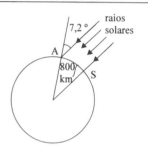

V.259 (UNICAMP 92 - 2ª FASE) Considere duas circunferências, uma delas tendo o raio com medida racional e a outra com medida irracional. Suponha que essas circunferências têm centros fixos e estão se tocando de modo que a rotação de uma delas produz uma rotação na outra, sem deslizamento. Mostre que os dois pontos (um de cada circunferência) que coincidem no início da rotação, nunca mais voltarão a se encontrar.

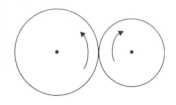

V.260 (MAPOFEI 75) Um trator tem as rodas da frente com 0,60m de diâmetro e as traseiras com o dobro desse diâmetro. Qual a distância percorrida pelo trator se as rodas da frente deram 2000 voltas a mais do que as traseiras?

V.261 (ESPM 92) Uma pista de atletismo é circular de raio 25m. Se um atleta dá 18 voltas na pista, quantos metros percorreu?

V.262 (FUVEST 90 - 2ª FASE) Cortando-se os cantos de um quadrado como mostra a figura obtém-se um octógono regular de lados iguais a 10cm.
a) Qual a área total dos quatro retângulos cortados?
b) Calcule a área do octógono.

V.263 (FUVEST 90 - 2ª FASE) Na figura, ABCD é um quadrado de 6cm de lado, M é o ponto médio do lado DC e A é o ponto médio de PC. Calcule a área do triângulo MDN.

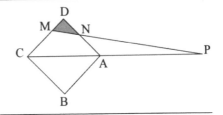

V.264 (FUVEST 88 - 2ª FASE) Num triângulo ABC, sejam P e Q pontos sobre BA e BC, respectivamente, de modo que a reta PQ seja paralela à reta AC e a área do trapézio APQC seja o triplo da área do triângulo PQB.
a) Qual a razão entre as áreas dos triângulos ABC e PQB?
b) Determine a razão AB/PB.

V.265 (FUVEST 87 - 2ª FASE) Na figura, BC é paralela a DE, AB = 4 e BD = 5. Determine a razão entre as áreas do triângulo ABC e do trapézio BCDE.

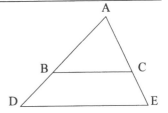

V.266 (FUVEST 86 - 2ª FASE) Calcule a área de um triângulo equilátero com um vértice no ponto (0,0) e os outros dois sobre a parábola $y = 2x^2$.

V.267 (FUVEST 86 - 2ª FASE) Um triângulo tem 12cm de perímetro e 6cm^2 de área. Quanto mede o raio da circunferência inscrita nesse triângulo?

V.268 (FUVEST 84 - 2ª FASE) Num triângulo ABC tem-se $\overline{AB} = 6$cm, $\overline{AC} = \overline{BC} = 5$cm.
a) Ache a área do triângulo ABC.
b) Sendo M o ponto médio de AB, calcule a distância de M à reta BC.

V.269 (FUVEST 80 - 2ª FASE) De quanto se deve aumentar o lado de um quadrado para que sua área dobre?

V.270 (FUVEST 79 - 2ª FASE) Num triângulo isósceles, de área $3\sqrt{6}$, a altura relativa à base é o triplo do diâmetro da circunferência inscrita. Ache o raio dessa circunferência.

V.271 (UNICAMP 91 - 2ª FASE) Na planta de um edifício em construção, cuja escala é 1:50, as dimensões de uma sala retangular são 10cm e 8cm. Calcule a área real da sala projetada.

V.272 (UNICAMP 91 - 2ª FASE) Considere dois quadrados congruentes de lado 4cm. O vértice de um dos quadrados está no centro do outro quadrado, de modo que esse quadrado possa girar em torno de seu centro. Determine a variação da área obtida pela intersecção das áreas dos quadrados durante a rotação.

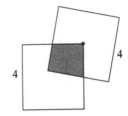

V.273 (UNICAMP 90 - 2ª FASE) Mostre que as áreas das duas figuras hachuradas, com as medidas indicadas, são iguais.

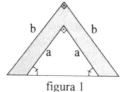
figura 1

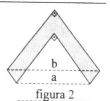
figura 2

V.274 (UNICAMP 89 - 2ª FASE) As seções transversais dos alvéolos dos favos que as abelhas constroem são hexágonos regulares. Para formar alvéolos poderiam ainda ser usados quadrados ou triângulos eqüiláteros. Entretanto, o polígono regular utilizado pelas abelhas é o que propicia maior área com o mesmo perímetro. Constate a veracidade dessa afirmação calculando as áreas A_6, A_4 e A_3 respectivamente do hexágono regular, quadrado e triângulo equilátero, todos com o mesmo perímetro ℓ e mostrando que $A_6 > A_4 > A_3$.

Hexágonos regulares

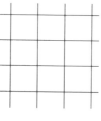
Quadrados

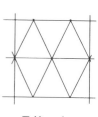
Triângulos eqüiláteros

V.275 (MAPOFEI 72) As medidas dos lados de um triângulo são dadas pelas seguintes fórmulas: $a = x^2 + 2$ $b = x^2 - 2x + 2$ $c = x^2 + 2x + 2$
a) Determinar os valores de x para os quais o triângulo existe.
b) Provar que é independente de x o quociente do raio do círculo inscrito no triângulo pela altura relativa ao lado a.

V.276 (MAPOFEI 74) Um triângulo eqüilátero ABC tem 60m de perímetro. Prolonga-se a base BC e sobre o prolongamento toma-se CS = 12m. Une-se o ponto S ao meio M do lado AB. Calcular a área do quadrilátero BCMN.

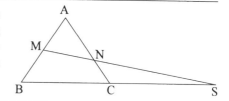

V.277 (MAPOFEI 74) As diagonais de um paralelogramo medem 10m e 20m e formam um ângulo de 60°. Achar a área do paralelogramo.

V.278 (UNICAMP 93 - 2ª FASE) Os vértices de um losango são os pontos médios dos lados de um retângulo. Mostre que a área do retângulo é o dobro da área do losango.

V.279 (UNICAMP 93 - 2º FASE) Prove que a soma das distâncias de um ponto qualquer do interior de um triângulo equilátero a seus três lados é igual à altura desse triângulo.

V.280 (FUVEST 94 - 2ª FASE) ABCD é um trapézio; BC = 2, BD = 4 e o ângulo $A\hat{B}C$ é reto.
a) Calcule a área do triângulo ACD.
b) Determine AB sabendo que BV = 3VD.

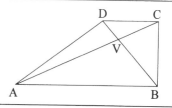

V.281 (UNICAMP 94 - 2ª FASE) Em um quadrilátero convexo ABCD, a diagonal AC mede 12cm e os vértices B e D distam, respectivamente, 3cm e 5cm da diagonal AC.
a) Faça uma figura ilustrativa da situação descrita.
b) Calcule a área do quadrilátero.

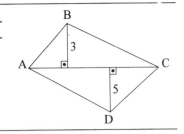

V.282 (VUNESP 94 - 2ª FASE) A área de um triângulo retângulo é 12dm². Se um dos catetos é $\frac{2}{3}$ do outro, calcule a medida da hipotenusa desse triângulo.

V.283 (VUNESP 94 - EXATAS) Corta-se um pedaço de arame de 12dm em duas partes e constrói-se, com cada uma delas, um quadrado. Se a soma das áreas é 5dm², determine a que distância de uma das extremidades do arame foi feito o corte.

V.284 (PUC 94) Um mapa é feito em uma escala de 1cm para cada 200km. O município onde se encontra a capital de certo Estado está representado nesse mapa, por um losango que tem um ângulo de 120° e cuja diagonal menor mede 0,2cm. Determine a área desse município.

V.285 (ESPM 93) Determinado tipo de cerâmica para piso tem o formato de um hexágono regular de lado 10cm. Quantas cerâmicas são necessárias para que seja feito o piso de uma cozinha que mede 3,5m por 6m?

V.286 (FUVEST 93 - 2ª PROVA) O triângulo isósceles da figura acima está inscrito numa circunferência de raio r. Calcule sua área, sabendo que $\alpha = 4\beta$.

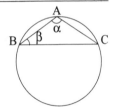

V.287 (ESPM 93) Um triângulo isósceles tem lados 5cm, 5cm e 6cm. Determine a medida do raio de um círculo inscrito nesse triângulo.

V.288 (FUVEST 95 - 2ª FASE) A, B e C são pontos de uma circunferência de raio 3cm, AB = BC e o ângulo $A\hat{B}C$ mede 30°.
a) Calcule, em cm, o comprimento do segmento AC.
b) Calcule, em cm², a área do triângulo ABC.

V.289 (UNICAMP 95 - 2ª FASE) Um triângulo escaleno ABC tem área igual a 96m². Sejam M e N os pontos médios dos lados AB e AC, respectivamente. Faça uma figura e calcule a área do quadrilátero BMNC.

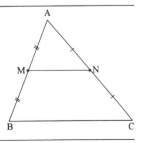

V.290 (VUNESP 95 - EXATAS) Na figura, ABCD é um quadrado de lado a.
Tomando-se E e G nos prolongamentos da diagonal $\overline{AC}$ e F e H nos prolongamentos da diagonal $\overline{BD}$, com EA = AC = CG e FB = BD = DH, determine a área do octógono AFBGCHDE em função de a.

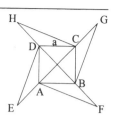

V.291 (FUVEST 88 - 2ª FASE) Deseja-se construir um anel rodoviário circular em torno da cidade de São Paulo, distando aproximadamente 20km da Praça da Sé.
a) Quantos quilômetros deverá ter essa rodovia?
b) Qual a densidade demográfica da região interior ao anel (em habitantes por km²), supondo que lá residam 12 milhões de pessoas?
Adote o valor $\pi = 3$.

V.292 (FUVEST 85 - 2ª FASE) O interior de uma circunferência de raio 2 é dividido em duas regiões por meio de uma corda AB que dista 1 do seu centro.
a) Qual a distância $\overline{AB}$?
b) Qual a área da região que contém o centro da circunferência?

V.293 (FUVEST 83 - 2ª FASE) Num plano são dados dois círculos cujas circunferências têm raio igual a 1. A distância entre os centros é também igual a 1. Calcule a área da intersecção dos dois círculos.

V.294 (UNICAMP 87 - 2ª FASE) A região hachurada da figura representa um perfil de asa de avião cujo bordo é composto de uma semicircunferência de diâmetro CE e de dois arcos de circunferências $\widehat{ED}$ e $\widehat{CD}$, tendo as circunferências o mesmo raio R; além disso, os arcos $\widehat{ED}$ e $\widehat{CD}$ subtendem ângulos centrais EAD e CBD de mesma medição.
a) Se δ é a medida do ângulo ACB na figura, mostre que $\alpha = \delta$ (se você não fizer esta parte da questão, admita que $\alpha = \delta$ e faça a segunda metade da questão).
b) Calcule a área da parte hachurada em função de R e α.

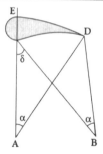

V.295 (MAPOFEI 73) É dado um triângulo ABC, retângulo em A, cujos catetos medem $\overline{AB} = c$ e $\overline{AC} = b$. Determine a área do círculo com centro na hipotenusa e tangente aos catetos.

V.296 (MAPOFEI 76) Seja dado um segmento de reta AB de medida **4a** e ponto médio M.
Constroem-se dois semicírculos com centros nos pontos médios de AM e MB e raios iguais a **a**. Com centros respectivamente em A e B e raios iguais a **4a** descrevem-se os arcos BC e AC.
Calcular a área da figura assim construída (vide figura)

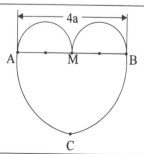

V.297 (UNICAMP 93 - 1ª FASE) No canto A de uma casa de forma quadrada ABCD, de 4 metros de lado, prende-se uma corda flexível e inextensível, em cuja extremidade livre é amarrada uma pequena estaca que serve para riscar o chão, o qual se supõe que seja plano. A corda tem 6 metros de comprimento, do ponto em que está presa até sua extremidade livre. Mantendo-se a corda sempre esticada de tal forma que inicialmente sua extremidade livre esteja encostada à parede BC, risca-se um contorno no chão, em volta da casa, até que a extremidade livre toque a parede CD.
a) Faça uma figura ilustrativa da situação descrita.
b) Calcule a área da região exterior à casa, delimitada pelo traçado da estaca.

V.298 (MAUÁ 94) Achar a razão entre os raios r e R ($r < R$) de duas circunferências concêntricas, de modo que a área da coroa circular formada seja igual a área do círculo menor.

V.299 (VUNESP 93 - EXATAS) Certos registros históricos babilônicos indicam o uso de uma regra para o cálculo da área do círculo equivalente à fórmula (em notação atual) $A = \dfrac{c^2}{12}$, onde c representa o comprimento da circunferência correspondente. Determine o valor de π oculto nesses registros.

V.300 (PUC 92) Uma pizzaria oferece aos seus clientes pizzas "grandes", de forma circular, por Cr$ 5.000,00. Para atender alguns pedidos, a pizzaria passará a oferecer a seus clientes pizzas "médias", também de forma circular. Qual deverá ser o preço da pizza "média", se os preços das pizzas "grande" e "média" são proporcionais às suas áreas?
Dados: raio da pizza "grande", 35cm
raio da pizza "média", 28cm

V.301 (VUNESP 92 - EXATAS) O ângulo central $A\hat{O}B$ referente ao círculo da figura mede 60° e $\overrightarrow{OX}$ é sua bissetriz. Se M é o ponto médio do raio OC e $\overline{OC} = \sqrt{5}$ cm, calcular a área da figura hachurada.

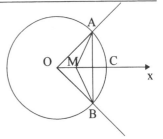

Respostas

Capítulo I

01
a) V b) V c) F d) F e) V
f) F g) V h) F i) V

02
a) V b) V c) F d) V e) V
f) V g) V h) V i) V j) F
k) V l) F

03
a) ∈ b) ∈ c) ∉ d) ∉ e) ∈
f) ⊂ g) ⊄ h) ⊄ i) ⊂

04
a) ∉ b) ∈ c) ∈ d) ∉ e) ∈
f) ∈ g) ∉ h) ⊂ i) ∉

05
a) V b) F c) V d) V e) V
f) F g) V h) V i) F j) F

06
a) P b) {A} c) {D} d) ∅
e) ∅ f) ∅ g) a h) b
i) {C} j) {D}

07
a) V b) V c) F d) V e) V
f) V g) F h) V i) V j) V
k) V l) V

08
a) {C} b) {A} c) ∅ d) {C}
e) {A} f) r g) {P} h) {P}
i) {P} j) a k) a l) {P}
m) {P} n) c o) b p) a
q) {P}

09
planas: a, b, d, f
espaciais: c, e, g, h

10
a) V b) V c) V d) F e) V
f) F g) V h) F i) V

11
a) paralelas   b) paralelas
c) concorrentes d) concorrentes
e) reversas   f) reversas
g) reversas   h) reversas
i) paralelas   j) concorrentes

12
a) V b) V c) V
d) V e) V f) V

13
a) $\overline{DP}$ b) $\overline{DP}$ c) $\overline{DQ}$ d) $\vec{PC}$
e) ∅ f) {C} g) $\overleftrightarrow{AC}$ h) {P}
i) {P} j) ∅

14
4

15
a) 8 b) 6 c) 1

16
a) 3 . $\overleftrightarrow{AB}$, $\overleftrightarrow{AC}$, $\overleftrightarrow{BC}$
b) 3 . $\overline{AB}$, $\overline{AC}$, $\overline{BC}$ c) 12
d) 6 . $\vec{AB}$, $\vec{BA}$, $\vec{AC}$, $\vec{CA}$, $\vec{BC}$, $\vec{CB}$

17
a) V b) F c) V d) V e) V
f) F g) V h) V

18
a) colineares
b) adjacentes e colineares
c) consecutivos
d) consecutivos e colineares
e) adjacentes e colineares

19
a) V b) F c) V d) V e) F
f) V g) V h) V

20
a) AC b) AB c) AC d) AD
e) 2AD

21
AB = 3 cm AC = 5 cm
AD = 8 cm AE = 12 cm
BC = 2 cm BD = 5 cm
BE = 9 cm CD = 3 cm
CE = 7 cm DE = 4 cm

22
AB = 2,4 cm   BC = 1,65 cm
CD = 3,2 cm   AC = 4,05 cm
BD = 4,85 cm AD = 7,25 cm
EF = 2,8 cm   FG = 5,25 cm
GH = 4,05 cm FH = 2,8 cm

23
a) $\overline{LK}$ b) $\overline{IJ}$ c) $\overline{AB}$
d) $\overline{MN}$ e) $\overline{CD}$

24
a) 4 b) 60

25
a) AC = 14m; BD = 19m; CE = 16 m
b) BC = 6cm; BD = 17cm

27
a) BM = AM = 10cm
b) AM = 13cm, AB = 26cm
c) PM = 20cm, MB = 12cm
d) MP = 4cm

28
a) 25 b) 18

29
a) 2 b) 6 c) 4 d) 3

30
a) 3 b) 2 c) 6 d) 9

31
a) 8 b) 12 c) 10 d) 11

32
a) 18 b) 28

33
a) 42 b) 24

34
a) 20 b) 26

35
a) x = 8, y = 4
b) x = 5, y = 15

36
x = 10, y = 3

37
23cm

40
a) V b) V c) V d) V e) V
f) V g) V h) V i) V j) F
k) V

41
a) V b) V c) V d) V e) V
f) F g) V h) F i) F j) V
k) V

42
a) 3 . $\overline{AB}$, $\overline{AC}$, $\overline{BC}$ b) 6 c) 1

43
a) 6 . $\overleftrightarrow{AB}$, $\overleftrightarrow{AC}$, $\overleftrightarrow{AD}$, $\overleftrightarrow{BC}$, $\overleftrightarrow{BD}$, $\overleftrightarrow{CD}$
b) 6 . $\overline{AB}$, $\overline{BC}$, $\overline{CD}$, $\overline{DA}$, $\overline{AC}$, $\overline{BD}$

c) 12

d) 12. $\vec{AB}, \vec{BA}, \vec{BC}, \vec{CB}, \vec{CD}, \vec{DC},$
$\vec{AD}, \vec{DA}, \vec{AC}, \vec{CA}, \vec{BD}, \vec{DB}$

44
a) 20   b) 65

45
a) 5   b) 3   c) 5

46
a) 4   b) 5   c) 7   d) 9

47
9

48
AB = 19,   AC = 27

49
a) 26   b) 8

50
48

51
a) x = 8, y = 4   b) x = 9, y = 6

52
20

53
39cm ou 9cm

54
45cm ou 7cm

55
29m ou 53m ou 59m ou 83m

56
36m

57
a) 10   b) 4   c) 7   d) 14

58
a) 5   b) 10   c) 12   d) 9

59
a) 7   b) 6

60
a) 11   b) 32

61
a) 42   b) 24

62
a) 11   b) 16

63
a) 40   b) 40

64
a) 10   b) 34

65
9

66
12

67
30cm

70
$$\frac{a+b}{2}$$

Capítulo 2

74
côncava: b, d, e
convexa: a, c, f

75
a) V b) V c) V d) F e) F
f) F

76
a) 10° b) 30° c) 55° d) 80°
e) 100° f) 120° g) 160° h) 20°
i) 45° j) 25° k) 50° l) 25°
m) 45° n) 65° o) 105° p) 80°
q) 40° r) 60°

77
a) 40° b) 180° c) 65° d) 135°
e) 105° f) 140° g) 15° h) 115°
i) 45° j) 75° k) 165° l) 125°
m) 100° n) 60° o) 130° p) 25°
q) 65° r) 95° s) 30° t) 70°

78
a) 55° b) 115°

79
a) 115° b) 160° c) 100° d) 110°
e) 105° f) 150° g) 145° h) 170°

80
a) 275° b) 200° c) 230° d) 215°
e) 290° f) 230° g) 285°

81
a) FĜH b) LM̂N c) RŜT

82
$\overrightarrow{PM}$ é bissetriz em a e b, mas não é em c.

83
a) a = 40°, b = 50°
b) c = 55°, d = 35°

84
a) a = 120°, b = 60°
b) x = 155°, y = 25°

85
a = 90°, b = 50°, c = 110°, d = 50°, e = 50°

86
Soma = 180° (suplementares)
a c, a e, b c, c d, c f,
d e, e f, g h, h i, m y,
m n, n p, y p, x k, j k
(=):
a b, a d, a f, b d, b f,
c e, d f, g i, m p, n y,
x j

87
a) a = 70°, b = 15°, x = 50°, y = 30°
b) a = 45°, b = 90°, c = 115°, d = 125°
c) a = 55°, b = 65°, c = 40°, d = 40°, e = f = g = 90°, h = 145°

88
a = 130°, b = 50°, c = 130°
d = 40°, e = 140°, f = 40°
g = 125°, h = 55°, i = 125°
m = 135°, n = 135°, k = 100°
x = 80°, y = 80°, z = 45°

89
a) 20° b) 20° c) 50° d) 30° e) 40°

90
a) 25° b) 55° c) 42°
d) 20° e) 20° f) 24°

91
a) x = 30°, y = 25°
b) x = 50°, y = 10°
c) x = 40°, y = 30°
d) x = 60°, y = 30°
e) x = 35°, y = 115°
f) x = 40°, y = 150°, a = 10°

92
a) 40° b) 128° c) 130°

93
a) 55° b) 60°

94
a) 67° b) 32°

95
a) 45° b) 90°

96
130° ou 70°

97
70° ou 30°

98
Demonstração

99
a) 60' b) 120' c) 180' d) 240'
e) 300' f) 360' g) 420' h) 480'
i) 540' j) 600'

100
a) 60" b) 120" c) 180"
d) 240" e) 300"

101
a) 2.400" b) 3.000"
c) 3.600" d) 7.800"
e) 3.600" f) 7.200"
g) 10.800" h) 18.000"

102
a) 90' b) 165' c) 230'
d) 2.440' e) 3.030' f) 3.655'

103
a) 165" b) 350" c) 410"
d) 10.850" e) 18.045" f) 32.455"
g) 4.230" h) 9.650" i) 12.035"

104
a) 1° b) 2° c) 3° d) 4°
e) 15° f) 45° g) 25° h) 60°

105
a) 2' b) 20' c) 5' d) 9'
e) 12' f) 25' g) 75' h) 120'

106
a) 1° b) 70° c) 5° d) 55°
e) 15° f) 50° g) 16° h) 48°

107
a) 3°51' b) 5°50' c) 50°
d) 80° e) 31° f) 81°
g) 16°20' h) 30°30'
i) 19°47'10" j) 20°54'10"
k) 51°1'30" l) 101°3'20"

108
a) 90°50'40" b) 45°51'20"
c) 51°31'40" d) 66°

109
a) 10°2'5" b) 14°15'
c) 5°9'40" d) 39°39'25"

110
a) 31°3'45" b) 82°1'20"
c) 134°13'10" d) 123°24'

111
a) 8°7'5" b) 8°4'46"
c) 21°46'56" d) 26°30'40,4"

112
a) 80° b) 160° c) 80°
d) 55° e) 64°30' f) 129°15'

113
a) 60° b) 45° c) 5° d) 75°
e) 54°20' f) 18°29'10"

114
a) 140° b) 130° c) 105°
d) 155° e) 129°25' f) 78°23'6"

115
a) 2x b) 3x c) 4x d) $\frac{x}{2}$
e) $\frac{x}{4}$ f) $\frac{2x}{3}$ g) $\frac{3x}{5}$ h) $\frac{5x}{8}$
i) 90° - x j) 180° - x

116
a) 2 (90° - x) b) 90° - 2x
c) 3 (180° - x) d) 180° - 5x

e) $\frac{90° - X}{2}$ f) $180° - \frac{x}{3}$

g) $\frac{2}{5} \cdot (90° - X)$

h) $\frac{3}{4} \cdot (180° - 3X)$

i) 90° - (180° - x)
j) 2 [180° - (90° - x)]

k) x l) $\frac{x}{2} + 30°$ m) $\frac{x + 30°}{2}$

117
a) 75° b) 20° c) 50° d) 30°
e) 22° f) 75°

118
a) 50°, 40° b) 60°, 30°
c) 54°, 36° d) 80°, 10°

119
a) 105°, 75° b) 115°, 65°
c) 45°, 135° c) 70°, 110°

120
a) x = 50°, a = 90°, y = 140°,
b = 150°, c = 70°
b) x = 40°, a = b = 90°, c = 160°
c) a = 145°, b = 35°, c = 145°,
d = 140°, e = 40°, f = 140°,
g = 120°, h = 60°, i = 60°
d) a = 135°, b = 45°, c = 135°,
d = 80°, e = 125°, f = 55°, g = 100°,
h = 100°, i = 125°, j = 25°, k = 155°,
m = 25°, n = 155°, x = 155°, y = 25°

121
a) 5° b) 15°

122
a) 20° b) 55° c) 60° d) 23° e) 25°

123
a) x = 35°, y = 50°
b) x = 40°, y = 10°

124
a) 45° b) 34° c) 19°

125
a) x = 10°, y = 150°
b) x = 40°, y = 110°

126
a) x = 14°, AÔB = 36°
b) x = 20°, AÔB = 50°

127
a) 51°11'20" b) 22°13'10"
c) 23°23'20" d) 52°39'40"
e) 97°2'35" f) 25°53'45"
g) 11°54'15" h) 66°25'50"

128
a) 82°28'15" b) 9°40'43"
c) 125°3'20" d) 5°52'37"
e) 61°11'1" f) 84°43'15"
g) 9°33'42,6" h) 70°34'22"
i) 9°58'42,25" j) 19°49'54"

129
a) 58° b) 84° c) 98° d) 78°
e) 102° f) 25° g) 100° h) 26°

130
a) 95°, 85° b) 65°, 25°
c) 75° d) 30° e) 90°
f) 40° g) 60° h) 72°

131
a) 31°10' b) 47°30'
c) 65°41'3" d) 111°3' e) 31°

132
a) 46°15' b) 26°5"

133
a) 15°5'15" b) 10°55'
c) 44°44'30" d) 39°29'15"

134
a) 21°11'30" b) 31°17'30"

135
a) 23°24'27" b) 10°30'55"
c) 10°36'44,4"

136
a) 25° b) 30°

137
a) 60° b) 120° c) 120°

138
a) 15° b) 10°

139
35°

140
100° ou 20°

141
45° e 60°

142
48°, 72°, 96°, 144°

143
61°

144
49°

145
85° ou 35°

146
86°

147
36°

148
62° ou 122°

149
78° e 26°

150
(108° e 27°) ou (135° e 45°)

Capítulo 3

151
a) alternos internos
b) colaterais internos
c) alternos internos
d) alternos externos
e) correspondentes
f) correspondentes
g) colaterais externos
h) correspondentes
i) alternos externos
j) colaterais internos
k) correspondentes
l) colaterais externos
m) alternos externos
n) correspondentes
o) colaterais externos
p) colaterais internos
q) alternos internos
r) correspondentes
s) alternos externos
t) correspondentes
u) colaterais externos
v) correspondentes
w) alternos internos
x) colaterais internos

152
são paralelelas: a, c, e, f
não são paralelas: b, d, g, h

153
congruentes: a, b, d, g, h, j, l, m, o
suplementares: c, e, f, i, k, n

154
a) congruentes b) congruentes
c) suplementares

155
a) 65°, 70°, 110°, 120°
b) 30°, 105°, 110°, 135°
c) 50°, 90°, 55°, 140°
d) 100°, 35°, 90°, 35°, 150°

156
a) 40° e 140°   b) 70° e 110°
c) 60° e 120°   d) 55° e 125°
e) 75° e 105°   f) 135° e 45°

157
a) 100°, 80°, 110° e 70°
b) 50°, 60° e 120° e 250°

158
congruentes: a, c, d, f, g, j, l, p, s, t, v, x
suplementares: b, e, h, i, k, m, n, o, q, r, u, w

159
a) a = 60°, b = 120°, c = 60°, d = 120°, e = 120°, f = 60°, g = 70°, h = 110°, i = 70°, j = 110°, k = 110°, l = 70°
b) a = 50°, b = 50°, c = 130°, d = 130°, e = 50°, f = 130°, g = 40°, h = 120°, i = 100°, j = 60°, x = 100°, y = 80°, z = 60°

160
a) 30°   b) 20°   c) 60°   d) 20°

161
a) 36°, 26°, 154°   b) 34°, 66°, 58°
c) 40°, 60°, 30°   d) 20°, 35°, 45°

162
a) 70° e 40° b) 70°, 40° e 110°

163
a) 85°   b) 100°   c) 155°
d) 140° e) 20°

164
a) 75°, 55°, 50°   b) 45°, 80°, 35°
c) 65°, 60°, 55°   d) 40°
e) 50°   f) 60°

165
110°

166
50°

168
a) 65°   b) 42°   c) 64°   d) 43°
e) 110° f) 50°

169
a) 80°, 55°   b) 45°, 110°
c) 115°, 115°

170
a) 130°, 50°, 130°
b) 80°, 100°, 80°
c) 60°, 120°, 60°

171
a) 41°   b) 39°   c) 140°
d) 45°, 135°, 45° e) 130°, 50°, 130°

172
a) 17° b) 29° c) 6° d) 15° e) 30°

173
a) 90°   b) 35°   c) 155° d) 100°
e) 40°   f) 70°   g) 155° h) 30°
i) 30°   j) 105°

174
a) 40°   b) 25°

175
a) 55°, 55°, 65° b) 50°, 60°, 70°
c) 40°, 35°   d) 40°, 90°, 50°
e) 65°, 60°, 55° f) 45°, 35°, 100°

176
a) 45°   b) 45°   c) 40°

177
60°

178
130°

179
72°

180
a) x = 70°, y = 110°, z = 70°
b) x = 60°, y = 120°, z = 120°
c) x = 50°, y = 40°, z = 130°
d) x = 30°, y = 20°, z = 120°
e) x = 35°, y = 35°, z = 30°
f) x = 100°, y = 70°
g) x = 65°, y = 65°, z = 45°
h) x = 120°   i) x = 15°

181
a) $\hat{A} = 130°$, $\hat{B} = 50°$, $\hat{C} = 60°$, $\hat{D} = 120°$
b) $\hat{A} = 70°$, $\hat{B} = 110°$, $\hat{C} = 40°$, $\hat{D} = 140°$

182
a) $\hat{A} = \hat{C} = 135°$, $\hat{B} = \hat{D} = 45°$
b) $\hat{A} = \hat{C} = 70°$, $\hat{B} = \hat{D} = 110°$

183
140° ou 40°

Capítulo 4

185
acutângulos: a, d, g
retângulos: b, e, h
obtusângulos: c, f

186
acutângulos: a, d
retângulos: b, f
obtusângulos: c, e

187
equilátero: a
isósceles: b, d
escaleno: c

188
equilátero: c
isósceles: b, d
escaleno: a

189
retângulo isósceles: a, d
obtusângulo isósceles: c
acutângulo isósceles: b

190
a) AC   b) BC   c) CA   d) AC

191
a) 2p = 41m   b) 2p = 50m
c) 2p = 45m   d) 2p = 70m

192
a) 24   b) 26   c) 8

193
a) 14, 18, 20   b) 20, 22, 30
c) 8, 12, 18

194
a) 9   b) 10

195
a) BC = 16   AB = AC = 20
b) BC = 20   AB = AC = 24

196
a) x = 8, y = 10   b) x = 5, y = 6

197
a) x = 10, y = 4
b) x = 5, y = 6

198
a) 6, 10, 10   b) 12, 16, 20

199
a) $\hat{A} = 60°$, $\hat{B} = 80°$
b) $\hat{A} = 30°$, $\hat{B} = 90°$

200
a) 60°   b) 40°   c) 110°   d) 45°
e) 90°   f) 60°   g) 35°   h) 40°
i) 55°   j) 40°   k) 115°   l) 65°

201
a) 110°   b) 75°   c) 100°   d) 140°
e) 30°   f) 30°   g) 35°   h) 40°

202
a) 130°   b) 130°   c) 100°

203
a) 40°   b) 60°   c) 45°   d) 35°

204
a) 30°   b) 60°   c) 160°
d) 89°   e) 4°   f) 63°
g) 90°   h) 106°   i) 30°

205
a) 120°   b) 120°   c) 90°
d) 70°   e) 120°   f) 80°

206
a) 55°   b) 49°   c) 5°
d) 31°   e) 59°

207
a = 35°   b = 95°   c = 115°   d = 50°
e = 76°   f = 65°   g = 60°   h = 135°
m = 30°   x = 75°   y = 70°   z = 130°

208
a) x = 30°, y = 75°
b) x = 50°, y = 90°
c) x = 30°, y = 30°
d) x = 35°
e) x = 65°, y = 120°
f) x = 145°

209
a) 60°   b) 120°   c) 300°

210
a) 70°   b) 65°   c) 45°   d) 40°
e) 100°, 40°   f) 40°, 70°
g) 20°, 80°   h) 80°, 50°
i) 105°   j) 115°   k) 139°, 98°
l) 132°, 96°

211
a) 60°   b) 60°
Todo triângulo isósceles que tem um ângulo de 60° é um triângulo eqüilátero.

212
a = b = 73°   c = 38°   d = 104°
x = 66°   y = 113°

213
a = 29°   b = 125°   c = 30°
d = 70°   x = 60°   y = 52°30'
z = 37°30'

214
a) 55°   b) 25°   c) 30°   d) 40°
e) 40°   f) 35°   g) 30°   h) 50°

215
a) 100°   b) 36°   c) 48°   d) 46°

216
a) x = 12°   y = 40°
b) x = 40°   y = 32°
c) x = 10°   y = 12°
d) x = 30°   y = 31°

217
a) 105°   b) 110°   c) 40°   d) 120°
e) 25°   f) 105°   g) 30°   h) 40°

218
a) a + b + c   b) a + b + c

219
a) 80°, 70°, 30°   b) 40°, 80°, 60°
c) 36°, 72°, 72°   d) 55°, 60°, 65°

220
a) 20°, 80°, 80°   b) 30°, 75°, 75°
c) 80°, 50°, 50°   d) 20°, 80°, 80°

221
20°

222
50°

223
a) 5, 6, 7, 2p = 18
b) 10, 8, 8, 2p = 26
c) 7, 7, 7, 2p = 21

224
12

225
x = 8, y = 6

226
BC = 18

227
a) x = 4, y = 9   b) x = 4, y = 3

228
a) 25cm   b) 30cm
c) 35, 35, 50   d) 22, 22, 15
e) 20, 20, 30

229
a) 45   b) 39

230
a) 37° b) 85° c) 28° d) 100°
e) 70° f) 57° g) 33° h) 48°
i) 39° j) 111° k) 80° l) 135°

231
a) 60° b) 70° c) 60° d) 30°
e) 45° f) 30° g) 130° h) 25°
i) 50°

232
a) x = 30°, y = 40°
b) x = 30°, y = 30°

233
a) 64° b) 39° c) 145° d) 127°
e) 107°

234
a) 40° b) 120° c) 105°

235
a) 30° b) 55° c) 80° d) 36°
e) 105° f) 25°

236
a) 45°, 105°   b) 35°, 110°
c) 50°, 50°   d) 30°, 80°

237
a) 40°, 60°, 80° b) 30°, 60°, 90°
c) 80°, 40°, 60°

238
a) 50° b) 36° c) 70°

239
120°, 30°, 30°

240
80°, 20°, 80°

241
80°, 50°, 50°

242
a) 30°, 40°   b) 15°, 40°

243
a) 20° b) 30° c) 40° d) 50°

244
a) 36°, 36°, 108° b) 70°, 40°, 70°
c) 60°, 30°, 90°

245
a) 36°, 72°, 72° b) 40°, 70°, 70°
c) 70°, 55°, 55° d) 60°, 60°, 60°
e) 150°, 15°, 15° f) 40°, 70°, 70°
g) 20°, 80°, 80° h) 50°, 65°, 65°

247
30°

250
a) x = 30°, y = 75°
b) x = y = 20°
c) x = 70°, y = 40°

251
a) x = 70°, y = 110°
b) x = 20°, y = 100°
c) x = 135°, y = 45°
d) x = 120°, y = 30°
e) x = 27°, y = 117°

252
a) x = 50°, y = 60°, z = 70°
b) x = 40°, y = z = 120°

253
a) 90°   b) 70°

254
AB = 8, AC = 8, BC = 6
perímetro = 22

255
AB = AC = 12, BC = 11,
perímetro = 35 ou
AC = BC = 13, AB = 15,
perímetro = 41 ou
AB = BC = 9, AC = 11,
perímetro = 29

256
a) 28   b) 13

257
a) 40°, 40°, 100° ou 40°, 70°, 70°
b) 100°, 40°, 40°
c) 50°, 50°, 80° ou 80°, 80°, 20°

258
10°, 80°, 90°

259
40°, 60°, 80°

260
a) 30°, 60°   b) 40°, 50°
c) 36°, 54°   d) 45°, 45°

261
a) 100°, 40°, 40° b) 20°, 80°, 80°
c) 40°, 70°, 70° d) 20°, 80°, 80°
e) 24°, 78°, 78° f) 20°, 80°, 80°

262
a) 36°, 72° 72° ou 90°, 45°, 45°
b) 40°, 70°, 70° ou 80°, 50°, 50°
c) 40°, 70°, 70° ou 70°, 55°, 55°

263
a) 30°, 50°   b) 40, 10°

264
a) 10°   b) 20°

265
a) $\dfrac{a}{2}$ b) 90° – a   c) a

266
a) $\dfrac{450° + a}{4}$ b) $\dfrac{a - b}{2}$
c) $\dfrac{a}{2} + b + 90°$ d) $\dfrac{a - b}{2}$

267
60°, 70°, 50°

268
90°, 50°, 40°

Capítulo 5

271
a) 75°　　b) 106°　　c) 110°

272
a) 106°　　b) 90°　　d) 90°

273
a) 90°　　b) 70°　　c) 140°
d) 110°　　e) 60°　　f) 105°

274
a) 110°　　b) 45°　　c) 40°

275
a) 110°　　b) 110°　　c) 84°
d) 86°　　e) 70°　　f) 108°

276
a) 90°　b) 64°　c) 50°　d) 135°

277
a) 40°　b) 50°　c) 40°　d) 60°

278
a) 100°, 110°, 80°, 70°
b) 72°, 116°, 74°, 98°

279
a) 70°　　b) 75°

280
a) $\hat{C} = 54$, $\hat{D} = 78°$
b) $\hat{B} = 120°$, $\hat{D} = 80°$
c) $\hat{A} = 128°$, $\hat{C} = 110°$
d) $\hat{A} = 112°$, $\hat{B} = 126°$
e) $\hat{B} = 38°$, $\hat{D} = 98°$
f) $\hat{C} = 90°$, $\hat{D} = 110°$

281
a) 50°, 130°, 130°
b) 110°, 70°, 70°
c) 38°, 142°, 142°

282
a) 78°　　b) 114°　　c) 30°

283
a) 30°　　b) 15°

284
a) 80°, 70°　　b) 105°, 160°
c) 170°, 20°　　d) 30°, 155°

285
a) 45°, 135°, 135°
b) 40°, 40°, 140°
c) 38°, 142°, 142°
d) 112°, 68°, 68°

286
a) 160°　　b) 130°　　c) 100°
d) 78°　　e) 30°

287
a) 40°, 30°　b) 20°, 30°

288
a) 40°, 10°　b) 50°, 30°

289
$\hat{E} = 80°$, $\hat{F} = 65°$

290
a) 50°, 130°, 130°
b) 135°, 45°, 45°
c) 125°, 55°, 55°
d) 90°, 90°, 90°
e) 70°, 110°, 110°
f) 120°, 60°, 60°

291
a) 65°, 90°, 25°　b) 35°, 55°, 90°
c) 45°, 90°

292
a) 30°, 150°, 150°
b) 70°, 110°, 70°
c) 150°, 30°, 30°
d) 45°, 135°, 135°
e) 90°, 90°, 90°
f) 10°, 170°, 170°

293
a) x = 30°, y = 10°
b) x = 20°, y = 15°

294
110°, 80°, 145°, 65°, 115°

298
a) 90°　　b) 90°　　c) 150°
d) 130°　　e) 76°　　f) 105°
g) 70°　　h) 74°　　i) 63°

299
a) 140°　　b) 123°　　c) 107°
d) 60°

300
a) 40°　　b) 50°

301
a) 115°, 120°, 50°, 75°
b) 110°, 80°, 75°, 95°
c) 90°, 45°, 85°, 140°
d) 50°, 140°, 70°, 100°

302
a) 55°　　b) 62°

303
a) 71°, 48°　　b) 143°, 108°
c) 56°, 135°　　d) 100°, 60°
e) 90°, 50°　　f) 45°, 45°
g) 20°, 30°　　h) 50°, 40°

304
a) 115°, 65°, 40°, 140°
b) 125°, 55°, 65°, 115°

305
a) 112°, 112°, 68°, 68°
b) 70°, 70°, 110°, 110°
c) 60°, 60°, 120°, 120°
d) 75°, 75°, 105°, 105°
e) 80°, 80°, 100°, 100°

306
a) 58　　b) 60

307
a) 30°, 120°　　b) 50°, 30°, 50°

308
a) 58°, 58°, 122°　b) 80°, 60°, 60°
c) 30°, 10°, 140°　d) 50°, 75°, 20°

309
a) 45°, 135°, 45°, 135°
b) 60°, 120°, 60°, 120°

310
a) 20, 35, 20, 35
b) 13, 17, 13, 17

311
a) 30°, 135°, 135°
b) 65°, 90°, 25°
c) 15°, 60°, 30°
d) 20°, 10°, 90°

312
a) 100°, 80°, 100°, 80°
b) 60°, 120°, 60°, 120°

313
a) 22   b) 18

314
a) 10, 15, 10, 15
b) 5, 9, 5, 9

315
64

316
a) 90°, 60°, 150° b) 15°, 45°, 105°
c) 75°, 30°, 15°   d) 75°, 15°

317
110°, 115°

318
105°, 45°, 120°

319
a) 110°, 90°, 60°, 100°
b) 140°, 70°, 75°, 75°
c) 36°, 90°, 108°, 126°

320
a) 60°, 120°, 150°, 30°
b) 120°, 140°, 40°, 60°

321
a) 120°, 120°, 60°, 60°
b) 87°, 87°, 93°, 93°
c) 120°, 120°, 60°, 60°
d) 20°, 20°, 160°, 160°
e) 74°, 74°, 106°, 106°
f) 30°, 30°, 150°, 150°
g) 40°, 40°, 140°, 140°

322
a) 60°   b) 79°   c) 80°   d) 65°
e) 40°   f) 40°

323
a) 45°   b) 40°   c) 20°   d) 30°

324
a) 24m, 48m, 72m, 96m
b) 7m, 7m, 14m, 20m
c) 14m, 14m, 30m, 40m
d) 13m, 13m, 7m, 7m
e) 10m, 10m, 1m, 1m
f) 13m cada

325
a) 30° ou 60°   b) 135° ou 120°
c) 80° ou 100°

326
a) 95°   b) 125°

327
a) 120°   b) 75°

328
a) 130°, 70°, 95°, 65°
b) 55°, 105°, 70°, 130°

329
a) 35°   b) 70°

330
a) 70°   b) 100°

331
a) 220°   b) 125°

332
a) 80°, 105° b) 125°, 70°

333
a) 140°, 40°

334
115°

335
40°

336
34 cm

337
56 cm

338
150°, 50°

339
95°, 85°

340
a = 75°, b = 15°, x = y = z = 60°

341
360°

Capítulo 6

342
a) 14   b) 35   c) 90

343
a) 540°   b) 720°   c) 1080°
d) 1260°

344
a) 360°   b) 360°
c) 360°   d) 360°

345
a) 180°   b) 360°
c) 540°   d) 720°

346
a) $S_i = 180°$, $S_e = 360°$, $d = 0$
b) $S_i = 360°$, $S_e = 360°$, $d = 2$
c) $S_i = 540°$, $S_e = 360°$, $d = 5$
d) $S_i = 720°$, $S_e = 360°$, $d = 9$

347
a) 140°   b) 88°   c) 130°
d) 120°   e) 160°   f) 150°

348
a) 60°   b) 120°   c) 40°

349
a) $S_i = 180°$, $S_e = 360°$, $a_i = 60°$, $a_e = 120°$
b) $S_i = 360°$, $S_e = 360°$, $a_i = 90°$, $a_e = 90°$
c) $S_i = 540°$, $S_e = 360°$, $a_i = 108°$, $a_e = 72°$
d) $S_i = 720°$, $S_e = 360°$, $a_i = 120°$, $a_e = 60°$

350
a) 108°, 36°, 36°, 72°
b) 120°, 30°, 60°, 90°

351
A seqüência exibe a soma dos ângulos internos de um polígono convexo de n lados, para n = 3, 4, 5, ...

352
a) 36°, 36°, 72°, 72°
b) 72°, 72°, 108°

353
a) 30°, 60°, 60°, 60°
b) 60°, 90°, 60°, 30°

354
a) 135°   b) 150°   c) 160°

355
a) 36°   b) 10°   c) 60°   d) 18°

356
a) 14   b) 25   c) 27

357
a) 18   b) 45   c) 24

358
a) 15   b) 36   c) 10

359
a) 209   b) 170

360
a) 54   b) 2880°   c) 170

361
a) 9   b) 54   c) 65   d) 77

362
a) 900°   b) 1620°
c) 2160°   d) 3240°

363
a) 360°   b) 360°
c) 360°   d) 360°

364
a) 89°   b) 92°   c) 140°
d) 100°   e) 40°

365
a) 88°, 155°, 107°, 95°, 95°
b) 95°, 132°, 88°, 140°, 85°

366
a) 110°, 110°, 130°, 100°, 150°, 120°
b) 150°, 140°, 100°, 120°, 130°, 80°

367
a) 70°   b) 60°

368
a) 18°, 117°, 81°
b) 36°, 96°, 48°, 24°
c) 120°, 75°, 120°, 105°
d) 12°, 12°, 84°, 132°

369
a) 8°   b) 140°   c) 17
d) 19   e) 104   f) 3420°

370
a) 12°   b) 172°
c) 9   d) 12
e) 5040°   f) 2880°
g) 170   h) 27

371
a) Undecágono   b) Quadrilátero
c) Eneágono   d) Decágono

372
a) 22   b) 33   c) 434   d) 33
e) 160°   f) 3780°   g) 24   h) 29

373
a) 20   b) 135   c) 104
d) 45   e) 77   f) 35

375
a) 70°   b) 110°   c) 90°
d) 120°   e) 120°

376
a) 110°   b) 52° 30'
c) 50°   d) 60°

377
a) 100°   b) 150°

378
a) 66°   b) 12°

379
a) 54°, 63°   b) 30°, 45°

380
a) 54   b) 135   c) 1440°
d) 2880°

381
a) 5   b) 6   c) 8   d) 10
e) 12   f) 18

382
a) 2   b) 0   c) 3   d) 0
e) 4   f) 5   g) 10

383
126

384
189

385
150

386
a) Dodecágono   b) 10
c) 0   d) 144°

387
a) 126   b) 1800°   c) 18
d) 3240°   e) 594   f) 54

Capítulo 7

388
a) $\hat{R}, \hat{L}, \hat{T}, \overline{RL}, \overline{RT}, \overline{LT}$
b) $\hat{Y}, \hat{B}, \hat{Z}, \overline{YZ}, \overline{YB}, \overline{BZ}$

389
a) LAL   b) LAL   c) ALA
d) ALA   e) LLL   f) LLL
g) LAAo h) LAAo
i) Caso especial
j) Caso especial

390
a) ALA   b) LAAo   c) LAL
d) Não   e) Não   f) LLL
g) Não   h) Caso especial

391
a) 12, 2, 7   b) 7, 6, 5

392
a) $\triangle ABC \cong \triangle ADC$ (LAL)
b) $\triangle AEC \cong \triangle BED$ (LAL)
c) $\triangle ABE \cong \triangle CDE$ (LAAo ou ALA)
d) $\triangle ABE \cong \triangle ADC$ (LAAo)
e) $\triangle ABC \cong \triangle FED$ (LAAo)
f) $\triangle ACD \cong \triangle ABD$ (Caso especial)
g) $\triangle ABC \cong \triangle ABD$ (LAL)
h) $\triangle ABC \cong \triangle ACB$ (LAL)
i) $\triangle AFD \cong \triangle BCE$ (LAL)
j) $\triangle ABE \cong \triangle CDE$ (ALA ou LAAo)

396
a) 7, 11   b) 8, 9   c) 55°, 35°
d) 30°, 30°   e) 30°   f) 140°, 125°

397
a) BC > AC > AB
b) YZ = XZ < XY
c) PQ < MQ < MP
d) AB = AC = BC
e) BC > AB > AC
f) ZY < XY < XZ

398
a) Sim   b) Sim   c) Não
d) Não   e) Não   f) Não
g) Não   h) Sim

399
a) $4 < x < 32$ b) $19 < x < 21$
c) $0 < x < 24$ d) $10 < x < 24$
e) $20 < x < 24$

400
a) $1 < x < 13$ b) $7 < x < 21$
c) $3 < x < 11$ d) $8 < x < 20$

401
a) 9 ou 7   b) 12   c) 14
d) 15 ou 8   e) 17 ou 26
f) $0 < x < 24$

402
a) 6, 8, 10 ou 12
b) 10, 15, 20, 25 ou 30
c) 25, 27 ou 29

405
a) V   b) V   c) V   d) F   e) V
f) F   g) V   h) V   i) V   j) V

406
a) V   b) F   c) F   d) V   e) F
f) F   g) V   h) V   i) V   j) F
k) F

407
a) V   b) V   c) V   d) F   e) F
f) F   g) V   h) F   i) F   j) F
k) V   l) V   m) V   n) V   o) V

408
a) F   b) F   c) V   d) V

409
a) V   b) V   c) V   d) V   e) F
f) F   g) F   h) V

410
a) V   b) F   c) F   d) F   e) V
f) F   g) F   h) V   i) F   j) V
k) V   l) F

411
a) V   b) V   c) V   d) V   e) V

412
a) V   b) F   c) F   d) F   e) V
f) V   g) F

418
a) 24 e 30   b) 32 e 36

419
a) 6, 6   b) 12, 12   c) 4, 2
d) 55°, 35°   e) 60°, 30° f) 13°
g) 70°, 60°

431
a) Não   b) Não
c) Não   d) Sim

432
a) $4 < x < 14$ b) $3 < x < 23$
c) $11 < x < 15$ d) $0 < x < 18$

433
a) 12   b) 10   c) 5 ou 3   d) 5

434
a) 6   b) 5   c) 6 ou 8   d) 9

435
a) Não existe   b) 18
c) 12 ou 18   d) 12, 14, 16 ou 18

Capítulo 8

447
a) 42°   b) 145°   c) 140°
d) 36°   e) 30°   f) 142°

448
a) 30°   b) 30°

449
a) 70°, 40°   b) 60°, 40°

451
a) 10, 12   b) 106°, 132°

452
a) 25°   b) 20°

453
a) 65°   b) 61°

454
110°

455
40°

456
a) 25°   b) 145°
c) 160°   d) 40°

465
a) 28°   b) 60°   c) 45°
d) 35°, 70°   e) 25°, 50°

466
a) 7, 8   b) 30°, 50°

470
a) Sim   b) Sim

471
a) Sim, infinitos   b) Sim, infinitos
Ela própria é um deles

472
a) Sim   b) Não   c) Não
d) Sim   e) Sim   f) Sim
g) Sim   h) Não   i) Não
j) Sim

473
a) infinitos   b) 0   c) 1
d) 0   e) 2   f) 2
g) 4   h) 1   i) 3
j) infinitos.
Um deles é uma reta paralela a ambas eqüidistantes delas.
k) 1. É a reta que contém a bissetriz.
l) 2

474
a) 5   b) 6   c) 7   d) 8
e) 10   f) 15
O polígono regular de **n** lados tem **n** eixos de simetria.

475
Paralelas

476
Apenas os que têm número par de lados

477
a) Não
b) Sim. É a reta que a contém

478
Basta traçarmos as mediatrizes de dois dos segmentos determinados por esses pontos.

487
75°

488
36°

489
10°

Capítulo 9

491
a) 7   b) 12   c) 16
d) 11   e) 5   f) 13
g) 11

492
a) 9, 10, 8   b) 16, 7, 9
c) 16, 12, 14   d) 5, 3
e) 4, 3

493
a) 11   b) 24   c) 6   d) 14
e) 8, 4   f) 4, 3   g) 4   h) 16
i) 7   j) 6, 2   k) 4,4

494
a) 7, 10, 13   b) 6, 22, 18
c) 12, 24, 15

495
a) 5, 12   b) 18, 10
c) 13, 14   d) 10, 6   e) 9, 6

496
4, 3, 10

497
a) 10   b) 12

498
a) 4   b) 3, 4   c) 10, 13, 19
d) 20, 6

499
a) 13   b) 22
c) 9   d) 8, 6, 10
e) 12, 8, 7   f) 28, 30, 32

500
a) 32   b) 28

501
a) 26   b) 25   c) 25
d) 6, 3, 6   e) 6   f) 17

502
7, 8, 11

503
Todas verdadeiras

504
a) 16, 6   b) 8, 8   c) 9, 7, 13

505
8, 3, 14

507
a) 3   b) 7   c) 9

508
7, 12, 5

509
8

510
a) 30°   b) 25°, 25°, 130°   c) 70°
d) 50°, 50°, 80° ou 65°, 65°, 50°

511
a) 4, 6   b) 4

513
a) Ser congruentes
b) Ser perpendiculares
c) Ser congruentes e perpendiculares

Capítulo 10

526
a) 6, 6, 12   b) 4, 7

527
a) 15, 30   b) 12, 24

528
a) 40°, 40°   b) 46°, 46°
c) 55°, 110°

529
a) 4   b) 5

530
a) 7   b) 12

531
a) 6   b) 7

532
a) 44   b) 37

533
a) 36   b) 4

534
a) 6, 4   b) 8, 4

535
a) 30°   b) 135°

536
a) 12   b) 4   c) 5, 9   d) 6, 8
e) 6, 8   f) 6, 5, 10   g) 7, 10
h) 5, 6, 4

537
a) 39   b) 28

538
a) 9   b) 10

539
a) 90   b) 58

540
a) 20, 22, 19, 17   b) 10, 17, 24, 17

541
a) 20, 18, 16   b) 22, 22, 20

542
a) 2   b) 6

543
a) 4   b) 3

544
6, 8

545
a) 18, 6   b) 5, 3

546
a) 60°   b) 140°   c) 110°
d) 80°   e) 100°   f) 60°

547
a) 180°, 90°   b) 60°, 180°
c) 90°, 270°   d) 60°, 300°
e) 40°, 70°   f) 40°, 80°

548
a) 80°, 135°, 145°
b) 180°, 180°, 120°, 120°

549
a) 10 πm   b) 16 πm   c) 24 πm

550
a) 20 πcm   b) 48 πcm
c) 36 πcm   d) 40 cm

551
a) 12π b) 17π
c) 28π d) 35

552
a) 20   b) 50   c) 32   d) $\dfrac{8}{\pi}$

553
a) 4πm   b) 40πm   c) 35πm

554
a) 2π b) 14π c) 9π d) 15π

555
a) 110°   b) 75°   c) 170°   d) 305°

556
a) 56πm   b) 4πm   c) 72°
d) 9πm   e) 240m

557
a) 6   b) 3, 6
c) 8, 11, 14   d) 4, 8, 5

558
a) 23   b) 30

559
a) 18, 19, 17   b) 13, 14, 9

560
a) 11   b) 17

561
a) 13   b) 7

562
a) 214   b) 96

563
a) 8   b) 5   c) 0 < d < 12
d) d > 9   e) 10

564
a) 21   b) 9

565
a) 8 < d < 18   b) 0 ≤ d < 8
c) d > 18

566
a) 22   b) 14

567
a) 27 ou 13   b) 12 ≤ d ≤ 32
c) 0 ≤ d < 21 ou d > 39

568
8 ou 12

569
2 ou 10 ou 18

570
Uma interior à outra: 6 ou 8 ou 20 ou 34
Exteriores: 6 ou 20 ou 32 ou 46

571
a) 180°   b) 120° c) 50°   d) 80°
e) 120°   f) 90°   g) 60°   h) 72°

572
a) 40°, 140°   b) 145°, 35°
c) 135°, 45°   d) 50°, 80°
e) 150°, 100°   f) 50°, 130°
g) 120°   h) 90°, 90°

573
a) 90°   b) 120°   c) 30°
d) 150°   e) 150°   f) 60°

574
a) 64m b) 23,5m
c) 45m d) $\frac{8}{\pi}$m

575
a) 10π b) 19π c) 26π d) 50π

576
a) 5π b) 4π c) 18m d) 118°

577
4, 5 e 18

578
10, 12, 26

579
a) 18, 10 b) 18, 12

580
2, 3, 4

581
a) 140° b) 130°

582
a) 1 b) 0 c) 2

583
a) 2 b) 4 c) 0 d) 1 e) 3

584
a) Tangentes externas
b) Tangentes internas
c) Secantes
d) Secantes
e) Uma interna a outra
f) Tangentes externas
g) Tangentes internas
h) Uma interna a outra (concêntricas)

585
a) 125° b) 145°

586
6, 9, 12

587
48

588
a) 5m b) 56cm
c) 28m cada um (Ele é um losango)
d) 18cm (É um quadrado)
e) 12m (É um quadrado)

589
a) 40m b) 35m
c) 5, 19, 12, 12
d) 34, 50, 42, 42 e) 5 m

590
a) 5 b) 4
c) $r = \frac{b+c-a}{2}$ ou r = p − a,
$r = \frac{a}{2}$

591
50, 26, 14 ou
50, 14, 10 ou
50, 26, 10

592
a) 45π b) 30π c) 36π

593
a) 48π b) 16π

594
a) 12π b) 32π

595
205πcm

Capítulo 11

608
a) 65° b) 290° c) 130°
d) 50° e) 70° f) 50°

609
a) 40°, 80° b) 55°, 55° c) 120°
d) 25°, 50° e) 130°, 25° f) 50°, 35°

610
a) 45° b) 60° c) 70°
d) 50° e) 64° f) 90°

611
a) 65°, 65° b) 120°, 60°
c) 40°, 40°, 100° d) 90°, 90°
e) 90°, 90° f) 35°, 100°

612
a) 50° b) 140° c) 230°
d) 120° e) 108° f) 70°

613
a) 70° b) 115° c) 36°
d) 90° e) 65° f) 114°

614
a) 25° b) 100° c) 50°
d) 25° e) 55° f) 20°

615
a) 35° b) 152° c) 130°
d) 120° e) 225° f) 55°

616
a) 100°, 95°
b) 90°, 120° c) 110°, 80°
d) 94°, 88° e) 80°, 110°
f) 90, 72°

617
a) 82°, 100°, 98°, 80°
b) 92°, 89°, 88°, 91°

618
a) 120°, 100°
b) 90°, 90°
c) 100°, 76°

619
a) 80°, 30° b) 90°, 40°

620
a) 220° b) 245°

621
114°, 82°

622
a) 35° b) 100° c) 60°
d) 25° e) 50° f) 20°

623
a) 80° b) 30° c) 60°
d) 80° e) 89° f) 110°

624
a) 65° b) 84° c) 90°

625
a) 75° b) 100° c) 42°
d) 25° e) 98°

626
a) 20° b) 40°

628
a) 124°, 60° b) 105°, 55°

629
60°

630
a) 160° b) 80°

642
Aqueles cujos ângulos opostos são suplementares: quadrado, retângulo e trapézio isósceles.

Capítulo 12

644
a) 10 u.a b) 10 u.a c) 12 u.a
d) 10 u.a e) 16 u.a f) 18 u.a
g) 15 u.a h) 20,5 u.a

645
a) $64m^2$ b) $60m^2$ c) $60m^2$
d) $24m^2$ e) $78m^2$ f) $240m^2$

646
a) 14 b) 45 c) 54 d) 65
e) 32 f) 24 g) 24 h) 150
i) 36 j) 40 k) 52 l) 84
m) 63

647
a) 66 b) 120 c) 126 d) 116
e) 248 f) 138 g) 84 h) 96

648
a) 18 b) 48 c) 56
d) 54 e) 77

649
a) $96m^2$ b) $54m^2$ c) $80m^2$
d) $72m^2$ e) $96m^2$ f) $88m^2$
g) $40m^2$ h) $24m^2$ i) $70m^2$

650
a) 210 b) 91 c) 180
d) 47 e) 103 f) 220

651
a) $25m^2$, $25m^2$ b) $41m^2$, $82m^2$
c) $50m^2$, $25m^2$, $100m^2$, $50m^2$
d) $60m^2$, $30m^2$, $90m^2$

652
a) 320 b) 165

653
a) 68 b) 410

654
a) 11m b) 16 m c) 2 m
d) 8 m e) 9 m f) 10 m

655
a) 9 b) 15

656
a) 12m, 18m b) 8m, 12m

657
a) $169m^2$ b) $128m^2$ c) $196m^2$

658
a) $108m^2$ b) $85m^2$
c) $72m^2$ d) $108m^2$

659
a) 9m b) 10m c) 8m
d) 6m e 12m e) 4m e 36m

660
a) 5m, 8m b) 10,8m c) $120m^2$
d) 50m e) 12m e 16m f) 120m

661
a) $\dfrac{k}{3}$ b) $\dfrac{k}{2}$ c) $\dfrac{2k}{5}$

663
a) $\dfrac{2}{15}k$

664
a) $36m^2$ b) $40m^2$ c) $18m^2$
d) $12m^2$ e) $24m^2$ f) $40m^2$
g) $20m^2$ h) $32m^2$ i) $40m^2$
j) $18m^2$

665
a) 15 b) 24 c) 21 d) 12

666
a) 6m, $6\sqrt{2}$m b) 4m
c) 2m, 3m d) 4m e) 4m
f) 2m g) 5m h) 2m
i) 6m j) 2m k) 4m
l) 4m m) 4m

667
a) $32m^2$ b) $96m^2$ c) 6m, 9m
d) 5m, 6m e) $6\sqrt{2}$m, $12\sqrt{2}$m

668
a) $256m^2$ b) $288m^2$ c) $324m^2$
d) $72m^2$

669
a) 20m b) $5\sqrt{2}$m c) $15\sqrt{2}$m

670
a) $116m^2$ b) $144m^2$ c) 5m
d) 12 e) 17

671
a) $40m^2$ b) 46m
c) 13m, 17m d) 12m, 18m
e) $36m^2$

672
a) $\dfrac{2}{3}k$ b) $\dfrac{1}{2}k$ c) $\dfrac{7}{15}k$ d) $\dfrac{1}{4}k$

673
a) $192m^2$ b) $96m^2$

674
a) $16\pi m$ b) $12\pi m$

676
a) $\dfrac{1}{3}k$ b) $\dfrac{2}{5}k$ c) $\dfrac{3}{8}k$ d) $\dfrac{11}{24}k$

677
a) $\dfrac{17}{60}k$ b) $\dfrac{1}{3}k$

678
a) 6m b) 8m

679
$\dfrac{1}{12}s$

680
$\dfrac{8}{39}k$

681
$\dfrac{1}{7}k$

682
315

Capítulo 13

683
a) $x^2 = a^2 + b^2$ (ou $a^2 + b^2 = x^2$)
b) $c^2 = a^2 + b^2$ c) $a^2 + c^2 = b^2$
d) $a^2 = b^2 + c^2$ e) $y^2 = a^2 + x^2$
f) $a^2 + b^2 = x^2$ g) $a^2 = x^2 + y^2$
h) $a^2 = m^2 + h^2$

684
a) $c^2 = a^2 + h^2$, $d^2 = b^2 + h^2$
b) $a^2 + b^2 = d^2$
c) $a^2 = b^2 + c^2$, $a^2 = x^2 + y^2$
d) $c^2 = a^2 + b^2$, $e^2 = c^2 + d^2$, $g^2 = e^2 + f^2$
e) $b^2 = m^2 + h^2$, $c^2 = h^2 + n^2$
f) $b^2 = h^2 + m^2$, $c^2 = h^2 + n^2$, $a^2 = b^2 + c^2$

685
a) 10   b) 17   c) 25   d) 4   e) 5
f) 12   g) $2\sqrt{5}$ h) $3\sqrt{2}$

686
a) 6   b) 12   c) 6   d) 8
e) $5\sqrt{2}$ f) 9

687
a) 15   b) 4   c) 15

688
a) 5, 7   b) $2\sqrt{5}$, $2\sqrt{14}$ c) 20, 25

689
a) $5\sqrt{2}$ b) $3\sqrt{2}$ c) $2\sqrt{13}$
d) 12   e) 4   f) 15

690
a) 7   b) 6   c) 5

691
a) 12   b) 9   c) 20   d) 17   e) 12
f) $5\sqrt{3}$

692
a) $4\sqrt{5}$ b) 20   c) 14
d) 16   e) $4\sqrt{3}$ f) 12

693
a) $4\sqrt{2}$ b) 8   c) 10
d) 5   e) 8   f) 8

694
a) $8\sqrt{2}$ b) 24   c) $6\sqrt{5}$ d) 14

695
a) 4, 2   b) $4\sqrt{3}$, 4   c) 4, 3

696
a) $2\sqrt{7}$ b) $4\sqrt{3}$ c) $4\sqrt{7}$

697
a) 8   b) 12   c) $2\sqrt{6}$

698
a) $72m^2$ b) $204m^2$ c) $750m^2$
d) $464m^2$ e) $336m^2$ f) $54m^2$

699
a) 96   b) 60   c) $16\sqrt{3}$

700
a) $60m^2$ b) $108m^2$ c) $36\sqrt{3}m^2$
d) $168m^2$ e) $150m^2$ f) $8\sqrt{21}m^2$

701
a) $120\sqrt{3}m^2$ b) $210m^2$

702
a) $12\sqrt{5}$ b) $36\sqrt{2}$

703
a) 5   b) 4

704
a) $4\sqrt{41}m$ b) $25m$ c) $6\sqrt{5}m$
d) $2\sqrt{5}m$ e) $20m$

705
a) $5\sqrt{2}m$ b) $10\sqrt{2}m$
c) $2(\sqrt{2} + 2)m$

706
a) $3\sqrt{3}m$ b) $6\sqrt{3}m$
c) $2(2\sqrt{3} + 3)m$

707
a) $4\sqrt{2}m$ b) $32\sqrt{2}m$
c) $8m$ d) $24\sqrt{3}m$

708
a) $6\sqrt{2}$ b) $8\sqrt{2}$ c) 2
d) 10   e) $3\sqrt{6}$ f) $2a$

709
a) $5\sqrt{3}$ b) $\dfrac{7\sqrt{3}}{2}$ c) $9\sqrt{3}$
d) $9m$ e) $3\sqrt{6}$ f) $3a$

710
a) $4\sqrt{3}m^2$ b) $36\sqrt{3}m^2$
c) $81\sqrt{3}m^2$ d) $48\sqrt{3}m^2$
e)

711
a) $24\sqrt{3}m^2$ b) $54\sqrt{3}m^2$ c) $96\sqrt{3}m^2$
d) $3\sqrt{3}m^2$ e) $96\sqrt{3}m^2$ f) $3\sqrt{3}m^2$

712
a) 7   b) 9   c) $81\sqrt{3}m^2$
d) $81\sqrt{3}m^2$ e) $v81\sqrt{3}m^2$

713
a) 10   b) 14   c) $\dfrac{16\sqrt{3}m^2}{3}$
d) $8\sqrt{3}m^2$

714
a) 10   b) 16   c) 2   d) $81\sqrt{3}m^2$

715
a) $81\sqrt{3}m^2$ b) $12m$
c) $48\sqrt{3}m^2$ d) $3m$

716
a) $4\sqrt{2}m^2$ b) $14m$

717
a) $108m^2$ b) $440m^2$ c) $320m^2$

718
a) $60m^2$ b) $180m^2$
c) $24\sqrt{6}m^2$

719
$30\sqrt{11}m^2$

720
a) $24m^2$ ou $6\sqrt{7}m^2$ b) $21m^2$
c) $14m^2$
d) $12m^2$ ou $\dfrac{11\sqrt{3}}{2}m^2$ ou $\dfrac{21\sqrt{3}m^2}{2}$

721
a) 5   b) 12   c) $\sqrt{7}$ d) $3\sqrt{3}m^2$

722
a) $a\sqrt{3}m^2$ b) $\dfrac{a}{2}$

723
a) 12   b) 24   c) 20   d) 8

724
a) $2\sqrt{29}m^2$ b) 9

725
a) 12   b) $5\sqrt{3}$

726
a) 13   b) $6\sqrt{2}$

727
a) $4\sqrt{2}$ b) 6

728
a) 6   b) 12
c) 5 (o 45 é incoerente com a figura)
d) 17

729
a) 17   b) 10

730
a) 5   b) 10

731
$4\sqrt{3}$

732
a) 5   b) 4   c) $4\sqrt{5}$ d) 4

733
a) 6   b) 12   c) $2\sqrt{7}$ d) $3\sqrt{7}$

734
a) $2\sqrt{13}$ b) 7

735
a) 12   b) 12

736
a) 6m   b) 17m

737
a) 9,6   b) 12

738
a) 2m   b) 4,8m

739
a) $5\sqrt{2}$m   b) $2\sqrt{13}$m   c) 24m
d) 6m   e) 12m

740
a) $4\sqrt{3}$m   b) 8m   c) $12\sqrt{3}$m
d) 64m   e) 8m   f) $\dfrac{5\sqrt{7}}{4}$m
g) 9,6m

741
a) $8\sqrt{21}$ b) 360   c) 39
d) 36   e) 20   f) $24\sqrt{21}$

742
a) $22\sqrt{5}$ b) 252   c) 192   d) 124

743
a) 234   b) $19,5\sqrt{3}$

744
10

745
150m²

746
a) 12   b) $3\sqrt{3}$ c) $4\sqrt{3}$

747
a) $4\sqrt{21}$ b) 13   c) 6

748
$52\sqrt{3}$m²

749
24m² ou 30m²

750
a) 20   b) 9   c) 15

751
a) $\dfrac{R}{4}$ b) $\dfrac{R}{3}$ c) $(3-2\sqrt{2})R$
d) $\dfrac{(2\sqrt{3}-3)R}{3}$

752
$\dfrac{a(\sqrt{2}-1)}{2}$

753
$\dfrac{R}{4}$

754
$6\sqrt{2}$

755)
a) $16\sqrt{5}$m²   b) 48m²
c) $20\sqrt{21}$m²   d) 48m²   e) $16\sqrt{3}$m²
f) $9\sqrt{5}$m²   g) 210m²   h) 180m²
i) 30m²

756
a) $\dfrac{a^2\sqrt{3}}{4}$ b) $\dfrac{h^2\sqrt{3}}{3}$ c) $\dfrac{P^2\sqrt{3}}{9}$

757
a) 17   b) 5 e 10   c) 10

758
a) 10   b) 30, 16   c) 8

759
a) 60m²   b) 108m²   c) 84m²

760
a) $33\sqrt{3}$m²   b) 116m²   c) 96m²

761
a) $45\sqrt{5}$m²   b) 256m²   c) 95m²

762
a) 24m   b) 600m²   c) 96m²

763
a) 3m, 15m²   b) 24m²

764
a) 36m²   b) $4\sqrt{11}$m²
c) 18m ou 24m   d) $96\sqrt{2}$m²

765
a) 10, $2\sqrt{10}$ b) 10
c) $2\sqrt{21}$, $\sqrt{69}$

766
72m²

767
3m, 6m

768
6m, 15m, 2m

Capítulo 14

769
Todas verdadeiras

770
a) 6   b) 8   c) 8
d) 18   e) 9,6   f) 8

771
a) 9   b) 6   c) 14

772
a) 4   b) 7

773
a) 15   b) $\dfrac{20}{3}$ c) 1 ou 10

774
a) 28 , 25   b) 6 , 4

775
a) 15 , 6   b) 4 ; 7,5 ; 7,5

776
a) 18   b) 6

777
a) 8,8   b) 14 , 18

778
a) 16 , 18   b) 16,8 ; 14

779
a) 14   b) 15

780
a) 14   b) 6

781
a) 12   b) 7   c) 12 , 75
d) 12   e) 6   f) 17

782
a) 32   b) 6   c) 35   d) 13

783
14

784
a) 12   b) 17

785
a) 140   b) 180

786
a) 157,5   b) 96

787
a) 30   b) 20 , 40

788
a) 14m ; 16m
b) AB = 18; AC = 20   c) 16m

789
a) 15m; 10m   b) 24m; 30m

790
a) 3   b) 12   c) 9
d) 15   e) 15   f) 6

791
a) $\dfrac{12}{5} ; \dfrac{16}{5} ; \dfrac{50}{7}$ b) 4 ; 8

792
a) 4   b) 15   c) $\dfrac{20}{3}$ d) 12   e) 4

793
a) 15m ou 20m   b) 9m

794
42m

795
a) $\dfrac{52}{5}$ b) 6

796
a) 24m , 40m   b) 24m e 18m

797
x = 15 , y = 16

799
$9\sqrt{5}$m

800
18m

Capítulo 15

801

a) $\hat{A} = \hat{K}$, $\hat{B} = \hat{L}$, $\hat{C} = \hat{M}$
$$\frac{AB}{KL} = \frac{AC}{KM} = \frac{BC}{LM}$$

b) $\hat{M} = \hat{D}$, $\hat{N} = \hat{E}$, $\hat{K} = \hat{F}$
$$\frac{MN}{DE} = \frac{MK}{DF} = \frac{NK}{EF}$$

802
a) $\triangle ABC \sim \triangle YXZ$
b) $\triangle MKN \sim \triangle DBC$

803

a) $\frac{a}{y} = \frac{b}{x}$ b) $\frac{a}{b} = \frac{m}{x}$

c) $\frac{a}{y} = \frac{b}{z} = \frac{c}{x}$ d) $\frac{b}{e} = \frac{c}{f} = \frac{d}{a}$

e) $\frac{b}{y} = \frac{c}{z} = \frac{x}{a}$ f) $\frac{a}{b} = \frac{x}{x+y}$

804

a) $21, k = \frac{4}{7}$ $\left(\text{ou } k = \frac{7}{4}\right)$

b) $14, k = \frac{2}{3}$ c) $27, k = \frac{5}{9}$

d) $24, k = \frac{4}{5}$

805
a) 12; 7   b) 21; 20   c) 35; 12
d) 40; 20

806
a) 30   b) 5   c) 21   d) 8

807
a) 18; 4   b) 4; 8   c) 6; 8
d) $12\sqrt{3}$; $6\sqrt{3}$

808
a) $24\sqrt{5}$ b) 9

809
a) 32; 21   b) 12; 18

810
a) 25   b) 6

811
a) 4   b) 4

812
a) 3   b) 4   c) 9

813
a) 6   b) 12

814
a) 350   b) 150

815
a) 245   b) 105

816
a) 25   b) 18 ou 8   c) 56
d) 125 ou 45

817
a) 24; 32; 48   b) 18; 27; 36   c) 4 e 10; 10 e 20

818
a) 20; 35; 45; 30   b) 18
c) 27

819
a) 26; 91   b) 27 ou $\frac{169}{3}$

820
a) A reta deve distar 8m e 10m dos lados menores
b) Pelos pontos médios de lados opostos (k = 1)

821
a) 588m²   b) $\frac{2}{3}$h   c) 25

822
a) 9m e 12m   b) 35m   c) 54m²

823
a) 21; 18; 15   b) $\frac{3}{2}$

824
16; 14

825
28

826
a) 12   b) 40

827
8m, 10m

828
a) 5; 4   b) 12; 4

829
a) $9 ; \frac{32}{3}$ b) 3; 4

830
a) 7; 10   b) $6 ; \frac{10}{3}$

831
a) 16   b) 5

832
a) 6   b) $\frac{24}{5}$

833
a) 5   b) 12

834
a) $\frac{45}{4}$m   b) 6; 10

835
a) 16   b) 11, 25

836
a) 400m²   b) 324m²

837
a) 56; 48; 72   b) 115

838
a) 40m   b) 588

839
a) $k^2 = \frac{9}{25}$ b) $k = \frac{5}{7}$

840
a) $\frac{3}{7}$ b) $\frac{3}{7}$ c) $\frac{3}{7}$
d) $\frac{3}{7}$ e) $\frac{9}{49}$ f) 1

841
a) 275m²   b) 60m

842
a) 24m   b) 150m²

843
18

844
30

845
$$\frac{60\sqrt{21}}{17}$$

846
8

847
8m

848
$4\sqrt{6}$m

849
$$\frac{h}{2}$$

850
$$\frac{2-\sqrt{2}}{2}$$

851
9m

852
17m

853
324m²

854
$$\frac{abh}{2(a+b)}$$

855
$$\frac{h(\sqrt{ab}-a)}{b-a}$$

856
$$\frac{\sqrt{2}\,ab}{a+b}$$

857
$\sqrt{ab}$

858
$$\left(\sqrt{A}+\sqrt{B}+\sqrt{C}\right)^2$$

859
6

860
$$\frac{ab}{a+b}$$

862
$\sqrt{ab}$

Capítulo 16

868
a) $h^2 = m \cdot n$; $ah = b \cdot c$
$b^2 = a \cdot m$; $c^2 = a \cdot n$
$h^2 + m^2 = b^2$; $h^2 + n^2 = c^2$
$b^2 + c^2 = a^2$
b) $x^2 = a \cdot b$; $n^2 = c \cdot a$; $m^2 = c \cdot b$; $m \cdot n = c \cdot x$; $c^2 = m^2 + n^2$; $n^2 = a^2 + x^2$; $m^2 = b^2 + x^2$

869
a) 4   b) 4   c) 10
d) $6\sqrt{2}$ e) 18   f) 3 ou 12

870
a) 6   b) 10   c) 24
d) 9   e) 8   f) 3

871
a) 12   b) 8   c) 6

872
a) 16; 9
b) $10\sqrt{3}$; $15\sqrt{3}$
c) $3\sqrt{10}$; 3
d) 12 ; $4\sqrt{13}$; $6\sqrt{13}$
e) 3 ; $3\sqrt{3}$; $6\sqrt{3}$ f) 2 ; $\sqrt{5}$; $2\sqrt{5}$

873
a) 9 ; $4\sqrt{7}$; $3\sqrt{7}$ b) 15; 16; 9
c) 20; 15 ou 15; 20

874
a) $4\sqrt{3}$ b) 4   c) $3\sqrt{7}$

875
a) 15   b) 13   c) 8

876
a) ab = xy
b) ad = be = fc
c) $x^2 = R^2 - d^2$
d) ab = xy
e) m(m + n) = y(x + y)
f) $x^2 = ab$ g) $a^2 = x(x + y)$
h) $x^2 = d^2 - R^2$

877
a) 3   b) 18   c) 9   d) 15   e) 6

878
a) 12   b) 5   c) 9   d) 20

879
a) 4   b) 10   c) 6   d) 6

880
a) 10   b) 12   c) 6   d) 13

881
a) $2\sqrt{2}$ b) $4\sqrt{3}$
c) $\sqrt{2}$; $9\sqrt{2}$
d) $6\sqrt{3}$; $6\sqrt{6}$

882
a) $\dfrac{3\sqrt{10}}{2}$ b) $3\sqrt{3}$
c) 7,5m   d) $2\sqrt{3}$

883
a) $16\sqrt{2}m^2$ b) $150m^2$ c) $156m^2$
d) $32\sqrt{3}m^2$ e) $81\sqrt{2}m^2$
f) $60m^2$

884
a) $45m^2$ b) $12m^2$ c) $150m^2$

885
a) $204m^2$ b) $30\sqrt{3}m^2$
c) $150m^2$ d) $126\sqrt{5}m^2$

886
a) 6   b) 3   c) 8   d) 9

887
a) 10; $\dfrac{24}{5}$
b) 4; $4\sqrt{3}$

888
a) $3\sqrt{5}$ b) 2

889
a) 9 ; 5   b) 4 ; $4\sqrt{3}$

890
a) 6   b) 9   c) 4   d) 4

e) 3   f) 3

891
a) 16   b) 16   c) 13

892
a) $3\sqrt{5}$ b) $6\sqrt{2}$ c) $4\sqrt{5}$

893
a) 12 ; $6\sqrt{5}$ b) 3,6 ; 6,4
c) 11 , 17

894
a) 9,6; 7,2   b) $2\sqrt{5}$ c) 17

895
a) 8   b) 2 ou 8   c) 24

896
a) 25   b) 19,2

897
a) $80m^2$ b) $1305m^2$ c) $125m^2$
d) $36m^2$ ou $24\sqrt{3}m^2$ e) $128m^2$
f) $\dfrac{625}{6}m^2$

898
a) 12   b) 7

899
a) 5m; 2,4m, 1,8m e 3,2m   b) k = 5

900
a) $54m^2$ b) $256m^2$ c) $432m^2$
d) $27\sqrt{3}m^2$

901
$1024m^2$

902
6m e 8m

903
a) 15m; 20m   b) 50m

906
$300m^2$; 20m ; $10\sqrt{13}m$

910
$a\sqrt{2}$

Capítulo 17

913

a) $\dfrac{m}{a}=\dfrac{n}{b}=\dfrac{t}{c}; \dfrac{m}{x}=\dfrac{n}{y}=\dfrac{t}{z}$

$\dfrac{a}{x}=\dfrac{b}{y}=\dfrac{c}{z}$

b) $\dfrac{x}{c}=\dfrac{x+m}{c+d}=\dfrac{x+m+y}{c+d+n}$

$\dfrac{b}{c}=\dfrac{a}{c+d}=\dfrac{z}{c+d+n}$

$\dfrac{x}{b}=\dfrac{x+m}{a}=\dfrac{x+m+y}{z}$

914
a) c   b) b   c) b   d) c   e) y
f) y   g) δ   h) γ

915
a) $\dfrac{n}{m}$ b) $\dfrac{n}{d}$ c) $\dfrac{m}{d}$
d) $\dfrac{m}{d}$ e) $\dfrac{n}{d}$ f) $\dfrac{m}{n}$

916
a) $\dfrac{b}{x}$ b) $\dfrac{m}{x}$ c) $\dfrac{m}{x}$ d) $\dfrac{b}{x}$
e) $\dfrac{b}{m}$ f) $\dfrac{m}{b}$ g) $\dfrac{n}{a}$ h) $\dfrac{y}{a}$
i) $\dfrac{y}{a}$ j) $\dfrac{n}{a}$ k) $\dfrac{y}{n}$ l) $\dfrac{n}{y}$

917
a) $\dfrac{2}{3};\dfrac{2}{3}$ b) $\dfrac{3}{5};\dfrac{3}{5}$ c) $\dfrac{7}{25};\dfrac{7}{25}$

918
a) $\dfrac{3}{2};\dfrac{2}{3}$ b) $\dfrac{4}{3};\dfrac{3}{4}$ c) $\dfrac{15}{8};\dfrac{8}{15}$

919
a) $\dfrac{3}{4}$ b) $\dfrac{3}{5}$ c) $\dfrac{1}{2}$

920
a) $\dfrac{3}{4}$ b) $\dfrac{\sqrt{7}}{4}$ c) $\dfrac{\sqrt{3}}{2}$

921
a) $\dfrac{4}{3}$ b) $\dfrac{3}{4}$ c) $\dfrac{\sqrt{3}}{3}$

922
a) $\dfrac{10}{19}$ b) $\dfrac{8}{9}$ c) $\dfrac{1}{2}$

923
a) 9   b) 16   c) 18
d) 35   e) 12   f) 45

924
a) 27   b) 21

925
a) 20 ; 15   b) 32 ; 40

926
a) 24 ; 24   b) 48 ; 60 ; 22

927
a) 36   b) 27   c) 25   d) 45

928
a) 18   b) $8\sqrt{2}$

929
a) $\dfrac{\sqrt{2}}{2}$ b) $\dfrac{\sqrt{2}}{2}$ c) 1
d) $\dfrac{\sqrt{3}}{2}$ e) $\dfrac{1}{2}$ f) $\sqrt{3}$
g) $\dfrac{1}{2}$ h) $\dfrac{\sqrt{3}}{2}$ i) $\dfrac{\sqrt{3}}{3}$

930
a) 20   b) $15\sqrt{3}$ c) $18\sqrt{3}$
d) $6\sqrt{2}$ e) 10   f) $8\sqrt{2}$
g) $6\sqrt{3}$ h) 26   i) $8\sqrt{3}$

931
a) 16   b) $10\sqrt{3}$ c) $10\sqrt{3}$
d) $6\sqrt{3}$

932
a) $5;15\sqrt{3}$ b) $6\sqrt{2};4\sqrt{6}$

933
a) $15;15\sqrt{3}$ b) $16;8\sqrt{3}$

934
a) 14 ; 17   b) $8\sqrt{3};4\sqrt{3}$

935
a) $20\sqrt{3}$ b) $12\sqrt{3}$

936
a) $3\sqrt{3};6\sqrt{3}$ b) $46;11\sqrt{3}$

937
a) $10;16\sqrt{3}$ b) $14\sqrt{3};28$

938
a) $18\sqrt{6};18(\sqrt{3}+3)$
b) $10\sqrt{3};30$

939
a) 30°   b) 60°   c) 45°
d) 30°   e) 60°   f) 30°

940
a) $\dfrac{3}{4}$ b) $\dfrac{2}{3}$

941
a) $\dfrac{4}{5}$ b) $\dfrac{15}{17}$

942
a) $\dfrac{4}{3}$ b) $\dfrac{12}{5}$

943
a) $72\sqrt{3}m^2$ b) $96\sqrt{3}m^2$
c) $32m^2$ d) $50\sqrt{3}m^2$
e) $36m^2$ f) $98\sqrt{3}m^2$

944
a) $100\sqrt{3}m^2$ b) $48\sqrt{3}m^2$
c) $72m^2$ d) $144m^2$
e) $108\sqrt{3}\,m^2$

945
a) 42   b) $108\sqrt{2}$ c) $21\sqrt{3}$
d) $56\sqrt{3}$ e) $152\sqrt{3}$ f) 432

946
a) $x = a\cos\alpha$, $y = a\,\text{sen}\,\alpha$
b) $x = a\,\text{xen}\,\beta$, $y = a\cos\beta$
c) $x = a\cos\gamma$, $y = a\,\text{sen}\,\gamma$
d) $x = a\cos\alpha$, $y = a\,\text{sen}\,\alpha$

947
a) $9\sqrt{3};9$ b) $5\sqrt{3};5$
c) $12;12\sqrt{3}$ d) $15\sqrt{3};15$

948
a) $7\sqrt{2};7$ b) $6\sqrt{2};6\sqrt{2}$
c) $8;8\sqrt{2}$ d) $3\sqrt{2};3\sqrt{2}$

949
a) $14;14\sqrt{3}$ b) $10;5\sqrt{3}$
c) $2\sqrt{3};4\sqrt{3}$ d) $9;9\sqrt{3}$
e) $20;10\sqrt{3}$ f) $6\sqrt{3};12\sqrt{3}$
g) 8 ; 16   h) $10\sqrt{3};20\sqrt{3}$

951
a) $30m^2$ b) $48\sqrt{2}m^2$ c) $18\sqrt{3}m^2$

952
a) $\dfrac{3}{7}$ b) $\dfrac{8}{21}$

953
$\dfrac{3}{10}$

955
a) 45   b) $30\sqrt{2}$ c) $56\sqrt{3}$

957
a) $70\sqrt{2}$ b) 56   c) $60\sqrt{3}$
d) 84   e) $180\sqrt{2}$

958
a) $150\sqrt{2}m^2$ b) $45\sqrt{3}m^2$

959
a) 30   b) $10\sqrt{2}$ c) $12\sqrt{3}$

960
a) 14   b) $8\sqrt{3}$ c) $10\sqrt{3}$

961
a) 17   b) $5\sqrt{2}$ c) $9\sqrt{2}$

962
a) $2\sqrt{3}$ b) $10\sqrt{3}$

963
a) $6\,;6\sqrt{3}$ b) 5   c) $5\sqrt{2}$

964
a) $12\,;12\sqrt{3}$ b) $3\sqrt{3}$ c) $16\sqrt{3}\,;42$

965
a) $18\sqrt{3}m^2$ b) $24\sqrt{3}m^2$
c) $75\sqrt{3}m^2$ d) $225m^2$

966
a) $78m^2$ b) $126\sqrt{3}m^2$
c) $400\sqrt{3}m^2$ d) $300\sqrt{3}m^2$

967
a) $220\sqrt{3}m^2$ ou $264\sqrt{3}m^2$
c) $120\sqrt{3}m^2$

968
a) $156\sqrt{3}m^2$ b) $60m^2$

969
a) $40\sqrt{2}m^2$ b) $48m^2$
c) $375\sqrt{3}m^2$ d) $63m^2$

970
a) $24\sqrt{3}m^2$ b) $300\sqrt{2}m^2$
c) $48m^2$ d) $200\sqrt{3}m^2$

971
a) $60m^2$ b) $150\sqrt{2}m^2$ c) $48\sqrt{3}m^2$

972
$270\sqrt{3}m^2$ ou $189\sqrt{3}m^2$

973
a) $\dfrac{1}{2}$ b) $\dfrac{3}{5}$ c) $\dfrac{3}{5}$

974
a) $\dfrac{3}{4}$ b) $\dfrac{1}{2}$ c) $\dfrac{\sqrt{11}}{6}$

975
a) $\dfrac{4}{5}$ b) $\sqrt{3}$ c) $\dfrac{4}{3}$

976
a) 84   b) 68   c) 104
d) 60   e) 85   f) 48

977
a) $6\sqrt{41}$ b) 30

978
a) 10   b) $3\sqrt{2}$ c) 10

979
a) $6\sqrt{2}$ b) $2\sqrt{3}$ c) 36   d) $16\sqrt{3}$

980
a) $6\sqrt{7}$ b) $5\sqrt{3}$

981
a) $6\,;6\sqrt{3}$ b) $8\,;4\sqrt{3}$ c) $6\sqrt{2}\,;6$
d) $18\,;\ 6\sqrt{5}$ e) $12\,;\ 10$

982
a) $6\sqrt{7}$ b) 6

983
a) $8\sqrt{3}$ b) $6\sqrt{3}$

984
a) $4\sqrt{5}$ b) $3\sqrt{2}$ c) $2\sqrt{5}$ d) $\sqrt{3}$

985
a) $50\sqrt{3}$ b) $18\sqrt{3}$ c) $25\sqrt{3}$
d) $48\sqrt{3}$ e) $81\sqrt{3}$ f) $90\sqrt{3}$
g) 24

986
a) $12\sqrt{3}m^2$ b) $72\sqrt{2}m^2$
c) $72\sqrt{2}m^2$ d) $96\sqrt{3}m^2$

987
a) $12\sqrt{3}$ b) 16   c) $32\sqrt{3}$
d) $21\sqrt{3}$ e) $18\sqrt{2}$ f) $30\sqrt{3}$

989
a) $90m^2$ b) $36\sqrt{3}m^2$
c) $40\sqrt{2}m^2$ d) $96\sqrt{3}m^2$

990
a) $190\sqrt{2}m^2$ b) $108\sqrt{2}m^2$

991
a) $182\sqrt{3}m^2$ d) $30\sqrt{3}\ m^2$

992
$2(\sqrt{3}+1)cm$

993
a) $3(\sqrt{6}-\sqrt{2})\,;3(\sqrt{6}-\sqrt{2})$
b) $3\sqrt{2}+\sqrt{6}$

994
a) $16\sqrt{3}m^2$ b) $46\sqrt{3}m^2$

995
a) $100\sqrt{3}m^2$
b) $120\sqrt{3}m^2$ ou $264\sqrt{3}m^2$
d) $225\sqrt{3}m^2$ ou $75\sqrt{3}m^2$

996
a) $90\sqrt{3}m^2$ ou $1440\sqrt{3}m^2$
b) $20\sqrt{2}m^2$

997
a) $40\sqrt{3}m^2$ b) $120m^2$ c) $64\sqrt{2}m^2$
d) $24\sqrt{3}m^2$ e) $33m^2$ f) $32m^2$

998
a) $2\sqrt{21}m$ b) $\dfrac{3\sqrt{3}}{2}m$ c) $12m$

999
a) $30m^2$ b) $12\sqrt{2}m^2$ c) $9\sqrt{3}m^2$

1000
a) $5m$ ou $\sqrt{7}m$ b) $6m$ ou $6\sqrt{3}m$
c) $48m^2$ ou $80m^2$
d) $48\sqrt{3}m^2$ ou $48\sqrt{15}m^2$
e) $90m^2$ e $210m^2$

1001
a) $36\sqrt{3}m^2$ b) $128m^2$ ou $32m^2$
c) $4m^2$

1002
a) 450 ou 522   b) 576
c) 600 ou 1128

1003
a) 320   b) 1161

1004
$\dfrac{4\,a\,b}{\operatorname{sen}\alpha}$

Capítulo 18

1005
a) $c^2 = a^2 + b^2 - 2am$
b) $x^2 = y^2 + a^2 + 2az$
c) $m^2 = l^2 + n^2 - 2nk$
d) $d^2 = a^2 + c^2 + 2ab$
e) $b^2 = a^2 + c^2 - 2cx$
f) $y^2 = b^2 + x^2 - 2ax$

1006
a) 1   b) 1   c) $\frac{57}{7}$
d) 2   e) 2   f) $\frac{40}{9}$

1007
Todas verdadeiras

1008
a) $a^2 = x^2 + y^2 - 2xy \cos \alpha$
b) $x^2 = a^2 + b^2 - 2ab \cos \beta$
c) $c^2 = b^2 + d^2 - 2bd \cos \gamma$

1009
a) $2\sqrt{13}$ b) $\sqrt{69}$ c) $2\sqrt{26}$

1010
a) $\frac{3}{4}$ b) $\frac{7}{9}$ c) $-\frac{23}{40}$

1011
a) 60°   b) 120°   c) 45°

1012
a) $2\sqrt{21}$ b) $4\sqrt{13}$ c) $4\sqrt{5}$
d) 35   e) $9\sqrt{2}$ f) 12

1013
a) 14   b) 12

1014
a) $\frac{2\sqrt{745}}{5}$ b) $\frac{3\sqrt{6}}{2}$ c) $\sqrt{46}$

1015
a) $\sqrt{55}$ b) $\sqrt{286}$

1016
a) $\sqrt{34}$ b) $\sqrt{66}$

1017
a) Obtusângulo b) Retângulo
c) Obtusângulo d) Acutângulo
e) Acutângulo   f) Retângulo
g) Obtusângulo

1018
a) $15\sqrt{7}$ b) $12\sqrt{5}$ c) $24\sqrt{21}$
d) 24   e) $36\sqrt{3}$ f) 192

1019
a) 15   b) $4\sqrt{3}$ c) $\frac{6\sqrt{14}}{5}$

1020
a) $\frac{5\sqrt{7}}{2}$ b) $\frac{10\sqrt{14}}{3}$ c) $2\sqrt{10}$

1021
a) $\frac{6\sqrt{34}}{5}$ b) $5\sqrt{3}$

1022
a) 20   b) 36

1023
a) $\frac{2}{3}$ b) $\frac{6}{11}$

1024
a) 24   b) $12\sqrt{2}$ c) $6\sqrt{6}$

1025
a) 105°   b) 75°

1026
a) 14   b) 12
c) $9\sqrt{2}$ d) $4\sqrt{3}$

1027
a) $2\sqrt{5}$ b) $\frac{3\sqrt{55}}{5}$

1028
a) $\frac{21\sqrt{5}}{10}$ b) $\frac{33\sqrt{2}}{8}$

1029
a) $\frac{21\sqrt{11}}{11}$ b) $3\sqrt{11}$

1030
a) Acutângulo; $\frac{51}{16}$
b) Obtusângulo; $\frac{5}{3}$
c) Obtusângulo; 3 e $\frac{8}{7}$

1031
a) $2\sqrt{7}$ b) $\frac{23}{65}$

1032
a) $\sqrt{106}$ b) 12

1033
a) $9\sqrt{231}$ m²   b) $96\sqrt{6}$ m²
c) $4\sqrt{5}$ m²

1034
a) $15\sqrt{3}$ b) $2\sqrt{70}$

1035
a) $2\sqrt{30}$ b) $8\sqrt{2}$

1036
a) $10\sqrt{2}$ b) 12

1037
a) $\sqrt{6}$ b) $\frac{8\sqrt{5}}{5}$ c) 6   d) $3\sqrt{3}$

1038
a) $\frac{275\sqrt{21}}{84}$ b) $\frac{8\sqrt{15}}{3}$ c) 15
d) $4\sqrt{3}$

1039
a) 8   b) $12\sqrt{2}$

1040
a) $\frac{17}{4}$ b) 3

1041
a) 3; 4   b) 1; $2\sqrt{2}$

1042
a) 3   b) $2\sqrt{3}$

1043
a) 14   b) 5   c) 10
d) $2\sqrt{6\sqrt{3}+13}$

1044
a) 60°   b) 120°

1045
a) Acutângulo   b) Retângulo
c) Obtusângulo   d) Acutângulo
e) Obtusângulo   f) Retângulo

1046
a) $4\sqrt{2}$ b) $3\sqrt{2}$

1047
$6\sqrt{6}$

1048
a) 3   b) $\sqrt{19}$

1049
$\dfrac{3}{4}$

1050
a) 6 ; 8   b) 18 ; 9

1051
a) $10\sqrt{3}$ m²   b) $24\sqrt{6}$ m²
c) $8\sqrt{21}$ m²

1052
a) $6\sqrt{2}$ b) $6\sqrt{6}$

1053
a) $4\sqrt{3}$ b) $9\sqrt{2}$

1054
a) $6\sqrt{2}$ b) $12\sqrt{2}$

1055
a) 105°   b) 45°

1056
a) 9,7   b) 17   c) $2\sqrt{29}$

1057
a) $\dfrac{2\sqrt{30}}{3}$ b) $4\sqrt{7}$
c) $2\sqrt{15}$ d) $8\sqrt{10}$

1058
a) $6\sqrt{13}$ b) 120°

1059
a) $\dfrac{8\sqrt{35}}{3}$ b) $12\sqrt{5}$ c) 12

1060
a) $\dfrac{12\sqrt{26}}{13}$ b) 6   c) $4\sqrt{3}$ d) 5

1061
a) $\dfrac{32\sqrt{15}}{15}$ b) 13   c) $18\sqrt{3}$ d) 29

1062
a) 14   b) $\sqrt{129}$

1068
16m, 12m e 8m

1069
a) $\sqrt{5}$ b) $\dfrac{160\sqrt{231}}{231}$

1070
a) $8\sqrt{14}$ m²   b) $\dfrac{4\sqrt{14}}{3}$ m
c) $\dfrac{8\sqrt{14}}{3}$ m   d) $\dfrac{4\sqrt{14}}{7}$ m
e) $\dfrac{45\sqrt{14}}{28}$ m

1071
$4\sqrt{3}$

Capítulo 19

1076
b) $10\sqrt{2}$; $5\sqrt{2}$ c) $9\sqrt{2}$; 9

1079
$\ell = R$; $a = \dfrac{R\sqrt{3}}{2}$; $d = R\sqrt{3} = \ell_3$;
$D = 2R$

1080
a) $R = 3\sqrt{2}$; $a = 3$
b) $R = 6$; $a = 3\sqrt{3}$
c) $R = 2\sqrt{3}$; $a = \sqrt{3}$

1081
a) $R = 6\sqrt{2}$; $\ell = 12$
b) $R = 4\sqrt{3}$; $\ell = 4\sqrt{3}$
c) $R = 12$; $\ell = 12\sqrt{3}$

1082
a) $\ell = 6\sqrt{2}$; $a = 3\sqrt{2}$
b) $\ell = 6$; $a = 3\sqrt{3}$
c) $\ell = 6\sqrt{3}$; $a = 3$

1083
a) 3   b) $3\sqrt{3}$ c) $\sqrt{3}$

1084
a) $18\sqrt{3}$; $18\sqrt{2}$; 18
b) 6; $6\sqrt{2}$; $6\sqrt{3}$

1085
a) 8   b) $10\sqrt{3}$ c) 14   d) $6\sqrt{3}$

1086
a) 20   b) $12\sqrt{2}$ c) $9\sqrt{2}$ d) $5\sqrt{2}$

1087
a) 13   b) 14   c) $10\sqrt{3}$ d) $4\sqrt{3}$
e) 12

1088
a) 7   b) 9   c) $9\sqrt{3}$ d) $2\sqrt{3}$

1089
a) 15   b) 11   c) $3\sqrt{2}$ d) $4\sqrt{2}$

1090
a) $9\sqrt{3}$ b) 17   c) $15\sqrt{3}$ d) $6\sqrt{3}$
e) 14   f) $3\sqrt{3}$

1091
a) 60°; 30°; 30°   b) 36°; 72°; 108°

1092
a) 15°   b) 9°

1093
54

1094
20 e 24

1095
a) $3\sqrt{3}$ b) $2\sqrt{3}$ c) $\sqrt{3}$ d) $\sqrt{3}$

1096
a) $8\sqrt{2}$ b) $4\sqrt{2}$ c) 4   d) 4

1097
a) 12   b) 6   c) $3\sqrt{3}$
d) $6\sqrt{3}$ e) $3\sqrt{3}$

1098
a) $6\sqrt{2}$ b) 12   c) $4\sqrt{3}$

1099
a) $6\sqrt{2}$ b) 6   d) $6\sqrt{3}$

1100
a) 3   b) $3\sqrt{3}$ c) $\sqrt{3}$

1101
a) 12   b) $4\sqrt{3}$ c) $12\sqrt{3}$

1102
a) $6\sqrt{2}$ b) $6\sqrt{3}$ c) 6

1103
a) $6\sqrt{2}$ b) $4\sqrt{3}$ c) 12

1104
$(\sqrt{5} - 1)$ m

1105
b) $\dfrac{\sqrt{5}-1}{4}$ c) $\dfrac{\sqrt{5}-1}{4}$
d) $\dfrac{\sqrt{6+2\sqrt{5}}}{4} = \dfrac{\sqrt{5}+1}{4}$
e) $\dfrac{\sqrt{6+2\sqrt{5}}}{4} = \dfrac{\sqrt{5}+1}{4}$
f) $\dfrac{R}{4}\sqrt{10+2\sqrt{5}}$

1106
b) $\dfrac{\sqrt{10-2\sqrt{5}}}{4}$ c) $\dfrac{\sqrt{10-2\sqrt{5}}}{4}$
d) $\dfrac{\sqrt{6+2\sqrt{5}}}{4} = \dfrac{\sqrt{5}+1}{4}$
e) $\dfrac{R}{4}\sqrt{6+2\sqrt{5}} = \dfrac{R}{4}(\sqrt{5}+1)$

1107
a) $R\sqrt{2-\sqrt{2}}$ b) $\dfrac{\ell}{2}\sqrt{4+2\sqrt{2}}$;
c) $\ell\sqrt{4+2\sqrt{2}}$; $\ell(\sqrt{2}+1)$; $\ell\sqrt{2+\sqrt{2}}$

1108
a) $R = \dfrac{\ell}{2}(\sqrt{5}+1)$
b) $AE = \ell\sqrt{5+2\sqrt{5}}$
c) $AC = \ell_5 = \dfrac{\ell}{2}\sqrt{10+2\sqrt{5}}$
d) $AD = \dfrac{\ell}{2}\sqrt{14+6\sqrt{5}}$

1109
a) $x = \dfrac{a}{2}(\sqrt{5}-1)$ b) $x = \dfrac{a}{2}(\sqrt{5}+1)$

1110
a) $d = \dfrac{\ell}{2}(\sqrt{5}+1)$
b) II) $\dfrac{\ell}{2}(3-\sqrt{5})$

1111
a) $50 m^2$ b) $24\sqrt{3}\ m^2$ c) $27\sqrt{3}\ m^2$
d) $64 m^2$ e) $72\sqrt{3}\ m^2$ f) $75\sqrt{3}\ m^2$

1112
a) $2\sqrt{2}$ b) 6   c) $4\sqrt{3}$

1113
a) $\sqrt{6}$ b) $\sqrt{3}$ c) $\sqrt{3}$

1114
a) $\ell = R\sqrt{2}, a = \dfrac{R\sqrt{2}}{2}$

b) $\ell = R, a = \dfrac{R\sqrt{3}}{2}$

c) $\ell = R\sqrt{3}, a = \dfrac{R}{2}$

1115
a) $\ell_5 = \dfrac{R}{2}\sqrt{10 - 2\sqrt{5}}$

1116
a) $2(\sqrt{2} + 1)\ell^2$

b) $\dfrac{5}{2}\sqrt{5 + 2\sqrt{5}}\,\ell^2$

c) $\dfrac{\ell^2}{4}\sqrt{25 + 10\sqrt{5}}$

1117
a) 2   b) 3   c) 4   d) 5   e) 2

f) 3   g) $\dfrac{n-2}{2}$ h) $\dfrac{n-3}{2}$

1118
a) 2160° ou 2340°   b) 126
c) 1800°

1119
a) 18   b) 2520   c) 17

Capítulo 20

1121
a) $49\pi m^2$, $14\pi m$ b) $81\pi m^2$, $18\pi m$
c) $169\pi m^2$, $26\pi m$
d) $324\pi m^2$, $36\pi m$
e) $64\pi m^2$, $16\pi m$
f) $100\pi m^2$, $20\pi m$

1122
a) $36\pi m^2$ b) $225\pi m^2$

1123
a) $160\pi m^2$
b) $81\pi m^2$ e $81\pi m^2$

1124
a) $34\pi m^2$ b) $50\pi m^2$ c) $98\pi m^2$

1125
a) $240 m^2$ b) $420 m^2$ c) $220\pi m^2$

1126
a) $12(2\pi - 3\sqrt{3})m^2$
b) $18(3\pi - 2\sqrt{2})m^2$
c) $12(7\pi + 3)m^2$

1127
a) $32(\pi - 2)m^2$
b) $72(\pi - 2)m^2$
c) $18(4 - \pi)m^2$
d) $16(4 - \pi)m^2$

1128
a) $12(4\pi - 3\sqrt{3})m^2$
b) $4(2\pi + 3\sqrt{3})m^2$
c) $3(2\pi + 3\sqrt{3})m^2$
d) $48(3\sqrt{3} - \pi)m^2$

1129
a) $48(2\pi - 3\sqrt{3})m^2$ b) $24\pi m^2$
c) $6(2\pi + 3\sqrt{3})m^2$
d) $3(15\sqrt{3} - 2\pi)m^2$

1130
a) $(2\pi - 3\sqrt{3})R^2$ b) $\left(\dfrac{\pi}{2} - 1\right)a^2$
c) $\dfrac{R^2}{2}(\pi - \sqrt{3})$

1138
$\dfrac{1}{3}(\pi + 3 - 3\sqrt{3})a^2$

1139
a) $25\pi m^2$, $10\pi m$
b) $36\pi m^2$, $12\pi m$

c) $\dfrac{\pi d^2}{4}$, πd
d) $52\pi m^2$, $4\sqrt{13}\pi m$
e) $36\pi m^2$, $12\pi m$
f) $81\pi m^2$, $18\pi m$
g) $81\pi m^2$, $18\pi m$

1140
a) $84\pi m^2$ b) $25\pi m^2$ c) $48\pi m^2$

1141
a) $4\pi m^2$ b) $7\pi m^2$
c) $30 m^2$ d) $18 m^2$

1142
a) $\dfrac{9}{2}(\pi - 2\sqrt{2})m^2$
b) $3(\pi - 3)m^2$
c) $3(4\pi - 3\sqrt{3})m^2$

1143
a) $8(\pi - 2)m^2$
b) $3(2\pi - 3\sqrt{3})m^2$
c) $4(4\pi - 3\sqrt{3})m^2$

1144
a) $4(4 - \pi)m^2$
b) $8(3\pi + 2)m^2$
c) $(3\sqrt{3} - \pi)m^2$
d) $4(4 - \pi)m^2$
e) $8(\pi - 2)m^2$
f) $9(4 - \pi)m^2$

1145
a) $81\pi m^2$ b) $16\pi m$
c) $8\pi m^2$ d) $100\pi m^2$
e) $12\pi m^2$

1146
a) $5\pi m^2$ b) $12\pi m$
c) $6\pi m$ d) $12\pi m^2$

1147
a) $289\pi m^2$ b) $25\pi m^2$

1148
a) 900π b) 600π
c) 450π d) 1200π
e) 170π f) $\dfrac{105}{2}\pi$

1149
a) 8π b) 9π c) 16π

1150
a) 30π b) 20π c) $\dfrac{40}{3}\pi$
d) 24π e) 25π f) 40π

1151
a) $\dfrac{40}{3}\pi$
b) $36(\pi - 2)m^2$
c) $\dfrac{40}{3}\pi$
d) $12(5\pi - 3)m^2$

1152
a) $100\pi m^2$ b) $289\pi m^2$

1153
$280\pi m$

1154
$2(2\sqrt{3} - \pi)m^2$

1155
$4(3\sqrt{3} - \pi)m^2$

1156
$3(4\pi - 3\sqrt{3})m^2$

1157
$16 m$

1158
$\dfrac{(2\pi + 3\sqrt{3})r^2}{12}$

1159
$6(3\sqrt{3} - \pi)m^2$

1160
$3\pi m^2$

1161
$\dfrac{3}{2}(24\sqrt{30} - 11\pi)m^2$

1162
$3(5\pi - 6\sqrt{3})m^2$

1163
$72(\pi - 3\sqrt{3} + 6)m^2$

1164
$216(\pi + \sqrt{3})m^2$

1165
a) $6(4\pi - 3\sqrt{3})m^2$ b) $49\pi m^2$
c) $100\pi m^2$

1166
$18(\sqrt{3} - 1)m^2$

1167
$6\sqrt{6} m^2$

1168

$12\sqrt{2}\pi$ m

1169
$9\sqrt{3}$ m²

1170
a) 12 e 8   b) 10 e 12
c) $13\sqrt{5}$ m²

1171
a) $14\sqrt{5}$ m²   b) 24m²
c) 13m   d) 6m

1172
a) 28 πm²   b) 36 πm²
c) 40m²   d) $\dfrac{105}{2}$ m²

1173
a) 34m   b) $2\sqrt{2}$ m
c) 4pm²   d) $\sqrt{769}$ m

1174
15

1175
$\dfrac{92}{7}$

1181
$\dfrac{c}{2}\sqrt{\dfrac{3\sqrt{3}}{\pi}}$

1182
$\dfrac{b-a}{2}$

1183
$\dfrac{h}{2}\operatorname{tg}^2 \dfrac{\pi-\alpha}{4}$

1184
30°

1185
$\dfrac{ab}{2}$

1186
90°

1189
$r^2(2\sqrt{3}+3)$

1190
$\ell\sqrt{a(21-a)}$

1191
$\dfrac{1}{2}(S_1+S_2)$

1192
a < b (encontra $\overline{BC}$)
a > b (encontra $\overline{CD}$)

1193
$\dfrac{2ab}{a+b}$

1194
arc cos $\dfrac{1-k}{1+k}$

1195
$\dfrac{a+b}{4}\sqrt{3b^2+2ab-a^2}$

1196
a²

1197
$r = \dfrac{\sqrt{25}}{4}$

1198
$\left(\sqrt{S_1}+\sqrt{S_2}\right)^2$

1199
$x = \dfrac{\alpha+180°}{2}$

1200
$\dfrac{b-c}{b+c}\sqrt{b^2+c^2}$

1201
sen $\alpha = \dfrac{b-a}{2}$

1202
$(6-\pi) : (2\pi : (6-\pi)$

1203
$\dfrac{R^2}{2}\left(\dfrac{\pi}{3}+\dfrac{\sqrt{3}}{2}\right)$

1204
$\dfrac{d}{3}$

1205
$\dfrac{45}{9}$

1208
$\dfrac{1}{2}\sqrt{k^2-45}$

1209
$\dfrac{a}{5}$

1210
$\dfrac{36}{25}h^2$

1211
$\dfrac{a\sqrt{10}}{4}$

1212
$\dfrac{a(\operatorname{sen}^2\alpha+1)}{8\operatorname{sen}\alpha}$

1213

$2(2\sqrt{3}+3)r^2$

1214
$\dfrac{a^2+4r^2}{4r}$

1215
$\dfrac{(5-\sqrt{13})a}{8}$

1216
$\dfrac{a\sqrt{10}}{4}$

1217
$\dfrac{1}{2}$

1218
$\dfrac{a^3b}{4(a^2+b^2)}$

1219
$\dfrac{a\cos\dfrac{\alpha-\beta}{2}}{\operatorname{sen}(\alpha+\beta)}$

1220
$\dfrac{R^2-a^2}{2R}$

1221
$\dfrac{a\sqrt{21}}{9}$

1222
$\dfrac{(2\sqrt{3}+3)a}{6}$

1223
$\dfrac{a^2\sqrt{3}}{12}$

1224
$\dfrac{\beta-\gamma-\alpha}{2}$

1225
$\dfrac{ac+bd}{a}$

1226
$\dfrac{\pi}{2\operatorname{sen}^2\alpha\cdot\operatorname{sen}2\beta}$

1227
$\dfrac{a-b}{4}\sqrt{4d^2-(b-a)^2}$

1228
$2(R^2+a^2)$

Testes e Questões de Vestibulares

V.1	a	V.52	d	V.107	b	V.162	b
V.2	b	V.53	a	V.108	b	V.163	c
V.3	a	V.54	c	V.109	e	V.164	b
V.4	a	V.55	b	V.110	b	V.165	c
V.5	d	V.56	d	V.111	c	V.166	b
V.6	d	V.57	d	V.112	d	V.167	d
V.7	d	V.58	d	V.113	c	V.168	b
V.8	e	V.59	d	V.114	c	V.169	c
V.9	b	V.60	a	V.115	c	V.170	b
V.10	e	V.61	e	V.116	a	V.171	b
V.11	b	V.62	d	V.117	e	V.172	a
V.12	b	V.63	d	V.118	a	V.173	a
V.13	a	V.64	c	V.119	a	V.174	c
V.14	e	V.65	d	V.120	c	V.175	e
V.15	b	V.66	e	V.121	d	V.176	a
V.16	a	V.67	b	V.122	c	V.177	c
V.17	e	V.68	d	V.123	e	V.178	e
V.18	e	V.69	a	V.124	c	V.179	d
V.19	c	V.70	b	V.125	a	V.180	a
V.20	d	V.71	c	V.126	b	V.181	d
V.21	d	V.72	e	V.127	d	V.182	e
V.22	c	V.73	c	V.128	c	V.183	b
V.23	a	V.74	c	V.129	d	V.184	b
V.24	d	V.75	e	V.130	d	V.185	b
V.25	b	V.76	d	V.131	e	V.186	d
V.26	b	V.77	c	V.132	c	V.187	b
V.27	a	V.78	b	V.133	e	V.188	c
V.28	b	V.79	b	V.134	c	V.189	d
V.29	a	V.80	c	V.135	d	V.190	e
V.30	b	V.81	b	V.136	c	V.191	a
V.31	e	V.82	b	V.137	e	V.192	a
V.32	c	V.83	c	V.138	a	V.193	a
V.33	b	V.84	c	V.139	c	V.194	e
V.34	d	V.85	b	V.140	e	V.195	a
V.35	a	V.86	b	V.141	b	V.196	e
V.36	c	V.87	c	V.142	c	V.197	a
V.37	c	V.88	a	V.143	b	V.198	a
V.38	b	V.89	d	V.144	a	V.199	c
V.39	e	V.90	a	V.145	d	V.200	c
V.40	e	V.91	c	V.146	a		
V.41	b	V.92	a	V.147	d		
V.42	d	V.93	b	V.148	e		
V.43	b	V.94	b	V.149	d		
V.44	d	V.95	a	V.150	e		
V.45	b	V.96	e	V.151	d		
V.46	a	V.97	c	V.152	b		
V.47	c	V.98	b	V.153	b		
V.48	c	V.99	d	V.154	b		
V.49	e	V.100	e	V.155	d		
V.50	a	V.101	a	V.156	e		
V.51	c	V.102	e	V.157	b		
		V.103	c	V.158	b		
		V.104	c	V.159	a		
		V.105	c	V.160	d		
		V.106	c	V.161	d		

Questões Dissertativas

V.201
É postulado da Geometria Euclideana: "Três pontos não colineares determinam um plano". Uma mesa de 3 pernas fica apoiada num único plano, que é o plano do piso, e, portanto, não balança.

V.202
x coincide com b

V.203
Se a rota não tivesse sido corrigida, o avião estaria a 500km de B após ter voado 500km.

Exercícios de Matemática - Vol. 6

V.204
V.205
V.206 b) 40°
V.207 m (Â) = 100°
V.208 m (Â) = 60°
V.209 Resolução:
Não é possível determinar os valores dos ângulos pedidos, pois o ponto D no triângulo ABC, pode ser qualquer, no lado $\overline{AB}$.
Justificativa:

Construindo-se:
$\overline{D'E'} \| \overline{DE}$ podemos assumir valores diferentes para os ângulos $D\hat{C}E$ e $B\hat{C}D$.

V.210 a) $D\hat{C}B = 36°$, $A\hat{D}C = 108°$
b) Demonstração
V.211 a) 10cm
b) 25°
V.212
O ângulo formado pelas retas suportes das alturas mede 80°.
V.213 Â = 36° e $\hat{B} = \hat{C} = 72°$
V.214
V.215
V.216 a) Demonstração
b) Construção
V.217
V.218
V.219
V.220
V.221
Os lotes medem $\frac{160}{3}$ m, 40m e $\frac{80}{3}$ m.
V.222
Os lados medem 24m, 36m e 40m.
V.223 AB' = 26cm, B'C' = 3,9cm e C'D' = 6,5 cm.
V.224
V.225
V.226

a) As retas MN e BC são paralelas.
b) Área = 100
V.227 696.938km
V.228
V.229
V.230
a) $y = -\frac{2}{3}x + 20$
b) x = 15m e y = 10m
V.231 $x = \frac{2}{5}$
V.232
V.233 EG = 15cm e EF = 25cm
V.234
a)

b) 20,5m
V.235 $\frac{9}{5}$
V.236
V.237 4,08m
V.238 a) Demonstração
b) Demonstração
V.239 $\frac{15}{2}$
V.240 $\frac{4}{3}$
V.241 R = 4
V.242
O deslocamento foi de 4dm.
V.243 $r = 2\sqrt{5}$
V.244 $2(\sqrt{2}-1)$
V.245
$PQ = \sqrt{a^2 - (R+r)^2}$
V.246 $\frac{2}{3}$
V.247
a) 90° b) $2\sqrt{6}$ cm
V.248 $R_2 = \frac{d^2}{4R_1}$
V.249 $\sqrt{2}$ e 2
V.250
a)   b)

c) 8cm
V.251 b

V.252 16cm e 12cm
V.253 b, c, $\frac{bc\sqrt{b^2+c^2}}{b^2+c^2}$
V.254 $\frac{34}{15}$ cm
V.255 2,25cm
V.256
V.257 v = 21,6π km/h
V.258 40 000km
V.259
V.260 2400πm
V.261 900πm ou 2826m
V.262
a) 100cm²
b) $200(1+\sqrt{2})$ cm²
V.263 6cm²
V.264 a) $\frac{S_{ABC}}{S_{PQB}} = 4$
b) $\frac{AB}{PB} = 2$
V.265 $\frac{S_{ABC}}{S_{BCDE}} = \frac{16}{65}$
V.266 $\frac{3\sqrt{3}}{4}$
V.267 r = 1cm
V.268 a) 12cm²
b) $\frac{12}{5}$ cm
V.269
O lado do quadrado deve aumentar de $\sqrt{2}-1$ de sua medida.
V.270 r = 1
V.271 200 000 cm²
V.272 A variação é nula.
V.273
V.274
V.275
a) $x < -2-\sqrt{2}$ ou $-2+\sqrt{2} < x < 2-\sqrt{2}$ ou $x > 2+\sqrt{2}$
b) $\frac{r}{h_a} = \frac{1}{3}$
V.276 $\frac{700}{11}\sqrt{3}$ m²
V.277 $50\sqrt{3}$ m²
V.278
V.279
V.280 a) $2\sqrt{3}$
b) AB = $6\sqrt{3}$
V.281

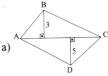

a)

b) 48cm²
V.282 $2\sqrt{13}$
V.283
O corte foi feito a 4dm de distância de uma das extremidades e a 8dm da outra.
V.284 $800\sqrt{3}$ km²
V.285 810
V.286 $\frac{r^2\sqrt{3}}{4}$
V.287 r = 1,5cm
V.288 a) 3m
b) $\frac{9(\sqrt{3}+2)}{4}$ cm²
V.289
A área do quadrilátero BMNC é 72m²
V.290 3a²
V.291 a) 120km
b) 10⁴ hab/km²
V.292
a) AB = $2\sqrt{3}$
b) $A = \frac{8\pi+3\sqrt{3}}{3}$ u.a.
V.293 $\frac{4\pi-3\sqrt{3}}{6}$
V.294
b) $A = \frac{1}{2}R^2(1-\cos\alpha)$
$(2\sen\alpha - \pi\cos\alpha + \pi)$
V.295 $A = \frac{\pi b^2 c^2}{(b+c)^2}$
V.296 $\frac{(19\pi-12\sqrt{3})}{3}a^2$
V.297 $29\pi m^2$
V.298 $\frac{r}{R} = \frac{\sqrt{2}}{2}$
V.299
O valor de π oculto nesses registros é 3.
V.300 Cr$ 3.200,00
V.301 $5\left(\frac{\pi}{6}-\frac{1}{4}\right)$ cm²

Bibliografia

Alencar Filho, Edgard de — **Exercícios de Geometria Plana** — Livraria Nobel S.A.

Caronnet, TH — **Exercícios de Geometria** — Ao Livro Técnico Ltda. Rio; 1959

Castrucci, Benedito — **Fundamentos da Geometria** — Livros Técnicos e Científicos Editora S.A.

Castrucci, Benedito — **Lições de Geometria Plana** — Nobel

Coxeter, H. S. M. e Greitzer, S. L. — **Geometry Revisited** — Randon House — The L. W. Singer Company

Dolce, Osvaldo e Pompeo, José Nicolau — **Fundamentos de Matemática Elementar** — Geometria Plana, Atual Editora — 1993

Durell, Clement V.— **A New Geometry for Schools** — London, G. Bell and Sons, Ltd; 1952

Kutepov, A. e Rubanov, A. — **Problems in Geometry** — Mir Publishers; 1978

Lidski, V. B. e outros — **Problemas de Matemáticas Elementales**, Editorial MIR; 1972

Moise, Edwin E. — **Geometria Elemental Desde Un Punto de Vista Avanzado** — Compañia Editorial Continental, S.A. Mexico - España - Argentina - Chile - Venezuela - Colombia

Moise, Edwin E. e Downs Jr., Floyd L. — **Geometria Moderna** — Editora Universidade de Brasília, Editora Edgard Blücher Ltda

Sharigin, I. — Problemas de geometría (Planimetría) — **Ciencia Popular**, Editorial MIR; 1989